성폭력의 진실게임

- 진실과 거짓을 구별하는 5가지 도구 -

일러두기

이 책에서 소개하는 에피소드는 모두 실제로 발생한 사건들이다. 관계자들의 프라이버시와 개인정보보호 등을 위해 사건의 본질과 내용의 동일성이 훼손되지 않는 범위에서 인명, 지명, 발생일 등을 각색하고, 판결 내용을 일부 편집하거나 수정하였음을 밝힌다.

성폭력의 진실게임

- 진실과 거짓을 구별하는 5가지 도구 -

위성국 저

2025년 1월 10일 초판 인쇄
2025년 1월 15일 초판 발행

발행인 박 진 영
발행처 도서출판 진영사
인천광역시 부평구 주부토로 236 인천테크노밸리 U1 지식산업센터 B동 1507호
전화 : 032)505-4207
팩스 : 032)505-4206
E-mail : 0183734207@hanmail.net
등록 : 제2007-000001호

ISBN 978-89-6541-686-9 (93330)
값 28,000원

프롤로그

잠에서 깨어난 한 여성, 눈을 떠보니 주변이 낯설다. 남자 선배들의 자취방이었다. 어제저녁 입사 환영식에서 술을 마신 것까지만 기억난다. 평소보다 술이 빨리 취하는 느낌이었다. 어렴풋하지만 두 사람에게 성폭행을 당한 기억이 남아 있다. 합의에 따른 성관계라고 우기지만 그럴 리가 없다. 몸에서 수면제가 나왔고, 경찰에 신고했다. 그 충격으로 여성은 정신병원에 입원했다. 그들은 1심에서 무죄판결을 받았다.

모 대학 공대에 수석 합격한 남자 대학생, 장래가 밝았고 부러움을 한 몸에 받았다. 처음으로 소개팅에 나가 술을 마셨다. 친해진 파트너 여학생과 모텔에서 성관계를 하고 잠이 들었다. 아침에 깬 여학생은 전날 밤 일이 잘 기억나지 않았다. 성폭행을 당했다며 경찰에 고소했다. 남학생은 억울함을 호소했지만 1심에서 실형을 선고받고 학교에서 퇴학당했다.

진실은 분명 하나다. 합의에 따른 성관계이거나 성폭행이다. 그런데 성관계 경위에 대한 입장은 정반대다. 특히 술을 마신 후에 성관계가 이뤄진 경우에는 더욱 그렇다. 성폭력 사건은 객관적인 증거가 드물고, 유죄의 직접증거는 피해자 진술뿐인 경우가 많다. 하지만 성폭력 피해자에 대한 소환조사는 그 자체로 2차 가해가 될 여지가 많아 구체적인 진술을 수집하는 데도 제약이 따른다. 그래서 수사와 재판과정에서 둘 사이에 있었던 실체를 밝히기가 어렵다. 신빙성이 있는 사람의 진술이 주된 증거가 된다. 어느 쪽 주장이 신빙성을 얻느냐에 따라 반대편은 지옥행이다. 한 사람의 말이 다른 사람의 운명을 결정한다.

필자는 성폭력 사건 전담재판부에서 오랫동안 공판검사를 했다. 수많은 성폭력 사건의 재판에 참여했고, 다양한 종류의 성폭력 사건을 다뤄봤다. 피고인과 피해자가 서로 알고 있던 경우도 있고, 사건 당일 처음 만난 사이도 있었다. 1심에서 유죄를 선고했지만 피고인이 억울해 보이는 사건도 있었고, 반대로 1심에서 무죄가 선고되었지만 유죄가 확실하다고 생각되는 사건도 있었다. 처리하는 사건이 쌓여도 누구의 말이 믿을 만한가를 판단하는 일을 결코 쉽지 않았다. 명색이 법률전문가라는 검사도 이런데, 법률적 전문지식이 많지 않은 사건 당사자는 얼마나 더 어렵고 답답할까 하는 생각이 들었다. 그래서 일반인들이 성폭력 사건이 발생했을 때 올바르게 대처하는 정보를 제공하는 것이 도리라고 느꼈다.

성폭력 사건도 일반 범죄처럼 증거에 의해 그날 벌어졌던 사실관계를 확정한다. 이를 바탕으로 범죄사실에 대한 유무죄의 심증을 형성하고, 그 심증에 따라 판결을 선고하게 된다. 그런데 성폭력 사건은 일반 범죄와 달리 몇 가지 특수한 성질을 가지고 있어 범죄 여부를 판단하는 과정이 까다롭다.

성폭력 범죄를 처벌하는 목적은 피해자의 성적자기결정권을 보호하려는 것이다. 절도, 사기 같은 재산범죄에서 그 피해는 기본적으로 해당 재산에 한정된다. 하지만 성적자기결정권이 침해되는 성폭력은 인격살인이나 마찬가지이므로 성폭력 범죄의 피해자는 정상적인 삶을 살기 어렵다. 그래서 법은 성폭력 범죄를 엄중하게 처벌한다.

성폭력 범죄는 범행 환경이 조금 특별하다. 대부분 두 사람만 있는 은밀한 공간에서 발생한다. 당사자의 진술 외에는 객관적인 증거가 거의 없는 까닭에 유무죄 판단에서는 당사자들 진술의 신빙성 여부가 가장 큰 쟁점이 된다. 그런데 진술의 신빙성은 상식과 논리를 바탕으로 개개 사건의 여러 사정을 종합하여 법관이 자유롭게 평가하기 때문에 모든 사건에 보편적으로 적용되는 절대적인 판단 기준은 존재하지 않는다. 특히 대부분의 성폭력 사건은 당사자가 술에 취한 이후에 발생한다. 공소사실을 입증할 유일한 증거는 피해자의 진술인데, 그런 피해자가 사건 당시 만취하여 심신상실이나 항거불능 상태에 있거나 사건 당시에는 멀쩡했더라도 블랙아웃 현상으로 그때 상황을 기억하지 못 하는 경우도 생긴다. 그래서 진술의 신빙성 판단은 매우 어려운 일이다. 더구나 성폭력 범죄는 중죄에 해당하여 죄가 인정되면 당장 구속되거나 중형이 선고될 가능성이 크기 때문에 다른 범죄에 비해 자백도 쉽지 않다. 그래서 피해자 진술의 신빙성에 대한 의존도가 더 커진다.

성폭력 사건은 피해를 호소하는 측면에서도 특수성이 있다. 폭행, 교통사고, 사기 등의 범죄 피해를 입었을 때 경찰에 신고부터 하는 것은 상식에 속한다. 범죄 피해를 신고하면서 사회적 비난이나 소문을 걱정하지 않는다. 반면에 성폭력 사건은 범죄 피해자임에도 그 사실이 알려지면 사람들 사이에서 가십거리가 되거나 소문이 퍼진다. 피해자는 그로 인한 2차 피해까지 감당해야 한다. 그래서 성폭력 범죄는 신고조차 쉽지 않고, 한참 지나서 신고하는 때도 많다.

형사재판은 증거에 의해 과거에 일어난 범죄를 재구성하는 과정이다. 성폭력 사건의 재판도 마찬가지다. 수사기관이 증거를 수집하여 검사가 일차적으로 범죄를 재구성하여 기소하면, 법원이 재판에서 이를 공개적으로 검증하는 과정이 형사절차다. 증거에 의해 범죄를 재구성하는 과정은 결국 사람의 몫이다. 그런데 피고인, 피해자, 검사, 판사 모두 각자의 가치관, 경험, 습관, 능력이 다르므로 하나의 사실이라도 이를 받아들이는 방식은 다를 수밖에 없다. 사건 당사자의 불완전한 기억과 허위 진술, 그리고 진실을 완벽하게 담보하지 못 하는 증거들 때문에 유무죄의 최종 판단이 실체적 진실과 불일치할 가능성도 얼마든지 있다.

성폭력 사건은 증거가 불충분한 때가 많아 실제로 성폭력 피해를 당하고도 가해자가 무죄선고를 받고 법망을 피해갈 수도 있고, 반대로 합의에 따른 성관계임에도 성폭행범으로 억울하게 처벌받을 수도 있다. 성폭력 범죄로 유죄선고를 받으면 교도소에 갇히고, 형기를 마쳐도 상당한 기간 전자발찌를 차고 다니면서 보호관찰을 받아야 한다. 취업이 제한될 수 있고, 신상정보가 공개된다. 성폭행을 당했지만 증거 부족으로 가해자가 무혐의 또는 무죄가 선고될 수도 있다. 성폭력 가해자가 처벌받지 않고 거리를 활보하면 피해자는 사법 불신과 분노로 심신이 피폐해질 것이다. 어떤 이유로든 죄를 짓고도 무죄가 선고되거나 죄를 짓지 않았음에도 억울하게 누명을 쓰는 것은 정의롭지 못하다. 그러므로 이런 부당한 결과를 예방하기 위해서는 실제 성폭력 사건에서 증거가치를 판단하고, 사실을 확정하는 나름의 원칙과 기준을 알 필요가 있다. 그래야만 성폭력 피해를 당하거나 성폭력 혐의를 받게 될 때 적절하게 대처할 수 있고, 부당하게 법망을 피하거나 억울하게 누명을 쓰는 일이 최소화될 것이다.

이 책은 필자가 재판에 관여한 100여 개의 성폭력 사건을 분석한 결과물이다. 다양한 성폭력 사건을 종합적으로 분석해 본 결과, 성폭력 사건의 재판에서 판사들이 유무죄를 판단하는 몇 가지 공통된 기준이나 도구를 찾아낼 수 있었다. 판사들은 성인지감수성에 입각한 진술의 신빙성, 피해자다움, 고의, 블랙아웃, 과학적 증거 등 크게 5가지 도구를 활용하여 증거가치를 판단하고, 이를 토대로 유무죄를 결정했다. 따라서 이 책에서는 판사들이 그 5개의 도구를 재판에서 어떻게 활용되는지를 실제 사례를 통해서 설명하고자 하였다. 모든 사례는 4단계로 분석하였다. 1단계는 실제 성폭력 사건의 경과를 간략히 정리했다. 2단계는 당사자들의 입장과 그 사건에서 쟁점이 되는 내용을 제시하였다. 3단계는 법원의 판단을 요약하였다. 4단계는 해당 사건을 통해 반드시 알아야 할 공격과 방어방법, 지식과 법리, 정보 등을 제공한다.

범죄자를 반드시 처벌하는 것이 피해자에게는 최고의 보상이다. 하지만 억울한 사람이 생겨서도 안 된다. 이것이 형사사법의 정의다. 하지만 언제나 억울한 피고인, 억울한 피해자의 입장이 될 수 있으므로, 최대한 중립적이고 객관적인 입장에서 사건을 분석하였다.

보통 게임의 결과는 예측이 어렵다. 게임자의 능력에 따라 결과가 달라질 수도 있어서 불확정적이다. 하지만 형사재판은 실체적 진실을 밝히고 정의를 추구하므로 진실만이 정답이다. 그런데도 형사재판은 증거를 통해 과거의 진실을 밝히는 과정인데, 성폭력 사건은 증거가 충분하지 않고, 같은 증거라도 보는 관점에 따라 증거의 의미와 가치에 관한 판단이 달라질 수 있기 때문에 재판 결과를 예측하기 힘들다.

이 책에서 소개하는 많은 사례에서 알 수 있듯이 같은 증거라도 그 증거가치에 대한 1심과 2심의 판단이 다른 경우가 많고, 하나의 사실을 두고도 피고인과 피해자는 각자 자신에게 유리하게 해석하고 주장한다. 그래서 재판의 결과를 예측하기가 매우 어렵고, 특히나 피고인이 범행을 부인하는 성폭력 사건에서는 더욱 그렇다. 재판이 마치 진실을 둘러싼 게임과 같다.

그런데 게임에서도 룰을 알면 좋은 성과를 기대할 수 있듯이 성범죄 사건에서도 룰을 안다면 원하는 재판결과를 얻을 수 있는 확률이 높아질 것이다. 이 책은 성범죄 재판에서 다루어지는 게임의 룰을 찾아가는 여정이라고 할 수도 있겠다. 진실을 숨기고 사실을 왜곡하는 기술, 즉 죄를 짓고도 무죄를 선고받거나 부정하게 남에게 죄를 뒤집어씌우는 방법을 알려주려는 것이 아니다. 정보나 경험부족으로 대처를 잘못하여 진실과 달리 억울한 피고인, 억울한 피해자가 발생하지 않도록 하기 위함이다. 당사자가 의미를 부여하는 진술하는 부분과 재판에서 의미 있게 받아들이는 진술은 다른 경우도 많다. 사례 하나하나를 읽으면서 각각의 사건에서 다퉈지는 쟁점이 무엇인지를 주의 깊게 보다보면 성폭력 사건의 수사나 재판에서, 피고인 입장에서 또는 피해자 입장에서 어떤 점에 유의해야 하는가에 대한 값진 정보를 얻게 될 것이다.

아무쪼록 이 책이 성범죄 피해자든, 누명을 쓰고 있는 가해자든, 최소한 억울하게 처벌을 받거나 성범죄를 저지르고도 무죄를 받는 일이 줄어드는데, 조금이나마 도움이 되기를 바라는 간절한 마음이다.

끝으로, 어려운 여건에서도 이 책이 빛을 볼 수 있도록 출간을 전폭적으로 지원해주신 진영사 대표님, 그리고 바쁘신 중에도 꼼꼼한 감수와 조언을 아끼지 않으신 이재용 교수님께도 깊은 감사의 말씀을 전합니다.

차 례

제1장

진술의 신빙성(성인지감수성)

제1장

진술의 신빙성(성인지감수성)

형사재판은 증거를 근거로 과거 범죄를 재구성하는 것이다. 증거에는 물적 증거와 인적 증거가 있다. 범행도구, 혈흔, DNA, 지문, CCTV 등이 물적 증거이고, 가해자와 피해자, 목격자 등 제3자의 진술이 인적 증거다. 재판에서 증거를 믿느냐 믿지 않느냐는 법관이 자유롭게 판단한다. 이를 자유심증주의라고 한다. 증거에 대해 법관이 믿음을 신빙성이라고 하는데, 물적 증거는 그 판단이 비교적 수월하다. DNA, 혈흔, 지문이 누구 것인지, CCTV에 찍힌 사람이 누군지는 쉽게 확인할 수 있기 때문이다. 하지만 인적 증거인 진술의 신빙성을 판단하는 것은 여간 어려운 일이 아니다. 그나마 물적 증거라도 충분하면 물적 증거를 참고하여 진술의 신빙성 판단할 수 있어 큰 어려움이 없는데, 물적 증거가 매우 적거나 인적 증거만 있는 경우에는 진술의 신빙성 판단은 간단하지 않다. 그런데 대부분의 성폭력 사건은 가해자와 피해자 두 사람만 있는 은밀한 장소에서 발생하기 때문에 물적 증거가 거의 없고, 두 사람 진술뿐인 경우가 많다.

법관이 자유심증주의에 따라 신빙성을 자유롭게 결정할 수 있다고 하더라도 일정한 제약이 있다. 법관의 증명력 판단은 합리적이고 상식적이어야 한다. 즉 논리법칙과 경험 법칙에 부합해야 한다는 뜻이다. 법원은 피해자의 진술만으로 유죄로 판단하는 경우에는 피해자 진술 자체의 합리성, 일관성, 객관적 상당성은 물론이고, 피해자의 성품 등 인격적 요소까지 종합적으로 고려하여 피해자 진술의 진실성과 정확성에 거의 의심할 여지가 없을 정도로 높은 증명력이 있는지를 살펴보고 있다.

그렇다면 성폭력 사건에서 법원이 진술의 신빙성을 판단하는 기준은 뭘까?

우선 일관성이다. 사건이 발생한 이후 수사나 재판과정에서 자신이 알고 있는 내용을 진술하게 된다. 스스로 작성한 고소장이나 진술서를 제출하기도 하고, 경찰이나 검찰에서 조사를 받고, 법정에서 증언하기도 한다. 이때 진술 내용이 일관적이면 일단 신빙성을 인정받게 될 확률이 높다. 사람의 기억은 시간에 따라 소실되거나 다른 정보와 결합하여 또렷해지는 등 상황에 따라 일정한 변화가 생길 수도 있어 매번 동일하게 진술할 수는 없다. 오히려 매번 기계처럼 똑같은 진술은 부자연스러워 의심받을 수 있다. 또 당시 상황을 모두 정확하게 기억해내는 것도 사실상 불가능하다. 따라서 일관성은 주된 부분이 일관되면 되고, 사소하거나 지엽적인 부분까지 모두 일관성이 요구되지는 않는다. 장소, 위치, 복장, 주위환경, 횟수, 사건 경위 등 될 수 있는 대로 진술하는 모든 내용에서 일관성이 유지되면 좋다.

사람은 저장된 기억을 진술하고, 진술은 보통 서류나 조서에 기재된다. 따라서 진술자의 기억력이나 표현방법, 성향에 따라 진술 내용이 조금씩 달라질 수 있다. 또 조사자의 조서 작성방식에 따라서도 진술 내용이 전혀 다른 의미로 해석될 가능성도 배제할 수 없다. 과거의 경험을 한꺼번에 모두 정확하게 기억해내기는 어렵다. 어떤 내용을 진술했는데 나중에 생각해보면 잘못된 진술인 경우가 생긴다. 그러면 진술을 변경할 수밖에 없다. 이럴 때는 진술을 변경하게 된 경위를 충분하게 이해시켜야 한다. 날짜나 시간, 장소나 횟수 등을 착각했다가 다시 진술한 경우도 마찬가지다. 그렇지 않으면 일관성이 없다는 의심을 받게 된다. 그러므로 진술할 때마다 신중해야 한다. 말하는 내용이 정확하게 기억하고 있는 내용인지, 아니면 혼재된 기억인지, 해당 사건에 관한 기억인지 등을 신중하게 생각하고 진술하는 것이 좋다. 또 조사자가 묻는 질문의 의미를 정확하게 이해하고 대답해야 하고, 조서내용은 진술한 취지대로 제대로 적혀있는지, 빠진 내용은 없는지도 반드시 확인해야 한다.

진술이 전체적으로 자연스럽고 모순이 없어야 신빙성을 인정받을 수 있다. 주장이 첨예하게 대립하는 경우에 사람들은 자기 말을 믿지 않거나 의심할지도 모른다는 걱정과 불안감이 생긴다. 그래서 유리한 내용을 부풀려 진술하거나 불리한 내용을 숨기거나 축소해서 진술하다 보면 부분적으로는 진실한 것처럼 보이지만 전체적으로는 부자연스럽거나 진술 내용이 모순될 수 있다. 그러므로 무조건 사실대로 말해야 한다. 유불리를 따져 진술해서도 안 된다. 본인에게 불리하다고 생각한 부분이 오히려 유리하게 평가받을 수도 있고, 그 반대일 수도 있다. 진술하는 사람과 판단하는 사람의 입장이 같지 않기 때문이다. 사실대로 말해야 한다는 뜻은 반드시 정확하게 기억나는 내용만 진술해야 한다는 의미가 아니다. 기억이 정확하면 정확하다고 말하고, 기억나지 않으면 그렇다고 하면 된다. 지레짐작으로 자신도 모호한 내용을 확정적으로 얘기하면 오히려 상대방에게 공격의 빌미를 제공할 수 있다.

진술 내용은 될 수 있는 한 구체적이어야 한다. 직접 경험하지 않고는 알 수 없는 정황이나 감정을 구체적으로 묘사하고 있다면 신빙성이 높아진다. 반면에 진술이 불명확하거나 추상적이면 그 자체로 신빙성이 떨어진다. 사소하거나 지엽적인 부분까지 모두 일일이 진술하기는 어렵겠지만, 적어도 두 사람이 함께 범행 장소에 있게 된 경위, 간음행위 내지 성관계를 할 당시 구체적인 상황, 피해자의 저항행위 및 심리상태, 범행 또는 성관계 이후의 사정 등에 관하여 직접 경험한 사람이 아니고서는 도저히 알 수 없는 내용을 진술해야 한다. 진술 내용이 조금 불명확해도 진술하는 사람의 표현 방법이나 표현상의 차이 때문이라면 신빙성에는 큰 영향을 미치지 않는다. 대법원도 친족에게 강제추행을 당한 사건에서 피해자의 진술 내용이 구체적이고, 주요 부분이 일관되며, 경험 법칙에 비추어 비합리적이거나 진술 자체로 모순되는 부분이 없다면, 설령 표현방법이 미숙하여 진술 내용이 다소 불명확하거나 표현상의 차이로 인하여 사소한 부분에 일관성이 없는 것처럼 보이는 부분이 있다고 하여도, 그 진술의 신빙성을 특별한 이유 없이 함부로 배척해서는 안 된다고 판결하였다(대법원 2017도9440 판결). 그런데 일반인은 어떤 내용을 어디까지 진술해야 하는지 알기 어려워 스스로 구체적으로 진술하기는 쉽지 않다. 조사자나 질문자의 질문에 수동적으로 대응하면서 진술한다. 따라서 진술의 구체성은 조사자나 질문자의 역량에 따라 달라질 경우가 많으므로 경찰, 검사, 판사, 변호사 등 전문가들은 당사자들이 사건 경위를 구체적으로 진술할 수 있도록 적절하게 도와주어야 한다.

진술 내용은 원칙적으로 상식에 부합하고 합리적이어야 한다. 논리와 경험의 법칙에 맞아야 한다. 그렇지 않으면 신빙성을 인정받기 어렵다. 그런데 우리 사회의 가해자 중심의 문화와 인식, 구조 등으로 인하여 성폭행이나 성희롱 피해자가 피해 사실을 알리고 문제로 삼는 과정에서 오히려 피해자가 부정적인 여론이나 불이익한 처우 및 신분 노출의 피해 등을 입기도 한다. 그래서 성폭행 피해자의 대처 양상은 피해자의 성격과 심성, 가해자와의 관계, 피해자가 처한 구체적인 상황에 따라 다르게 나타날 수밖에 없다. 따라서 성폭력 사건에서 신빙성을 판단할 때에는 그 사건이 발생한 맥락에서 성차별 문제를 이해하고 양성평등을 실현할 수 있도록 '성인지감수성'을 잃지 않도록 유의하여야 한다. 개별적인 사건에서 성폭행 등의 피해자가 처하여 있는 특별한 사정을 충분히 고려하지 않은 채 신빙성을 판단하는 것은 정의와 형평의 이념을 기반으로 한 논리와 경험의 법칙에 따른 증거판단이라고 할 수 없다(대법원 2018도

7709 판결). 여기서 성인지감수성이란 생활 속에서 성차별적 요소를 인지하고 이를 감안하여 사안을 판별하는 능력을 말한다. 일상생활 속에서 성별에 따른 차별이나 불균형이 있음을 인식하고 판단 대상이 되는 사람의 특정 단어나 장면을 근거로 판단하지 말고 그 사람이 처한 구체적이고 특별한 사정을 충분히 고려하여 그 언행의 맥락을 꼼꼼하게 살펴서 그 진술의 신빙성을 판단하는 능력이다(2023. 김재련). 성폭력 사건에서는 피해자가 처한 상황을 피해자의 눈높이에서 바라보고 그 진술과 행동의 맥락을 이해하는 성인지감수성의 관점에서 피해자 진술의 신빙성을 판단해야 한다.

1 … 처음 진술이 중요하다 - 늑대들의 환영식

어느 작은 대리점에서 있었던 일이다. 피고인 A1, 피고인 A2는 그 대리점에서 일하고 있었고, 피해자 B(20대 초반 여성)는 그 대리점에 취직한 지 이틀밖에 안 된 신입사원이었다. A1이 A2보다 연장자였고 대리점에서도 상급자였는데, 두 사람은 같은 빌라에서 함께 살았다.

2018년 2월 어느 금요일 저녁, B의 입사를 환영하는 회식을 했다. 점장은 갑작스러운 사정으로 회식에 참석하지 못했다. 대리점 일을 마치고 밤 8시 반쯤, 세 사람은 주점에서 저녁을 먹었다. A1과 A2가 B의 입사를 환영하는 자리였다. 함께 술을 마시고, 밤 12시쯤 근처 노래방으로 자리를 옮겨 노래도 부르고 술도 마셨다. 새벽 2시경 A1과 A2는 술에 취한 B를 데리고 자신들의 집으로 왔다.

그날 새벽 3시부터 5시 사이에 A1은 술 등에 의해 정신을 차리지 못하고 있던 B의 입안에 성기를 집어넣고, A2는 B의 뒤에서 성관계를 하였다. 아침에 깨어난 B는 어렴풋이 성폭행을 당한 기억이 났다.

집에서 나와 남자친구의 도움을 받아 경찰서로 찾아갔다. B의 혈액과 소변에서 수면제 성분이 나왔다.

이로 인하여 A1과 A2가 술과 누군가 투약한 수면제에 취해 항거불능 상태에 있던 B를 위와 같이 특수강간한 혐의로 기소되었다.

◆

사건 당일 회식을 마친 세 사람은 택시를 타고 피고인들의 집으로 왔다. A1과 A2가 싸워 경찰이 출동하는 소동이 벌어졌다. 자세한 경위는 알 수 없으나 그날 밤 A1 및 A2와 B 사이에 성관계가 있었다. B의 남자친구는 회식을 마치고 오기로 했던 B와 연락이 끊기자 실종신고를 하였고, 경찰관이 출동하였지만 B는 괜찮다며 돌려보냈다. 아침에 집으로 돌아간 B는 남자친구의 권유로 경찰에 피해신고를 하였다. 소변과 혈액에서는 수면제 성분이 검출되었다. B의 몸에서 A2의 DNA는 검출되지 않았고, B의 자궁경부 등에서 A1의 DNA가 검출되었다. B는 노래방에 갔던 초반부터 상황이 잘 기억나지 않았고, 단지 한 명은 앞에서 입에 성기를 넣고, 한 명은 뒤에서 음부에 성기를 넣었던 기억만 있었다. 이것이 대략 그날 벌어졌던 일의 대강이다.

A1과 A2는 모두 범행을 전면적으로 부인했다. B가 술에 취하기는 했지만 정신이 멀쩡했다는 것이다. 집에 와서 각자 방에서 서로 합의로 B와 순차적으로 성관계를 가졌다고 주장했다. A2는 A1과 싸우다가 경찰이 1차 출동했다가 돌아간 일이 있었는데, 그 뒤에 자신의 방에서 B와 이야기 하던 중 자연스럽게 성관계를 하였고, 화장실에 가서 같이 샤워를 하고 다시 자신의 방으로 돌아와 함께 잠이 들었다고 했다. A1은 A2와 싸워 경찰이 출동한 후 샤워를 하고 방에 들어가 잠이 들었는데, B가 방에 들어와 토할 것 같다며 화장실 위치를 물어 알려주었고, 화장실에서 B의 토사물을 치우고 방으로 돌아왔더니 B가 침대 위에 있어 서로 이야기를 하다가 자연스럽게 성관계를 하게 되었다고 했다. 그러면서 B가 경찰에서는 깜깜해서 얼굴을 보지 못했다고 진술하였다가 검찰에서는 깜깜해서 얼굴을 직접 보지 못했지만 앞쪽에서 나는 목소리는 A1 목소리였고, 뒤에서 나는 목소리는 A2 목소리였는데, 실루엣이 앞쪽에 있는 사람은 되게 말랐고 뒤쪽에 있는 사람은 통통한 것 같았다고 진술하는 등 앞과 뒤에서 성행위를 한 사람을 특정한 과정에 관한 진술내용이 일관되지 않고, 오히려 시간이 지날수록 구체화되고 있다면서 B 진술의 신빙성에 의혹을 제기하였다.

이 사건은 그날의 기억이 선명한 A1과 A2, 두 사람과 기억도 명확하지 않은 B 한 명이 싸우는 형국이다. 공소사실에 부합하는 직접증거는 B의 진술이 유일한 상황이다. 법원은 피고인이 공소사실을 일관되게 부인하고 있고 공소사실에 부합하는 직접증거로 피해자의 진술이 사실상 유일한 경우, 오로지 피해자의 진술을 근거로 피고인을 유죄로 판단하기 위해서는 진술 내용 자체의 합리성과 타당성, 객관적인 정황과 경험 법칙 등에 비추어 피해자의 진술에 합리적인 의심을 할 여지가 없을 정도로 공소사실이 진실한 것이라는 확신을 가지게 하는 정도의 신빙성이 있어야 한다는 입장이다. 결국 B 진술의 신빙성이 관건이었다.

◆

1심 법원은 B의 진술은 신빙성이 없다고 판단하였다. 비록 B가 피해 사실과 그 전후 사정에 대해 구체적이고 일관되게 진술하고 있고, 입사한 지 이틀밖에 안 된 B가 직장 상사들과 합의로 차례로 성관계를 한다는 것은 납득하기 어려우며, B의 몸에서 수면제 성분이 검출된 사정을 보면 B가 강간당한 것으로 의심된다고 하였다. 하지만 전체적으로 B의 진술은 신빙성이 없으므로 공소사실을 입증할 증거가 없다면서 A1과 A2 모두에게 무죄를 선고하였다. 1심이 무죄를 선고한 이유를 요약해 보면 다음과 같다.

B는 노래방에서 화장실을 다녀온 후 남아있던 맥주와 안주를 먹은 것까지만 기억나고, 그다음부터 피해를 당할 때까지의 상황은 기억나지 못했다. 그런데 B가 노래방에서 나와 택시를 타고 사건 장소로 이동할 때까지 정신을 잃거나 항거불능의 상태에 있었다는 점을 인정할 만한 증거가 없다.

A1이 그날 02:40경 112에 신고한 녹음파일에 A1 외에 다른 남성과 여성이 싸우는 것 같은 소리가 들리고, 그곳에 여성은 B뿐이었으므로 B가 깨어있었을 가능성이 있다. 또 A1이 경찰에 신고하면서 집 주소까지 알려주었는데 이는 성범죄를 계획하는 사람의 행동으로 보기에는 이례적이다. 또 출동한 경찰이 돌아간 이후에 같은 장소에서 범죄를 저지르는 것도 이례적이다.

B의 혈액에서 검출된 알코올 성분은 0.010% 미만으로 만취 상태에 있었다고 보이지는 않는다. B의 혈액과 소변에서 졸피뎀, 독실아민 등 수면유도제 성분이 검출되었지만 A1과 A2가 약을 소지하고 있다가 이를 사용하였다고 볼 만한 증거가 없다. 이 사건 전에 다른 원인으로 B 체내에 수면제 약품이 투여되었을 가능성도 있다.

B는 실종신고를 받고 집에 찾아온 경찰관에게 도움이 필요하지 않다는 의미로 괜찮다고 말한 것은 성폭력 피해자의 행동으로 보기에 부자연스럽다.

B는 앞에서 성행위를 한 사람과 뒤에서 성행위를 한 사람을 특정하는 진술에 일관성이 없고, 심지어 시간이 지날수록 구체화되고 있다. 경찰에서는 목소리나 실루엣 등 앞뒤 행위자를 특정할 수 있는 내용을 말하지 않은 이유를 납득할 수 없다.

A1과 A2에게 모두 무죄를 선고한 1심 판결에 대해 검찰은 즉시 항소하여 고등법원에서 2심 재판이 열렸다. 2심 법원은 1심의 결론을 뒤집었다. B의 진술에 신빙성을 인정하고, 그 진술을 근거로 A1에게 징역 5년, B에게 징역 4년을 선고하였다. 2심 재판부는 피해사실뿐 아니라 그 전후의 사정들, 즉 피고인들과 함께 술을 마시게

된 경위, 이 사건 범행 이전까지의 동선, 범행 후 그들과의 대화 내용 등 주요 부분에 관한 B의 진술은 매우 구체적이고 일관되며, 직접 경험하지 않고서는 진술하기 어려운 사항까지 상세하게 묘사하고 있으며, 그 진술자체로 비합리적이거나 모순되는 부분이 없으므로 신빙성이 있다고 판단하였다.

준강간죄에서 피해자의 항거불능 상태는 심신상실 이외의 원인으로 심리적 또는 물리적으로 반항이 절대적으로 불가능하거나 현저히 곤란한 경우를 의미한다. 따라서 피해자가 의식상실 상태에 빠져 있지는 않지만 알코올의 영향으로 의사를 형성할 능력이나 성적 자기결정권 침해행위에 맞서려는 저항력이 현저하게 저하된 상태였다면 항거불능에 해당하므로 이러한 피해자에 대한 성적 행위 역시 준강간죄를 구성할 수 있다. 이러한 논리를 전제로 2심 재판부는 사건 당시 B가 항거불능 상태에 있었다고 보았다. 나아가 피해 사실 전후의 객관적 정황상 피해자가 심신상실 등이 의심될 정도로 비정상적인 상태에 있었음이 밝혀진 경우, 혹은 피해자와 피고인의 관계 등에 비추어 피해자가 정상적인 상태였다면 피고인과 성적 관계를 맺거나 이에 수동적으로나마 동의하리라고 도저히 기대하기 어려운 사정이 인정됨에도 피해자의 단편적인 모습만으로 피해자가 단순히 '알코올 블랙아웃'에 해당하여 심신상실 상태에 있지 않았다고 단정하여서는 안 된다는 판단을 덧붙였다.

A1과 A2는 B가 앞사람과 뒷사람을 특정한 과정에 대해 의혹을 제기했다. 2심 법원은 B가 경찰에서는 가해자들의 얼굴을 보지 못했다고 진술하다가 검찰에서는 목소리와 실루엣을 근거로 앞사람은 A1이고, 뒷사람은 A2라고 특정하여 행위자들을 특정하면서 목소리와 실루엣이라는 사실이 추가되었다는 사정은 인정하였다. 하지만 경찰조사에서 B는 '범행 당시 깜깜해서 얼굴을 보지 못하기는 하였으나, 나중에 추궁했을 때 성기를 삽입한 사람은 A2이고 입에 성기를 집어넣은 사람은 A1이라고 털어놨다'고 진술하였으므로, 앞뒤

행위자를 어떻게 특정할 수 있었는지에 관하여 경찰조사에서 상세하게 진술하지 않다가 검찰에서 그들의 목소리와 실루엣에 관한 진술을 추가하였다고 하더라도 그 진술이 특별히 부자연스럽다거나 일관되지 않다고 평가할 수 없다고 하였다.

실종신고를 받고 현장에 출동한 경찰관들에게 도움을 요청하지 않고 괜찮다며 돌려보낸 B의 행동에 대해서도 1심과 다르게 평가했다. 실종신고를 받은 경찰이 집에 찾아왔을 당시의 심리상태에 대하여, B는 경찰에서는 경찰관이 온 것을 보고 안심했지만 우선 이 사건에 대해 피고인들과 확실하게 이야기를 하고 가야겠다는 생각이 들어서 경찰관에게는 이야기하지 않았던 것 같다고 진술하였다. 검찰과 법정에서는 사실은 도와달라고 말을 하고 싶기는 했는데 가해자들이 무섭기도 하고 그 집에서 빨리 나가고 싶은 마음도 있었다고 말하여 조금 다른 내용으로 진술했다. 하지만 2심은 이러한 B의 행동은 충분히 이해될 수 있다고 보았다. 그 판단 이유는 이렇다.

피해자의 대답은 수사기관이나 법정에서 피해자에게 어떤 방식과 내용으로 질문하였는지에 따라 그 대답이 달라질 수 있다. 그리고 준강간 성범죄 피해자가 사건 직후에 현장에서 가지고 있는 생각과 감정은 매우 복잡하고 미묘할 수밖에 없다. 또한, 당시 느낀 감정과 현재 느끼는 감정이 혼동되어 대답하였을 가능성도 있다. 이 사건에서, 특히 B는 조사과정에서 왜 당시 현장에 출동한 경찰관들에게 바로 신고하지 않았는지에 대하여 반복적인 추궁을 당했다. 이에 B는 그 질문에 맞춰 도움을 요청하고 싶었다는 감정을 처음 진술할 때보다 더 강조하여 진술하였을 가능성도 충분하다. 더불어 B가 진술하는 것과 같은 감정상태가 서로 양립 불가능하다고 보이지도 않는다.

2심 법원은 또 B가 실종신고를 접수하고 현장에 출동한 경찰관이나 나중에 전화로 상황을 묻는 다른 경찰관에게 피해 사실을 바로 알리지 않고 괜찮다고 한 경위도 충분히 납득할 수 있다고 하였다. 그 판단 근거는 이랬다.

성폭행 피해자의 대처 양상은 피해자의 성정이나 가해자와의 관계 및 구체적인 상황에 따라 다르게 나타날 수밖에 없다. 이 사건에서 B는 당시 그곳에 오게 된 경위나 정황을 전혀 기억하지 못하고, 이 사건 강간 범행에 관하여도 극히 일부분만 기억하고 있었다. 경찰관들이 떠난 이후 남자친구에게 보낸 카톡 메시지에는 '상황을 잘 모르니까 이 사람들과 좀 더 얘기를 하고 가겠다.'는 내용이 들어있었다.

결국 B는 경찰관들이 출동한 당시까지도 자기에게 어떤 일이 벌어졌는지 제대로 파악하지 못했던 것으로 보인다. 이러한 상황에서 출근한 지 이틀밖에 되지 않은 B의 입장에서 상급자인 그들과의 관계를 신경 쓸 수밖에 없었을 것이다. 당시 B가 처해 있는 이런 상황은 현장에 출동한 경찰관들에게 피해 사실을 바로 알리는 것을 주저하게 만들 수 있는 충분한 사정으로 보인다.

반면에, 2심 법원은 합의로 성관계를 하였다는 A1과 A2의 주장에 대해서는 당시 회식을 마치고 남자친구의 집에 가기로 약속되어 있던 B가 돌연 다른 남자들 집으로 가서는 종전에 아무런 성적 접촉이나 호감이 없었고, 직장 상사인 그들과 순차적으로 각각 성관계를 가졌다는 것은 상당히 이례적이어서 상식적으로 납득할 수 없다고 하였다.

◆

공소사실을 입증할 유일한 증거는 피해자 B의 진술밖에 없는 상황에서, B 성폭행 당시 상황에 대한 B의 진술은 조사가 거듭할수록 점점 더 구체화되고 있었다. 이러한 진술의 특징은 신빙성 인정에 불리하게 작용한다. 1심도 B가 처음부터 알고 있는 모든 내용을 진술하지 않고 시간이 지남에 따라 점점 자세하게 말하여 진술 내용이 계속 구체화되어 가는 것을 납득할 수 없는 점도 신빙성을 인정하기 어려운 이유로 보았다. 1심 법원이 이 점에 대해서 다음과 같이 지적하였다.

피해자는 경찰에서 "누군가 뒤에서 성기를 삽입하고, 앞에서는 입에 성기를 넣었다. 엎드린 상태이고 깜깜해서 얼굴을 보지 못했다. 나중에 추궁했을 때 A가 입에 성기를 집어넣었고, C는 뒤에서 성기에 삽입했다고 말했다."는 취지로 진술했다.

검찰에서는 "깜깜해서 그들의 얼굴을 직접 못 봤다. 하지만 앞에서 나는 목소리는 A1 목소리였고, 뒤에서 나는 목소리는 A2 목소리였다. 실루엣이 앞 사람은 말랐고, 뒷사람은 통통한 것 같았다. 그들 중 마른 사람은 A1이고, 등치가 있는 사람은 A2이다."는 취지로 대답했다.

법정에서는 "앞에서는 A1이 다 벗고 중요 부위를 잡으면서 다가왔고, 뒤에서는 A2가 하고 있었다. 눈 떴을 때는 누가 누구인지 몰랐는데 앞에서 들리는 목소리가 A1 목소리 같았다."는 취지로 증언하였다.

B가 경찰, 검찰, 법정에서 진술한 내용을 보면, A1과 A2 두 명이 동시에 앞뒤에서 B에게 성행위를 하고 있었다는 부분은 진술내용에 차이가 없다. 다만 앞에서 한 사람이 A1이고, 뒤에서 한 사람이

A2라는 사실을 어떻게 알았는지에 관하여 약간의 차이가 있다. 경찰에서의 진술취지는 성폭행을 당할 때는 몰랐는데 일이 끝난 후 캐물었을 때 그들이 말해줘서 알았다는 것이고, 검찰에서 진술취지는 목소리와 실루엣으로 짐작했다는 것이고, 법정에서는 앞에서 A1의 목소리가 들려서 알게 되었다는 취지로 증언했다.

이런 진술의 차이를 두고서, 1심은 시간이 지날수록 진술이 구체화되기 때문에 신빙성이 떨어진다고 하였다. 하지만 2심은 피해 당시 앞과 뒤에서 성행위를 한 사람을 어떻게 특정할 수 있었는지를 경찰조사에서 상세하게 진술하지 않았다고 하더라도 그 자체로 특별히 부자연스럽다고 보이지 않고, 이후 검찰에서 피고인들의 목소리와 실루엣에 관한 진술을 추가하였다고 하여 피해자의 진술이 일관되지 않다고 평가하기 어렵다고 보았다. 특히 2심 재판부는 수사기관이나 법정에서 B에게 어떤 방식과 내용으로 질문하였는지에 따라 그 대답이 달라질 수 있음을 밝혔다. 이런 인식은 진술의 신빙성을 판단하는데 매우 중요한 관점이다. 수사나 조사 현실이 실제로 그렇기 때문이다. 조사자나 질문자의 경험과 능력, 숙련도에 따라서, 또는 질문의 순서나 방법에 따라 서면에 기재된 피조사자의 진술은 일관적일 수도 있고, 일관적이지 않게 보일 수도 있다. 보통 어떤 사항에 대하여 여러 번 진술하였을 경우, 일관성은 그 진술 내용의 일치 여부를 검토한 결과물이다. 조사자가 처음부터 자세하게 물어보고, 이치에 맞지 않는 대답은 되물어서 진술의 취지를 재확인하는 과정을 거쳐 정확한 진술취지를 조서 등 서류에 기재한다면 이는 가장 이상적인 모습이다. 그러나 조사자에 따라, 어떤 사항에 중점을 두느냐에 따라, 심지어는 조사를 받는 사람의 심리나 기억 회복 능력에 따라 대답은 달라질 수 있다. 2심 법원은 이런 본질적인 상황을 정확하게 꿰뚫고 있다.

결국 조사가 거듭될수록 행위자 특정 등 사건에 관한 피해 진술이 구체화되고 있는 이 사건에서, 1심은 시간의 경과에 따라 사람의 기억은 희미해진다는 일반적인 논리에 근거하여 B 진술의 신빙성을 배척하였고, 2심은 진술이 구체화되어 가는 이유와 배경을 살펴 진술이 추가되고 구체성을 더해가더라도 일관성이 없다고 평가해서는 안 된다고 보았다. 이러한 관점의 차이가 유무죄의 결론까지 달라지게 하였다.

이 사건에서 A1과 A2는 범행을 완강히 부인하면서 B가 수사기관에서 조사받은 내용이 기재된 조서의 증거사용에 동의하지 않았다. 증거에 부동의하면 조서의 원진술자가 법정에 나와 본인의 진술임을 확인해 주어야 증거로 사용할 수 있게 된다. B는 1심 법정에 증인으로 출석했다. 하지만 무죄판결이 선고되어 검찰이 항소를 제기하고 B를 다시 증인으로 신청하여 2심 법정에 다시 출석하였다. 사실 B는 이 사건으로 인한 충격으로 법정 출석이 어려운 상황이었다. 사건 처리 과정에서 B는 경찰, 검찰, 1심 법정과 2심 법정 등 수사기관이나 법정에 총 4번 출석하였다. 그런데 진술을 거듭하다보면 같은 사항이라도 당시 기억했던 내용과 나중에 부가적인 정보를 통해 확신을 갖은 내용 등이 혼재되는 수가 있다. 그런데 이럴 때 최초 기억과 그 이후에 추가된 정보를 통해 구체화된 기억을 구별하여 진술해야 한다. 그렇지 않으면 상대방으로부터 진술이 번복되어 일관성이 없다거나 시간이 지날수록 구체화되었다는 이유로 상대편에게 공격의 빌미를 제공하게 된다.

일반적으로 사람의 기억은 시간의 흐름에 따라 소실된다고 한다. 그런데 처음에는 진술하지 않다가 나중에 당시 일을 더 상세하게 진술하면 거짓말로 오해할 여지가 많다. 물론 애초에는 어렴풋한 기억이 어떤 계기로 갑자기 뚜렷해지거나 퍼즐이 맞춰진 것처럼 기억의 파편들이 모여 새로운 사실을 기억해 낼 수도 있다. 문제는 그런 기억의 변화과정을 본인 외의 사람이 알 수 있도록 설명하는 것이다. 그 과정이 객관적으로 이해되도록 해야 한다. 본인이 기억하고 있었던 사실과 나중에 얻은 부가적인 정보로 추측한 사실, 시간이 지나면서 기억이 떠오르거나 전후 사정을 종합하여 추론한 사실을 구분하여 진술할 필요가 있다. 희미했던 기억은 어떤 추가 정보와 결합하면 처음부터 확실하게 기억하고 있었던 것처럼 자기 확신이 생길 수 있고, 그 확신에 따라 진술을 하게 되면 객관적인 상황과 불일치하는 문제가 발생할 수 있다. 제일 안전한 방법은 처음 진술을 할 때 기억하고 있는 내용을 되도록 모두 진술하는 것이다. 알고 있는 내용을 진술을 거듭하면서 조금씩 늘려나가는 방법은 진술번복 내지 진술변경으로 평가될 위험성이 있다.

이 사건에서 B의 어렴풋한 기억 속에는 한 명은 앞에서 성기를 입에 넣고 있었고, 다른 한 명은 뒤에서 성기를 집어넣고 있었다. 앞사람은 A1의 목소리였고 뒤에서는 A2의 목소리가 들렸다. 몸의 실루엣으로 봤을 때 앞사람은 말랐고 뒤쪽 사람은 통통한 느낌이었다. 그런데 B는 경찰에서는 목소리와 실루엣에 관한 얘기를 하지 않았다. 검찰에서 조사받을 때 비로소 목소리와 실루엣으로 피고인들을 특정했다고 진술하는 태도는 오해의 여지를 남겼다. 사실 B는 성폭행을 당하고 있을 때 앞뒤 사람이 누구였는지 정확하게 알지 못했을 것이다. 방안은 어두웠고, 엎드린 자세여서 그들의 얼굴을 자연스럽게 쳐다볼 수도 없었기 때문이다. 단지 앞에서 성기를 입게 넣고 있던 사람은 목소리와 마른 체형으로 봐서 A1 같았고, 뒷사람은 목소리와 통통한 체형으로 봐서 A2 같다는 어렴풋한 느낌만 남아 있었던 것 같다. 그러나 나중에 정신이 들어 그들을 추궁했을 때 그들로부터 A1이 앞에서 했고 A2는 뒤에서 했다는 말을 듣고서 어렴풋했던 기억에 확신을 갖게 되었던 것으로 보인다. 그런데 그 추론과정을 처음부터 전체적으로 진술하지 않고 경찰과 검찰 및 법원에서 부분적으로 진술하는 바람에 진술이 일관성이 없다거나 구체화되어 간다는 평가를 받게 되었다. B가 가해자들의 행위를 특정한 추론과정을 납득할 수 있게 설명하지 못했다고 볼 수 있다.

경우에 따라서는 B는 그 특정과정을 처음부터 모두 말했는데, 피해 진술을 조서에 옮겨 적는 조사관이 진술의 일부만 조서에 기재했을 가능성도 있다. 2심이 수사기관이나 법정에서 피해자에게 어떤 방식과 내용으로 질문하였는지에 따라 그 대답이 달라질 수 있다고 밝힌 이유도 바로 이런 가능성을 예상한 것으로 보인다. 일반인 입장에서, 특히 성폭력으로 신체적, 정신적 고통을 받는 피해자가 수사기관에서 자신이 온전히 기억하고 있는 내용과 추론한 부분, 또는 시간이 지나면서 기억이 떠오르거나 전후 사정을 알고 나서 추론한 내용 등을 엄격하게 구분하여 진술하는 것을 결코 쉬운 일이 아니다. 그러므로 피해자를 상대하는 수사관이나 변호사의 역할이 무엇보다 중요하다. 피해자가 기억하고 있는 내용을 모두 진술할 수 있는 환경을 만들고, 기억과 자기 확신을 뒤섞어 진술하지 않도록 도와주어야 한다.

기억은 입력, 저장, 출력의 과정을 거친다. 기억은 입력 과정에서도 왜곡이 발생할 수 있지만 저장단계에서도 입력 이후의 경험 등 새로운 정보와 시간 경과 등으로 변형될 수 있다. 기억하고 있는 사실은 시간의 경과에 따라 소실되고, 그 소실된 기억을 자신이 경험한 다른 정보로 채워 새로운 기억으로 저장하기도 한다. 이때의 왜곡은 시간과 경험의 영향을 크게 받는다. 시간이 지남에 따라 최초의 기억은 새로운 모습으로 변화될 수 있지만 당사자는 그것을 인지하지 못하고 현재 기억하고 있는 기억이 최초의 기억 그대로의 모습이라고 믿게 된다(박명용, 2015. 사법행정). 따라서 기억하고 있는 내용과 추론을 통해 확신한 내용, 그리고 정확한 기억과 정확하지 않은 기억을 되도록 명확하게 구분하여 진술하는 것이 좋다.

참고로 이 사건에서는 실종신고를 받고 현장에 출동한 경찰관의 기억 오류가 1심 법원이 무죄심증을 형성하는 데 영향을 미쳤을 가능성이 있다. 출동한 경찰관에게 B가 괜찮다고 말했다는 것에는 다툼이 없었다. 다만, B는 경찰관이 현관에 서서 방 안에 있던 자신을 보고 도움이 필요한지 물었다고 진술했고, 출동한 경찰관은 신발을 벗고 B가 있던 방 안까지 들어가서 물어본 봤다고 증언하여 당시 경찰관의 위치에 대하여 진술이 갈렸다. 1심은 경찰관의 증언을 B 진술의 신빙성을 배척하는 탄핵증거로 삼았다. 하지만 2심 재판에서 그 경찰관에게 당시 상황을 확인하였는데, 그 경찰관은 1심 증언 당시에 이미 1년 이상이 지난 일이고, 하루에도 비슷한 현장에 수십 번 현장출동을 하기 때문에 실제 상황은 정확하게 기억할 수 없어 그날도 매뉴얼대로 대응했을 것으로 짐작하고 방에 들어가서 상태를 확인하였다는 취지로 증언한 것이라고 했다. 따라서 그 경찰관의 증언은 더 이상 B 진술의 신빙성을 탄핵하는 증거가 될 수가 없었다. 성폭력 사건에서는 현장에 출동한 경찰관이 종종 법정에 출석하여 당시 상황을 증언하기도 한다. 하지만 출동 당시와 증언 시점 사이에 상당한 시간이 경과된 경우라면 그 경찰관의 증언이 정말로 사실과 기억에 따라 증언하는 것인지, 아니면 관례나 매뉴얼에 따라 막연하게 진술하는 것인지 따져볼 필요가 있다.

가해자들은 1심에서 잠시 무죄판결을 선고받았지만 2심에서 유죄를 선고받았다. 대법원에 상고하였지만 기각되어 그대로 확정되었다. 하마터면 특수강간을 저지른 A1과 A2의 완전범죄로 끝날 뻔했다. B가 처음부터 구체적으로 진술하지 않은 것도 주된 원인이었다.

2 … 진술이 추가되는 것을 피하라 - 지록위마

피고인 A(여고생)와 피해자 B(남고생)는 어느 고등학교 체육선수들로 선후배 사이였다. 그들은 같은 학교 학생들과 함께 강원도에서 열리는 체육대회 참가하기 위해 숙소로 마련된 강원도의 한 호텔에 도착했다.

2021년 4월 어느 날 밤, 학생들은 감독의 눈을 피해 호텔 밖으로 나가 술을 마시고 밤늦게 각자의 방으로 돌아갔다. A는 여자후배는 한방을 쓰게 되었다. 잠시 후 여자후배와 가깝게 지내던 남자후배가 그 방에 찾아왔고, 뒤이어 B도 합류했다. A와 여자후배는 여학생이었고, B와 남자후배는 남학생이었다. 4명이 한 방에서 한참을 놀다가 자정 무렵 잠을 자려고 A, B, 남자후배, 여자후배 순으로 방바닥에 누웠다.

다음 날 새벽 1시경, A는 갑자기 손으로 옆에 누워있던 B의 가슴과 몸을 만지고 키스를 했다. A는 방 안에 있던 의자 2개를 가지고 와 나란히 붙이고, 그 위에 이불을 덮어 A와 B가 누워있던 공간과 여자후배와 남자후배가 누워있던 공간을 분리하였다. 그러더니 옆에 누워있던 B의 옷 위로 그의 성기를 손으로 만지더니 입으로 빨고, B의 손을 잡아 자신의 몸을 만지게 하였다. B의 거부로 그냥 잠을 잤다.

새벽 4시 30분경, A는 옆에서 잠자고 있던 B의 하의를 벗긴 후 그의 몸 위로 올라가 성관계를 하였다.

이로 인하여 A는 B에 대한 강제추행과 준강간 혐의로 기소되었다.

◆

체육대회에서 복귀한 이후 한동안 학교는 조용했다. 그런데 우연한 일을 계기로 그날의 일이 수면위로 떠올랐다. 2021년 6월경, 체육훈련을 하다가 A와 남학생 F가 말다툼을 하였다. 그 일로 A의 엄마가 F를 만나 대화를 하던 중에 A가 강제로 B와 성관계를 했다는 말을 전해 들었다. 황당했던 A의 엄마는 당시 현장에 있었던 학생들을 찾아다니며 확인을 하면서 그 소문이 더 퍼지게 되었다. 2021년 10월경, A와 그 엄마는 학교폭력대책심의위원회에 B와 F를 명예훼손으로 신고했다. 그러자 B는 2021년 11월경, A를 이 사건 성범죄로 경찰에 고소하였다.

하지만 A는 사건 당시 B가 주장하는 것 같은 성적 접촉이 전혀 없었다고 주장했다. 그때 방에서 B가 '하지 마세요'와 비슷한 말을 하기는 했지만 추행과는 상관이 없다고 했다. 그때 같은 방에 있던 여자후배와 남자후배가 스킨십을 하여, 그 모습을 보기 싫어서 방안에 있던 의자를 사이에 가져다 놓고 이불을 덮어 공간을 구분하고, B와 함께 벽에 기대고 앉아 휴대폰 게임을 하다가 서로 휴대폰을 뺏으려고 실랑이를 하는 과정에서 나온 말이라고 하였다.

A는 성폭행을 인정하지 않았기 때문에, 공소사실을 입증할 증거는 피해자 B의 진술, 그리고 당시 현장 함께 있던 두 명의 후배가 목격자였다. 성폭행이 없었다는 A(1명)와 성폭행이 있었다는 B와 후배 두 명(3명)의 주장이 대립하였다. 수적으로는 일단 A가 불리했다. 검사는 피해자 B의 진술을 믿고 A를 기소하였다. 과연 법원은 어떤 판결을 내렸을까?

◆

1심 법원은 수적인 열세에도 불구하고 A의 손을 들어줬다. 비록

B의 피해 진술이 있고, 이에 부합하는 후배 2명의 목격자 진술이 있지만 진술내용이 서로 배치되거나 주요 부분의 진술이 변경되어 신뢰하기 어렵다고 하였다. 1심은 A의 주장처럼 B의 주장이나 공소사실과 같은 성폭력 범죄가 아예 없었을 가능성과 A와 B 사이에 묵시적, 소극적인 합의로 성적인 접촉이 있었을 가능성을 제시하였다. 둘 사이에 성적인 접촉이 있었다고 하더라도 술에 취해 당시 상황을 정확하게 기억하지 못하던 B의 기억에 왜곡이 생겼거나 B가 어떤 사정으로 사실대로 진술하지 못하였을 수도 있다고 의심했다. 이에 따라 1심은 A에게 무죄를 선고하였다.

공소사실에는 A가 B의 성기를 빨았다는 내용이 포함되어 있었다. 하지만 1심 법원은 그 부분에 관한 B 진술의 신빙성을 의심하였다. B는 고소장에서도, 고소 이후 경찰 조사에서도 그런 사실을 전혀 언급하지 않았다. 단지 A의 엄마가 제출한 B와의 전화통화 녹취록에서 A의 엄마가 B에게 성기를 빨랐는지를 묻자 B가 '예'라고 답하는 내용을 확인한 경찰관이 B에게 전화로 사실여부를 확인할 때에 경찰관에게 구강성교를 당했다고 대답하였다. 그러자 그 이후부터 구강성교가 피해 사실로 추가되었다. 비록 학폭위 신고 직후 B가 작성한 확인서에 '중간에 갑자기 바지도 벗겨서 만지고, 막 물고 빨고, 내가 싫다고 했는데도 계속하였다'라는 내용이 있고, 법정에서 검사와 판사의 관련 질문에 '예'라고 대답하였지만, A가 성기를 빨았다는 사실에 대하여 B가 적극적으로 진술한 것으로 볼 증거로는 부족하다고 보았다. 이처럼 구강성교로 인한 유사강간이 피해 사실로 추가되게 된 경위에 비추어 그런 행위가 실제로 있었는지 충분히 증거가 없다고 하였다. 재판부가 B 진술의 신빙성을 배척한 주된 이유를 살펴보면 다음과 같다.

B는 학폭위와 관련한 확인서에서도 피해 장소를 숙소 호텔 304호라고 기재하였고, 고소장이나 경찰조사에서도 304호라고 진술하였으

며, 이 법정에서도 3층이라는 취지로 증언하였으나, 실제 피해 장소는 2층으로 B의 기억과 다르다.

B는 수사기관에서는 A가 의자 3개와 이불을 이용하여 벽을 만들었다고 진술했는데, 법정에는 의자 2개와 이불을 덮어 벽을 만들었다고 진술하였다. 그러나 후배 2명은 의자 두 개와 이불로 벽을 만들었다고 일관되게 진술하여 B가 말한 내용과 일치하지 않았다. 반면 A는 당시 방에는 의자가 1개였다고 일관되게 진술하였고, 호텔 대표는 그 방은 온돌방이라 화장대용 의자 1개만 있었다고 한다.

B는 계속 몸을 만지는 A에게 거부 의사를 표시했고, 그러다 잠들었는데 눈을 떠보니 A가 하의를 벗은 상태로 몸 위에서 성관계를 하고 있었다. 너무 놀라서 A를 밀치고 일어나 옆에서 자고 있던 남자후배를 깨워서 방을 나왔다고 일관되게 진술한다. CCTV를 보면, A와 남자후배는 새벽 4시 25분경 방에서 나갔으므로 B가 주장하는 성관계는 그 직전에 있었던 것으로 볼 수 있다. 그런데 남자후배는 이 법정에서 'A가 벽을 만든 이후 계속 졸린 상태로 잠을 자지 않고 있다가 벽 이불을 들춰보고 A가 B의 몸 위에 올라타 성관계하는 것을 봤다. 여자후배가 옆으로 굴러와서 여자후배와 자리를 바꿔주고 잠이 들었는데, A 또는 B가 깨워 방에서 나왔다.'고 진술하였다. 그렇다면 B가 주장하는 성관계 시점과 남자후배가 목격한 성관계 시점 사이에 상당한 시간적 간격이 있고, 남자후배의 진술과도 배치된다.

녹취록을 보면, A의 엄마가 F로부터 이 사건 관련 소문을 듣고 그 즉시 B에게 확인전화를 했을 때, B는 A가 억지로 성적 접촉을 한 것은 맞지만 성폭행이라거나 자신이 피해자라고는 생각하지 않는다는 취지로 대답하였다. 아마도 사건에 직접 관련되지 않은 사람들에 의하여 부풀려진 내용을 미성년자인 B가 적극적으로 정정하기 어려웠을 가능성이 있다.

1심은 B가 이 사건을 고소하게 된 동기도 자연스럽지 않다고 보았다. 즉, B는 A로부터 학교폭력으로 신고를 당한 후에 고소를 하였고, 고소 이후에야 병원에서 정신과적 진료를 받았다. 또 A와 F의 다툼 이후에, F가 A의 엄마로부터 야단을 맞고 고소 사실과 같은 내용을 A의 엄마에게 폭로하면서 이 사건이 공론화되었다. 그 이후 A는 B와의 성적 접촉을 전혀 인정하지 않고 있음에도 A의 엄마가 먼저 명예훼손으로 신고하기 전까지 B가 상당기간 아무런 조치를 취하지 않았다는 사정을 그 판단근거로 제시하였다.

한편, 1심은 B의 진술과 목격자의 진술이 서로 배치된다고 보았다. 즉, B는 'A의 행동이 점점 심해져서 숙소로 내려가려고 했는데 A가 옷을 붙잡고 가지 말라고 했다. 몇 번이나 가려고 일어섰는데 계속 잡았다. A가 가지 말라고 막 소리 질러 옆방 코치님이 깰까봐 어쩔 수 없었다.'는 취지로 진술하였다. 그러나 남자후배는 'B가 하지 말라고 하자, A는 진짜 안한다는 말만 반복했고, 뒷말은 취해서 잘 들리지 않았다.'고 진술하고, 여자후배는 B가 '누나 왜 그러세요. 하지 마세요'라고 하는 소리밖에 못 들었다고 진술하였다. 이처럼 당시 A와 B가 어떤 말을 했는지에 관한 진술이 서로 다르다고 보았다.

그런데, 2심 법원에서는 결론이 뒤집혔다. B는 당시 상황에 대하여 'A, 여자후배, 남자후배와 잠을 자려고 누워 있었는데, A가 자신을 껴안고 뽀뽀를 하는 등 신체 접촉을 하였다. 방 중앙에 의자를 놓고 그 위를 이불로 덮어 벽을 세웠고, 이후에도 계속하여 몸을 더듬고 성기 부분을 만졌다. 하지 말라고 거부하다가 잠이 들었다. 잠에서 깨어 보니 하의가 무릎까지 벗겨져 있었고, A도 하의를 입지 않은 채로 위에 올라타서 성관계를 하고 있었다.'는 취지로 진술하고 있는데, 진술 내용이 일관되고 구체적이며, 참고인들의 진술 내용과도 그 주요 부분에서 서로 부합하므로 신빙성이 있다고 하였다. 그러면서 B가 주장하는 의자의 개수가 그 방에 기본적으로 배치되는 의자의 개수와 다르다는 사정, 피해 호실을 다르게 진술한 사정은 이 사건의 부분적이고 지엽적인 부분에 불과하므로 그런 사정만으로 신빙성을 배척해서는 안 된다고 하였다.

2심은 1심과 반대로 고소경위도 자연스럽다고 판단하였다. B는 이 사건이 외부에 알려지면 자신의 학교생활에 지장이 생길 수도 있다는 생각에 여자후배, 남자후배, F 등 3명에게만 피해 사실을 알리고 비밀로 했다고 추론했다. B는 약 7개월이 지난 후에야 고소하였지만, A로부터 학폭위 신고를 당하게 되자 억울함을 풀기 위해 고소하게 된 것이므로 그 고소 경위는 매우 자연스럽고, 의심스러운 정황을 발견할 수 없다고 보았다. 이밖에 2심 법원이 A 진술의 신빙성을 배척하고, B 주장의 신빙성을 인정한 주된 이유는 다음과 같다.

B는 사건 발생 직후 또는 멀지 않은 시점에 여자후배, 남자후배, F에게 피해 사실을 말했다. 만약 당초 이 사건을 문제 삼거나 외부에 알릴 의도가 전혀 없었다면 굳이 이 사건이 공론화되기 이전에 허위의 피해 사실을 꾸며내어 가까운 사람 몇 명에게만 이야기한다는 것은 경험 법칙상 납득하기 어렵다.

2021년 6월경, B는 A의 엄마와 전화통화를 하면서 이 사건에 대하여 '성폭행, 성추행 이런 것으로 생각하지 않는다. 내가 피해자라고 생각하지 않는다.'라는 취지로 말하기는 하였지만, 당시에도 '원하지 않았는데 피고인이 강제로 성관계를 하였다.'고 일관되게 주장하였다.

2021년 6월경, 여자후배는 A의 엄마와 전화통화에서 '나는 B의 말을 믿지 않는다. A와 B가 성관계를 했을 것 같지 않다'는 취지로 말했다. 하지만 여자후배는 A의 엄마에게 성관계 여부에 관하여 자신의 생각이나 느낌을 그대로 이야기하기에는 부담을 느꼈을 수 있다. 또 A와 B의 성관계 장면을 직접 목격한 것도 아니었다. 사회통념상 방 안에 다른 사람들이 함께 있는데 성관계를 한다는 것은 매우 이례적인 경우이므로, 단지 자신의 주관적 생각을 말한 것일 수 있다.

B는 고소장이나 경찰진술에서 A가 성기를 빨았다는 내용을 진술하지 않은 것은 사실이다. 그러나 고소장 제출 전에 작성한 확인서에 '중간에 갑자기 바지도 벗겨서 만지고 막 물고 빨고 하고 내가 싫다는 의사표현을 하였는데도 계속하였다.'라고 기재하고 있기 때문에 성기를 빨았다는 부분이 고소 이후에 갑자기 추가된 사실이라고 보기 어렵다. A의 엄마와 전화통화를 하면서, 당시 이 사건을 문제 삼지 않으려는 상황에서도 A의 엄마가 성기를 빨았느냐는 질문에 굳이 허위로 대답하였을 것으로 보이지는 않는다. 또 F는 B로부터 들은 내용을 A 엄마에게 전한 것인데, 굳이 B가 지인들에게 허위사실을 포함시켜 고백할 이유나 동기도 없어 보인다.

남자후배는 두 사람의 성관계를 목격한 시점이 B가 말한 성관계 시점과 상당한 시간적 간격이 있는 것처럼 진술하기는 하였다. 그러나 잠이 든 상태에서는 시간의 흐름 등을 객관적으로 인식하는 데 한계가 있고, 남자후배의 진술 외에는 남자후배가 목격한 성관계 시점과 B가 성관계 시점 사이에 상당한 시간적 간격이 있다고 볼 만한 다른 객관적인 증거는 없으므로 A와 남자후배가 주장하는 성관계 시점에 상당한 시간적 간격이 있다고 단정할 수도 없다.

2심 법원은 B 진술의 신빙성을 인정한 반면, A 주장은 그 자체로 합리성이 없거나 목격자들의 진술과 모순되기 때문에 믿을 수 없다고 하였다. 2심이 A 주장의 신빙성을 배척한 요지는 다음과 같다.

A는 사건 당일 B와의 성적 접촉이나 성관계 사실을 일체 부인하고 있다. A는 1심 법정에서 '여자후배와 남자후배가 스킨십을 하는 장면이 보기 싫어서 의자와 이불로 벽을 만들어 가렸다. B와 함께 벽에 기댄 채 앉아서 휴대폰 게임을 하다가 서로 휴대폰을 뺏는 과정에서 B가 하지 말하고 하는 소리를 들었다.'고 진술했다. 그렇지만 의자로 벽을 만든 경위에 관한 내용은 B와 남자후배의 진술과 다르다. A는 수사기관에서는 자다가 깼을 때 B가 옆에 있어 떨어뜨리려고 옆으로 밀었는데 B가 누나 하지 마세요라고 말했다는 취지로만 진술하였다가 1심 법정에서는 휴대폰 게임과 관련된 진술 내용을 갑자기 추가하였다. 이러한 진술의 변화가 시간의 경과에 따른 기억의 소실이나 착오에 따른 것으로 보기도 어렵기 때문에 이와 같이 갑자기 새로운 진술 내용이 추가되게 된 경위 역시 자연스럽지 못하다.

B는 사건 직후 A로부터 '어제 일 아무한테도 말하지 마라'는 카톡 메시지를 받았다고 진술하였고, 남자후배도 확인서에서 사건 당일 아침에 B가 그런 내용으로 받은 A의 카톡 메시지를 보여주었다는 내용이 적혀있다. 이에 대하여 A는 시합이 끝나고 집으로 돌아가는 버스 안에서 여자후배 등에게 '어제 일은 우리끼리만 알자'고 말한 것은 맞지만, 전날 술을 마신 것과 남학생들과 같은 방에서 잔 것이 너무 부끄러워서 그렇게 말한 것이라는 취지로 주장하고 있다. 그러나 술을 함께 마신 B 이외의 다른 남학생들에게는 그런 요구를 하지 않았고, 남학생들과 같은 방에서 이야기하다가 잠이 들었다는 사실이 선생님 또는 부모님이 아닌 친한 친구들에게까지 비밀로 지킬 것을 요구할 만큼 민감하거나 중대한 사안이었던 것으로 보이지 않으므로 그 경위에 관한 A의 진술은 납득하기 어렵다. 오히려 피해 사실과 같은 일이 있

었기 때문에 A로부터 비밀로 할 것을 요구받았다는 취지의 B 진술이 자연스럽고 합리적이다.

◆

1심은 피해자 B의 진술이 목격자인 두 후배의 진술과 불일치하거나 객관적 사실과도 다르다며 배척하였다. 특히, A가 성기를 빨았다는 부분은 피해내용으로 나중에 추가된 것으로 보고 신뢰하기 어렵다고 하였고, 피해 장소와 의자 개수에 대한 B의 진술은 객관적 사실과 일치하지 않기 때문에 믿을 수 없다고 하였다. 최초 추행 당시 자리를 피하려고 하자 고함을 지르며 못 가게 하였다는 B의 진술은 목격자들의 진술과 배치된다고 판단하였다. F가 과장해서 얘기한 것 같다는 B의 진술, 그리고 B나 F가 거짓말을 하는 것 같다는 여자후배의 진술이 더 진실성이 있다고 판단했다. 사건 직후 아무런 조치가 없다가 학폭위에 신고를 당하자 그제여야 이 사건을 고소한 경위는 자연스럽지 않다고 보았다. 성관계 시점도 피해자 B와 여자후배의 진술이 불일치한다고 보았다.

1심은 A 진술의 신빙성보다는 B 진술의 허위성에 주목했다고 볼 수 있다. B가 술에 취해 당시 상황을 정확하게 기억하지 못했을 가능성과 사건 당시 A와 사이에 있었던 일을 주위 사람들에게 과장해서 말했는데 그 소문이 부풀려진 상황에서 어린 B가 사실관계를 바로잡지 못할 상황이 되자 어쩔 수 없이 소문처럼 거짓말을 하였을 가능성이 있다고 보았다. B가 당시 피해 장소인 호텔 호실과 방 안에 있던 의자 개수를 정확하게 기억하지 못했고, 성기를 빨았다는 피해 사실은 쉽게 놓칠 수 없는 중요한 사실임에도 수사 과정에서는 적극적으로 언급하지 않았기 때문이다. 이런 B의 태도는 무죄심증에 직접적인 영향을 미쳤다.

그런데, 2심은 피고인 A의 주장보다 피해자 B의 진술에 더 신빙성이 있다고 판단하였다. 피해 장소나 방 안에 있던 의자의 개수 등은 신빙성 판단에 영향을 미치지 못 하는 지엽적이고 사소한 것으로 평가하였다. A의 엄마와 B 및 여자후배의 2021년 6월경 전화통화 녹취록은 A의 주장에 부합하는 면이 있다고 하면서도, 당시 A의 엄마가 추궁하듯이 따져 물었기 때문에 그들이 사실대로 진술하기 어려운 상황이었을 것으로 추정했다. B는 A의 엄마와 통화에서 A가 성기를 빨았는지에 대해서도 소극적이지만 A 엄마의 추궁에 그렇다고 대답했고, 학폭위 과정에서 작성한 확인서에도 성기를 빨았다는 취지가 기재되어 있는 점을 근거로 구강성교를 당했다는 피해사실이 갑자기 추가된 내용으로 보기 어렵다고 하였다. 남자후배가 목격했다는 성관계 시점 자체가 정확하지 않기 때문에 성관계 시점에 상당한 차이가 있다고 단정할 수 없다고 하였다. A로부터 학폭위 신고를 당하자 이 사건을 고소한 경위도 자연스럽다고 하였다. 오히려, A는 B로부터 하지 말라는 말을 들게 된 경위를 추가하여 진술했고, 사건 직후 후배들에게 지난 밤 일을 비밀로 하자고 요구한 경위도 납득하기 어렵다면서 B의 주장을 배척하였다.

이 사건에서 1심과 2심의 결론을 정반대였지만, 새로운 진술이 추가되었다는 이유로 진술의 신빙성을 배척 한 점은 같다. 이는 진술의 신빙성을 판단하는데 가장 중요한 요소 중 하나인 일관성과 관련된 문제이다. 고소 당시나 수사기관에서 주장하지 않았던 사실을 나중에 또는 법정에서 새롭게 진술하게 되면 일관성이 없다는 평가를 받기 쉽다. 경우에 따라서는 부득이하게 나중에 진술을 추가할 수밖에 없는 경우도 있다. 일관성이 없다는 평가가 두려워 말하지 않고 가만히 있을 수는 없기 때문이다. 하지만 기억나는 대로 추가 진술을 하더라도, 반드시 왜 뒤늦게 말하게 되었는지 그 이유나 사정을 충분히 설명해야 한다. 객관적인 근거를 함께 제시한다면 금상첨화다. 예를 들면, 사건 직후 명확하지 않던 당시의 기억이 나중에 어떤 자료나 다른 사람의 말을 듣고서야 기억이 되살아나거나 확신을 갖게 된 경우도 얼마든지 있다. 이 사건에서도 A가 휴대폰 게임을 했다는 사실을 1심 법정에서 처음 꺼냈는데, 왜 그때서야 말하게 되었는지를 충분히 설명했다면 2심 법원의 의심을 방지할 수 있었을 것이다. 특히, B가 추행을 당했다는 그 시각에 A가 휴대폰 게임을 했다는 게임이용기록을 확인하여 그 자료를 함께 제출했다면 오히려 신빙성을 인정하는 좋은 근거가 되었을 것이다.

하지만 필자가 볼 때, 2심의 사실인정과 추론에는 납득하기 어려운 부분이 많아 보인다. B가 주장하는 성관계 시점과 남자후배가 기억하는 성관계 시점은 분명히 차이가 있다. F의 말을 들은 A의 엄마가 당일 B와 여자후배에게 전화를 걸어 확인했을 때의 내용과 학폭위나 수사 과정에서 진술한 내용에도 차이가 크다. 또 대회 기간 중 숙소를 이탈하여 술을 마시고, 한 방에서 남녀가 함께 잠을 잤다는 사실은 선생님이나 부모가 아닌 친구들에게까지 비밀로 할 만큼 민감하거나 중대한 사항이 아니라고 하면서 그에 관한 A의 주장을 배척한 2심의 판단은 합리성이 부족하다. 왜냐하면 당시는 다른 지역으로 원정까지 와서 단체로 합숙을 하고 있었고, 대회기간 중이었다. 그들은 모두 학생신분으로서 법적으로 음주가 불가능하였고, 더구나 시합을 앞두고 있었다. 숙소는 남녀를 구분하여 배정되었다. 감독자 없이 미성년 학생들끼리 혼숙했다는 사실은 학교나 학부모에게 알려지면 큰 파장을 일으킬 수 있는 민감한 이슈다. 그런데 그들은 밤늦은 시간에 선생님 몰래 숙소를 빠져나가 취할 정도로 술을 마셨고, 한 방에서 남녀 학생 4명이 함께 잠을 잤다. 고등학교 3학년으로 가장 상급자였던 A의 입장에서는 이런 사실이 친구들에게 알려지면 책임추궁이나 소문 등 큰 파문을 불러올 수 있다고 생각했을 것이다. 그래서 그날 한 방에 있었던 후배들에게 지난 밤 일을 비밀로 하자고 했을 것이다. 2심은 그와 같은 일이 민감하거나 중대하지 않다고 판단하면서도 그렇게 판단한 근거는 밝히지 않았다.

2심은 A의 엄마와 B 및 여자후배의 통화내용과 그들이 수사 과정에서 진술한 내용이 차이가 있지만 통화당시는 A 엄마의 추궁으로 진실을 말할 상황이 아니었기 때문에 학폭위나 수사 과정에서의 진술이 사실이라고 판단하였다. 그런데 통화 당시에 A의 엄마도 정보가 많지 않아 그들을 심하게 추궁할 수 있는 상황이 아니었고, 특히 여자후배는 목격자에 불과했기 때문에 강하게 추궁할 이유도 없었다는 점에서 보면 그날의 B와 여자후배의 대화 내용이 허위일 가능성은 작다고 보아야 한다. 또 2심은 범행 장소인 호텔 방 호실과 당시 방 안에 있던 의자의 개수 등은 지엽적이고 사소한 부분이라고 판단하였다. 과연 그럴까? 이것이 사소한 부분이라고 판단한 근거가 무엇인지 궁금하다.

B는 잠에서 깰 때 A가 몸 위에서 성관계를 하고 있기에 A를 밀치고 남자후배를 깨워 방을 나왔다고 진술하였다. 그렇지만 자신이 A를 밀쳤을 때 A의 반응이나 언행에 대해서는 아무런 언급이 없었다. 자신이 A의 어디를 어떻게 밀쳤는지, 밀쳤을 때 A는 어떤 자세가 되었는지, 벗겨진 옷을 어떻게 입었는지, 타액이 묻어 있었는지, 밀치면서 항의하는 말은 하지 않았는지, 당시 불이 켜져 있었는지 등에 관해서도 진술하지 않았다. 또 B는 1차로 추행을 당했는데, 그대로 A의 옆자리에서 자다가 2차로 강간을 당했다는 것이다. 원하지도 않은 추행을 당한 사람이 아무런 조치도 없이 그 자리에서 잠을 잤다는 B의 말은 상식적이지 않다. B는 A가 성기를 빨았다고 주장하지만 의자와 이불로 허술하게 만든 임시 벽 바로 건너편에 누워있었던 여자후배나 남자후배도 구강성교와 관련된 소리를 들었다는 진술도 전혀 없다. 그때 A가 B의 바지를 어떻게 벗겼는지, 추행을 중단했을 때 벗겨진 자신의 바지를 언제 어떻게 다시 입었는지 등에 대해서도 구체적으로 진술하지 않았다. 의심스러운 점은 이뿐이 아니다. 추행을 시작했다는 시점도 불명확하다. B는 4명이 나란히 누워있을 때 A가 손으로 성기를 만지고 뽀뽀를 하였고, 그

이후 벽을 만들고 나서 성기를 빨았다고 주장했다. 그러나 후배들은 하나같이 A가 벽을 만들어 공간이 분리되고 난 후에 '누나 하지 마세요'라는 말이 들렸다는 것이므로, 강제추행은 벽을 만든 이후 시점으로 보는 것이 타당하다. 따라서 이런 점도 B의 주장과 일치하지 않는다.

남자후배의 진술도 의문점이 많다. 그는 졸다가 이불을 들춰보니 A가 B 위에서 성관계를 하고 있었고, A와 B의 하의가 모두 벗겨져 있었다고 진술하였다. 하지만 그는 이불의 어느 지점을 들췄고, 그 들춰진 지점에서 A와 B의 몸 어느 부분이 보였는지, 얼굴을 보았는지, B는 깨어있었는지, B의 바지는 전부 벗겨진 상태였는지, 그들을 볼 수 있을 만큼 방 안이 밝았는지, 얼마 동안 성관계 장면을 지켜보았는지, A나 B의 신음을 들었는지, 잠을 자다가 여자후배에게 자리를 바꿔준 이유는 무엇인지, 여자후배도 성관계 장면을 보았는지 등에 관하여 진술한 내용이 아무것도 없다. 또 남자후배는 성관계 장면을 지켜보다가 여자후배에게 자리를 바꿔주었다고 진술했으나, 정작 여자후배는 남자후배와 자리를 바꾸었다는 진술을 하지 않았다.

여자후배는 학폭위에 제출한 확인서에서 "벽 너머에서 '누나 하지 마세요'라는 말이 들려 둘이 장난치며 놀고 있는 줄 알았다. 그냥 잤는데 얼마 지나지 않아서 '누나 그만 만져요'라는 말이 들여 이불을 건드려 봤더니 A가 놀라서 이불을 똑바로 했고, 다시 잠들었다."고 하였다. 그러나 여자후배와 이불 벽 사이에는 남자후배가 누워있었는데, 여자후배가 어떤 식으로 남자후배를 넘어 이불을 건드렸는지에 대해서는 설명이 충분하지 않았다. 잠을 자다가 여자후배와 자리를 바꾸었다는 남자후배의 진술과도 차이가 있다. 여자후배는 이불을 들춰본 것이 아니라 단순히 건드려 봤을 뿐인데, 어떻게 칸막이 이불을 바로 한 사람이 A라고 확신했는지도 분명하지 않다. 결국 목격자들의 진술이 신빙성이 있는지를 판단하려면 위와 같은 의문점들에 대해 사실관계를 더 파악했어야 한다. 재판에서 A나 변호인은 그 점을 재판에서 더 강하게 주장할 필요가 있었다.

A의 엄마가 B와 F를 학폭위에 명예훼손으로 신고한 후에야 B가 이 사건을 고소한 것은 명백한 사실이다. 이러한 고소경위가 자연스러운 것인지 아니면 부자연스러운 것인지는 일률적으로 판단하기 어렵다. 부자연스럽다고 한 1심의 판단도, 자연스럽다고 한 2심의 판단도 나름대로 설득력이 있다. 고소 경위는 A의 엄마가 이 사건을 처음 들었던 2021년 6월경부터 학폭위에 A와 F를 신고하기까지 약 4개월 동안 이들 사이에 어떤 일들이 있었는지와 밀접한 관련성이 있다. 학폭위의 결과는 고등학생이었던 A, B, F 모두의 장래 진로에 큰 영향을 미친다. 학폭위에서 유리한 결과를 얻어내기 위해 허위 또는 과장된 고소를 했을 수도 있고, 반대로 피해를 당한 것은 맞지만 문제 삼지 않으려고 했는데 학폭위에 신고를 당해서 억울함에 고소했을 가능성도 있다. 이는 위 4개월 동안 이들 사이에 어떤 말들이 오갔고, 어떤 일들이 있었는지를 확인하면 고소의 진정성을 가늠하는데 큰 도움이 되었을 것인데 이 부분에 관한 주장과 심리가 부족했다.

당시 A와 B, 그리고 남자후배 등은 술에 많이 취해 있었던 것 같다. 1심이 B의 알코올 블랙아웃을 살짝 언급하기는 했지만, 재판에서 당시 그들이 술을 얼마나 마셨고, 얼마나 취해 있었는지는 제대로 심리되지 않았다. A가 B의 바지를 벗겼다는 것인데 당시 A와 B가 어떤 옷을 입고 있었는지도 명확하게 드러나지 않았다. A는 1심 법정에서 휴대폰 게임을 했다는 새로운 주장을 했는데, 실제로 그 게임을 했는지는 해당 게임이용기록을 통해 확인했어야 했다. 게임이용기록만 확인했다면 당사자들 주장의 진위를 바로 확인할 수 있었을 것인데 그러지 못한 것은 참으로 아쉬운 대목이다. A의 입장에서 이러한 의문점을 더 집중적으로 제기하고 충분한 증거를 제출했다면 1심이 무죄판결이 그대로 유지되었을 수도 있었다.

결국 공소사실은 같은 방에서 임시로 급조한 칸막이 뒤편에 후배 2명이 있는 상황에서, 강제추행을 하고 성폭행을 했다는 것이다. 유죄를 선고한 2심도 언급한 것처럼 이런 장면은 매우 이례적이다. 상식에서 벗어난 이례적인 일은 그럴 만한 이유가 충분하게 설명되어야 한다. 그렇지 않으면 이례적인 주장은 사실이 아닐 가능성이 크다. 그런데 이 사건에서 이렇게 상식적으로 이해하기 어려운 일이 어떻게 발생하게 되었는지에 대한 납득할 만한 주장이나 설명은 찾아볼 수 없다. 아쉽게도 최근 대법원에서 A의 상고가 기각됨으로써 2심의 유죄가 그대로 확정되었다.

지록위마(指鹿爲馬)라는 말이 있다. 사실은 사슴인데도 말이라 말한다는 사자성어이다. A는 아니라 하고, B, 여자후배, 남자후배는 성폭행이라고 주장했다. 결국 A는 유죄판결이 확정되었다. 객관적인 증거가 충분하지 않아 그날의 진실을 완벽하게 알기는 어렵다. 2심 판결이 지록위마의 판결이 아니길 바랄 뿐이다.

3 … 그날의 대화를 기억하라 - 휴양지 스캔들

20대 중반의 회사원인 피고인 A, 그는 같은 회사의 남자동료 2명과 함께 동남아의 섬 휴양지로 휴가를 왔다. 피해자 B(20대 중반 여성)도 친구와 둘이서 그 섬으로 여행을 왔다.
2019년 10월 어느 날 이른 새벽, A 일행과 B 일행은 그 섬에 있는 클럽에서 우연히 만나 함께 술을 마시며 놀았다. 클럽 영업이 생각보다 일찍 끝나자 아쉬움이 남았다. 그들은 A 일행이 머물고 있던 숙소로 옮겨 술을 더 마시기로 했다.
숙소는 거실과 더블침대와 싱글침대가 들어있는 방이 하나 있었다. 거실에서 술을 마시다가 안주가 떨어졌다. B는 술에 취해 방에 들어가 싱글침대에서 잠을 잤고, 나머지 일행들은 안주를 사러 나갔다. 안주를 사러 나갔다 돌아온 일행들도 그곳에서 잠이 들었다. A의 일행 2명은 더블 침대에서 잠을 잤고, B의 친구는 거실 소파에서 잤다. B는 싱글 침대에서 계속 자고 있었다.
아침 6시경, A는 싱글 침대에서 자고 있던 B의 옆에 누었다. B의 속옷을 벗기고 손가락을 음부에 넣어 만졌지만 반응이 없었다. B를 옆으로 눕히고 등 뒤에서 성관계를 하였다.
이로 인하여 A는 준강간 혐의로 기소되었다.

◆

A는 성관계를 했다는 사실은 인정했다. 다만 서로 좋아서 합의로 성관계를 한 것이지, B의 주장처럼 술에 취해 잠을 자고 있을 때 몰래 한 것은 아니라고 했다. B는 당시 일을 정확하게 기억하지 못했다. 일행들이 안주를 사러 밖에 나갈 때 따라가지 않고 방 침대에

서 잠을 자고 있는데, 누군가 천정을 바라보게 눕히고는 속옷을 벗기고 손가락을 음부에 넣고 만지며 반응을 살폈다고 한다. 아무런 반응을 보이지 않자 옆으로 돌려 눕히고는 뒤쪽에서 성관계를 했는데, 그 사람이 주황색 티셔츠를 입고 있던 것은 기억이 난다고 했다. 옷을 벗길 때 정신이 살짝 깨어나기는 했지만 비몽사몽이라 어떤 대응을 할 상태가 아니었다고 진술했다.

성관계 당시 일행들은 모두 술에 취해 잠들어 있었다. B의 친구도 거실에서 잠을 자고 있어 성관계 상황을 직접 목격하지는 않았다. 나란히 붙어 있는 더블침대에서 잤던 A의 일행 2명은 잠결에 자연스러운 B의 신음을 들었기 때문에 두 사람이 서로 좋아서 성관계를 하는 것으로 알았다면서 A에게 유리하게 진술을 했지만, 그들은 단지 신음뿐이었다.

결국 공소사실을 입증할 직접 증거는 B의 진술뿐이었다. A는 범행을 부인하고 있었고, 그 일행 2명의 진술내용은 A에게 다소 유리했다. A 일행들 진술의 증거가치와 B 진술의 신빙성이 A에 대한 유무죄를 결정짓게 되었다. A의 주장처럼 B가 좋아서 합의하게 성관계를 할 상황이었는지, 사건 당시 B의 상태는 어땠는지가 매우 중요한 부분이었다.

◆

1심 법원은 B의 진술에는 구체성과 일관성이 있고, 그 진술내용에 모순점이나 합리성이 떨어지는 부분이 없으므로 신빙성이 있다고 보았다. 특히 본인에게 불리한 내용도 숨김없이 진술하여 전체적으로 진술을 신뢰하게 만든다고도 하였다. B는 경찰이나 법정에서 자신이 A와 그 일행들에게 성관계하는 것을 좋아한다고 말했다는 것을 친구로부터 들었다거나, 그들과 놀 때 성적인 농담을 주고받았고 술자리 분위기가 즐거웠다거나, 친구의 반대에도 불구하고 그들과 술을 더 마시겠다고 자신이 우겼다는 등 B 본인에게 불리할 수도 있는 내용을 숨김없이 진술하였다.

재판부는 사건 발생 이틀 뒤, A와 B의 카톡 대화에서 A가 합의된 성관계였다고 주장하자, B는 바로 반박하면서 '서로 원해서 성관계를 가진 것이라고요? 성관계를 할 때나 그 전에 말 한마디를 하셨나요? 말 한마디 없이 일방적으로 하셨잖아요. 합의로 성관계를 했다면 입을 막은 이유는 무엇인가요?'라는 카톡 메시지를 보냈는데, 그 내용도 성폭행을 당했다는 B의 주장을 뒷받침한다고 보았다.

1심 법원은 사건 당시 B는 술에 취해 잠이 들어 심신상실 또는 항거불능의 상태에 있었고, A도 B의 그런 상태를 충분히 인식하고 있었다고 판단하였다. 이에 관한 법원의 주된 판단 요지는 다음과 같다.

B는 사건 당시 성관계 상대방이 누군지조차 알지 못하였다가 어렴풋이 기억나는 상대방의 주황색 티셔츠를 단서로 겨우 A를 특정했을 정도로 당시 성적인 자기결정권을 행사하는 것이 현저히 곤란한 상태에 있었음을 알 수 있다.

B는 당시 항거불능 상태에 있었다고 하면서도, 한편으로 경찰과 법정에서 당시 A의 성행위에 대하여 상당히 구체적으로 묘사하고 있어 상호 모순된 것처럼 보인다. 그러나 B는 사건 당시에는 항거불능 상태에 있었지만, 그 당시 느꼈던 어렴풋한 감각과 기억을 통해 B의 구체적인 성행위를 사후적으로 재구성하여 진술한 것으로 볼 수 있다. 따라서 B가 A의 성행위에 대한 진술이 구체적이라는 사정은 범행 당시에 B가 항거불능 상태가 아니었다는 근거가 될 수 없다.

당시 B의 상태에 대하여 B 친구의 진술취지는 B가 안주를 사러 함께 밖에 나가지 못할 정도로 술에 취했거나 피곤해하는 상황이었고, 이에 일행들 중 가장 먼저 잠이 들었으며, 사건 직후에도 술병으로 예약된 선택 관광도 가지 못하고 숙소에서 쉬었다는 것이다.

A의 일행들은 당시 B가 합의로 성관계를 할 때 나는 신음을 냈다고 진술한다. 하지만 그들의 위치에서는 성행위를 하는 A의 뒷모습만 볼 수 있고, B의 표정이나 상태를 볼 수 없었기 때문에 그들의 진술은 신음에 대한 주관적인 평가에 불과하다.

A도 B가 밤새도록 술을 마시다가 먼저 침대에서 잠이 들어서 그가 B 옆에 눕기 전까지 약 30분 내지 1시간 정도 잠을 자고 있었던 상황이었고, 성관계를 하는 과정에서 B는 계속 눈을 감고 있었으며, 아무런 대화도 없었다고 진술했다.

◆

A는 합의에 따른 성관계를 주장했고, B는 비몽사몽 상태에서 성폭행을 당했다는 것이다. 그런데 성관계 당시 두 사람 사이에는 아무런 대화가 없었다. 재판부는 바로 이점에 주목했다. B도 바로 이 부분을 지적하면서 합의된 성관계라는 A의 주장을 정면으로 반박했다. A도 성관계 당시 아무런 대화가 없었고, 심지어 B가 계속 눈을 감고 있었다는 사실을 인정했다. 아주 예외적인 경우를 제외하고는 서로 좋아서 성관계를 하는 두 사람이 성관계 전후에 아무런 대화가 없었다는 것은 상식적이지 않다. 따라서 성폭력 사건이 발생했을 때, 또는 성폭력을 했다고 모함을 받고 있을 때는 당시 성관계 전후에 어떤 대화가 있었는지, 대화 내용은 무엇이었는지를 잘 살펴보아야 한다.

법원은 또 B의 진술에 신빙성을 인정하면서, B가 자신에게 불리할 수도 있는 사실을 숨김없이 진술하고 있다는 점을 근거로 들었다. B뿐만 아니라 그 친구도 B에게 자칫 불리할 수 있는 내용까지 진술한 부분이 오히려 더 신뢰감을 주었다. 그 친구는 성관계 장면을 목격하지 못했다고 솔직하게 진술했다. B가 A의 일행과 술을 마시면서 성적인 농담을 주고받았고, 클럽에서 나와 그들과 더 놀고 싶다고 해서 그들 숙소로 갔다는 내용도 말했다. 법원은 B나 그 친구가 그날 일을 숨김없이 진술하고 있다고 평가했다. 이러한 신뢰를 바탕으로 당시 B의 상태에 관한 그 친구의 진술에 일부 일관적이지 않은 부분이 있었지만 진술의 전체적인 맥락을 보고 높은 증거가치를 부여하였다. 이처럼 진술의 신빙성을 인정받으려면 자신에게 유리한 얘기만 할 것이 아니라 불리할 수 있는 내용까지도 솔직하게 진술하고 있다는 느낌을 줄 수 있어야 한다.

당시 옆 침대에서 자고 있던 A의 일행 2명은 서로 좋아서 성관계를 할 때 나는 B의 신음을 들었다고 했다. 하지만 법원은 그 일행들의 진술은 신음에 관한 주관적 평가에 불과하다며 배척하였다. 만약 A의 주장대로 B가 정상적인 상태였다고 가정하면, A의 친구들이 바로 옆에 있는 상황에서(비록 그들이 잠들어 있었다고 하더라도), B는 그날 클럽에서 처음 만난 사람과 성관계를 했다는 말이 되는데, 이는 도저히 상식적으로 납득하기 어려운 상황이라고 판단한 것이다.

이 사건에서 매우 특징적인 부분은 B가 당시 항거불능 상태였다고 주장하면서도, 한편으로는 성관계 당시 상황을 비교적 구체적으로 기억하고 있다는 점이다. B가 심신상실 내지 항거불능 상태였다면 그때 상황을 구체적으로 기억하기는 어렵다고 보는 것이 일반적이다. 그런데 B는 성관계 당시 A의 행동을 비교적 구체적으로 진술하고 있기 때문에 서로 모순되는 주장으로 볼 여지가 있다. 이에 대한 법원의 판단은 주목할 만하다. 보통의 경우 사람의 기억은 시간이 지남에 따라 옅어지는 것이므로 시간이 지날수록 과거 일들이 점점 구체화된다면, 이런 모습은 그 진술의 신빙성을 인정받는데 장애요소가 된다. 하지만 이 사건에서 법원은 B가 그 당시 느꼈던 어렴풋한 감각과 기억을 통해 A의 구체적인 성행위를 사후적으로 재구성하여 진술하는 것이기 때문에, 사건 당시 술과 잠에 취하여 항거불능 상태에 있었다는 사실과 당시의 일을 구체적으로 진술하는 것이 모순되는 것은 아니라고 하였다. 여기서 중요한 것은 B가 자신의 어렴풋한 감각과 기억을 종합하여 A의 행동을 구체적으로 재구성하여 진술하였고, 법원도 이를 받아들였다는 점이다. 이처럼 기억의 재구성 과정에서 본인의 기억뿐만 아니라 주변 목격자의 진술, 또는 어떤 우연한 계기나 단서에 의해 기억이 되살아난 경우도 있으므로, 나중에 구체적으로 진술할 수 있게 된 이유가 충분히 설명된다면 항거불능이었다는 사정과 반드시 모순된다고 할 수 없다는 것이다.

한편, 사건 다음 날 피해자인 B가 가해자인 A에게 카톡으로 먼저 합의금 제시한 사실이 또 하나의 쟁점이 되었다. A는 이런 B의 행동을 문제 삼으며 B가 처음부터 합의금을 노리고 자신을 무고하였다는 의혹을 제기했다. 이에 대해 법원은 A가 먼저 B에게 원만히 해결하고 싶다면서 어떻게 하길 원하는지를 카톡으로 물었고, 이에 B가 인터넷으로 알아본 적정한 합의금을 A에게 제시한 것이라고 하면서, A의 의혹을 받아들이지 않았다. 일반 형사사건에서는 피해자가 가해자에게 먼저 합의금을 요구하는 것은 대체로 당연한 일로 받아들인다. 그러나 유독 성폭력 사건에서는 피해자가 먼저 합의금을 제시하면 성폭행 피해 주장과 고소 동기를 의심하고, 돈을 노리고 허위주장을 하는 것이라는 잘못된 인식과 편견이 만연해 있다. 상당수의 성폭력 피해자는 대부분 합의금이라도 받고 빨리 그 악몽에서 벗어나고 싶어 하고, 사건이 외부로 드러나지 않기를 바라는 마음이 간절하다. 그러므로 단순히 피해자가 먼저 합의금을 제시했다는 사정은 일반 범죄피해와 마찬가지로 피해 사실의 진실 여부와는 전혀 무관한 일로 받아들여야 한다.

성폭행 사실을 부인하다가 1심에서 징역 2년 6개월의 실형을 선고받은 A는 항소하였다. 하지만 항소심에서는 태도를 바꾸어 모든 범행을 자백하였다. B와 합의도 하였다. 2심 법원은 이런 변경된 사정을 참작하여 A에게 집행유예를 선고하고 석방하였다. A가 처음부터 솔직하게 잘못을 인정하고 피해회복에 최선을 다했다면 훨씬 빨리 좋은 결과를 얻었을 것 같은 사건이다.

4 … 자연스럽게 진술하라 - 약주고 병주고

피고인 A(대학생)는 2019년 6월경 채팅 어플에서 피해자 B(16세의 여고생)를 알게 되었다. 며칠 후, 두 사람은 커피숍에서 직접 만났다. 얘기를 나누면서 서로에게 호감을 느낀 두 사람은 그날부터 연인이 되기로 하였다.
중학생 때 학교폭력 피해를 당해 정신과 치료를 받고 있었던 B는 A를 두 번째 만났을 때, A와 가까워졌다고 생각하여 이전에 사귀던 남자와 성관계를 한 적이 있다는 비밀도 A에게 자연스럽게 털어놓았는데, 그 이후로는 두 사람의 관계가 서먹해져 가끔 연락만 주고받았다.
그러던 어느 날 오전, A는 B에게 카톡으로 만나자는 메시지를 보냈다. 집에 혼자 있던 B는 머리가 아프고 어지러워 나가기 어렵다고 여러 번 거절했다. 하지만 A는 막무가내로 집으로 가겠다면서 약을 사가서, 옆에서 간호해 주겠다고 했다. 결국 B 집으로 찾아갔고, B에게 잠깐만이라도 집 밖으로 나와 달라고 하였다.
집 앞에서 기다리던 A는 B가 밖으로 나오자 그녀를 차에 태워 근처에 있는 호텔로 데려갔다. A와 B는 침대에 나란히 누워 함께 음악을 들었다. 그런데 A는 갑자기 B의 몸 위로 올라가 강제로 B의 옷을 벗기고는 성관계를 하였다. B는 A를 성폭행으로 신고했다.
이로 인하여 A는 아동·청소인 B를 강간한 혐의로 기소되었다.

◆

사건이 발생한지 7개월이 지날 무렵, B는 A를 경찰에 고소했다. 시간이 꽤 지나 망설였지만 아픈 사람을 호텔에 데려가 강간한 A를 도저히 용서할 수 없었다.

고소당한 A는 황당하다는 반응을 보였다. 그날 B와 성관계를 했지만 B가 반항을 하거나 직접적으로 거부하지도 않았고, 강제적으로 한 것도 아니었기 때문에 강간이 아니라고 완강하게 부인하였다. 설령 성관계에 B가 동의하지 않았다고 하더라도 A는 B가 묵시적으로 동의한 것으로 생각했기 때문에 강간의 고의가 전혀 없었다고 항변했다. 그러면서 당시 상황에 대한 B의 주장은 일관성도 없고, 진술 자체로 모순점이 많아 신빙성 없다고 주장하였다.

이렇듯 당시 A와 B의 성관계에 대하여, A는 강간이 아니라는 것이고, B는 강간이라고 하면서 정반대로 주장하고 있었다.

이 사건은 A와 B, 두 사람만 투숙해 있던 호텔 방 안에서 일어났다. 목격자도 없었다. 더구나 A와 B는 채팅으로 만나 정식으로 사귀고 있던 연인 사이였다. A는 강간사실을 부인하고 있어, A의 강간죄를 입증할 증거는 B의 진술밖에 없었다. 사건 당시 B는 아동·청소년이었다. 18세까지의 아동·청소년에 대한 강간은 특별법인 청소년성보호법이 적용되어 형법의 강간죄보다 더 중하게 처벌한다. 무기징역이나 징역 5년 이상이 선고될 수 있는 중대범죄다.

그런데 이런 중대범죄를 입증할 증거는 B의 진술이 유일하기 때문에 그 진술의 신빙성 여부에 따라 A에 대하여 유죄가 선고될 수도 있고, 무죄가 선고될 수도 있다. 재판부가 피해자인 B 진술의 신빙성을 어떻게 평가하는가에 따라 A의 인생이 결정되는 상황이다.

◆

법원은 어떤 판결을 했을까. 1심 법원은 B의 진술에 신빙성이 있다고 판단하였다. B의 진술은 공소사실을 입증할 유일한 직접 증거였지만 그 유일한 증거에 의해 A의 강간죄가 인정된다면서 A에게 징역 4년을 선고하였다. 재판부가 B의 진술에 신빙성이 있다고 판단한 주된 이유는 다음과 같다.

B는 사건 후 약 7개월이 지나 수사기관에서 피해 사실을 처음 진술하였다. 그렇지만 피해를 당하게 된 경위, 당시 상황 등 주요 부분에서 일관되고 흐름이 자연스럽다. 진술 내용에 특별히 비합리적이거나 진술 자체로 모순되는 부분이 없다. 주요 피해 사실은 물론, 사건 당시 A의 언행, 피해 사실 발생 이전 및 이후의 사실관계 등에 관한 진술 내용 역시 자연스럽다. 직접 경험하지 않고서는 진술하기 어려운 세부적이고 구체적인 내용을 포함하고 있다. B는 피해 당시 또는 그 이후 자신이 느꼈던 감정에 대하여도 구체적이고 상세하게 진술하고 있다. B가 A에 대하여 허위로 불리한 진술을 할 만한 특별한 동기나 이유도 없다.

◆

1심 법원은 B의 피해 진술이 일관되고 자연스러우며 구체적이라는 등의 이유로 신빙성이 인정된다고 하였다. 그렇다면 B는 실제로 어떻게 진술했을까? B는 사건 발생 경위에 관하여 대략 이렇게 진술했다.

사건이 있던 날, 머리가 너무 아프고 어지러운 상태였다. 집에 아무도 없고 지금 많이 아프다는 카톡을 보냈다. A가 약만 주고 간다면서 집 앞으로 왔다. 얼굴만 잠깐 보고 간다더니 아파 보여서 그런지 일단 차에 타라고 했다.

눈을 감고 있다가 잠깐 졸았는데 깨워서 일어나보니 호텔이었다. 여기 뭐하러 왔냐고 따졌더니 좀 쉬게 해주고 싶은데 집에는 침대도 없어 이리로 온 거라고 했다. 처음에는 집에 가려고 했는데 렌즈도 안

껴서 눈도 잘 안 보이고, 교통비도 없어 아무 짓도 안 할 테니 잠깐 들어가서 누워있으라는 말만 믿고 올라갔다.

방에 들어가서 머리가 아파 침대에 누워서 노래를 듣고 있었고, 그 사람이 씻고 나와 가운 하나만 걸치고 옆에 누워서 노래를 같이 들었다. 그 사람이 옆에서 갑자기 뽀뽀를 하길래 잠깐이라도 만났으니까 뽀뽀나 하다 말겠지 생각하고 그냥 가만히 있었는데, 갑자기 몸 위로 올라와서 옷을 벗기려고 했다. 하지 말라고 했는데 손으로 팔을 잡고 다리로 몸을 눌러 못 일어나게 하고는 그냥 '괜찮다. 괜찮다' 하면서 자기 혼자 이제 배랑 가슴이랑 애무를 하고서는 성기를 삽입했다.

B가 진술한 내용을 읽어보면 알 수 있듯이 내용이 물 흐르듯 자연스럽다. 군더더기가 없다. 마치 어떤 사람과 사건 당일 있었던 일을 대화하는 것처럼 시간 순서에 따라 자연스럽게 말하고 있는 것처럼 느껴진다. 조작이 의심되거나 억지스러워 보이는 부분을 발견하기 어렵다. 이렇게 자연스러운 진술은 믿음이 간다. 재판부도 그날 B가 어떻게 A에게 연락하게 되었는지, B의 집 앞으로 A가 왜 오게 되었는지, 어떻게 A의 차를 타고 호텔에 투숙하게 되었는지, 호텔에 들어가서 어떤 일들이 있었고, 어떤 방법으로 피해를 당했는지 등 피해를 당하게 된 과정과 당시 상황에 대한 B의 진술은 주요 부분에서 일관되고 자연스럽다고 평가했다. 또 일부러 지어낸 작위적인 대목이나 억지스러운 내용이 없고, 특별히 불합리하거나 모순되는 점이 없으므로 신빙성이 있다고 하였다.

B의 진술에서 볼 수 있듯이 진술내용이 구체적이어야 신빙성이 인정된다. 어떤 내용까지 진술해야 구체적이라고 평가받게 될까. 이 사건에서 재판부는 범행 당시 A의 언행, 피해 사실 발생 이전과 이후의 사실관계, 피해 당시 또는 그 이후 자신이 느꼈던 감정 등 직접 경험하지 않고는 진술하기 어려운 세부적이고 구체적인 내용이 포함

되어 있다고 판단했다. 즉, A의 언행, 성관계 전후 둘 사이에 있었던 일, 그 과정에서 B가 느낀 감정 등에 대해 세부적으로 진술해야 함을 알 수 있다. 이와 관련하여 B는 이런 내용도 덧붙여 진술했다.

머리가 너무 아프고 어지러웠다. 약만 주고 간다고 해서 잠깐만 보는 줄 알고 화장도 안 하고 렌즈도 안 끼고 나갔다. 머리가 아프니까 잠깐 드라이브나 할 겸 동네를 도나 보다 생각했다. A는 어제 못 씻어서 좀 찝찝하다면서 씻고 오겠다고 했다. 씻고 나서 가운 하나만 걸치고 나와 옆에 누었다. 혼자 다 끝내고는 자기는 한 번도 해 본 적이 없는데 이런 게 섹스구나라고 했다. 제 몸에 묻은 정액을 닦아주고 자기도 옷을 입었다.

이처럼 B의 진술은 직접 경험하지 않고는 진술할 수 없는 내용이라는 생각이 저절로 들 정도로 구체적이다. 그래서 재판부로부터 신빙성을 인정받았다. 특히 '화장도 안 하고 렌즈도 안 끼고 나갔다', '우리 집에는 침대도 없고', '어제 못 씻어서 찝찝하다고 씻고 오겠다고 했다', '자기는 한 번도 해 본 적이 없는데, 이런 게 섹스구나 했다'라고 진술한 대목은 꾸며내기 어려운 내용이다. 사실 이런 지엽적인 내용은 강간죄 성립 여부와 직접적인 관련성이 없다. 위와 같은 피해자의 진술이 모두 사실이라고 하더라도 그 사실만으로 바로 강간죄를 인정할 수 있는 것도 아니다. 이런 정황은 B와 합의로 성관계를 했을 때도 충분히 벌어질 수 있는 일이다. 그렇지만 A와 B의 주장이 서로 대립하고 있는 상황에서, 이렇게 세부적이고 구체적인 B의 진술은 신빙성 인정에 큰 영향을 주었음이 분명하다.

결국 강간을 당했다는 B의 주장은 비록 유죄를 입증할 유일한 직접 증거였지만 신빙성을 인정받게 되었고, 그 진술에 의해 공소사실이 충분히 입증되었다는 평가를 받게 된 것이다. 성폭행을 당한 피해자 입장에서 사건 이후에 평정심을 유지한 채 치욕스러운 그날의 일들을 모두 떠올려 담담하게 진술하기란 여간 어려운 일이 아니다. 그렇지만 가해자가 죄에 상응하는 처벌을 받도록 하려면 힘든 과정을 감수해야 한다. 무죄추정의 원칙이 적용되는 피고인은 피해자의 진술이 없으면 처벌할 수 없으므로 견디기 힘든 고통스러운 과정일지라고 이를 피해갈 방법이 없다. 힘든 여정이지만, 피해자가 제대로 진술하지 않으면 가해자는 미소를 짓게 될 것이기 때문이다.

참고로, 강간죄에서 피해자의 진술이 사실상 유일한 증거일 때, 경우에 따라서는 피고인의 진술이 피해자 진술의 신빙성을 뒷받침하는 간접정황이 될 수도 있다는 점을 기억해야 한다. 이 사건에서도 재판부는 A의 일부 진술을 사건 당시 성관계를 거부했다는 B 진술의 신빙성을 뒷받침하는 간접사실 내지 간접정황이라고 하였다. 즉, B의 모친과 전화통화를 하면서, B가 성관계를 하지 말라고 했다는 A의 진술 내용과 B의 음부에 손이 갔을 때 A의 손을 때렸다는 A의 진술 내용은 B 진술의 신빙성을 보충한다고 판단하였다.

1심에서 징역 4년을 선고받은 A는 1심 판결에 불복하여 항소하였다. 하지만 항소심에서는 무죄를 주장하지 않고 입장을 바꿔 강간범행을 모두 자백했다. 항소 이후, A는 B와 원만히 합의하게 되었고, 합의한 사정이 유리한 양형요소로 참작되어 항소심에서 집행유예 판결을 받고 석방되었다.

5 … 법정 진술태도에 신중하라 - 두 마리 토끼

2019년 12월 어느 날, 회사원인 피고인 A는 여자 친구, 그리고 여자 친구의 친구인 피해자 B(20대 초반 여성)와 주점에서 함께 술을 마셨다. 그날 밤 12:00경 B는 담배를 피우려고 건물 밖 흡연실로 나갔다. A는 B를 뒤따라 나가서는 흡연실에서 B를 뒤쪽에서 끌어안고 입맞춤을 하였다.
잠시 후, A와 여자 친구, 그리고 B는 주점을 나와 집에 돌아가려고 택시정류장에서 택시를 기다렸다. A는 여자 친구를 껴안고 작별 키스를 했다. 그런데 A는 여자 친구와 키스를 하면서, 이와 동시에 여자 친구 뒤에 서 있던 B의 엉덩이를 만졌다.
세 사람은 함께 택시를 타고 먼저 여자 친구의 집으로 갔다. 여자 친구가 집에 들어가고 나서, A와 B는 다시 택시를 타고 B의 집에 도착했다. 새벽 1시경이었다. A는 빌라 입구 계단에서 갑자기 B에게 입맞춤을 하고 가슴을 만졌다. B를 빌라 옥상으로 끌고 올라가서는 성기를 B의 입에 넣고, B의 음부와 항문에도 손가락을 집어넣었다. B는 그날 바로 경찰에 고소했다.
이로 인하여 A는 강제추행, 유사강간 혐의로 기소되었다.

◆

A는 B의 고소 내용을 모두 부인하면서 B의 성폭행 피해 주장을 반박했다. A는 '그날 흡연실에서는 뒤에서 끌어안고 입맞춤을 한 것은 맞다. 같이 담배를 피우다가 서로 호감을 느껴 자연스럽게 키스했다. B도 싫다는 내색이 없었다. 함께 셀카 사진도 찍었다. 정류장에서 엉덩이를 만졌다는 B의 주장은 모두 거짓말이다. 키 차이가

나서 신체구조상 여자 친구 뒤에 서 있던 B의 엉덩이를 만질 수 없다. B의 집이 있는 빌라 앞 계단에서 B와 자연스럽게 키스를 했다. 브래지어 끈을 풀고 가슴을 만지거나 항문에 손가락을 넣은 적이 없다. 키스를 하다가 손을 잡고 B와 함께 옥상으로 올라갔던 것이지 강제로 끌고 가지 않았다. 옥상에서도 서로 좋아서 구강성교를 하였고 강제성은 전혀 없었다. B는 그날 3번이나 성폭행을 당했다고 주장하지만 당시 주변에 도움을 요청한 적이 없다. 오히려 그날 있었던 일에 대해 자신의 남자친구에게 거짓말을 해달라는 부탁까지 하였다. B는 남자친구가 있었는데, 그날 일을 남자친구가 알게 되자 책임을 전가하기 위하여 마치 성폭행을 당한 것처럼 허위로 고소한 것이다'라고 변명하였다.

그런데 B는 그날 친구를 데려다주고 A와 함께 택시를 집으로 오는 길에 남자친구와 통화했을 때부터 남자친구가 의심했고, 결국 남자친구가 그날 일을 알게 되는 바람에 어쩔 수 없이 신고하게 된 것이라고 했다. 또 흡연실과 택시정류장에서 강제추행을 당하였다고 하면서도, 적극적으로 이를 회피하려고 노력하지 않았다는 것이다. A의 여자 친구와 함께 택시를 탔을 때도 그 친구에게 성폭행 피해 사실을 알리지 않았고, A가 C를 집에 데려다줄 때도 근처 버스정류장에서 A를 기다렸다. 이런 사정들은 B의 주장을 쉽게 믿을 수 없게 하는 상황들이다.

흡연실이나 택시정류장에 있음 직한 CCTV 영상이나 택시 블랙박스 같은 객관적인 물적 증거는 확보되지 않았다. A의 여자친구도 당시 함께 있었지만, 직접 목격한 것이 없었다. A는 B와 성적 접촉을 했다는 사실을 부정하지는 않았다. 단지 자연스러운 스킨십이었고 강제적인 성폭행이 아니었다는 입장이었다.

결국 공소사실과 관련된 증거는 A와 B, 두 사람의 진술뿐이었다. 두 사람 중 누구 진술을 믿느냐에 따라 A에 대한 유무죄가 결정되게 생겼다. 재판에서는 B 진술의 신빙성과 관련하여, A가 여자 친구를 집에 데려다주는 동안 B가 근처 버스정류장에서 A를 기다렸던 것, 그리고 B가 처음에는 고소할 마음이 없었는데, 남자친구가 그날 일을 알게 되자 비로소 경찰에 이 사건을 고소하였다는 사정이 큰 쟁점이 되었다.

◆

1심 법원은 B의 진술에 신빙성이 있다고 하였다. 즉, B의 진술은 범행 경위, 범행 장소, 당시 A의 행동과 이에 대한 B의 저항, 범행 이후의 사정 등 범행의 주요 부분에 관하여 일관성이 있고, 경험하지 않고는 진술하기 어려울 정도로 상당히 구체적이라고 평가하였다. 특히, 법정에서 보인 B의 태도, 진술의 뉘앙스 등을 고려할 때 B가 위증죄의 처벌 위험을 감수하면서까지 피해 사실을 허위로 진술한다는 느낌이나 허위로 진술할 특별한 동기나 사정도 없다고 보았다. 유일한 직접증거인 B의 진술에 의해 공소사실은 입증된다고 판단하였다. 그리하여 A에게 징역 2년을 선고하였다.

특히, 재판부는 흡연실에서 추행을 당한 이후에도 A의 여자 친구를 데려다주러 갈 때 A와 같은 택시를 타고, A가 여자 친구를 집까지 데려다주고 오는 동안에도 버스정류장에서 A를 기다렸던 것은 인정되지만, B가 그렇게 행동하게 된 경위를 보면, 이는 신빙성을 배척할 수 있는 사정은 아니라고 하였다. 이 부분에 관한 재판부의 판단 요지는 이렇다.

B는 흡연실 및 택시정류장에서의 강제추행에 대하여 그 당시까지는 A의 실수라고 여겼고, 친구도 같이 택시에 타기에 괜찮다고 생각했다는 것이다. A는 흡연실에서 B의 사진과 동영상을 찍었고, B에게 '말을 잘 들으면 사진과 동영상을 지워주겠다'고 말했다. B의 가방 같은 소지품을 A가 가지고 있었다. 이런 상황에서 B 입장에서는 소지품

을 되찾아야 했고, A가 찍은 사진과 동영상의 유포도 걱정되어 이를 지우기 전까지는 A의 말을 잘 따를 수밖에 없었기 때문에 버스정류장에서 A를 계속 기다렸을 것으로 보인다. 성인지감수성의 관점에서 볼 때 성폭력 피해자의 대처 양상은 다양하므로, 위와 같은 B의 행동들만으로 B 진술의 신빙성을 배척하기 어렵다.

A는 1심 판결에 불복하여 항소했다. 하지만 2심 재판에서도 결론이 바뀌지는 않았다. 2심 법원은 1심 판결이 정당하다며 A의 항소를 기각하였고, A는 상고를 포기하여 징역 2년이 그대로 확정되었다.

A는 2심에서 특히 B의 고소경위를 문제 삼았다. B가 남자친구에게 자신의 행동을 들키자 A에게 책임을 전가하여 위기를 모면하기 위해 마치 성폭행을 당한 것처럼 허위고소를 하였다고 주장하였다. 이에 대해 재판부는 B도 남자친구가 알게 돼서 신고하게 되었다고 스스로 진술하였다. 또 여자 친구의 집에서 B의 집으로 가는 택시 안에서 B가 남자친구와 통화할 때 송화음을 차단하여 A와 함께 있음을 숨기려고 한 정황은 있지만, 사건 경위를 볼 때 A가 주장하는 사정이 허위고소의 동기나 이유로 볼 수 없다고 하였다. 이 부분의 주된 판결내용을 옮겨보면 이렇다.

사건 당일 경찰에 신고하거나 주변인에게 도움을 요청하지 않은 이유에 대하여, B는 우선 다른 남자와 함께 술을 먹고 이런 일을 당했다는 것이 남자친구에게 알려지는 것이 싫었다. 친구와도 관련이 있어서 신고가 망설여졌으며, 보복을 당할까 무서웠다고 진술했다. 그런데 B의 이러한 진술 내용, 사건 당사자를 비롯한 주변인의 관계, 이 사건 범행의 내용, 고소 경위 등을 종합해 보면, B가 친구나 남자친구와의 관계를 생각해서 피해 사실을 가급적 주변에 알리지 않으려고 하다가, 남자친구에게 이를 더 이상 숨길 수 없게 되자, 형사 고소를 결심한 것으로 이해할 수 있고, 이는 충분히 납득할 수 있는 상황이다.

◆

B는 경찰에서 이 사건 피해 내용에 대해 조사를 받았고, 검사는 경찰이 작성한 진술조서를 유죄의 증거로 재판에 제출했다. 검사가 피해자나 목격자 등 참고인의 진술조서를 증거로 제출하면, 먼저 재판부는 피고인에게 그 조서를 증거로 사용하는 데 동의하는지를 묻는다. 이를 '증거 인부'라고 한다. 피고인이 동의하면 그 진술조서는 증거가 된다. 피고인이 부동의 하면 그 진술자가 법정에 증인으로 나와 그 조서에 서명했다고 인정해야 증거로 사용할 수 있다. 보통 범행을 부인하는 피고인은 동의하지 않기 때문에 원진술자들이 법정에 나와 증언해야 한다.

이 사건에서도 A는 경찰이 작성한 B의 진술조서를 증거로 사용하는 데 동의하지 않았다. 검사는 B를 검찰 측 증인으로 신청하였고, B는 1심 법정에 출석하여 피해 사실을 증언하였다. 진술의 신빙성을 판단할 때 법원은 수사기관 진술과 법정 진술을 모두 고려하여 진술의 일관성과 구체성 등을 살펴본다. 여기서 주의할 것은 진술 내용뿐만 아니라 법정에서 진술하는 모습과 태도, 진술의 뉘앙스까지도 신빙성 판단요소로 고려한다는 점이다. 이는 매우 중요한 사실이다. 따라서 진술 내용이 가장 우선되겠지만, 판사가 지켜보고 있기 때문에 법정에서의 진술 태도에도 특히 신경을 써야 한다. 판사에게 신뢰감을 줄 수 있는 진술 태도와 모습을 보여주어야 한다. 형사재판을 특히 공판이라고 하는데, 형사사건의 실체에 관한 모든 심증 형성은 공판 과정에 제출되거나 심리된 증거를 우선시한다. 이를 '공판중심주의'라고 한다. 쉽게 말하면 법정에서 판사가 직접 보고 들은 것을 근거로 유죄와 무죄에 대한 심증을 형성하겠다는 의미이다. 1심은 B의 진술에 신빙성이 있다고 판단하는 과정에서 법정에서 보인 B의 태도와 진술의 뉘앙스를 함께 고려하였다고 명시적으로 밝히고 있다. B의 진술이 일관되고 구체적이라고 평가받은 것은 물론이다. 진술태도는 당연히 진술내용을 포함하기 때문이다.

2심도 B의 1심 법정 증언내용을 판결문에 구체적으로 인용하면서 B의 진술에 신빙성을 인정한 근거로 삼았다. B는 법정에서 아래와 같은 내용을 진솔한 태도로 증언한 것 같다.

사진 찍을 때는 A가 갑자기 뒤에서 안으면서 확 찍은 거여서, 제가 어떻게 알고 피할 수가 없었다. 그리고 동영상은 제가 계속 싫다고 막 손으로 이렇게 했는데 계속 찍다가 끊긴 것이다. 사진들을 보면 제가 같이 사진 찍으려고 표정도 짓고 포즈도 잡고 그런 사진이 없다. 그 남자애가 자꾸 손으로 제 엉덩이를 만졌다. 그때 당시 저도 조금 취해서 하지 말라고 옆으로 피했다. 친구도 있고 했으니까 몸을 비틀면서 피하기만 하고 택시가 빨리 오기를 기다리고 있었다.

옥상에서도 코를 막아서, 숨을 못 쉬니까 입을 살짝 벌렸는데 그것을 벌려서 A가 제 입에다가 삽입을 했다. 옥상으로 나간 것도, 사진과 동영상 때문에 무섭기도 하고, 제 짐도 가지고 있었고, 말 잘 들으면 지워준다고 하니까 어떻게든 일단 지워야 되니까, 인터넷에 올린다는 얘기도 했다.

진술 내용이 매우 단순하고 군더더기가 없다. 어색하지 않고 물 흐르듯 자연스럽다. 가해자나 피해자, 피의자나 피고인 등과 같은 법률적 용어가 등장하지 않는다. B 나이 또래의 언어를 사용하고 있다. 마치 피해 사실에 관하여 친구, 선생님, 상담사와 대화하는 것 같다. B의 이런 증언 태도는 재판부가 피해자 진술에 신빙성이 있다고 판단하는 데 큰 영향을 미친 것으로 보인다. 법정에서의 진술 태도나 뉘앙스도 어디까지나 진술 내용이 일관적이고 구체적이라는 전제에서만 의미가 있지만, 어쨌든 법원은 진술의 신빙성을 판단할 때 법정에서 증언하는 태도를 매우 중요하게 생각한다는 점이다.

1심은 판결문에서 법정에 증언하는 B의 모습과 태도가 위증죄 처벌을 감수하면서까지 자신의 피해 사실을 허위로 진술한다는 느낌도 받지 못했다고 했다. 이는 재판부가 진술의 신빙성 판단 과정에서 법정의 진술 내용과 태도까지 고려했음을 의미한다.

A의 입장에서 이 사건을 살펴볼 때, A의 대응 전략에는 몇 가지 아쉬운 점이 엿보인다. A는 수사 초기부터 2심 재판이 끝날 때까지 일관되게 범행을 부인하였다. A가 그런 태도를 보인 이유가 A 스스로 실제 성폭행을 하지 않았다는 믿음 때문인지, 여자 친구의 친구인 B를 성폭행했다는 죄책감 때문인지, 아니면 술에 취해서 그날 일이 잘 기억나지 않았기 때문인지 그 이유를 알 길이 없다. 그런데 A는 당시 여자 친구가 함께 있었고, 더구나 B는 여자 친구의 친구였으며, B 또한 남자친구가 있었다. 이런 상황에서 B가 명시적으로나 묵시적으로 신체적 접촉에 동의하였다는 A의 주장은 신뢰하기 어렵다. 그렇지만 당시 밤 12시를 지나서까지 술을 마셔, A도 B도 상당히 취해 있었던 것 같다. 또 B는 A가 자신의 가방을 가지고 있었다고 주장했지만, 여자 친구는 A가 그날 B의 가방을 갖고 있지 않았다고 했고, 재판부도 A가 B의 소지품 외에 가방을 갖고 있었는지는 명확하지 않다고 하였다. 심지어 A에게 거짓말을 부탁해가면서까지 남자친구에게 그날 일을 감췄다. 이런 정황을 보면, 그날 상황에 관한 B의 주장이 전부 사실인지 의문이 생긴다. 따라서 A의 입장에서는 당시 B의 가방 소재 등 A의 주장을 뒷받침할 만한 증거나 정황을 확보하는 노력이 더 필요했다고 볼 수 있다.

또 A가 본인에게 유리한 증거로 제출한 흡연실에서 찍은 사진은 오히려 역효과가 났다. A는 흡연실에서 셀카 사진까지 찍었다는 사실을 부각시켜 그곳에서의 신체접촉이 자연스러운 행동이었음을 입증하려는 의도였을 것이다. 하지만 법원은 흡연실에서 셀카를 찍었다는 사실 자체보다 사진 속에 나타난 B의 표정에 주목하였다. 사진에 나타난 B의 표정은 스킨십에 동의한 사람이라기보다 성폭행을 당한 사람의 표정으로 보인다고 판단하여, A가 제출한 의도와 전혀 다른 용도로 활용되었다.

판결문에 나타난 사정에 의하면, A는 경찰에서 알코올 중독임에도 술을 마셨고, 술을 마셔 기억이 잘 안 난다는 취지로 진술했던 것 같다. 당시 알코올 중독이었다는 취지의 A 본인 진술을 고려하면, A는 사건 당일 흡연실에서부터 상황이 마무리될 때까지 일어났던 일을 온전히 기억하고 있지 못했을 가능성이 크다. 그렇다면 알코올 블랙아웃으로 B를 성폭행 했다는 사실을 기억하지 못하면서도 일단 부인하고 보자는 심정이었을 수도 있다. 만약 그랬다면 엄청난 오판이다. 손바닥으로 하늘을 가릴 수 없듯이 진실은 밝혀지게 되어있다. A가 처음부터 잘못을 인정하고 B에게 진심으로 용서를 빌었다면, 그래서 B와 원만히 합의하는 전략을 택했다면 어쩌면 항소심에서는 집행유예 선고를 받고 석방되었을 수도 있었다. 이런 면에서 A의 태도는 조금 아쉽다. 사건 초기에 제대로 된 법적 조언을 받았다면 달라졌을 것이다.

6 … 사건 전후 심리상태를 말하라 - 소액결제

2020년 5월 어느 날, 피고인 A는 카톡 오픈채팅방에서 피해자 B(10대 중반의 여학생)를 알게 되었다. B를 알게 된 지 5일 후, A는 B에게 휴대폰으로 소액결제를 해주면 결제 금액에 5만 원을 얹어 바로 갚아주겠다고 제안했다. B는 그 말을 믿고 아버지 휴대폰으로 100만 원을 결제해 주었지만 A는 약속은 지키지 않았다. B는 속이 타들어 갔다.

B는 A에게 대신 결제해준 소액결제를 빨리 해결해달라고 독촉했다. A는 B에게 집으로 오면 그 문제를 해결해 주겠다고 했다. 집에 올 때 꼭 치마를 갖고 오라고 당부했다. 급한 마음에 B는 치마를 들고 A를 찾아갔다. A의 집에서 함께 술을 마셨다.

B는 A에게 빨리 소액결제를 해줄 것과 당장 해결해 주지 않으면 집에 가서 아버지에게 사실대로 알리겠다고 했다. 그 말을 들은 A의 태도가 돌변하더니 갑자기 손으로 B를 때렸다. B에게 가져온 치마를 입게 하고, 집에 있던 하이힐을 신겼다. B를 침대에 눕히고는 B를 협박하여 가슴을 빨게 하고, B와 성관계를 하였다.

이로 인하여 A는 아동·청소년인 B를 강간한 혐의로 기소되었다.

◆

2020년 4월 말경 B는 카톡 오픈채팅방 하나를 개설하였다. 그 채팅방을 발견한 A는 B에게 1:1 채팅을 신청하면서 두 사람의 교제가 시작되었다. 채팅을 시작한 며칠 뒤, 두 사람은 처음 만나 A의 집으로 갔었다. A는 B에게 빌린 돈으로 산 술을 함께 마셨고, 성관계도 하였다. 그날 밤 11시경 A는 B를 집에 데려다주면서 또

3만 원을 또 빌렸다. 다음 날 A는 B에게 아버지 휴대폰으로 소액결제를 해주면 며칠 뒤에 소액결제 금액과 그동안 빌린 돈을 모두 갚아주겠다고 하였다. A의 말을 믿고 B는 아버지 휴대폰으로 100만 원을 소액결제 해주었다. B의 아버지는 해킹을 당해 소액결제가 된 것으로 알고 신고하려고 했던 것이고, 그 이후에 이 사건이 발생하였다.

이처럼 A와 B는 이 사건 이전에 채팅으로 알게 된 지 불과 며칠 만에 A의 집에서 함께 술도 마셨고, 이 사건과 유사한 방식으로 성관계를 가진 경험도 있었다. 하지만 B는 이 사건 이전의 성관계는 고소 내용에 포함하지 않았다.

이런 상황에서 A는 자발적으로 집에 찾아온 B와 합의로 성관계를 하였기 때문에 강간이 아니라는 주장했다. B는 공소사실과 같이 A에게 성폭행을 당했다고 주장했다. A는 그날도 이 사건 이전에 있었던 성관계와 같은 방식으로 자연스럽게 성관계를 했다고 주장했고, B는 강제적이지 않았던 이전 성관계와는 달리 그날은 폭력을 사용하였다고 주장했다. 이 사건 성관계가 있었던 장소는 A의 집이다. 당시 집에는 A와 B 두 사람밖에 없었다. 그런데 한 사람은 성폭행을 당했다고 주장하고, 한 사람은 아니라고 한다. 공소사실을 입증할 직접적인 증거는 피해자인 B의 진술이 유일하다. 따라서 B 진술의 신빙성 여부에 따라 A에 대한 유무죄가 달라지는 상황이다.

◆

1심 법원은 A에게 유죄를 선고하였다. B 진술의 신빙성을 인정한 것이다. 재판부는 B가 A를 알게 된 경위, 이 사건 이틀 전에 한 차례 성관계를 하게 된 경위, 사건 당일 A 집에 간 경위, 강간 당시 A의 구체적인 행동, 이에 대한 B의 저항행위와 심리상태, 범행 이후의 사정 등에 관하여 B의 진술은 일관된다고 보았다. 또 재판부가 직접 관찰한 B의 법정 진술 모습과 태도, 진술의 뉘앙스를 볼 때 악의적으로 허위 진술을 할 만한 동기나 사정도 발견되지 않는다고 하였다. 그리하여 재판부는 함께 기소된 다른 범죄를 포함하여 A에게 징역 9년을 선고하였다.

진술의 일관성은 신빙성 판단에 매우 중요한 요소이다. 하지만 거짓말도 일관되게 할 수 있기 때문에 일관성만으로는 부족하다. 따라서 진술 내용은 본인이 직접 경험하지 않고는 지어낼 수 없다고 느낄 정도로 구체적이어야 한다. 사건 당시 피해자가 실제로 느꼈던 심리상태는 그 상황을 직접 경험해 보지 않고서는 지어내기 어려운 부분으로 여겨진다. B는 이 사건 당시 느낀 기분이나 떠오른 생각 등의 심리상태에 대해 비교적 자세하게 진술했다. 심리상태에 대한 자세한 묘사는 재판부가 신빙성을 인정하는데 큰 영향을 미친다. 아래는 B가 진술한 내용의 일부다.

이 사건 이틀 전에도 A의 집에서 성관계를 했다. 하고 싶어서 한 것은 아니다. 그냥 무서워서 어떻게 해야 집에 빨리 갈 수 있을지 계속 생각했다. 이번처럼 강제적이지는 않았다. A가 아빠 휴대폰으로 소액결제를 하면 며칠 뒤에 결제한 돈과 5만 원을 주겠다고 하여 A가 시킨 대로 하면 5만 원을 벌 수 있겠다는 생각에 아빠 휴대폰으로 A가 원하는 소액결제를 했다.

아빠가 소액결제 사실을 알고 경찰에 신고할 것 같다고 말하자 그 돈을 해결해 주겠다면서 집으로 오라고 했다. 자기 집으로 올 때 치마를 입고 오라고 해서 세탁해서 젖었다고 하자 비닐에 싸서라도 가져오라고 했다. 소액결제 문제를 해결하라고 했더니 휴대폰을 끄고 외박하라고 했다. 아빠한테 사실대로 말하겠다고 하자 자기만 망한다고 하면서 머리를 때렸다. 집에 가고 싶었지만 때리니까 화나게 하면 큰

일 날 것 같아 가만히 있을 수밖에 없었다. 소리를 지르고 화내서 무서웠다. 울면서 집에 가고 싶다고 말했다. 싫다고 했지만 원피스로 갈아입으라 하고, 그 집에 있던 하이힐을 신겼다.

B의 진술을 보면 '시킨 대로 하면 5만 원을 벌 수 있겠다고 생각했다', '집에 가고 싶었지만 때리니까 화나게 하면 큰일 날 것 같아 가만히 있었다', '울면서 집에 가고 싶다고 말했다' 등 피해 과정에서 본인이 심적으로 느꼈던 감정을 비교적 풍부하게 진술하고 있다.

A는 1심 유죄판결에 불복하여 항소하였고, 항소심 재판에서도 합의에 따른 성관계를 주장하였다. 그렇지만 항소심 법원도 1심의 사실인정과 유죄판결이 정당하다고 하였다. B는 아버지가 휴대폰 소액결제 건을 경찰에 신고하면 본인 잘못이 탄로 나 야단을 맞을 수밖에 없는 급박한 상황에서 소액결제 돈을 받을 수 있다는 생각에 어쩔 수 없이 A 집에 가게 된 것이지 처음부터 성관계를 하려고 찾아간 것은 아니라고 판단하였다. 범행을 끝까지 범행을 부인하던 A는 다른 범죄와 함께 징역 9년이 확정되었다. 20년간 전자발찌도 부착하고 다녀야 한다.

◆

이 사건에서는 A와 B의 성관계가 강제적이었는지, 합의에 따른 것인지가 쟁점이었다. 1심은 B에게 집에 오면 휴대폰 소액결제 문제를 해결해 준다고 하면서 꼭 치마를 가져오라고 요구하였기 때문에 A는 처음부터 B와 성관계를 할 의도가 있었다고 보았다. 물론, 처음부터 성관계할 생각이 있었다는 사정만으로는 강간죄가 성립하는 것은 아니다. 또 B는 사건 당시 A에게 손바닥으로 머리를 2, 3대 맞았다고 진술했지만, 이런 A의 행동이 성관계를 할 수단이었는지, 성관계 이후 대화 중에 발생한 것인지도 명확하지 않았다. 결국

A가 B에게 직접 폭행을 행사하였다는 점은 입증되지 않았다.

하지만 법원은 A가 싫다는 B에게 치마를 갈아입게 하고 하이힐을 신게 한 점이나, B의 팔목을 잡고 침대로 데려갔고, B가 휴대폰을 만지고 있자 휴대폰을 빼앗아 던져버린 점, 성관계를 하면서 욕설을 한 점 등을 위협적인 말과 행동으로 보았다. 즉, 그러한 A의 말과 행동은 전체적으로 B에 대한 협박에 해당하기 때문에 강간죄가 인정된다고 판단하였다.

B는 경찰에서 1번, 검찰에서 1번 조사를 받았고, 1심 법정에도 증인으로 나와 증언하였다. 이렇게 모두 3차례나 피해 내용을 진술했지만 주요 부분을 일관성 있게 진술하였기 때문에 신빙성을 인정받을 수 있었다. 특히 사건 당시 자신이 느꼈던 심리상태를 세부적으로 묘사한 점이 신빙성 인정에 큰 영향을 미쳤다.

사실 B는 이 사건 이틀 전에도 A 집에서 그와 성관계를 한 적이 있었다. 그날의 성관계는 강제성이 없다고 생각해서 이 사건 고소에 포함하지 않았지만 성관계를 했다는 사실은 숨기지 않았다. 두 번의 성관계 상황은 비슷했다. 모두 다른 사람이 없는 A 집에서 이뤄졌다. B는 첫 번째 성관계는 원하지는 않았지만 강제성이 없었다고 했고, 이 사건의 성관계는 폭력과 협박이 동원된 강제적인 성관계였다고 명확하게 구분하였다. 아무도 본 사람이 없으므로 두 번 모두 성폭행을 당했다고 고소할 수도 있었겠지만, B는 이를 구분하여 강제성이 있었다고 생각하는 두 번째 성관계만 고소하였는데, B의 이러한 태도는 판사에게 신뢰감을 주었다.

한편, 법리적 측면에서 살펴보면, 과연 이 사건이 강간죄에서 요구하는 정도의 폭행이나 협박이 있었다는 점이 충분히 입증되었다고 볼 것인지는 다툼의 여지가 있어 보인다. 사건 당시 A는 30대 중반의 성인 남자이고, B는 15세 여중생이라는 표면적인 관계는 B가 자발적으로 A와 성관계에 동의하였다고 보기 어렵게 만든다. 하지만 성관계에 동의했는지 여부와 폭행이나 협박을 수단으로 강제로 성관계를 하였는지는 전혀 다른 문제다.

1심은 A가 손바닥으로 B의 머리를 때린 것은 성관계와 선후관계가 명확하지 않기 때문에 강간을 위한 폭행으로 보기 어렵지만, 전체적으로 볼 때 위협적인 말과 행동, 즉 협박에 의한 강간죄가 성립한다고 했다. 2심은 머리를 때리고 소리를 질러 무서웠고, 침대에 끌고 가 강제로 성관계를 했다는 B의 진술을 그대로 받아들여, A가 폭행과 협박으로 B를 강간한 것으로 판단하였다. 하지만 2심이 1심과 달리 폭행이 인정된다고 판단한 근거는 명확하지 않다.

사건 당일 B가 A 집에 머물렀던 시간은 약 24시간이다. 검사는 B가 A의 집에 온 지 약 1시간 후에 강간 범행이 발생했다고 기소하였다. 따라서 성관계 이후 23시간이나 더 B는 A 집에 머물렀다(그 부분은 감금으로 기소되어 유죄가 확정되었다). 따라서 A가 B에게 가했다는 위협적인 언행이 강간을 위한 것이었는지, 아니면 강간 이후 감금과정에서 발행한 것이었는지도 명확하지 않다. 1심도 손바닥으로 머리를 때린 폭행이 성관계를 위한 행동이었는지 명확하지 않다고 하였다. 따라서 재판과정에서 B가 주장하는 A의 위협적인 말과 행동이 성관계 이전에 있었는지, 성관계 이후 감금과정에서 있었던 일인지는 매우 중요한 문제였다. 이를 좀 더 제대로 규명했다면 강간죄 인정 여부에 관한 결론이 달라졌을 수도 있다. A의 위협적인 언행이 성관계 전에 강간하기 위해서 한 행동이었다는 사실이 증명되어야 강간죄가 성립하기 때문이다. 하지만 16세 미만의 미성년자와 성관계를 하면 폭행이나 협박이 없었더라도 강간죄로 처벌받기 때문에 이는 어디까지나 법리적인 논쟁에 불과하다.

7 … 상식에 맞게 진술하라 - 여우굴

2018년 2월 중순 어느 날 새벽, 자영업자(40대 중반)인 피고인 A는 주택가 부근 술집에서 혼술을 하고 있었다. 마침 그곳에서 술을 마시고 있던 피해자 B(40대 중반 여성)와 합석하여 함께 술을 마셨다. 그날 아침 9시경, B는 술자리에서 먼저 일어나 집으로 향했다. A도 술집에서 나와 B를 뒤따라갔다. B는 1층 현관문 앞에서 A가 뒤따라 온 사실을 알았다. A에게 이왕 여기까지 왔으니 집에서 차나 한잔하고 가라고 권했다.
집안으로 들어온 A는 갑자기 안방 침대에 걸터앉아 있던 B를 보고는 안방으로 들어가 B를 침대에 밀쳐 눕혔다. 강제로 원피스 치마를 걷어 올리고 스타킹과 팬티를 벗겼다. B의 몸 위에 올라타 움직이지 못하게 하고는 성관계를 했다. 또 10분 뒤에 똑같은 방법으로 또 한 번 강제로 성관계를 했다.
이로 인하여 A는 강간 혐의로 기소되었다.

◆

그날 B 집에서 성관계가 2번 있었다는 사실을 다투는 사람은 없었다. 다만 성관계를 하게 된 경위에 대해서는 완전히 반대로 주장했다. A는 서로 좋아서 자연스럽게 성관계를 했는데, 성관계를 하던 중에 뜬금없이 500만 원만 달라는 B의 말을 듣고 이상한 생각이 들어 바로 성관계를 중단하고 B의 집에서 나와 버렸다고 주장했다. B의 주장은 달랐다. 집에 들어오자마자 강제로 눕히고 성관계를 하기에 당황하여 A에게 성관계를 하고 싶으면 500만 원을 내고 하라고 농담처럼 말했더니 갑자기 성관계를 중단하고서 집을 나갔다는 것이다.

이 사건은 사건 발생 직전에 주점에서 함께 술을 마셨던 두 사람이 B의 집으로 온 이후에 벌어졌다. A는 B가 500만 원을 요구하자마자 성관계를 중단하고 B의 집에서 나가버렸다. 문제는 성관계 과정에서 강제성이 있었느냐이다. 강간죄는 폭행이나 협박이라는 수단, 즉 강제력을 사용하여 피해자로 하여금 항거를 불가능하게 하고 간음하였다는 사실이 입증될 때 유죄를 선고할 수 있다. 그래서 강제성이 있었는지가 재판의 쟁점이었다. 그런데 A가 강간이 아니라고 부인하고 있어서, 성관계가 강제적이었다는 사실을 입증할 증거는 B의 진술밖에 없었다. 따라서 B 진술의 신빙성 여부에 따라 A에 대한 강간죄에 대한 유무죄가 결정되는 형국이다.

◆

1심 법원은 B의 피해 진술은 일관성을 갖추었다고 판단했다. B는 경찰에서 3번 조사를 받았고, 1심 법정에서도 증언했는데, 수사기관에서부터 법정에서까지 일관되게 진술하고 있다고 보았다. B는 피해 경위에 관하여 대체로 이렇게 진술했다.

집에 들어와 침대에 엎드려 울고 있었다. 그 남자가 편하게 누워자라고 하여 침대 위로 올라가 누웠다. 그 남자가 갑자기 강제로 원피스를 올리고 팬티와 스타킹을 벗긴 후 성기를 삽입했다. 남자 힘으로 여자 옷을 막 벗겨 여자로서 감당할 수 없었다. 좁은 침대에서 그 남자가 몸 위에서 누르고 있는 상황이라 밑에서 그 남자를 밀어낼 수가 없었다. 몸을 비틀면서 반항도 해봤지만 그 남자의 덩치가 커서 꿈쩍도 하지 않았다. 욕을 하면서 반항하자 성기를 빼고 거실로 나갔다. 그러다가 잠시 후 다시 방으로 들어와 또 강제로 원피스를 벗기고는

성기를 삽입하였다. 반항을 하면서 그 남자에게 성관계를 하려면 500만 원을 내고 하라고 하자 다시 성기를 빼고는 집을 나갔다.

하지만 1심은 B의 진술이 주요 부분에서 일관되기는 하지만, 구체성이 없으므로 믿을 수 없다고 하였다. 다시 말하면, B는 A가 강제로 옷을 벗겼고, 강제로 성기를 삽입했다는 내용 외에 당시 B가 처한 상황이나 A의 행동, 강제로 옷을 벗기거나 입으로 가슴과 음부를 만지면서 동시에 어떻게 자신의 반항을 억압했다는 것인지 등에 관하여 구체적인 묘사가 없다고 지적했다. 특히, B는 A가 B의 지갑에서 돈을 빼갔을 것이라고 추정하는 부분에 대해서는 당시 느꼈던 자기감정을 매우 구체적으로 진술하였다. 그런데 정작 범행 당시 B의 대응과 심리상태와 같은 강간 피해와 본질적으로 더 밀접한 부분에 대해서는 성폭력 피해자로서 직접 경험하지 않고서는 진술하기 어렵다고 느낄만한 상황에 관한 진술이 거의 없어 B의 진술은 신뢰하기 어렵다고 하였다.

심지어 B의 일부 진술은 경험 법칙에 부합하지 않기 때문에 신빙성을 인정할 수 없다고 하였다. 즉, B의 주장대로 A가 위에서 몸을 누르면서 B의 반항을 제압했다면 B의 신체에 멍이나 붓기 등 외력에 의한 흔적이 생겼을 법한데, B는 A의 완력이나 이에 저항하는 과정에서 생긴 상처나 흔적에 대해서는 아무런 말도 하지 않았을 뿐만 아니라 B의 몸에 그러한 흔적이 있다는 증거도 없었기 때문에 B의 진술은 믿기 어렵다는 것이다. 또 B는 첫 번째 강간 때는 욕을 하자 B가 성기를 빼며 중단하였고, 두 번째는 돈을 달라고 하자 바로 성기를 빼고 강간을 멈췄다고 주장하고 있는데, B의 반항을 제압해가면서 강간을 시도하던 상황에서 그 정도의 대응으로 강간행위를 중단한다는 것은 상식적이지 않고, 더구나 이런 상황이 연거푸 2번이나 반복되었다는 것은 더욱 이례적이기 때문에 납득할 수 없다고 했다. 오히려 성관계를 하던 중 느닷없이 돈을 달라는 B의 말을 듣고 이상한 생각이 들어 성관계를 중단했다는 A의 주장이 상대적으로 더 자연스럽다고 보았다. 그리하여 B의 주장을 배척하고 A에게 무죄를 선고하였다. 검찰은 1심 판결에 항소했다.

2심 법원 또한 B 진술은 일관성, 구체성, 합리성, 객관적 상당성이 없다고 하면서 1심의 결론을 유지하였다. 검찰이 상고를 포기함에 따라 A에 대한 무죄판결은 그대로 확정되었다. 2심은 1심 판단과 달리 B의 진술은 일관성도 없다고 하였는데, 주된 설명은 다음과 같다.

A가 B 집에서 차를 마셨는지 여부는 A가 B 집에 들어간 경위와 직접 관련되고, 성관계 직전에 두 사람 사이의 분위기를 추론할 수 있는 중요한 단서다. 그런데 B는 처음에는 차를 마셨다고했다가 나중에는 차는 마시지 않았고 술을 꺼내 먹었다고 말을 바꾸었다. 그 다음에는 A에게 커피를 타 주었다고 진술하였다.

A가 냉장고에서 술을 꺼내어 마시도록 B가 허락하였는지는 B가 A에게 호감을 표시하였는지를 가늠할 수 있는 단서다. 그런데 B는 경찰에서는 A가 마음대로 냉장고에서 술과 반찬을 꺼내 마셨다는 취지로 진술하였고, 법정에서는 냉장고 안에 있는 술을 마셔도 된다고 허락했다면서 진술을 번복하였다.

성관계 전에 집안 어디서 어떤 대화를 나누었는지는 두 사람의 분위기를 파악하기 위한 중요한 정황이다. 그런데 B는 거실에서 차도 마시고 하소연도 들어주었다고 진술하다가, 2회 진술에서는 침대에 엎드려 울고 있는데 방에 들어와 달래 주기에 잠깐 대화를 했다고 진술하였다. 3회 진술에서는 침대 밑 방바닥에 엎드려 있는 상태에서 쓸데없는 이야기를 주고받았다고 진술하였다. B는 범행 이전에 대화를 했는지, 대화를 했다면 그 장소가 거실인지 아니면 안방인지 오락가락하는 진술태도를 보였다.

A가 옷을 벗기고 강간하는 과정에 관한 진술도 일관성이 없다. 처음 경찰에서 진술할 때에는 침대에 엎드려 있는데 침대 위로 들어 올리고는 코트와 옷을 다 벗기고 성관계를 했다고 진술했다. 그 다음에는 B가 집에 와서 코트는 스스로 벗었고, 스스로 침대 위로 올라갔다며 진술하였다. 최초 경찰진술은 사건 발생한 직후에 이뤄진 것을 고려하면 B의 주장은 믿기 어렵다.

이처럼 2심 재판부는 A가 B 집에서 차를 마셨는지, A가 냉장고의 술을 꺼내 마시라고 했는지, 두 사람이 성관계 전에 어디에서 어떤 대화를 했는지, A가 B의 옷을 벗기고 강간하게 된 과정 등에 관한 B의 진술이 일관성이 없다고 판단한 근거를 구체적으로 제시하였다.

◆

1심이나 2심 모두 B 진술의 신빙성을 인정하지 않았다. 다만 1심은 최소한 B 진술에 일관성은 있다고 하였다. 하지만 구체성이 없고 상식에 맞지 않기 때문에 신빙성이 없다고 하였다. 특히, 1심 재판부가 상식적이지 않다고 판단한 부분을 눈여겨볼 필요가 있다. 강간죄는 폭행이나 협박을 수단이 동원되는 성범죄이므로, B가 주장하는 A의 완력이 있었고, 이에 B가 완강하게 저항한 것이 사실이라면 그 과정에서 B의 신체에 멍이나 긁힘, 손목 등을 잡히거나 눌린 흔적 등 흔적이 남을 수밖에 없는 상황이다. 만약 그런 흔적이 남지 않았다면 그럴만한 특별한 사정이 있어야 함에도 아무런 설명이 없었다. 1심 재판부는 이런 점이 상식에 맞지 않는다고 하였다.

실제로 그런 흔적이 생기지 않았을 가능성도 있고, B 말대로 경황이 없어서 그런 주장을 하지 않았거나 증거를 확보하지 않았을 가능성도 얼마든지 있을 수 있다. 하지만 재판부는 B의 나이, A와의 관계, 사건 경위 등을 고려하면 A의 행위에 대해 B가 보인 대처방법은 상식적이지 않다고 보았다.

B의 입장에서 볼 때, 실제로 강간당한 것이 사실이라면, B는 피해를 호소하는 과정에서 법원이 지적하는 이 부분에 대해 좀 더 세심한 신경을 썼더라면 어땠을까 하는 아쉬움이 남는다. 피해 과정에서 몸에 생긴 흔적 등을 세심하게 관찰하고, 사진을 찍거나 주변 사람에게 보여주는 방법 등으로 증거를 남길 필요가 있었다. 그리고 그런 사실을 수사기관이나 법정에서 주장했어야 했다. 성폭력 사건도 절도나 사기 등 일반적인 범죄피해를 당했을 때와 다르지 않다. 그렇게 철저하게 증거를 수집하고 대비하지 않으면 B의 말을 믿게 할 방법이 없다. 어떤 경우에는 피해자가 성관계를 원하지 않았다는 사실은 인정하면서도, 그 성관계 과정에 피해자의 반항을 제압할 폭행 협박이 없었다고 판단하여 무죄를 선고하는 예도 비일비재하다.

다른 한편으로는 강간을 당하는 과정에서 반항하면 피해자의 몸에 어떤 형태로든 흔적이 생기는 것이 상식이라는 법원의 논리는 과연 타당한가? 일반적으로는 흔적이 남을 확률이 높다. 하지만 강간 과정에서 폭행 종류와 강도, 피해자의 저항 정도와 방법, 피해자의 신체적 특성에 따라 피해자의 몸에 흔적이 남을 수도 있고, 그렇지 않을 수도 있다. 따라서 강간과정에서는 반드시 흔적이 남는다고 단정해서는 안 된다. 이 사건에서도 B의 진술에 따르면 A는 덩치가 컸다. B는 덩치 큰 A가 위에서 몸을 누르고 있는 상태에서 꼼짝할 수 없었다고 했다. 그렇다면 B의 저항이나 반항은 발버둥 치는 정도였을 수 있다. 이런 상황이라면 B가 반항을 했더라도 몸에 흔적이 남지 않을 가능성이 있다. 따라서 B의 몸에 흔적이 없다고 하여 반드시 상식적이지 않다고 단정할 수는 없을 것이다.

또 1심은 강간 도중에 B가 욕을 하거나 돈을 요구하자 A가 스스로 성기를 빼고 강간행위를 중단했다는 B의 진술은 비상식적이라고 했다. 과연 이러한 법원의 판단은 납득할 수 있을까. 강간죄는 성기를 삽입하는 순간 이미 기수다. 사정 여부나 삽입 후 중단 여부는 강간죄 성립과 무관하다. 따라서 A가 강제로 성기를 삽입하였다면 그 뒤에 어떤 경위로 성관계를 중단했는지는 강간죄 성립과 관련이 없다. 강간죄 성립 이후의 문제이기 때문이다. 그런데도 법원은 A가 성관계를 중단한 경위를 근거로 강간을 당했다는 B 진술의 신빙성을 판단하였다. 법원의 판단에는 피해자의 반항을 억압하여 강제로 성관계를 하는 범죄의 속성상 그러한 행동을 중단하려면 어느 정도 강력한 동기나 계기가 있었어야 한다는 전제가 깔려있다. 하지만 이런 판단기준에 대한 논리적 근거는 약하다. 당사자의 관계, 상황, 기타 다른 요인 등 얼마든지 약한 자극만으로도 성관계는 중단될 수 있기 때문이다.

한편, 2심은 B의 진술에 대해 일관성조차 인정하지 않았다. 일관성을 인정한 1심 판단과 전혀 다른 결론이다. 2심이 일관성이 없다고 지적한 부분은 나름대로 설득력이 있다. A나 변호인이 그런 주장을 했다면 성공적인 변론이다. 일상생활도 같은 일을 여러 번 반복적으로 말한다면 매번 동일하게 말하기는 불가능에 가깝다. 언어 습관이나 기억력에 따라 다르게 말할 수도 있다. 어쨌든 A의 입장에서는 B의 진술에서 일관성이 없는 대목을 영리하게 지적한 것으로 평가할 만하다.

이 사건에서 2심 재판부가 B 진술의 일관성을 부정하면서 제시한 쟁점들은 법원이 어떤 부분을 주요부분으로 삼아 신빙성 여부를 판단하는지를 알 수 있는 부분이다. 2심은 집에서 차를 마셨는지, 냉장고에서 술을 임의로 꺼내 마셨는지, 성관계 전에 어디서 어떤 대화를 나눴는지, 옷을 벗기고 성기를 삽입하는 과정 등에 관한 진술을 주요 부분으로 삼아 신빙성을 살펴보았다. 하지만 B의 입장에서 살펴보면, 일관성이 없다는 2심의 판단은 수긍하기 어려울 수 있다. 집에서 차를 마셨는지에 관하여, 처음에는 차라고 했다가 나중에 차가 아니라 커피라고 변경한 부분은 있으나 언어 습관에 따라서는 차와 커피를 명확하게 구분하지 않고 진술했을 가능성도 있다. 경찰이 작성한 피해자에 대한 진술조서는 녹취록이 아니라 담당 경찰관이 진술 취지를 기재한다. 경찰서에서 조사가 마치면 피해자는 경찰관이 제시하는 조서 초안을 열람하게 된다. B는 수치스러운 일을 떠올려가며 상당한 시간 동안 조사를 받았다. 조서를 열람할 때도 지친 심신으로 집중력을 가지고 꼼꼼하게 조서를 읽어보는 일은 쉽지 않다. 조서 내용을 단어 하나하나까지 곱씹어가며 읽기보다는 전체적인 맥락이나 진술 취지가 기재되어 있다고 생각하면 특별한 이의제기 없이 조서에 서명해 버린다. 특히 여러 번 조사를 받을 때는 그 이전 진술내용과 다른 부분이 있는지를 비교할 기회는 마련되어 있지 않다. 노련한 조사관이라면 이전 진술과 달라진 부분을 발견하고 그 경위를 확인했을 것이다. 하지만 이 사건에서 그런 사정은 발견되지 않는다. 일반적으로 성폭력 사건에서는 피해자의 소환조사를 최소화한다. 조사과정에서 받게 될 2차 피해를 방지하기 위해서다. 그런데 B는 경찰에서만 3번이나 조사를 받았다. 이례적인 일이다. 조사관의 조사능력이나 숙련도를 의심해 볼 수 있는 대목이다. 검찰에서는 B를 추가로 조사하지 않았다. 경찰에서 이미 3번이나 진술했기 때문에 추가 조사 자체가 부담이었을 것이다. B 입장에서는 집에 와서 마신 것이 차인지 커피인지는 성폭행과 직접 관련이 없다는 생각에 차와 커피를 명확하게 구분하지 않고 그때그때 떠오르는 대로 진술했을 수도 있다. B는 법정에서도 그런 취지로 증언했다.

2심은 냉장고의 술을 먹으라고 했는지 아닌지가 호감의 정도를 파악할 수 있는 매우 중요한 정황이라고 했다. 이런 판단은 논리적인가? 냉장고 술을 마시도록 사전에 동의하였는지에 대하여 B의 진술이 조금 변경된 것은 맞다. 하지만 B 입장에서는 A가 냉장고에 있던 술을 혼자 마시고 나서 안방에 들어와 성폭행을 했다는 사실이 중요하지, A에게 술을 마시라고 했는지는 전혀 중요한 일이 아니라고 여겼을 것이다. 그렇다면 이 부분에 관한 진술변경은 사소하거나 지엽적인 부분에 불과하여 B 진술의 신빙성에 영향을 미칠 만한 사정에 해당하지 않는다고 볼 여지도 많다. 다만 진술이 변경된 이유를 설명했어야 했다.

재판에서는 진술이 일관되지 않다는 주장을 통해 신빙성을 떨어뜨리는 것이 주된 전략 중 하나다. 2심도 수사기관 조서나 증인신문조서에 기재된 B의 진술 내용을 검토하여 일관성이 없다고 하였다. 따라서 여러 번 조사를 받거나 증언을 하게 되면, 진술의 일관성 유지에 특히 신경을 써야 한다. 본인의 이전 진술조서는 얼마든지 열람 등사가 가능하므로 추가 조사를 받기 전에 그 이전 조사받은 내용을 반드시 살펴보는 것이 중요하다. 조사 당시 미처 확인하지 못한 진술의 오류가 있을 수 있다. 만약 착오로 잘못 진술했거나 진술 취지가 제대로 조서에 기재되어 있지 않다면 추가 조사를 요구하거나 조사를 받을 때 반드시 잘못된 부분을 바로 잡아야 한다. 잘못 진술한 부분이 있다면 왜 그랬는지 그 이유를 납득할 수 있게 설명해야 한다. 여기서 조심해야 할 점은 진술의 일관성만을 생각하여 이전 진술내용과 완전히 동일하게 진술하는 것은 오히려 신빙성을 의심받을 수 있다는 것이다. 모든 진술 내용은 자연스러울 때 가장 믿음이 가기 때문이다. 다소 상식적이지 않아 이례적이라고 받아들일 수 있는 내용은 그럴만한 특별한 사정을 설명하면 된다.

사람들은 저마다 자신의 지식과 경험, 살아온 환경, 가치관 등이 다르기 때문에 말이나 표현 방식도 다르고, 상대방의 말을 받아들이는 방식도 같지 않다. 모두 서로 다른 개인적인 맥락을 가지고 있다. 말하는 사람의 의도와 듣는 사람의 이해가 다를 수 있다. 대화 속에서 상대방이 말하는 맥락을 이해하는 능력을 언어감수성이라고 한다. 사람마다 언어감수성은 같지 않다. 조사관과 조사받는 사람의 언어감수성이 다르다. 조사관이 중요하게 생각하는 내용과 조사받은 사람이 강조하는 부분이 같지 않다. 조서는 조사받는 사람의 말을 그대로 녹취하는 것이 아니라 조사관이 듣고 이해한 말의 맥락이나 취지를 기재한 서면이므로, 말한 사람의 의도나 취지와 전혀 다른 내용이 조서에 기재될 위험성도 많다. 진술의 일관성은 이런 과정을 거쳐 작성된 조서의 진술 내용을 비교하는 것에 초점이 맞추어져 있다. 따라서 수사기관이나 법정에서 진술이나 증언을 할 때는 말하는 사람이나 듣는 사람이나 언어감수성이 다름을 이해하고 신중하게 일관성이 유지되도록 진술해야 한다.

8 … 불리한 내용까지 진술하라 - 동경심

2019년 1월 저녁 6시경, 한 햄버거 가게에서 피고인 A(70대 초반 남성)는 피해자 B(30세의 여성)를 만났다. 두 사람은 채팅어플에서 불과 며칠 전에 알게 된 사이였다.
A는 B에게 중요하게 할 얘기가 있는데 가게 안이 너무 춥다면서 모텔에 가서 얘기하자고 했다. 자신을 전 국가대표 감독으로 소개한 A는 모텔에 가더라도 손끝 하나 건드리지 않겠다는 말로 안심시키고 B를 차에 태워 부근 모텔에 들어갔다.
모텔 방에서 A는 50만 원을 B 가방에 넣고는 생활비 등에 보태라고 하였다. 그리고는 B를 침대에 눕히고 상의를 벗겼다. 귀, 가슴 등을 빨았다. B는 발버둥 치면서 저항했고, 배란일이라며 거부했다. A는 묶었으니 괜찮다면서 계속 위에서 몸을 누른 채 B의 레깅스와 팬티를 벗기고, 성기를 B의 음부에 비벼댔다.
이로 인하여 A는 강제추행 혐의로 기소되었다.

◆

4일 전에 채팅에서 알게 되었고, 그날 처음 만난 두 사람. 조용하게 얘기할 수 있는 모텔로 자리를 옮기자는 A의 제안에 B는 자기 차를 그곳 주차장에 둔 채 A의 차를 타고 모텔로 따라갔다. 모텔에서 A는 50만 원을 B에게 내밀었다. B가 거절하자 B의 핸드백에 넣어 놓았다. B는 돈을 반환하지 않고 감사표시를 했다. 사건 당시 B는 주변에 도움을 요청하거나 모텔을 빠져나오려는 시도는 하지 않았다. 모텔에서 나가기 직전에 B는 A의 얼굴에 묻은 립스틱을 닦아주었다. 모텔에서 나와 A의 차를 타고 차를 주차해둔 곳으로 돌아왔고, 각자의 차를 운전하여 귀가했다. 언뜻 보면 성폭행 상황이라고 보기 어려울 것 같다. 하지만 B는 A를 강제추행으로 고소했다.

A는 모텔에서 B를 껴안고 옷 위로 가슴을 만진 것은 맞지만 B의 동의를 받았다고 주장했다. 그날 처음 만난 B도 모텔에 들어갈 때 거부하지 않았고, 모텔에서 돈을 준 다음에 스킨십을 했기 때문에 강제추행이 아니라고 했다.

사건이 발생한 곳은 A와 B, 두 사람만 있었던 모텔 방이었다. A가 B에게 신체적 접촉을 했다는 점에 대해서는 다툼이 없지만 그 경위에 관한 진술이 달랐다. A는 강제추행을 부인하고 있기 때문에 공소사실을 입증할 증거는 사실상 B의 진술이 유일한 상황이었다. 결국 누구의 말에 신빙성을 인정하느냐에 따라 유무죄가 판가름 나게 되었다. 법원의 판단이 궁금하다.

◆

1심 법원은 B의 손을 들어줬다. B의 진술은 피해 사실의 핵심적인 부분이나 피해 당시나 사건 이후 A의 언행, B의 행동 등에 관하여 구체적이고 일관성이 있으며 자연스럽기 때문에 신빙성이 있다고 하였다. A의 강제추행죄를 유죄로 판단하고 A에게 징역 1년 6개월을 선고하였다.

조사과정에서 밝혀진 B의 일부 행동은 성폭력 피해자의 일반적인 모습으로 납득하기 어려운 부분이 있었다. 그들이 이용한 채팅 어플은 나이 차이가 15세 이상이면 대화를 할 수 없게 되어있었다. B는 A가 40살이나 더 많은 것을 알고 본인 나이를 63세로 속이고 계정을 새로 만들어서 A에게 먼저 채팅을 시도했다. 사건 당일 처음 만난 A를 따라 별다른 거부 없이 모텔까지 갔다. B는 모텔에서 A가 안아보자고 해서 그러라고 했다거나, 모텔에서 나올 때 A의 얼굴에 묻은 화장품과 립스틱을 닦아주었다고 진술했다. 그런데도 1

심 재판부는 B는 본인에게 불리할 수도 있는 내용도 모두 스스로 진술하고 있어, 이러한 진술 태도는 오히려 B의 진술을 믿게 만드는 요소라고 하였다. 1심 법원이 B 진술의 신빙성을 인정한 주요 근거는 다음과 같다.

B는 A의 채팅 어플 프로필에 있는 전직 대통령이나 유명한 연예인들과 함께 찍은 사진을 보고 A를 대단한 사람으로 생각하고, 동경심이 생겨 먼저 연락을 했다고 한다. A를 처음 만났지만 춥다고 하면서 모텔로 가자고 제안하였고, 모텔에 가더라도 손끝하나 건드리지 않겠다고 약속하였고, 전 국가대표 감독까지 한 사람이라면서 약속한다고 하였기 때문에 A의 말을 믿고 거부감 없이 따라갔다.

모텔에서 나올 때 얼굴에 묻은 립스틱을 닦아 준 것은 원조교제로 의심을 받을 것 같아서 그랬다고 그 이유를 설명하고 있다.

B는 IQ는 70대 초반으로 지적능력이 비교적 낮다. 채팅 내용을 보면, B는 사기 피해를 당해 힘든 상태였는데, 연예인이나 재계 유력자들과 친분을 과시하면서 법적인 문제를 자기한테 상의하라고 말하는 A에 대해 동경심과 의지하는 마음을 갖게 된 것으로 보인다.

B가 처한 구체적인 사정과 피해자의 심리 및 정서 상태를 고려하지 않고 일부 이례적인 사정만으로 B 진술의 신빙성을 부정하는 것은 성인지감수성 측면에서 타당하지 않다. B의 지적수준, 심리상태 등을 고려했을 때 B가 그렇게 행동한 것은 충분히 납득할 만하다. B는 A의 풀린 신발 끈을 묶어주었다거나 A가 안아보자고 해서 그러라고 했다거나 A의 얼굴에 묻은 화장품과 립스틱을 닦아주었다고 하는 등 본인에게 불리할 수도 있는 내용까지 진술하고 있어 그 신빙성이 높다.

반면에 두 사람은 나이가 40살이나 차이나고, 사건 당일 처음 만난 B가 A에게 뽀뽀나 가슴을 만지는 것에는 동의했다는 A의 진술은 경험 법칙에 부합하지 않는다. 특히 사건 직후 B는 A에게 50만 원을 반환하겠다고 하였고, 사건 이후 연락을 끊고 산속으로 들어가 자살하려고 했던 정황 등을 볼 때 B가 A를 허위로 무고할 동기가 없다.

그런데, 2심 법원은 A의 손을 들어줬다. B의 진술은 신빙성이 없으므로 공소사실을 인정할 증거가 없다면서 A에게 무죄를 선고하였다. 재판부는 고등학교를 정상적으로 졸업한 B의 학력, 식당 종업원이나 인터넷 물품판매 경험 등의 정상적인 직업 활동 경력, 채팅 어플이나 카톡 메신저의 대화 내용 등을 근거로, B의 언어이해능력이나 지각추론능력이 정상적이라고 보았다. 따라서 일반적인 성폭력 피해자와 다른 기준을 적용하여 B의 진술에 대한 신빙성을 평가하는 것은 타당하지 않다는 입장이었다. 이러한 관점에서 볼 때 추행을 당했다는 방식이나 성기 삽입 시도 등에 관한 B의 진술은 일관성이 없다고 판단하였다. 모텔에서 화장실에 간 횟수도 번복하였다. A의 몸이 쭈글쭈글했다는 진술했는데, A의 신체 검증결과는 근육질의 건장하고 하반신도 매끄러운 상태라는 것이어서, B의 진술은 추측일 가능성이 있다고 보았다. 여기에다 일반적인 성폭력 피해자 모습이라고 납득하기 어려운 B의 행동을 종합하여 신빙성을 배척하였다. 검사는 항소심의 무죄판결에 불복하여 대법원에 상고하였다.

대법원은 A가 유죄라는 취지로 판결하였다. 증거의 증명력, 즉 진술의 신빙성 판단은 법관의 자유판단에 맡겨져 있으나 그 판단은 논리와 경험 법칙에 합치하여야 하는데, B 진술에 신빙성이 없다고 한 2심 법원의 증명력 판단은 자유심증주의의 한계, 즉 정의와 형평에 입각하여 논리와 경험의 법칙에 따른 증거판단으로 볼 수 없으므로 잘못되었다고 하였다.

2심 법원이 일관성이 없다고 지적한 부분은 표현이 다소 다른 것에 불과하여 그 부분만으로 진술이 일관되지 않다고 평가하기 어렵고, B가 화장실에 간 횟수에 관한 진술도 매우 지엽적일 뿐만 아니라 번복된 것으로 볼 수 있는지도 명확하지 않다고 하였다. 오히려 B의 진술은 그 진술 내용의 주요한 부분이 일관되고 구체적이며, 진술 자체로 모순되는 부분이 없다고 판단하면서 항소심의 무죄판결을 파기하고 유죄를 선고하라는 취지로 사건을 파기환송하였다. 상급 법원이 하급 법원의 판결이 잘못되었다고 하면서 다시 재판하라는 취지로 사건을 돌려보내는 절차를 파기환송이라 한다. 대법원 판결의 주요 부분은 다음과 같다.

B는 처음부터 자신에게 불리할 수 있는 내용들, 즉 자신이 먼저 A에게 쪽지를 보낸 사실, A의 제안에 동의하여 모텔에 들어간 사실, A가 '안아보자'고 하여 동의를 했던 사실, 모텔을 나오면서 A의 얼굴에 묻은 립스틱을 닦아준 사실 등을 모두 숨김없이 진술하였다. 사건 전후에 두 사람이 주고받은 메시지의 내용, 사건 이후 B가 친구와 주고받은 메시지의 내용, B가 사건 이후 자살시도를 하였던 점 등 객관적인 정황들도 B의 진술에 부합한다.

사건 당시 A의 신체에 대한 B의 진술은 그 진술 자체로 다분히 주관적이고 감정적임을 알 수 있고, A의 피부 상태 등에 대한 법원의 검증 결과 역시 객관적인 기준을 가지고 비교하기 어려우므로, 이러한 증거조사 결과를 토대로 B 진술의 증명력을 배척하는 것은 합리적이지 않다.

B가 모텔에서 나오기 전 A의 얼굴에 묻은 립스틱을 닦아준 것은 이례적이기는 하나, B는 '남들이 원조교제로 오해하여 이상하게 쳐다볼

까 봐 그랬다'고 진술하고 있어 이해할 만한 측면이 있고, 무엇보다도 B는 최초 경찰 조사에서 아무도 묻지 않은 위 내용을 먼저 구체적으로 진술하였는바, 추행 사실을 거짓으로 진술하는 것이라면 굳이 위와 같은 진술을 할 필요가 없었을 것이므로, 오히려 위와 같은 이례적인 사정을 숨기지 않고 진술하였다는 점은 B 진술의 신빙성을 높이는 사정이라고 할 수도 있다.

◆

이 사건에서 1심은 A가 유죄라고 하였고, 2심은 무죄라고 하였다. 그런데 다시 대법원은 2심의 무죄판결이 부당하다며 유죄취지로 파기환송 하였다. 이처럼 심급에 따라 유무죄가 변경된 원인은 결국 B 진술의 신빙성에 관한 판단이 달랐기 때문이다. B 진술의 신빙성 판단은 이 사건 진행과정에서 있었던 B의 다소 이례적인 행동들, 즉 B가 나이를 속여 가며 새로운 계정까지 만들고 A에게 먼저 연락한 일, 처음 만난 A를 따라 모텔에 들어가거나 모텔에서 A가 주는 50만 원을 받은 일, 모텔을 나오면서 A 얼굴에 묻은 화장품과 립스틱을 닦아주고 A 차를 타고 함께 돌아온 일 등을 어떤 관점에서 바라보고 이해할 것인지에 따라 신빙성에 대한 평가가 달라졌다. 1심과 대법원은 이러한 사정을 B가 스스로 숨김없이 진술하였다는 점에서 신빙성을 강화하는 요소라고 평가하였고, 반면에 2심은 이례적인 사실로 받아들여 신빙성을 배척하였다.

B 진술의 신빙성 판단은 B의 지적수준을 어떻게 볼 것인가도 밀접하게 관련된다. B의 IQ는 70대 초반이었다. 2심은 B의 학력, 경력, 표현능력 등을 볼 때 일반인과 구별되는 큰 차이가 없다고 보아서 일반적인 성폭력 피해자 관점에서 B 행동의 타당성을 평가하였다. 그런 관점에서 B의 진술은 신빙성이 없다고 하였다. 반대로 1

심과 대법원은 B의 언어이해능력이나 지각능력이 일반인보다 낮은 수준으로 보고 그런 수준에서 B의 행동을 이해해야 한다는 입장이었다. B가 A를 알게 될 무렵, B는 사기를 당하여 심리적으로 고립된 상황에 처해 있었기 때문에 유력자로 보이던 A에 대한 동경심을 갖게 되었다. 따라서 B 행동의 타당성이나 진술의 신빙성 판단할 때는 단순히 그 진술 자체만 놓고 살펴볼 것이 아니라 B의 지적수준이나 B가 처한 구체적인 사정, B의 심리나 정서 상태를 함께 고려하는 성인지감수성을 갖추어야 한다고 하였다. 이와 관련하여 1심은 성인지감수성을 아래와 같은 의미로 정의했다.

종래 성폭력 피해자 진술의 신빙성을 판단함에 있어 일반적으로 적용되었던 경험 법칙, 가령 '피해자가 성폭력 피해 후 범행 현장에 계속 머물렀다든지, 피해 후에도 피고인과 친근한 관계를 유지하였다는 등의 사정과 같이 통상 성폭력 피해자라면 취하지 않았을 만한 행동을 하였다면 피해자가 피고인으로부터 성폭력 피해를 당하였다고 보기 어렵다'거나 '피해자의 진술 중 일관성이 없는 부분이 있는 경우 피해자의 진술을 전부 믿기 어렵다'는 등의 경험 법칙을 모든 사건에 도식적, 일률적으로 적용할 것이 아니라, 피해자가 처한 구체적인 상황을 고려하여 그 경험 법칙 적용에 보다 신중함을 기해야 한다는 것이고, 이를 '성인지 감수성'이라고 표현할 수 있다(각 범죄의 성격에 맞게 경험 법칙 적용에 신중을 기해야 한다는 것은 비단 성폭력범죄뿐만 아니라 모든 범죄에 있어서도 마찬가지로 적용되는 원칙이다.

이 사건은 일반인의 관점에서 볼 때는 다소 이례적인 행동이라고 할지라도 피해자의 지적수준이나 심리상태 및 처한 상황이라는 바탕 위에서 볼 때는 충분히 납득할 수 있는 행동으로 평가받을 수 있다는 점에서 시사점이 크다. 단지 이례적인 행동이라고 하여 무조건 신빙성을 배척하는 요소가 아니라는 것이다. 진술하는 사람이 만약 거짓말을 하는 것이라면 굳이 이례적인 행동으로 비칠 수 있는 내용은 말하지 않을 것이므로 이례적인 행동을 있는 그대로 진술하고, 그런 행동을 하게 된 이유나 동기가 충분히 설명된다면 오히려 진술의 신빙성을 높이는 긍정적인 효과를 발휘할 수도 있다. 반면에 어떤 일에 대하여 사실대로 말하면 오히려 불리할 것 같다고 스스로 판단하여 본인에게 불리한 부분을 일부러 숨기면 전체적으로 진술이 부자연스럽게 된다. 일반적으로 볼 때 다소 이례적이어서 진술자에게 불리한 내용이라고 그런 언행을 하게 된 경위나 사정을 충분히 설명한다면 전체적으로 볼 때 진술의 신빙성을 강화하는 요소가 될 수 있음을 명심하자.

참고로 이 사건에서 A에 대한 거짓말탐지기 조사결과는 거짓 반응이었다. B는 거짓말탐지기 조사에 동의하지 않았다. 결론적으로 거짓말탐기기 조사결과와 판결이 일치하였다. A는 대법원의 파기환송 이후 다시 열린 항소심에서는 범행을 모두 인정하였다. 그리고 B에게 잘못을 사죄하고 합의하였다. 법원은 이러한 사정을 참작하여 A에게 집행유예를 선고하였다.

9 … 이유를 설명하라 - 원치 않은 임신

피고인 A는 회사원이다. 3년 전 피해자 B(20대 중반 여성)와 사귀다가 헤어졌다. 2021년 1월경 A는 지금 다니는 회사에서 B를 다시 만났다. A는 2021년 3월 어느 날 밤 11시경, A는 B 집에 찾아갔다. 그곳에서 B와 함께 술을 마셨다. 다음 날 새벽, A는 침대에 누워있는 B에게 마사지를 해주었다. 술에 취해 있던 B는 A의 마사지를 받으며 잠이 들었다. A는 잠을 자던 B의 옷을 벗기고 B 몰래 성관계를 하였다. B는 이런 내용으로 A를 고소하였다.
이로 인하여 A는 준강간 혐의로 기소되었다.

◆

A는 B와 성관계를 한 사실은 부정하지 않았다. 하지만 잠을 자고 있는 B 몰래 한 것이 아니라 서로 합의로 성관계를 하였다고 항변했다. 반대로 B는 집에 찾아온 A와 함께 술을 마시다가 A의 마사지를 받으면서 잠이 들었는데, 한 달 정도 지나 임신이 된 것을 보고 그날 잠자고 있을 때 강간당했다는 사실을 알게 되었다고 주장하였다.

그날 두 사람 사이에 성관계가 있었다는 사실 자체는 다툼이 없었다. 다만 A는 합의로 성관계를 했다는 것이고, B는 잠을 자고 있는데 몰래 성관계를 했다는 것이다. 따라서 이 사건은 성관계 당시에 B가 잠을 자고 있었는지, 즉 A가 B의 심신상실 또는 항거불능 상태를 이용하여 간음하였는지가 쟁점이 되었다.

이 사건은 B의 집에서 두 사람만 있는 상황에서 발생하였다. 집 안에 CCTV가 설치되어 있지도 않고 녹음 같은 물적 증거도 없었다. A는 부인하고 있기 때문에 공소사실을 입증할 증거는 B 진술이 유일하다. 따라서 B의 진술이 의심할 여지 없이 믿을 수 있다고 판단되면 A는 유죄판결을 선고받을 것이고, 반대로 B의 진술이 신빙성이 없다고 평가되면 A는 무죄판결을 선고받게 된다. 결국 B 진술의 신빙성 여부가 이 사건을 결정할 열쇠였다. 검사가 A를 기소한 것은 B의 진술에 신빙성이 있다고 판단하였기 때문이다. 그렇다면 과연 법원은 어떤 판결을 하였을까.

◆

1심 법원은 이 사건 경위에 관한 B의 진술은 수사기관에서부터 법정에 이르기까지 일관성이 있다고 판단하였다. B는 '그날 맥주 한 캔을 마시고 B에게 마사지를 받다가 바로 잠이 들었다. 잠든 이후부터 다음 날 아침 일어날 때까지의 어떤 일이 있었는지 아무런 기억이 없다. 그런데 생리예정일 지나도록 생리를 하지 않아 혹시나 하고 임신테스트기로 임신 여부를 검사해 보니 임신이라고 나왔다. 그래서 그날 A가 성관계를 했다는 사실을 알게 되었다.'고 진술하고 있었다. 하지만 법원은 B의 주장이 비록 일관성은 있더라도, 잠을 자고 있을 때 자신도 모르게 강간을 당했다는 B의 진술은 믿기 어렵다고 하였다. 오히려 두 사람이 합의로 성관계를 가졌을 것으로 의심되는 여러 정황이 많다면서 A에게 무죄를 선고하였다.

우선 A와 B가 이전에 성관계를 가진 경험이 있는지에 관한 부분이다. B는 이 사건 전에 A와 성관계는 물론 스킨십을 한 적이 없다는 단호한 태도를 보였다. 예전 직장에 함께 다닐 때부터 자주 성관계를 했다는 A의 주장에 대해서는 소설을 쓴다고 표현하기도 했다. 하지만 법원은 두 사람을 다 아는 참고인들의 진술, 두 사람 사이의 카톡 대화 내용, 택시 이용내역 등을 근거로 종전에 성관계가 있었는지, 나아가 B의 집에 자주 왔었는지, 두 사람이 아침까지 B의 집에 함께 있던 적이 있었는지 등에 관하여 B는 객관적인 증거에 반하는 진술을 하고 있다면서 신빙성을 배척하였다. 이에 관하여 법원은 대략 다음과 같이 판단하였다.

A는 일관하여 이 사건 이전에 수차례 B와 성관계를 가진 적이 있다고 진술하고 있다. 두 사람의 지인들 역시 A로부터 같은 취지의 이야기를 들었다고 진술하고 있다. 두 사람 간의 통화 녹취록 기재, 카톡 내역, 택시이용기록 등의 객관적인 증거들에 의하더라도 A가 수차례 B의 집을 방문하여 B와 함께 아침까지 시간을 보낸 것으로 보인다. 이러한 정황들에 비추어 보면, 이 사건 이전에 성관계를 가진 적이 있다는 A의 진술을 쉽게 배척하기 어렵다. 반면 B는 객관적인 증거에도 반하는 진술을 하고 있는데, 이는 종전 성관계 여부 내지 관계가 이 사건 쟁점 판단에 중요한 고려요소가 될 수 있다는 계산 하에 이러한 태도를 취하고 있는 것이 아닌지 의심된다.

법원은 또 사건 당일의 상황에 관한 B의 진술도 믿을 수 없다고 하였다. B는 그날 맥주 한 캔을 마시고 A로부터 마사지를 받던 중 잠이 들었고 다음 날 아침 일어날 때까지의 상황이 전혀 기억나지 않는다는 취지로 진술했다. 법원은 먼저 B의 평소 주량을 확인했다. B는 자신의 주량을 맥주 1캔이나 소주 2잔이라고 진술했지만 직장 동료들 진술을 볼 때 실제 주량은 맥주 1캔을 훨씬 넘는다고 보았다. 오히려 A가 B보다 주량이 적은데, 그날은 B가 먼저 A에게 술을 권했고 마사지도 요구했던 것으로 판단하였다. A는 그날 성관계를 3번이나 했다는 것인데, B가 맥주를 마시고 마사지를 받다가 잠이 들었다고 하더라도 주량과 음주량, A가 성관계 당시 B와 나누었던 대화 내용을 매우 구체적으로 진술하고 있는 사정을 감안했을 때 아침에 일어날 때까지 그 상황을 전혀 인식하지 못할 정도로 잠을 자고 있었다는 주장은 상식적이지 않다고 하였다.

법원은 B가 이 사건 성관계를 문제 삼는 다른 가능성을 의심하였다. B는 임신이 된 것을 확인한 후 A에게 이 사건 성관계를 따지며 문자메시지를 보냈는데, 그 내용은 대체로 자고 있을 때 간음을 했다는 것에 대한 추궁보다는 질내사정을 탓하는 내용이었고, 질내사정으로 임신이 된 것에 대한 분노가 담겨있었다. 추궁과정에서 B가 강간이나 성폭행이라는 표현을 사용하면서 정신적 피해보상금을 요구하였는데, 그런 추궁을 받을 A는 바로 B의 주장에 반박하지 않았다. 하지만 성관계 자체에 대한 동의 여부를 떠나 질내사정 때문에 원하지 않은 임신이 되어 몹시 흥분한 B를 자극하는 것을 피하려고 그랬다는 A의 주장은 합리적이라고 보았다. 결국 법원은 B가 A의 질내사정으로 임신이 된 것에 대한 분노나 보복 차원에서, 합의로 성관계를 하고서도 마치 자고 있을 때 몰래 강간을 한 것처럼 허위 진술을 한 것이 이 사건의 실체라고 판단하였다.

◆

준강간죄로 기소되어 법정에 서게 된 A는 1심 법원에서 무죄판결을 받았다. 공소사실을 입증할 유일한 증거였던 B 진술이 신빙성이 없다는 이유로 배척되었기 때문이다. 법원은 B 진술의 일관성은 인정하면서도 신빙성이 없다고 하였다. 일관성은 신빙성을 판단하는 하나의 근거일 뿐 그 자체가 신빙성은 아니다. 그런데 이 사건 이전에 두 사람의 성관계가 있었는지, 두 사람이 어떤 관계였는지 등에 관한 B의 진술이 객관적인 정황과 맞지 않고, 음주량이나 3번의 성관계에도 잠을 자고 있어 성관계 사실을 전혀 몰랐다는 진술도 상식적이지 않기 때문에 믿을 수 없다고 하였다.

성관계를 할 때 계속 잠을 자고 있어서 몰랐다는 B의 주장이 상식적이지 않다는 법원의 판단은 수긍할 만하다. 그런데 만약 B의 주장이 사실이라면, 즉 진짜로 자고 있었다면 B의 대응방식에 문제가 있었다고 봐야 한다. 사건 당시 마신 술의 양과 평소 주량은 B의 몸 상태나 의식 수준을 판단할 수 있는 매우 중요한 근거인 것은 맞다. 하지만 음주량과 주량이 사건 당시 B의 상태를 판단하는 절대적이거나 유일한 요소는 아니다. 평소 주량보다 술을 적게 마셨다고 하더라도 몸의 피로도, 우울증이나 수면제 등 약물 복용, 전날 음주나 수면 상황 등 여러 가지 원인으로 깊은 잠에 빠져들 수 있기 때문이다. 또 사람마다 잠버릇이 다르다. 한번 잠이 들면 업혀 가도 모르게 자는 사람도 있다. 따라서 B 입장에서는 이례적으로 보일 수 있는 그날의 상황에 대해 충분한 설명이 필요했다. 평소 주량보다 적게 마셨더라도 술 이외에 깊은 잠에 빠질 수밖에 없었던 사정을 구체적으로 진술했다면 좋았을 것이다. 예를 들어, 전날이나 그날 낮에 마신 술의 영향이 있었다거나 출장이나 밤샘 야근 등으로 피로도가 심했다거나, 감기약이나 수면제 등을 복용한 사정 등이 여기에 해당할 수 있다. 그렇지만 B는 이런 추가적인 사정에 관하여 아무런 주장이나 설명을 하지 않았다. 애초부터 거짓말이었을 수도 있고, 법적 대응을 잘못했을 수도 있다.

법원은 A의 주장과 과거 직장 동료들의 진술을 근거로 A와 B가 이 사건 전에 성관계 경험이 있었다고 판단하고, 그럼에도 B가 성관계를 한 적이 없다고 주장하는 것은 종전 성관계 유무가 이 사건의 유무죄 판단에 중요한 쟁점이라고 생각한 나머지 일부러 거짓말을 하고 있다는 의구심을 가졌다. 그 동료들이 원래부터 B에게 나쁜 감정이 있었다거나 A와 이해관계가 밀접하다는 등의 특별한 사정이 없는 한 과거 직장 동료들의 진술과 배치되는 B의 주장은 진실로 받아들이기 어려웠을 것이다.

엄밀하게 따지면, 사실 종전 성관계 유무는 이 사건의 유무죄와 직접적인 관련이 없다. 종전에 성관계가 있었더라도 유죄일 수 있고, 성관계가 없었더라도 무죄가 될 수 있기 때문이다. 중요한 것은 B가 일관되게 종전 성관계를 부정하고 있었기 때문에 종전 성관계 유무라는 비본질적인 문제가 B 진술의 신빙성을 가늠하는 근거가 되었다는 점이다. B가 종전 성관계를 부정한 이유가 무엇인지 정확하게 밝혀지지는 않았지만, B가 처음부터 종전 성관계는 이 사건 준강간죄와 직접적인 관련성이 없으므로 진술하지 않겠다는 의사를 밝혔거나 종전 성관계는 인정하면서 이 사건 피해를 주장하였더라면 최소한 이 쟁점이 B 진술의 신빙성을 약화시키는 요인이 되지는 않았을 것이다.

법원은 또 이 사건 이전에 A가 B의 집에 다녀간 적이 있는지에 관한 B의 진술도 신빙성이 없다고 하였다. B는 경찰에서는 여러 번 왔었다고 진술했다가 법정에서는 한 번 정도 왔다고 증언하여 A의 방문 횟수에 관한 진술을 번복하였다. 법원은 B가 진술을 번복할 만한 특별한 사정이 없으므로 신빙성이 떨어진다고 하였다. 과거 경험에 대한 진술은 기억에 의존하는 것인 만큼 얼마든지 종전 진술을 변경해야 할 경우가 생기기 마련이다. 그렇지만 진술을 번복하거나 변경할 때는 종전 진술과 다르게 진술하는 이유나 사정을 제3자도 납득할 정도로 충분히 설명해야 한다. 그렇지 않으면 특별한 사정변경이 없이 진술이 번복되었다는 평가를 받게 되고, 그러면 전체적으로 진술의 신빙성이 부정될 수 있다.

이 사건에서 A는 결국 무죄판결을 받았다. A는 범행을 적극적으로 부인하면서 자신의 입장을 수사기관부터 법정까지 일관되게 주장했다. 사건 경위에 관한 그의 주장은 매우 구체적이고 자연스러웠다. B가 강간범이라고 추궁할 때 즉시 반박하지 않았지만 그렇게 한 이유도 충분하게 설명하였다. 성관계 당시 B와 나누었던 대화 내용도 매우 상세하게 진술했다. B가 종전 성관계 유무, B의 집에 드나든 상황 등에 관해 사실과 다르게 진술하자, A는 직장 동료들을 찾아 B가 말하는 내용이 거짓말이라는 것을 증명할 수 있는 진술을 확보하였다. 카톡 대화 내용, 통화기록, 심지어 B의 집에서 출발한 택시이용기록까지 관련 증거를 꼼꼼하게 수집하여 B는 직장 동료를 넘어 연인관계였다는 사실에 대한 증거로 제출하였다.

A의 노력과 진심은 통했다. B가 주장하는 내용 중에서 사실과 다른 부분이나 B가 성폭행이나 강간이라고 추궁했을 때 바로 대응하지 않았던 이유 등에 대하여 이치에 맞게 설명하고, 이에 부합하는 증거를 제출했기 때문이다. 그러한 설명과 증거는 판사를 이해시키기에 충분했다. 일반적으로 성폭력 사건에서 피해자의 진술이 유일한 증거인 경우에 가해자로 지목된 사람은 자포자기하는 경우가 많다. 아무리 아니라고 말해도 믿어주지 않는다고 생각하기 때문이다. 성폭력 사건은 피해자 말만 믿는데 괜히 강하게 부인했다가 형만 더 올라갈 수 있다는 불안감도 작용한다. 하지만 아무리 성폭력 사건이라고 할지라도 거짓이 진실을 이길 수 없다. 중요한 것은 과거를 차분하게 돌아보고 증거를 수집해야 한다는 점이다. 반드시 공소사실과 직접 관련된 증거일 필요도 없다. 판사로 하여금 상대방의 진술이 거짓일 가능성이 있다는 생각이 들도록 할 수만 있다면 대성공이다. 임신 사실을 확인한 B는 A를 강간범으로 몰아세웠다. A는 바로 대응하지 않았다. 며칠 후 B의 주장을 반박하는 문자메시지를 B에게 보냈다. 그 문자메시지 내용은 당시 상황이 매우 구체적으로 묘사되어 있었다. 실제 있었던 일이 아니라면 그 정도로 세밀하게 거짓을 꾸며낼 수 없을 것 같다는 느낌을 받게 하였다. 법원이 무죄심증을 형성하는데 A의 문자메시지 내용은 상당한 영향을 미쳤을 것 같다. A가 보낸 반박 문자메시지는 대체로 다음과 같다.

우리가 관계를 맺은 게 이번이 처음도 아니고 이전에도 수차례 해왔고, 이번에도 내가 밖에서 회를 먹자고 했는데 네가 집에서 먹자고 날 너 집으로 불렀지? 그날도 내가 너의 집에 갔을 때 너는 속옷 차림으로만 있었고, 내가 술을 못 먹는 건 너도 잘 알고 있을 테고, 우리 단둘이 술 먹은 건 처음이지? 술도 집에 있었던 것이고. 그날 내가 맥주 500cc 먹고 취기가 올랐을 때 네가 침대에 누워 나한테 마사지 해달라고 했고, 그 이후로 서로 성욕을 느껴 관계를 맺었지. 너는 그날 잤다고 하지만 하면서 나랑 눈도 마주치고 했지. 그리고 거부 의사는 전혀 없었고. 그리고 며칠이 지나서 갑자기 나를 강간범으로 몰면서 5,000만 원을 달라고? 나는 내가 강간범으로 프레임 씌워지는 것이 너무 당황스럽고 수치스럽다.

B의 주장을 반박하는 문자 내용에는 종전에도 성관계를 해 왔다는 사실, 사건이 있었던 날 B의 집에 가게 된 이유, B 집에 도착했을 때 B의 옷차림, 술을 마시게 된 경위, 침대에서 마사지를 해주고 성관계를 하게 된 상황, 사건 이후 B의 요구, 그 요구를 받은 A의 심정 등이 담겨있다. 이때는 B가 정식으로 이 사건을 신고하기 전이었기 때문에 A가 변호사나 어떤 전문가의 도움을 받아서 이 문자 내용을 완성하였다고 보기도 어렵다. 문장이나 문체도 일반인 사이에서 주고받는 것처럼 편안하고, 특별히 작위적인 부분은 없다. 이 문자를 보낼 당시 A는 냉정함을 잃지 않았을 것으로 보인다. A의 입장에서 볼 때 B가 주장하는 거짓말이 어떤 것인지 정확하게 파악하고, 그에 대응하여 자기주장을 명확하게 표현하고 있다. 이런 문자메시지는 읽은 사람으로 하여금 신뢰를 주기에 충분하다.

이 사건에서 A와 B는 사건 이후 문제를 풀어가는 방식이 매우 다르다는 점을 알 수 있다. B는 흥분했지만, A는 침착했다. B는 주장만 앞세웠지 그 주장을 뒷받침해 줄 증거는 없거나 부족했다. A는 유리한 증거를 꼼꼼하게 챙겼다. 성폭력 사건은 피해자에게는 인격살인에 해당하고, 가해자로 인정되면 중한 형으로 처벌받기 때문에 성폭력을 당하거나, 또는 성폭력 가해자로 모함을 받는 일은 어느 경우나 매우 당황스럽고 고통스러운 상황이다. 그렇지만 자기 주장을 관철시키고 사건을 진실에 맞게 해결하기 위해서는 냉정함을 잃어서는 안 된다. 분노하거나 흥분만 하고 있으면 제대로 된 주장이나 대응을 할 수 없다. A는 냉정과 신중함으로 B의 거센 공격을 완벽하게 방어해 냈다고 볼 수 있다. 그 결과 검찰은 B 진술을 유일한 유죄증거로 하여 A를 준강간죄로 기소했지만 법정에서 입증에 실패했고, A에게 무죄가 선고되었다. 검찰은 1심 법원의 선고 결과를 수용하고 항소를 포기하여 무죄판결을 그대로 확정되었다.

10 … 진술번복에도 이유가 있다 - 매트리스

피해자 B(17세의 여학생)는 지방에서 이혼한 아버지, 외할머니와 함께 살면서, 주말이나 방학이면 서울에 있는 엄마 집에 와서 지내곤 했다. 피고인 A는 이혼한 B의 엄마와 함께 서울에서 살고 있었다.
2017년 7월 말에서 8월 초순경, B는 엄마 집 안방에서 벽을 바라보며 모로 누워 자고 있었다. A는 B의 뒤쪽에 누워 B의 원피스 안으로 손을 집어넣어 팬티 위로 음부를 만지고, 옷 위로 가슴을 만졌다(첫 번째).
그다음 날인 2017년 7월 말경에서 8월 초순 무렵 오전 11시경, A는 안방에 누워있었다. B가 안방으로 들어오자 B에게 '어젯밤에 내가 실수한 것 같다. 너는 내 친딸이나 마찬가지다'라고 하면서 오른팔을 베고 누우라고 하였다. B가 팔에 눕자 오른손으로 B의 가슴을 만지고, 왼손으로 B의 턱을 잡고 볼에 뽀뽀를 하였다. 계속해서 B의 입술에도 입맞춤을 하더니 입안으로 혀를 집어넣으려고 하였다(두 번째).
2019년 8월 중순쯤, B는 작은 방에서 모로 누워 자고 있었다. A는 B의 뒤쪽에 누워 손으로 B의 가슴을 주무르고, 옷 위로 음부를 만졌다. B는 A의 손을 뿌리치고 발로 차며 저항했다. A는 아랑곳하지 않고 계속 만졌다(세 번째).
2019년 1월 중순쯤, B는 작은 방에서 모로 누워 잠을 자고 있었다. A는 B의 뒤쪽에 누워 옷 위로 B의 가슴을 만지고, B의 음부에 손가락을 집어넣었다(네 번째).
A는 2019년 8월 중순 어느 날 새벽 4시쯤, 작은 방에서 모로 누워 혼자 자고 있는 B를 봤다. A는 B의 뒤쪽에 누워 B의 팬티 속으로 손을 집어넣어 음부를 만지고, 손가락을 집어넣고, 가슴을 만졌다(다섯 번째).
이로 인하여 A는 성범죄처벌법위반(친족관계에의한강제추행), 청소년성보호법위반(위계등추행) 혐의로 기소되었다.

◆

A는 첫 번째의 신체접촉만 인정했다. 당시에 B가 자기 엄마 원피스를 입고 자고 있는 바람에 B의 엄마로 알고 몸을 만진 것이기 때문에 추행의 의사가 없었다고 변명했다. 그 외의 성폭행은 모두 인정하지 않았다. 오히려 자신이 모함을 당하고 있다고 주장했다. B가 가출과 무단결석으로 친아빠에게 혼이 날까 봐 A에게 성폭행당했다고 거짓말을 하여 위기를 모면하려는 동기에서 허위고소를 한 것이라는 의혹을 제기했다. 또 A의 친딸이 알선하여 조건만남을 경험하게 되자, B는 친딸에 대한 원망으로 A를 무고한 것이라는 주장도 했다.

이 사건은 2017년 여름부터 2019년 1월경 사이에 발생했다. 그런데 B는 가출했다가 돌아온 2019년 10월쯤 친아빠에게 성폭행당한 사실을 알렸다. 첫 번째 성추행으로부터는 약 2년, 마지막 성폭행으로부터 9개월이 지난 시점이었다. B로부터 피해 내용을 듣게 된 친부모와 가족들, 평소 믿고 따르던 이모까지도 B가 가출 사건에 대해 혼나지 않으려고 거짓말을 한다고 의심했다. B는 그로부터 한 달 뒤 고등학교 상담교사에게 성폭행 피해 사실을 밝혔고, 그 선생님의 도움을 받아 경찰에 신고하게 되었다.

이처럼 이 사건 신고는 발생일로부터 상당한 시간이 지난 뒤에 접수되었고, 가족들의 지지도 받지 못했다. 특히 이 사건은 A와 B 두 사람만 있던 공간에서 벌어진 일이라 목격자가 없었다. 그래서 공소사실을 입증할 수 있는 직접증거는 B의 진술밖에 없었다. 결국 B의 진술을 믿느냐 마느냐에 따라 A에 대한 유무죄가 결정될 수밖에 없는 사건이었다. 법원은 과연 어떻게 판결하였을까?

◆

1심 법원은 B의 진술에 신빙성이 있다고 판단하고 A에게 징역 7년을 선고하였다. B의 진술은 피해를 당할 때 A와 B의 위치와 자세, 추행 또는 유사성행위 방법, A의 범행 전후 언동이나 A와 대화 내용 등 범행의 주요 부분에 있어서 일관되고, 경험 법칙에 비추어 특별히 비합리적이거나 진술 자체로 모순되는 부분이 없으며, 직접 경험하지 않으면 진술하기 어려운 세부적이고 특징적인 사항까지 포함하고 있어 피해자가 위와 같은 내용의 진술을 허위로 꾸며내었다고 보기 어렵다고 하였다. 나아가 B는 전체적으로 기억이 나지 않거나 자신에게 불리한 내용도 가감 없이 진술하고 있기 때문에 진실성이 높다고 하였다. 1심 법원은 대법원이 정한 기준에 따라 B 진술의 신빙성을 판단하였다. 친족에게 성폭행을 당한 경우에 있어서 진술의 신빙성을 판단하는 법원의 기준은 이렇다.

미성년자인 피해자가 자신을 보호·감독하는 지위에 있는 친족으로부터 강간이나 강제추행 등 성범죄를 당하였다고 진술하는 경우에 그 진술의 신빙성을 판단함에 있어서, 피해자가 자신의 진술 이외에는 달리 물적 증거 또는 직접 목격자가 없음을 알면서도 보호자의 형사처벌을 무릅쓰고 스스로 수치스러운 피해 사실을 밝히고 있고, 허위로 그와 같은 진술을 할 만한 동기나 이유가 분명하게 드러나지 않을 뿐만 아니라, 그 진술 내용이 사실적·구체적이고, 주요 부분이 일관되며, 경험법칙에 비추어 비합리적이거나 진술 자체로 모순되는 부분이 없다면, 설령 표현방법이 미숙하여 진술 내용이 다소 불명확하거나 표현상의 차이로 인하여 사소한 부분에 일관성이 없는 것처럼 보이는 부분이 있다고 하여도, 그 진술의 신빙성을 특별한 이유 없이 함부로 배척해서는 안 될 것이다(대법원 2006도3830 판결).

첫 번째 범행에 대하여, A는 평소 잠버릇이 좋지 않아 잠을 자면서 B 곁으로 옮기게 되었고, 아내의 원피스를 입고 있던 B를 아내로 착각하여 만진 것이라고 하면서 추행의 의도가 없었다고 주장했다. 하지만 법원은 다음과 같은 이유로 A의 주장을 믿지 않았다.

B가 당시 엄마 원피스를 입었고, 키 차이도 2cm에 불과하며, B도 엄마와 A가 잠잘 때 많이 움직이는 잠버릇이 있다고 진술한 사정은 있다. 하지만 당시 B는 10cm 정도 두께의 매트리스 위에서 벽 쪽에 누워 잠을 잤고, B의 엄마는 B 옆에서 같은 방향으로 머리를 두고 잠이 들었다. A는 방바닥에서 머리 방향을 반대로 하고 잠을 잤다. 그런데 피해 당시 B의 위치는 그대로였고, A는 매트리스 위로 올라와 B와 같은 방향으로 B에게 밀착해 누워있었다. A가 B의 옆으로 이동하기 위해서는 그 사이에 누워 잠을 자던 B의 엄마를 넘어 10cm 두께의 매트리스 위로 올라가야 했고, 머리 방향까지 바뀌어 이동한 점에 비추어 보면 이 사건 범행 당시 A의 위치 및 머리 방향의 이동방식은 통상적으로 잠을 자는 중에 무의식적으로 일어날 수 있는 잠버릇에 의한 것으로 보기 어렵다.

다섯 번째 범행에 대하여, B는 그때가 2018년 겨울방학 때 가족여행을 가기 전날이라고 했다. 이에 대해 A는 2019년 1월 말경 가족여행을 갔기 때문에 B 주장은 거짓말이라고 주장했다. 또 방학 때는 B의 오빠나 엄마도 집에 있었지만 B가 주장하는 성폭행 장면을 목격하지 않았고, 직업 때문에 보통 새벽 2시쯤 퇴근하여 잠을 자기 때문에 새벽 4시에 B를 추행한다는 것은 불가능하다고 항변했다. 하지만 1심 법원은 다음과 같은 이유로 A의 주장을 받아들이지 않았다.

B가 구체적인 범행 일시를 정확히 특정하지 못하거나 피해를 입기 전후의 가족 일정이나 세부 상황 등에 관하여 일부 진술이 변화하거나 사실과 일부 불일치하는 부분이 있기는 하다. 그렇다고 하더라도 B는 수년간 지속해서 피해를 입었고, 수사는 사건이 있었던 때로부터 몇 년이 경과한 후에야 시작되었다. 한편 B에 대한 범죄피해평가 결과에 의하면 B는 사건충격척도 결과 높은 수준의 우울과 불안 및 외상 후 스트레스 장애를 겪고 있었다. 이런 사정을 고려하면, 이는 사건 발생일로부터 수년이 경과한 시점에서 시간의 흐름에 따른 자연스러운 혼동이나 기억의 왜곡 또는 여러 번의 피해에 관한 기억이 혼재되어 착오로 진술한 것으로 보이고, 이러한 사정만으로 B 진술의 신빙성을 부정하기 어렵다.

또한, A가 통상 새벽 2시경에 퇴근하여 잠이 든다고 하여 새벽 4시경에 잠에서 깨어 범행을 저지르는 것이 불가능하다고 할 수 없다. B가 오빠보다 2~3일 먼저 올라와 머물기도 하였고, 오빠나 엄마가 자는 동안 범행을 저지를 가능성도 있다. 그러므로 오빠나 엄마가 범행을 목격하지 못하였다는 사정만으로 B 진술의 신빙성이 부정할 수 없다.

A는 B가 이 사건을 경찰에 신고하기 약 1달 전에 일주일간 가출했다가 친아빠 집으로 돌아갔는데, 그 일로 친아빠한테 혼날까 봐 이를 모면하려고 자신에게 성폭행을 당했다고 거짓신고를 한 것이라고 하면서 고소 동기에 의문을 제기하였다. 그러나 1심 법원은 '당시 B는 이 사건 공개로 가족 내 불화가 생길까 봐 두려워했다. B는 가출 전에도 남자친구에게 이미 피해 사실을 말했다. 친아빠에게 피해를 알리면서 다시 엄마 집에 갈 수 있도록 A의 행위를 막아 달라고 부탁했다. 수사가 시작되자 B는 쉼터로 거주지를 옮겼는데, 친부모는 전화로 B에게 고소를 취하하지 않으면 무고죄로 고소하

겠다는 협박과 욕설을 계속하였다. B가 A와 친엄마 상대로 신변보호를 요청하자 친아빠와 이모가 쉼터로 찾아와 따지면서 경찰이 출동하기도 하였다. 그럼에도 B는 법정에서까지 피해 사실을 일관되게 진술하였다. 이런 사정에 비추어 볼 때, B가 단순히 가출 또는 무단결석에 대한 변명과 같은 동기로 없는 사실을 일부러 꾸며내어 신고하였다고 보기는 어렵다'고 판단하였다.

1심에서 유죄판결을 선고받은 A는 그 판결에 불복하여 항소하였다. 2심 법원은 첫 번째와 다섯 번째 범행에 대해서는 1심 법원과 달리 A에게 무죄를 선고하고, 그 외 나머지 범행에 대해서는 유죄를 인정하고 징역 3년을 선고하였다. 2심이 무죄라고 판단한 이유를 살펴보자.

첫 번째 범행에 대하여, 2심 법원은 A의 주장대로 잠결에 착오나 실수로 B를 그의 아내로 착각하여 B의 몸을 만졌을 가능성이 있다고 보았다. B는 A와 엄마의 잠버릇이 좋지 않았고, 당시 엄마도 A처럼 잠자리 위치와 머리 방향이 모두 바뀌어 있는 상황이었다고 했는데, 그렇다면 A가 B를 추행하려고 매트리스 위에서 자고 있는 B와 엄마 사이를 비집고 들어왔다고 선뜻 단정하기 어렵다는 것이다. 또 엄마가 잠버릇으로 먼저 A를 넘어가 잠자리와 자세를 바꾸었고, 그 사이 A도 잠결에 매트리스 위로 이동하며 자세를 바꾸었을 가능성도 있다고 판단하였다. 특히 평소 엄마가 입고 있던 원피스를 입고 한방에서 자는 상황에서는 B를 엄마로 오인했을 여지가 더 크다고 하였다.

다섯 번째 범행에 대하여, 2심 법원은 '이 부분 범행은 세 번째 범행과 기간과 범행방법이 같고, 세 번째와 네 번째 범행과 장소가 같은데, B는 수사 초기에는 이 사건 피해를 언급하지 않다가 나중에 진술하였다. B가 이 사건과 다른 사건을 혼합하여 진술했을 가능성이 있다'면서 무죄를 선고하였다.

하지만 2심도 나머지 세 가지 범행에 대해서는 유죄로 판단하면서 성폭행 사건에서 진술의 신빙성 판단에 관한 대법원의 기준에 근거하였음을 밝혔다. 즉, 사람의 기억은 시간이 지남에 따라 흐려지는 것이 일반적이고, 범죄 피해자로서는 법정에 출석하여 피고인이나 변호인으로부터 추궁을 당하게 되면 과연 자신의 기억이 맞는지를 의심하고, 이에 따라 단정적인 진술을 피하고 모호한 진술을 하게 될 가능성이 크다. 그러므로 피해자 등의 진술의 신빙성을 판단할 때에는 그 진술 내용의 주요한 부분이 일관되며, 경험 법칙에 비추어 비합리적이거나 진술 자체로 모순되는 부분이 없고, 또한 허위로 피고인에게 불리한 진술을 할 만한 동기나 이유가 분명하게 드러나지 않으면, 비록 표현상의 차이로 인하여 사소한 부분에 일관성이 없는 것처럼 보이는 부분이 있거나 최초의 단정적인 진술이 다소 불명확한 진술로 바뀌었다고 하여 그 진술의 신빙성을 특별한 이유 없이 함부로 배척해서는 안 된다는 것이 대법원(2019도8583 판결)의 확립된 기준이라고 명시하였다.

특히, 우리 사회는 가해자 중심의 문화와 인식, 구조 등으로 인하여 성폭행이나 성희롱 피해자가 피해 사실을 알리고 문제를 삼는 과정에서 오히려 피해자가 부정적인 여론이나 불이익한 처우 및 신분 노출의 피해 등을 입기도 하였다. 따라서 성폭행 피해자의 대처 양상은 피해자의 성정이나 가해자와의 관계 및 구체적인 상황에 따라 다르게 나타날 수밖에 없다. 그러므로 개별적, 구체적인 사건에서 피해자가 처하여 있는 특별한 사정을 충분히 고려하는 성인지감수성을 가지고 피해자 진술의 신빙성을 판단해야 한다고 밝혔다(대법원 2018도7709 판결). 2심은 이러한 기준에 입각하여 진술내용이 일부 다른 것은 표현상의 차이에 불과하다며 다음과 같이 B의 진술에 신빙성을 인정하였다.

B는 대체로 자신이 기억하고 있는 내용을 비교적 자연스럽게 진술하였다. 두 번째 범행에 관하여 A가 혀를 입속에 넣었는지, 괜찮냐고

물어보는 A의 말에 어떻게 반응하였는지, 세 번째 범행에 관하여 잠을 깨게 된 경위 등에 있어 진술내용이 세부적으로 조금 다른 부분이 있으나 이는 중요 부분에 대한 번복이 아니라 표현상이나 묘사의 차이로 볼 여지가 많다. 범행 당시 자신이 겪었을 심리 상태, 시간의 경과에 따른 기억의 한계 등을 감안하였을 때, 이러한 진술의 차이는 자연스러운 범위 안에 속해 신빙성 인정에 영향이 없다. 여러 차례 반복되었다는 강제추행 범행들에 대한 개별적인 세부묘사가 풍부하지는 않으나 A의 범행내용과 패턴이 항상 비슷하였고, 반복적인 범행 중 일자나 시간 등이 특이하여 기억에 남아 있는 사건 위주로 진술되었을 가능성이 크기 때문에, 세부묘사가 풍부하지 않다는 사정을 B가 허위로 진술하고 있다는 근거로 삼기는 어렵다.

A는 B가 가족들한테는 가족여행을 가기 전날 추행이 있었다고 하다가 A와 가족들이 반박하자 다시 그날에는 추행이 없었다고 번복하였기 때문에 B의 진술은 믿을 수 없다고 주장한다. 그러나 B는 자신의 기억에 따라 가족여행 전날에 추행을 당했다고 말하였으나 가족들로부터 거짓말을 한다면서 비난받는 상황에서 자신의 기억에 의문을 갖게 되어 혼동을 겪거나 어른들의 추궁에 심리적으로 위축되어 제대로 반박하지 못한 채 진술이 번복될 수도 있어 보인다. 하지만 B는 항소심 법정에서 다시 가족여행을 갈 때 추행당한 것이 맞는다고 진술하여 나름 확고한 입장을 취하고 있다. 이런 사정을 고려할 때 B가 일부 진술을 번복하는 것처럼 보이는 부분이 있다 하더라도 이는 기억의 불완전성 또는 자신의 기억에 대한 불확신 등에서 기인한 것으로 보인다. 따라서 B가 진술을 번복하였다는 A의 주장만으로 B 진술의 신빙성을 배척할 수 없다.

◆

기소된 범죄는 다섯 가지였다. 1심은 모두 유죄를 선고하였고, 2심은 두 개의 범행은 증거가 없다며 무죄를 선고하였다. A가 범행을 부인하고 있어 유일한 증거인 B 진술의 신빙성이 쟁점이 된 사건이었다. 선고내용을 보면 일부 범행에 대한 B 진술은 신빙성이 인정되었고, 일부 범행에 대한 B 진술은 신빙성을 인정받지 못하였다. 한 사람의 진술에 대한 신빙성을 범죄별로 다르게 판단할 수 있을까 하는 의문이 들 수도 있다. 하지만 2심의 무죄 이유를 자세히 살펴보면 이런 의문은 금방 해소된다. 첫 번째 범행에 대한 무죄이유는 엄밀하게 말하면 B 진술의 신빙성 문제는 아니다. 법원은 A에게 추행의 고의가 없었다며 무죄를 선고하였다. 추행의 고의는 자백하지 않은 이상 간접적인 정황에 의해 추정할 수밖에 없다. 추행당한 사실은 피해자 본인이 겪은 일이므로 신빙성 있게 진술할 수 있지만, 내면의 생각인 추행의 고의는 추정할 수 있을 뿐이지 자백하지 않으면 직접 확인할 방법은 없다. 그런데 A는 당시 B를 아내로 착각했다며 추행의 고의가 없었다고 했다. 1심은 그 주장을 받아들이지 않았다. 하지만 2심은 B와 엄마의 체격, 잠버릇, B가 엄마의 원피스를 입고 있었던 사정 등을 근거로 A의 주장이 완전한 거짓이라고 단정할 수 없다는 취지에서 무죄를 선고하였다. 결국 첫 번째 범행은 B 진술의 신빙성과는 상관없이 무죄가 선고된 것이다. B의 신빙성이 문제가 된 것은 다섯 번째 범행이었다. 다섯 번째 범행은 유죄가 선고된 세 번째 범행과 시기, 장소, 방법이 매우 비슷하다. 셋째 범행과 다른 것은 손가락을 음부에 넣었다는 점이다. B는 2심 법정에서 음부에 손가락을 넣은 적은 한 번뿐이라고 진술했는데, 그 증언이 사실이라면 성기에 손가락을 넣었다는 세 번째 범행이 유죄로 선고되었기 때문에 다섯 번째 범행은 유죄 선고가 불가능하였다.

B는 14세부터 17세까지 3년간 계부인 A에게 비슷한 방식으로 반복적인 성폭행을 당해왔다. 여러 가지 이유로 바로 신고하지는 못했다. 뒤늦게 신고했을 때는 가족의 지지는커녕 거짓말을 하고 있다는 비난과 고소취하까지 강요받았다. 이런 상황에서도 B의 진술은 신빙성을 인정받았다. 진술의 신빙성 판단에서 일관성과 구체성은 매우 중요하다. B의 진술은 어느 정도 일관성은 인정되었으나 여러 번의 추행 또는 유사성행위 각각에 대해서는 구체성이 부족해 보였다. 그럼에도 2심 법원은 여러 차례 반복된 강제추행 범행에 대하여 B가 각 범행 별로 세부적인 묘사를 풍부하게 하지는 못하고 있지만 A의 범행내용과 패턴이 항상 비슷하였기 때문에 세부적인 묘사가 풍부하지 않다는 점만으로 허위진술이라고 하기 어렵고, 계부에게 여러 차례 비슷한 방법으로 추행을 당해온 이 사건의 특성을 고려하여 B의 진술은 신빙성이 있다고 판단하였다. 비슷한 성폭행 사건에도 참고할 만한 의미 있는 판단이다.

이 사건에서 특징적인 것은 성폭행 피해를 호소하는 B에 대한 친부모나 가족들의 반응이다. 가출했다가 집에 돌아온 B는 친아빠에게 성폭행 피해 사실을 털어놨다. 그런데 친아빠는 B를 감싸주거나 경찰에 신고하지 않고 B와 함께 사는 전처에게 알려주었다. 다음 날 엄마와 이모가 B를 찾아왔고, 함께 있는 자리에서 B에게 스피커폰으로 가해자인 A와 전화통화를 하게 시켰다. 그때 A는 첫 번째 사건은 B를 엄마로 착각하여 만졌을 뿐이라며 사과하였지만 그 외에는 추행사실이 없다고 항변하였다. 그러자 가족들은 A의 말을 그대로 믿고, 오히려 B가 거짓말을 한다며 꾸짖고 휴대폰까지 빼앗았다. 피해 사실을 신고하거나 B를 보호하기 위한 아무런 조치를 취하지 않았다. 전문가에 따르면 가해자로부터 반복적으로 성폭행을 당하더라도 그런 사실이 알려지면 그 여파로 가정이 붕괴될까 봐 자신의 심리적 혼란과 고통에도 불구하고 침묵을 지키며 비행과 일탈 행동으로 고통을 견디는 어린아이들은 자신의 약점을 공격하며 가해자를 두둔하는 다른 가족들 앞에서 자포자기하는 패턴을 보이는 특성이 있다고 한다. B는 가족들과의 관계가 단절되고 가족들로부터 심리적인 압박과 비난을 받게 되었음에도 이를 견뎌내면서 피해 사실을 일관성 있게 진술하였다. 자신을 지지해줄지 알았던 가족들이 오히려 자신에게 창을 겨누고 하이에나처럼 달려드는 상황에서도 좌절하거나 굴복하지 않았다. 그렇기에 가해자 A는 마침내 실형을 선고받을 수 있었다. B의 용기가 있었기에 정의가 실현된 것이다.

이 사건에서는 공소사실의 특정이 또 하나의 쟁점이 되었다. 검사가 법원에 범죄자의 형사처벌을 요구하는 공소장에는 죄명과 적용할 법 규정도 기재해야 하지만 어떤 범죄를 저질렀는지, 즉 공소사실을 기재해야 한다. 공소사실은 범죄의 일시, 장소, 방법을 명시하여 어떤 범죄에 대해 처벌을 요구하는지를 특정해야 한다. 그래야 법원에서 심판할 대상이 확정되고, 피고인도 공소사실에 대해 방어권을 행사할 수 있기 때문이다. 만약 공소사실이 특정되지 않으면 법원은 공소기각 결정으로 사건을 종결한다.

공소사실의 특정과 관련하여, A는 B의 진술만으로는 범행일시조차 특정할 수 없어 A가 제출한 반박 자료를 활용하여 범행일시를 특정하였으므로 위법하다고 주장했다. 이 사건에서 검사는 범행일을 구체적으로 특정하지 않고 일정 시점부터 시점까지 일정 기간 안에 해당 범죄를 저질렀다고 기소하거나 어떤 범행은 범행시각을 기재하지 않은 채 기소하여 범행일시가 특정되지 않은 듯 보였다. 이에 대하여 법원은 수사기관에서 이 사건 공소사실의 범행일시를 A의 변호인이 제출한 자료에 따라 날짜를 변경하여 다소 포괄적으로 기소하기는 한 것은 맞지만, 공소사실의 특정을 요구하는 법의 취지에 비추어 볼 때 심판범위를 확정하거나 A의 방어권 행사에 아무런 지장이 없었기 때문에 공소사실의 특정에 관하여는 어떠한 위법이 없다고 하였다. 이에 관한 법원의 판단은 다음과 같다.

B는 14세부터 계속적·반복적으로 강제추행 또는 유사성행위를 당하여 왔고, 그로부터 수년이 지난 시점에서야 비로소 수사가 시작되었다. 오랜 기간에 걸쳐 은밀하게 이루어지는 가정 내 성폭력범죄라는 이 사건 범행의 성격에 비추어 보면 그 시일에 관한 개괄적 표시가 부득이하다. 검사는 B의 진술과 학교일정 등 다른 증거들을 기초로 하여 이 사건 각 범행의 일시와 방법 등을 가능한 범위 내에서 특정하여 공소를 제기하였다. A도 위 공소사실에 따라 신용카드 승인내역, 페이스북 사진 등을 제출하는 등 방어권을 행사하였다(1심).

아동 · 청소년에 대한 성범죄 사건의 경우 피해아동·청소년의 학년, 학기, 계절 등 특별한 시기와 경험을 기준으로 기억이 남아 있는 경우가 대부분이므로 범행일시를 특정함에 있어 위와 같은 사항을 기준으로 한 포괄적인 기재가 부득이하다. 친족 간 성폭력 사건은 일상에서 지속해서 발생하였던 성폭행을 특정 날짜로 확정지을 수 없는 특성상 아동·청소년 피해자가 사건의 구체적인 날짜나 장소를 기억하기 힘든 면이 있다. 특히 피해자로서는 피해 사실이 고통스러운 기억이니만큼 무의식적으로 기억을 지워버리거나 뒤섞어버리기도 하므로 친족 간 성폭력 사건에서 피해자가 놓인 상황과 심리를 이해하고 고려할 필요가 있다. 이런 점에서 보면 검사가 범행일시를 A가 제출한 자료를 참고하여 피해가 실제로 이루어졌을 가능성이 있는 날짜로 특정하여 기소한 것이 피고인의 방어권 행사를 방해한 것도 아닐 뿐만 아니라 공소사실이 특정되어 있지 않다고 볼 수도 없다(2심).

A는 검사가 범죄일시를 B의 피해 진술을 근거로 하여 특정해야 함에도 B의 진술로는 부족하게 되자 A의 반박자료를 근거로 범행일시를 특정하였기 때문에 위법하다는 취지로 주장했다. 공소사실의 불특정 문제는 공소사실이 그 자체로 특정되지 않았다는 의미이

므로 엄밀하게 말하면 A의 주장은 공소사실 불특정의 문제가 아니다. 어쨌든 법원은 공소사실의 특정을 요구한 법의 취지는 심판대상의 확정과 피고인의 방어권 보장에 있다고 하면서 A가 수사나 재판과정에서 자신에게 유리한 자료제출 등을 통해 방어권을 행사하였다면서 공소사실 불특정의 문제는 없다고 판단하였다는 점에 주목해야 한다. 판결에는 가족 사이에서 은밀하게 지속해서 발생한 어린 성폭력 피해자의 기억과 진술의 특이점이 잘 표현되어 있다. 친족 간 성폭력 사건은 일상에서 지속해서 발생하였던 성폭력 범행을 특정 날짜로 확정지을 수 없는 특징이 있어 피해자가 사건의 구체적인 날짜나 장소를 기억하기 힘들다고 하였다. 성폭행 상황을 회상하는 고통으로 피해 사실의 기억을 무의식적으로 지워버리거나 뒤섞어버리기도 한다는 것이다. 따라서 친족 간 성폭력 사건에서는 범행의 특성과 피해자가 처한 상황이나 심리에 대한 충분한 이해와 고려가 있어야 한다.

11 … 고소 동기가 자연스럽다 - 18년 전 그날

피고인 A는 피해자 B(12세의 여중생)의 사촌 오빠였다. B는 시골에서 엄마와 단둘이 살고 있었다. 아빠와 언니들은 직장 문제로 따로 떨어져 살았다.
2000년 5월 5일, A는 승용차를 타고 B가 사는 집에 찾아갔다. 어린이날이니 B를 시내에 데려가 피자를 사 주겠다면서 B 엄마의 허락을 받았다. B는 A의 승용차에 탔다. A는 차를 운전하여 시내로 가다가 갑자기 피곤해서 쉬어가야겠다며 호텔로 향했다. 호텔 방값이 비싸다면서 다시 근처 모텔로 옮겨 방을 2개 잡았다. 방 하나는 A가 사용하고, 다른 방은 B에게 사용하라고 하였다.
잠시 뒤, A는 자기 방으로 B를 불렀다. 방바닥에는 맥주병이 놓여 있었다. B가 방에 들어오자 A는 갑자기 맥주병 두 개를 들더니 맞부딪쳐 깨뜨렸다. 깨진 맥주병을 손에 들고 B에게 옷을 벗으라고 하였다. 옷을 벗지 않으면 창문에서 뛰어내리겠다고 겁을 주었다. B는 무서웠다. A가 시킨 대로 옷을 벗었다. 로션을 음부에 바르고 강제로 성관계를 했다. B가 아프다며 소리를 지르자 손으로 입을 막았다. 침대시트에 피가 묻었다. B는 임신될까 봐 걱정됐다. A는 군대에서 묶었느니 걱정할 필요가 없다고 했다. 18년의 세월이 흐른 뒤, B는 그날 일을 경찰에 신고했다.
이로 인하여 A는 성폭력처벌법위반(특수강간) 혐의로 기소되었다.

◆

2018년 5월 어느 날, B는 이 사건으로 A를 경찰에 신고했다. 사건이 발생한지 18년 만이다. 그 무렵 B가 다니던 태권도장에서 관장이 여성 관원 여럿을 성폭행하는 사건이 일어났다. 당시 B도 피해자연대 대표와 대화를 하던 중 이 사건을 털어놓게 되었고, 그 일을 계기로 A를 고소하게 되었다.

18년 전 성폭행에 대한 수사가 시작되었다. A는 딱 잡아뗐다. 그 시기에 B의 집에 찾아간 적이 아예 없었다면서 억울해했다. 목격자나 고소 내용을 입증할 객관적인 증거가 없었다. B가 당사자로서 기억하고 있는 내용이 공소사실에 부합하는 유일한 증거였다. B의 진술을 진실로 받아들이면 A는 유죄이고, 그렇지 않으면 무죄가 선고될 수밖에 없었다. 검사는 B의 진술을 믿고 A를 기소하였다. 과연 법원은 어떤 판결을 선고하였을까?

◆

1심 법원은 B 진술은 신빙성이 없다면서 A에게 무죄를 선고하였다. 공소사실을 인정할 유일한 증거가 피해자 진술인 경우, 피해자 진술이 합리적인 의심의 여지 없이 공소사실이 진실한 것이라는 확신을 가지게 하고, 피고인의 무죄 주장을 배척하기에 충분할 정도로 신빙성이 있어야 하는데, B의 진술은 이러한 기준에 미치지 못한다고 보았다.

B는 '당시 A가 회색 승용차를 타고 왔고, 운전석 유리창이 깨져 있었다. A의 손등에는 유리에 베인 상처가, 팔뚝에는 물린 상처가 있었다. 모텔에서 임신을 걱정하자 군대에서 묶었으니 걱정하지 말라고 했다. 중학교 때부터 다니던 태권도장 관장에게도 A에게 강간당한 일이 있었다고 말한 적이 있다.'는 취지로 일관되게 진술했다. 재판부는 B의 진술에 일관성은 있지만 진술내용은 합리성이나 타당성이 부족하고, 객관적인 정황이나 경험 법칙에 부합하지 않기 때문에 믿을 수 없다고 하였다. 1심이 B의 주장을 배척한 주된 근거는 다음과 같다.

B는 A가 가져온 차를 타고 갔고, A가 B를 데리고 나간다고 엄마 허락을 받았다고 진술하였다. 그러나 A는 1년 전 면허가 취소되어 사건 당시에는 면허가 없었다. B의 주장대로 당시 차 운전석 유리창이 깨진 상태였고, 팔에는 여자 친구한테 물린 상처가 있었으며, 손등에 유리에 베인 상처가 있었다면, 평소 거의 교류가 없었던 A가 B를 데리고 나가는 것을 B의 엄마가 허락해주었다거나 A를 B가 따라 나섰다거나 면허도 없는 A가 운전석 유리창이 깨진 상태로 장거리를 운전하여 갔다는 주장도 믿기 어렵다.

A의 손등에 유리에 베인 상처나 팔에 물린 상처의 흉터가 없다. 팔에 유리에 베인 상처가 있지만, 이는 사건 이후 생긴 것이다.

B는 강간을 당한 직후 임신을 걱정하자 A가 군대에서 정관수술을 했으니 걱정 안 해도 된다고 말했다는 것이다. 그러나 A는 병역의무 면제자로 군대에 가지 않았고, 정관수술을 한 것은 사건 이후여서 사건 당시에는 정관수술을 하지 않은 상태였다.

B는 고소 무렵 A가 B의 아빠에게 전화로 강간 사실을 인정하였다고 진술했다. 하지만 B가 제출한 관련 녹취록에는 그런 내용이 없다. B는 태권도장 관장에게도 A한테 강간당한 일을 말한 적이 있다고 하였으나 태권도 관장은 그런 말을 들은 적이 없다고 하였다.

그러나 검찰은 1심 무죄판결에 불복하여 항소하였다. 2심 법원은 1심의 무죄판결은 사실관계를 잘못 판단하여 부당하면서 그 판결을 파기하고 A에게 징역 5년을 선고하였다. B의 진술은 수사단계에서 항소심 법정에 이르기까지 일관성이 있고, 범행 경위와 수법, 범행 전후의 사정, 당시의 상황적 특징, 사건의 발생순서, 두 사람의 이동 경로, 각 상황에 따른 A의 구체적인 언동, B의 반응과 심리상태 등까지도 매우 구체적이고 생생하게 묘사하고 있다고 하였다. 또 B의 진술에는 직접 경험하지 않고서는 말할 수 없는 내용이 다수 포함되어 있고, 그 진술 자체의 모순점도 찾을 수 없다면서 신빙성을 인정하였다. 재판부가 B 진술의 신빙성을 인정한 부분을 요약하면 다음과 같다.

B는 '운전석 유리가 깨져 있었다. 1차로 호텔에 갔다가 방값이 비싸 다시 모텔로 옮겨 방을 2개를 대실하였다. A가 B의 아빠에게 전화를 해서 허락을 받았다'는 진술을 했는데, 이런 내용은 매우 독특하여 B가 즉흥적으로 지어낸 것으로 보기 어렵다.

B가 18년 전 일어난 이 사건의 날짜를 정확하게 기억하고 있는 것은 조금 이례적이기는 하다. 하지만 어린이날에 피자를 사준다고 하여 A를 따라갔던 특별한 경험이 있었기 때문에 충분히 설득력이 있다.

이 사건 당시 A는 운전면허가 취소되어 면허가 없었다고 하더라도 객관적으로 운전이 불가능한 상태였다고 보기는 어렵다. 운전면허가 취소된 이후 다시 취득할 때까지 가까운 거리는 회사차량을 운전한 적이 있다고 스스로 진술했다.

A가 병역의무를 면제받아 군 복무를 하지 않았고, 이 사건 이후에 정관수술을 하여 B의 주장이 사실과 다르다고 하더라도 B가 그 내용의 진위를 실제로 확인할 수는 없었을 것이므로, 피해자가 피고인으로부터 들었다는 말의 내용이 실제와 일치하지 않는다고 하여 곧바로 피해자의 진술을 믿을 수 없다고 보기는 어렵다.

수사기관에서 A의 신체 상태를 확인했을 때, 실제로 A의 손등, 왼쪽 팔뚝, 왼쪽 손가락에 흉터 자국이 발견되었고, A 스스로도 허벅지에 흉터가 있다고 인정하기도 하였다. 이는 B의 진술과 일치한다. A는 몸에 남아 있는 흉터는 이 사건 이후에 다친 것이라고 주장하나, 설령 A가 각 흉터에 대하여 변소하고 있는 내용들이 모두 사실이라고 하더라도, 그것이 이 사건 당시에는 상처가 없었다는 것을 의미한다고 볼 수는 없다.

당시 중학교 1학년이었던 B는 그전까지 피자를 한 번도 먹어 본 적이 없어 피자를 사주겠다는 A의 제안에 응하여 따라나설 만한 동기가 있었다고 보이고, B의 엄마도 A가 이전에도 와서 자고 간 적이 있는 친척이어서 B를 데려가는 것을 허락했다는 것이 이례적으로 보이지는 않는다.

B는 태권도장 관장의 성폭력 사건을 고소하면서 여성단체 대표와 대화 중 이 사건 피해 사실을 털어놓게 되면서 A를 고소하였는데, 이러한 고소경위는 자연스럽고, 특별히 의심할 만한 정황도 없다. 18년이 지난 후에 상당한 수치심을 무릅쓰고 무고죄나 위증죄로 처벌받을 위험을 감수하면서까지 피고인을 무고할 만한 별다른 이유나 동기를 전혀 찾아볼 수 없다. A에게 이 사건과 관련하여 합의금 등을 요구하였다는 정황 역시 발견되지 않는다.

2심 법원은 오히려 A의 주장이 신빙성이 없다고 하였다. A는 이 사건 당시 직업, 운전 경험이나 차종 등에 관해 진술을 계속 변경하거나 새로운 사실을 추가했고, 이 사실을 알게 된 B의 아버지로부터 항의를 받고도 적극적으로 항변하거나 해명하지 않고 전화번호를 차단하거나 회피하는 태도를 보였다. 특히 A는 B가 주장하는 사건 당일 다른 사건으로 교도소에 수감되어 있었다고 주장했지만 허위사실로 밝혀졌다. A는 범행을 부인하면서도 수사기관에서 거짓말탐지기 검사를 두 번이나 거부하고 검사를 받지 않았다. B가 피해사실을 강하게 주장하면서 거짓말탐지기 검사에 모두 응하고(진실반응이었다), 대질신문까지 먼저 적극적으로 요청한 태도와 대비된다고 보았다. 재판부는 A의 이러한 태도가 그 주장의 진정성을 의심케 하는 사정이라고 하였다.

◆

1심에서 무죄를 선고받았던 A는 2심에서 징역 5년을 선고받았다. 천당과 지옥을 오가는 심정이었을 것이다. 1심과 2심의 선고결과가 정반대로 나온 이유는 무엇일까. 이는 B가 사건 당시 들었던 말과 객관적 사실이 불일치하는 상황에서, 어떤 기준에 따라 신빙성을 판단해야 하는지의 관점 차이가 상반된 선고결과로 나타난 것이다. 당시 상황에 대하여 B는 A가 승용차를 가져왔었고, 강간 직후 임신을 걱정하자 군대에서 정관수술을 했으니 걱정하지 말라는 얘기를 들었다고 했다. 그런데 당시 A는 운전면허가 없었고, 군 면제자였으며, 실제 정관수술을 한 시기는 그때로부터 9년이 지난 후였다. A는 운전면허가 없으니 법적으로 운전을 할 수 없고, 군대에 간 적이 없었으며, 사건 당시는 정관수술을 하지 않은 상태여서 객관적인 사실과 B의 진술이 일치하지 않았다.

1심 법원은 A가 병역의무 면제자로서 군 복무를 한 사실이 없고, 사건 후인에 비로소 정관수술을 한 것이 객관적인 사실이므로, 이와 배치되는 B의 진술은 믿기 어렵다고 판단하였다. 또 A는 이 사건 이전에 이미 운전면허가 취소되어 당시에는 면허가 없었기 때문에 A가 차를 운전하고 먼 거리를 이동했다는 주장은 경험 법칙에 맞지 않은 주장이라고 여겼다.

그러나 2심 법원은 B가 사건 당시 A로부터 들었던 말을 기억에 따라 진술한 것이므로 들었던 내용이 실제 사실과 일치하는지는 신빙성 판단과 아무런 관련이 없다는 입장이었다. 또 운전면허가 있는지와 실제로 운전을 할 수 있는지는 별개의 문제이므로 운전면허가 취소되어 이 사건 당시 운전면허가 없다는 사정도 B 진술의 신빙성을 판단하는 근거가 될 수 없다고 보았다.

일반적으로 진술내용과 객관적 사실의 일치 여부는 신빙성을 판단하는 매우 중요한 부분이다. 예를 들면 모텔에 들어갈 때 A가 결재하고 서명을 했다고 진술했는데, 실제로는 B가 결재하고 서명한 것으로 밝혀졌다면 B의 진술은 신빙성을 인정받을 수 없다. B가 당시 A가 한 말의 진위를 알고 있거나 확인할 수 있는 위치에 있었다면 그러한 불일치는 B 진술의 신빙성을 의심할 수 있는 요소가 된다. 하지만 B는 당시 A로부터 들었던 말을 기억에 따라 진술하는 것이지, A가 실제로 군대를 갔는지 또는 정관수술을 했는지를 확인할 위치에 있지 않았다. 따라서 이 사건에서 B가 A로부터 들었던 내용과 객관적 사실이 일치하는지 여부는 신빙성을 판단하는데 근거가 될 수 없다는 2심 법원의 판단은 지극히 정당하다. 사건 당시 A가 그런 말을 했는지가 증명대상이지 A가 말한 내용이 객관적 사실과 부합하는지가 증명대상은 아니기 때문이다.

B가 당시 목격했다는 A의 몸에 있는 상처도 또 하나의 쟁점이 되었다. B는 당시 A 손등에 상처가 있었고, 팔에는 물린 상처도 보였으며, 모텔에서 허벅지의 상처 부위에 밴드를 붙여 주었다고 일관되게 진술하였다. 이에 대해 A는 손등 흉터는 교도소에서 몸을 단련한다고 벽을 치면서 생겼고, 왼쪽 팔뚝과 왼쪽 손가락의 흉터는 2009년경 작업 중 다친 것이며, 허벅지의 흉터는 겨울에 난로에 화상을 입은 것이라며 각 흉터가 생긴 시기와 원인을 구체적으로 진술하였다. 그러나 2심 법원은 설령 A의 흉터가 그가 주장하는 경위로 생겼다고 하더라도 이 사건 당시에 B의 주장과 같이 A의 몸

에 상처가 없었다는 것을 의미하지는 않는다면서 A의 주장을 인정하지 않았다.

한편 1심 법원은 태권도장 관장의 진술도 B 진술의 신빙성을 배척하는 근거로 하였다. 즉, B는 이 사건 이후에 태권도장 관장한테 성폭행을 당할 때, 관장이 손가락을 B의 음부에 넣고 만지면서 처녀막이 만져지지 않는다면서 그 이유를 묻는 관장에게 사촌오빠로부터 성폭행을 당한 일을 말했다고 진술하고 있는데, 그 태권도장 관장은 B로부터 그런 말을 들은 사실이 없다는 것이므로 B의 주장과 배치된다고 하였다. 그 관장은 B를 성폭행하여 조사를 받던 사건에서 자신의 성폭행 사실을 부인하고 있는 상황이어서 진실을 기대하기 어려운 사람이었다. B가 실제로 관장에게 그런 말을 한 적이 없었다면 굳이 자신을 성폭행 했던 관장에게 이 사건 피해 사실을 털어놓았다고 말할 아무런 이유도 없다. 이런 점에서 볼 때 1심 법원이 B의 주장과 관장의 진술이 다르다는 이유로 B 진술의 신빙성을 배척한 것은 납득하기 어려운 부분이다.

이 사건에서 B의 엄마가 항소심 법정에 증인으로 출석하여 처음으로 사건 관련 진술을 했다는 점이 좀 특이했다. 중요한 참고인이 있음에도 수사기관에 그 참고인에 대한 조사를 요구하지 않다가 자신에게 불리한 판결이 선고되고 나서야 증인으로 신청할 경우, 일반적으로 그 참고인의 증언은 신뢰하기 어려운 경우가 많다. 이 사건에서 B의 엄마는 1심에서 무죄판결이 선고되자 항소심에서 증인으로 출석하였다. 그래서 재판에서는 그 증언의 신빙성이 치열하게 다퉈졌다. 2심 법원도 B의 엄마는 A가 집에 찾아와 B를 데리고 나간 사실을 알고 있는 유일한 목격자인데도 1심 판결이 선고될 때까지도 엄마한테 이 사건을 말하지 않다가 1심 판결이 선고된 후에야 이 사건 피해 사실을 말했다는 것은 일반적이지 않다고 하였다. 하지만 B는 뒤늦게야 이 사건을 엄마에게 말한 이유에 대하여 '엄마가 못 배워서 잘 모르는 것도 있고, 엄마가 전에 파킨슨 진단을 받고 병원에 입원한 적이 있어 엄마가 걱정되어서 뒤늦게 얘기했다. 1심에서 무죄가 선고되어서 너무 화나고, 억울하고, 어떻게 하면 진실을 밝힐 수 있을까 고민하다가 엄마한테 진짜 얘기하기 싫었지만 뒤늦게나마 얘기하게 됐다.'고 그 이유를 설명하였다. 재판부는 B의 엄마가 실제로 학교를 다닌 적이 없고 평소 건강상태도 좋지 않은 사정을 고려하면, B가 이 사건 피해 사실을 털어놓지 못하고 혼자 비밀로 하였다가 어쩔 수 없이 뒤늦게 피해 사실을 이야기하게 된 이유를 충분히 납득할 만하다고 하였다. B의 엄마가 증언한 진술 요지는 다음과 같다.

A는 집에 세 번 정도 왔었다. B가 초등학교에 다닐 때 한 번, 중학교에 다닐 때 한 번, 그리고 다른 곳으로 이사를 간 후에 한 번 더 왔다. A가 두 번째 방문했을 때가 몇 년도인지는 기억나지 않지만, 당시 넘어지면서 다리가 부러져 깁스를 하고 있을 때였다. 그 무렵 B 큰아버지가 교통사고로 사망하였는데, 깁스를 하고 있어서 장례식에 가지 못했다. 그래서 깁스를 했을 때와 큰아버지가 사망하였을 때는 비슷한 시기다. 5월이었던 것 같다. 깁스는 평생에 그때 한번 했다. A가 두 번째 왔을 때 집에 B와 단둘이 있었다. A의 인상착의는 잘 기억나지 않고, 당시 신발 벗는 곳에 걸터앉아서 이야기했다. 팔이나 손 쪽에 상처가 있었던 것 같다. A가 B에게 무엇을 사준다고 하였는지는 기억나지 않지만 뭐를 사준다고 B와 함께 나갔다. 다리가 아파 배웅을 하지는 못했다. B한테 이 사건을 듣게 된 지는 얼마 되지 않았다.

2심 법원은 B 엄마의 법정 증언에 신빙성이 있다고 했다. 즉, 'B의 엄마는 당시 A의 인상착의, 상처를 입은 부위, 집에 찾아온 연도, B가 그날 나갔다가 다시 집으로 돌아온 정확한 시간 등 지엽적인 사정들에 대하여 정확히 기억하지는 못했지만, A가 집에 찾아왔던 사실과 그 당시의 상황, 당시 A가 앉았던 자리, A가 B와 함께 나간 사실과 그 이유 등 비교적 기억하기 쉬운 핵심적인 부분들에 대하여는 분명하게 진술하고 있다. 또 이 사건이 비록 21년 전의 일이지만 다리에 깁스를 하고 있던 기간과 큰아버지 장례식이라는 두 가지 사건이 함께 일어났던 시점과 근접한 때에 A가 집에 찾아온 왔었기 때문에 그로부터 21년이 지난 후에 기억을 되살려내어 진술하는 것이 불가능하지 않다. B의 엄마는 당시 A가 B에게 뭔가를 사준다고 하였으나 그것이 무엇인지는 기억나지 않는다고 증언하여 기억이 나는 부분과 기억이 나지 않는 부분을 구분하여 설명하려고 노력하였다. 그리고 B는 A가 집에 찾아온 것은 총 두 번이라고 주장하였으나, B의 엄마는 A가 이 사건 범행 이후에도 한 번 더 찾아와 모두 세 번 방문하였다고 진술하여 B의 진술에 의존하지 않고 자신의 기억에 기초하여 진술하려는 태도를 보이고 있다.'고 하였다. 2심 법원이 위와 같이 신빙성을 판단하면서 제시한 논리는 오랜 시간이 흐른 사건에 관하여 진술할 때 그 진술의 신빙성을 인정받기 위해서는 어떤 점에 주의해야 하는지를 알게 해준다. 팔은 안으로 굽는다는 말처럼 만약 B의 엄마가 무조건 B에게 유리하게 해주고 싶은 마음이 앞서 기억과 다르게 보태거나 숨기거나 과장하여 진술했다면 법원은 그 엄마의 진술을 믿지 않았을 것이다. 예를 들면 당시 A가 B에게 피자를 사주겠다고 말한 것을 정확하게 기억하고 있다고 증언하거나 당시 A의 몸 어디에 상처가 있는 것을 분명히 봤다고 증언했다면 오히려 신빙성을 의심받았을 것이다. 여기서 명심해야 할 점은 누구에게 유리하도록 기억과 상관없이 진술할 경우에는 오히려 그 진술이 불리하게 작용할 수도 있다는 사실이다. 따라서 섣부른 판단으로 기억과 다르게 진술해서는 안 된다. 기억하고 있는 사실과 나중에 들어서 알게 된 사실은 명확히 구분하여 진술해야 한다. 깁스나 큰아버지 장례식처럼 오래전의 일을 지금까지 기억하고 있는 계기가 제시한다면 그 진술은 더 신뢰할 만하다.

한편, 2심 법원은 A의 주장을 믿기 어려운 몇 가지 이유를 밝히고 있다. 즉, 'A는 이 사건 무렵 자신이 어디에서 무슨 일을 하고 있었는지에 대하여 일관성 없이 계속 변경된 진술을 하고 있으며, 일부 주장은 객관적 사실과도 배치된다. A는 당시 사건 무렵 운전 경험이나 차종에 대하여 계속 진술을 변경하거나 새로운 진술을 추가하여 마치 운전 사실을 숨기려는 듯한 모습을 보이고 있다. A는 B나 그 가족으로부터 항의를 받는 상황 속에서 억울함이나 부당함을 토로하지 않은 채 답변을 회피하는 모습을 보였다. B의 아버지 전화번호를 차단하기만 하고, 적극적으로 부인하거나 해명하지 않았다. 수사기관에서 범행을 일관되게 부인하면서도 거짓말탐지기 검사를 두 번이나 거부하고 검사를 받지 않았다.'고 하면서 위와 같은 일련의 태도만으로 A의 주장이 곧 허위라고 단정할 수는 없지만 최소한 그 진술의 진정성을 의심케 하는 사정은 된다고 하였다. 법원은 A가 적극적인 해명을 회피하거나 거짓말탐지기 검사에 보인 소극적인 태도는 억울하게 모함을 받고 있는 가해자답지 않은 모습이라고 보았다. 억울한 가해자라면 억울함을 호소하고 적극적으로 대응하는 것이 일반적인데, A는 그렇게 행동하지 않았다고 본 것이다. A가 진짜로 억울했다면 좀 더 적극적으로 대응했어야 옳았다. 물론 억울하게 누명을 쓰고 있는 상황에서 모든 사람이 적극적으로 항변하고 해명하는 것은 아니다. 사람에 따라서는 대처방식이 다양하게 나타날 수 있다. 그렇지만 자신이 왜 일반적으로 예상되는 행동과 다른 태도를 보였는지에 대해서는 납득할 수 있도록 충분히 설명하고 근거를 제시하는 노력은 해야 한다. 하지만 A는 아무런 노력도 하지 않았다.

2000년도에 발생한 이 사건은 18년이 지난 후에야 경찰에 접수됐다. 원칙적으로 모든 범죄는 공소시효가 있다. 사형에 해당하는 죄는 25년, 무기징역에 해당하는 범죄는 15년, 장기 1년 이상의 징역에 해당하는 범죄는 10년 등이다. 공소시효는 범죄가 끝난 시점부터 진행한다. 성폭력처벌법의 특수강간죄는 무기징역 또는 7년 이상의 징역에 해당하는 범죄이다. 현행법에 의할 때 이 사건의 공소시효는 15년이다. 2007년 2월, 형사소송법 개정으로 공소시효가 연장되었으나 개정된 형사소송법은 개정 이후의 범죄에만 적용되므로 시행 전의 범죄에는 종전 공소시효가 적용되었다. 종전 규정에 의하면 특수강간죄의 공소시효는 10년이었다. 따라서 이 사건은 2010년 5월 4일 공소시효가 완성되어 처벌할 수 없을 것처럼 보인다. 그런데 어떻게 공소시효 10년을 넘겨 18년이 지난 사건으로 A가 처벌받을 수 있었을까?

공소시효 만료일을 약 20일 남은 2010년 4월 15일, 성폭력처벌법이 제정되어 시행되었는데, 미성년자에 대한 성폭력범죄의 공소시효는 피해자가 성년에 된 날부터 진행한다고 규정하였다, 이 규정은 법 시행 전에 공소시효가 아직 남아 있는 경우에도 적용한다는 부칙규정을 두었다. 이 사건은 당시 공소시효가 완성되기까지 약 20일이 남아 있었고, B는 2007년 5월경 성년이 되었기 때문에 그때부터 공소시효 10년이 진행하여 2017년 5월경이 공소시효 만료일이었다. B는 2018년 5월경 이 사건을 신고하였으므로 원래대로라면 공소시효가 이미 완성된 후에 고소한 것이다. 그런데 2013년 6월 19일 성폭력처벌법이 개정되었다. 13세 미만의 사람에 대한 강간죄 등에는 공소시효를 배제하는 규정을 두었다. 사건 당시 B는 12세여서 이 규정에 따라 공소시효가 배제됨에 따라 A는 18년 전의 이 사건으로 처벌받게 된 것이다.

12 … 주요 부분에 집중하라 - 소유욕

대학생인 피고인 A는 주점에서 종업원으로 일하는 피해자 B(20대 중반의 여성)와 사귄 지 3개월 정도 되었다. A는 B가 주점에서 나이 든 남자 손님들과 따로 만난다는 말을 전해 들었다.

2019년 1월 어느 날 새벽 1시경, A는 전화로 B를 불러냈다. 자신의 승용차에 태우고 체육관 주차장으로 데려갔다. 주차장에서 B를 때리고 주점을 그만두라고 윽박질렀다. 휴대폰도 빼앗았다. 그렇게 차에서 밤새 같이 있다가 아침 7시경, B를 모텔에 데리고 들어갔다. 모텔에서 A는 B에게 성관계를 요구했다. B는 거절했다. A는 말을 안 들으면 찍어 둔 나체사진을 뿌려버리고, 술집에 다니면서 돈을 받고 나이 든 놈들과 만난다고 부모에게 알려버리겠다고 협박하였다. 그리고 B와 성관계를 하였다(첫 번째).

A는 또 다음 날 새벽 그 모텔에서 같은 방식으로 협박하여 B와 성관계를 하고, 그다음 날 새벽에는 B의 집에서 같은 방식으로 협박하여 B와 성관계를 하였다(두 번째).

A는 B의 집에서 B와 성관계를 한 다음 날 밤 8시경 B를 어느 모텔로 불러냈다. 화장실에서 샤워하던 B에게 구강성교를 요구했다. B가 몸이 아프다면서 거절하자 나체 사진을 뿌리고, 부모에게도 알려버리겠다고 협박하였다. 그리고는 겁을 먹은 B의 입에 성기를 집어넣었다(세 번째).

이로 인하여 A는 강간과 유사강간 혐의로 기소되었다.

◆

이른 새벽시간, A는 자신의 승용차에 B를 태우고 체육관 주차장으로 갔다. 그곳에서 6시간을 머물렀다. 주차장에서 있었던 일에 관해서는 주장이 엇갈렸다. B는 차에서 A로부터 일방적으로 맞고 휴대폰을 빼앗겼다고 했다. 휴대폰을 되찾으려다가 또 맞아 얼굴에 심한 상처를 입었다고 했다. A는 서로 말다툼을 하다가 몸싸움을 하는 과정에서 어쩌다 보니 B의 얼굴에 작은 생채기가 생긴 정도라고 했다. 어쨌든 두 사람은 주차장에서 모텔에 함께 이동했다.

전체적으로 A는 B와 성관계나 유사 성관계를 했다는 사실을 부인하지는 않았다. 단지 연인관계였기 때문에 합의로 자연스러운 분위기에서 성관계 등을 하였지, B가 주장하는 것처럼 강간하거나 유사강간은 아니었다고 항변했다. 성관계 도중에 B가 아프다고 해서 성관계를 바로 중단한 일도 있었고, B에게 휴대폰을 돌려주었는데도 곧바로 신고하지도 않았다고 주장했다. B의 집으로 간 것도 B가 자기 집으로 가자고 권해서 갔다고 했다. 유사강간을 당했다고 하는 날에는 B가 스스로 A를 찾아왔기에 집 근처 모텔에 갔던 것인데, 생리 중이라 성관계를 못 한다면서 자발적으로 구강성교를 해주었다고도 했다. B는 체육관 주차장에 있다가 모텔에 갔을 때도 모텔에서의 성관계를 2번 했다고 하다가 나중에는 3번으로 번복하기도 했다. 이런 점에서 볼 때 B는 거짓말을 하는 것이라고 주장했다.

이 사건은 연인관계였던 A와 B 사이에서 4일 동안 벌어진 일이다. 사건이 발생한 장소는 모텔 또는 B의 집이어서 두 사람 외에 다른 목격자는 없었다. A는 성폭행이 아니라고 범행을 부인하였다. 결국 이 사건도 공소사실을 입증할 수 있는 직접 증거는 B의 진술이 유일했다. 따라서 당연히 B 진술의 신빙성이 A에 대한 유무죄를 판단하는 핵심 쟁점이 되었다.

◆

재판결과 1심 법원은 피해자인 B의 진술에 신빙성이 있다고 판단하였다. 신빙성 있는 B의 진술을 유일한 직접증거로 삼아 기소된 A의 범죄를 모두 인정하고 A에게 징역 3년 6개월을 선고하였다. 재판부는 A와 B가 체육관 주차장으로 이동한 시점부터 마지막 유사강간이 있었던 시점까지 두 사람 사이에 있었던 일들을 B의 진술에 따라 시간 순서대로 재구성하였다. B의 진술은 A를 만나서 다투게 된 경위, A의 협박 경위 및 내용, 모텔 및 B의 집으로 이동하게 된 과정, 각 강간 및 유사강간 행위, 그 과정에서 A의 언동과 이에 대한 B의 대응 등 그 주요 부분에 관한 진술이 비교적 일관된다고 판단했다. 뿐만 아니라 B의 진술은 직접 경험하지 않고는 진술하기 어려울 정도로 구체적이며, 법정에서의 모습이나 태도, 진술의 뉘앙스 등에 비추어 그 기억과 감정을 거짓으로 지어낸 것으로 보이지 않는다고도 하였다. B가 허위 사실을 꾸며내어 A를 무고할 만한 특별한 동기나 이유도 없었다.

A는 B의 진술이 일관성이 없다고 주장했었다. A의 이러한 문제제기에 대해서는 B가 경찰에서 최초로 진술할 때 모텔에서 2회의 성관계가 있었던 것처럼 진술했다가 시간이 지나면서 세부적으로 변경된 부분이 있기는 하지만, 이는 범행의 주요 내용에 관한 것이 아니라고 하였다. 또 이 사건처럼 상당한 시간 동안 일어난 일을 조금의 모순이나 혼동 없이 기억하기를 기대하기는 어려우며, 조사가 진행됨에 따라 당시 상황을 점차 자세히 설명하면서 그 세부적인 내용이 달라진 부분도 있고, 주요부분에서 피해자 진술은 일관되므로 사소한 부분에 일관성이 없고 부정확하다고 하더라도 신빙성을 배척할 수 없다고 하였다. 법원이 재구성한 사건 경위는 대략 다음과 같다.

2019년 1월 어느 날 자정 무렵, A는 B에게 다른 남자들과 만난다며 화를 내면서 B를 자기 집 근처로 불러냈다. 집 근처에서 B를 차에 태워 근처 체육관 주차장으로 갔다. 그때가 새벽 1시쯤 이었다. 주차장에서 A는 B에게 욕설을 하며 사과를 강요하면서 어깨를 눌러 주차장 바닥에 무릎을 꿇게 하였다. 당시 일하고 있던 주점 종업원 일을 그만두라고 하였다. B의 휴대폰을 빼앗고 머리채를 잡고 폭행했다.

새벽 3시쯤, B를 집 근처에 내려주겠다며 차에 태우고는 어느 고등학교 주차장으로 갔다. 그곳에서 다시 온갖 욕설을 했다. 예전에 찍어 둔 나체 사진을 유포하고, B가 술집을 다니면서 남자들한테 몸을 굴리고 다닌다고 부모한테 알리겠다고 협박했다. 모텔로 데려가 성관계를 하였다. 잠을 자고 있던 B를 깨워 성관계를 한 번 더 했다. 잠자고 일어나 전날 맞아서 다친 부위를 치료 받으려고 함께 병원에 갔는데, 마치 A 자신이 아픈 것처럼 진료를 받고 약을 사서 다시 모텔로 돌아왔다.

다음 날 새벽, 모텔에서 다시 B와 성관계를 하였다. 모텔에서 나와 A의 집으로 가서 B의 휴대폰을 돌려주었다. 식당에서 아침밥을 같이 먹고 PC방으로 갔다. B의 오빠가 다음 날에야 B의 집에 온다는 것을 확인하고는 함께 B의 집으로 갔다.

저녁 무렵에 B의 집에 도착했다. 다음 날 새벽, B와 성관계를 했다. 그날 밤 오빠가 집에 올 시간이 되자 A는 집을 나왔다. 다음 날 오후 5시쯤, 두 사람은 다시 만나 모텔에 갔고, 그곳에서 B는 A에게 구강성교를 해 주었다.

1심 법원은 'A가 휴대폰을 빼앗고, 술집에 다니면서 나이 든 남자들을 만나고 다닌다고 부모에게 알리고, 나체사진을 유포하겠다고 하여 겁이 나 A의 요구를 들어줄 수밖에 없었다.'는 B의 진술에 대하여, 재판과정에서 확인된 여러 사정이 이에 부합하기 때문에 B

의 진술은 신빙성이 있다고 하였다.

사건 중간에 A가 B에게 보낸 카톡 내용, 즉 '앞으로 계속 며칠 동안 한 것처럼 말 잘 들어. 나중에 혹시 내가 마음 바꿔줄지도 모르잖아. 지금 내 기분 알면 건드려봐야 좋을 거 없을 거야. 근데 이젠 그냥은 못 놔줘 미안한데, 일 크게 만들려면 만들어. 내가 네 오빠, 부모님 보면서 말씀드릴게. 죽이지 않은 게 다행이었다고. 내 말 잘 듣기로 했잖아. 내 말 잘 들어야지'라는 부분은 B의 주장과 일치한다고 하였다. 두 사람이 사건 이후 나눈 카톡에서도 A가 나체사진을 유포하겠다고 말한 사실을 인정하고 있다고 보았다. 그 카톡 내용은 대략 이런 내용이었다.

B: 너가 사진이든 녹음이든 지금 안한다고 진짜 안할지도 난 모르겠고. 그런 생각 들어

A: 약속은 지켜. 난 여태까지 그래왔고 너한테 보여준 모습들. 그리고 말할 거였으면 너랑 굳이 얘기 할 이유도, 같이 있을 이유도 없었겠지. 그건 맞잖아

B: 나중에 나한테 아무 감정 없어지면 사진은?

A: 버릴게

B: 사진보면서 흥분되니 뭐니 했잖아 그니까 난 당연히 믿지, 클라우드 3중 보안

A: 사진 안 봤어 그때, 클라우드 3중 보안 같은 거 안 돼, 개 헛소리 지껄여 본거야

◆

수사기관에서부터 1심 재판까지 A는 성폭행을 완전히 부인하였다. 그런데 1심 법원에서 징역 3년 6개월을 선고받고 나서는 입장이 바뀌었다. 1심 판결에 불복하여 항소까지 하였던 A는 항소심 재판에서는 성폭행을 모두 인정하였다. B와 합의도 하였다. 그래서 2심에서는 징역 2년이 선고됐다. 여기서 A가 왜 갑자기 태도를 바꾸었는지가 궁금하다. 더는 거짓말이 통하지 않을 거라고 생각했을 수도 있고, 아무리 억울하다고 발버둥 쳐도 소용이 없다는 판단으로 합의라도 해서 형량을 낮출 목적이었는지도 모른다.

그런데 A는 B의 진술이 거짓말이라고 하면서도 자신의 주장을 뒷받침할 만한 증거자료는 하나도 제출하지 않았다. 단지 모텔에서 성관계를 한 횟수에 관하여 B의 진술이 번복되었기 때문에 신빙성이 없다거나 핸드폰을 B에게 반환했을 때나 헤어진 이후에도 바로 경찰에 신고하지 않았기 때문에 믿을 수 없다면서 B 진술의 신빙성을 다투었을 뿐이다. 왜 B를 폭행하게 되었는지, 왜 B의 휴대폰을 빼앗았다가 돌려주었는지, 병원에 가서는 왜 B 대신 진료를 받았는지 등에 관하여 합리적이고 납득할 만한 주장이나 설명이 없었다. 본인의 주장에 부합하는 문자메시지나 카톡, 블랙박스 영상 등도 없었다. A가 아무리 억울하다고 해도 그 주장을 뒷받침할 증거가 없다면 아무런 소용이 없다.

법원은 B가 비록 모텔에서의 성관계 횟수에 대한 진술이 일부 변경된 것은 맞지만, 3일 동안이나 끌려다니며 여러 번 강간 및 유사강간을 당했고, 그 과정에서 수많은 일들이 벌어졌을 것이기 때문에 그때 벌어진 일을 모순이나 혼동 없이 기억하는 것은 불가능하다고 보았다. 오히려, 사건의 주요 부분에 관한 B의 진술은 일관성과 구체성을 갖추고 있으므로, 이러한 사소한 모순이나 번복은 신빙성 인정에 아무런 영향을 미치지 않는다고 하였다. 피해자 B는 두 번째 성관계에 대하여 'A의 협박으로 자다 일어나 성관계를 하면서 아프다고 하자 A는 자위를 하였다. 다시 잠을 잤는데, A가 얼굴에 사정하는 바람에 놀라서 일어났다. 병원에 다녀와서 약을 먹고 자다가 일어나서 다시 성관계를 했다.'고 진술하고, 세 번째 성관계에 대하여 '집에서 A의 요구로 성관계를 하다가 아프다고 하자 성관계를 중단하고 구강성교를 해주었다. 샤워를 하고 있을 때 화장실에 들어와 구강성교를 요구하여 싫다고 했는데도 요구하여 울면서 구강성교를 해주자 그만하라고 하였다.'고 진술하는 등 주요 부분에 관한 내용은 매우 구체적이고 일관적이라고 판단하였다. 어떤 부분이 주요 부분이고 어떤 부분이 사소한 부분인지는 일률적인 기준이 있을 수 없고, 사건의 성격과 내용에 따라 다를 수밖에 없다. 따라서 전문가 등의 도움을 받아 어떤 내용이 사건의 주요 부분일지 잘 파악하여 최소한 주요부분에 관한 진술은 일관성을 유지하면서, 경험한 사람만이 알 수 있는 사실과 감정 등을 구체적으로 진술해야만 신빙성을 인정받을 수 있다.

이 사건에서 B의 진술이 신빙성을 인정받게 된 데에는 B의 지혜로운 대응도 한몫했다. B는 사건 중간 중간에 A의 감시를 피해 주점 사장과 카톡을 주고받고, A에게도 카톡을 보내면서 사건 상황을 기록으로 남겼다. 그 카톡 내용은 B의 진술을 뒷받침하였기 때문에 법원은 B의 주장을 믿어준 것이다. 만약 그런 카톡 내용이 없었다면, 두 사람의 관계나 B가 일반적으로 예상되는 구호조치를 취하지 않은 점 등으로 인하여 B 진술의 신빙성은 인정되지 않았을 수도 있다.

13 … 경험자만 아는 내용을 말하라 - 오늘은 여기까지

피고인 A(40대 후반 남성)와 피해자 B(40대 후반 여성)은 같은 여행 동아리 회원이었다. 이 모임은 일본으로 단체여행을 갔다. 여행 마지막 날 새벽 4시경, A는 B의 객실을 찾아갔다. 출입문을 노크하자 B가 문을 열어주었다. A는 B를 안으로 밀치며 들어가면서 B에게 키스를 했다. 스킨십을 계속하면서 B를 침대에 밀쳐 눕혔다. 곧바로 B의 몸 위에 올라타 손과 다리로 누르고, 상의 안으로 가슴을 만졌다. 하의를 내린 후 성관계를 하려고 했다. B는 저항하면서 후회할 일 만들지 말자고 울면서 설득하자, A는 더 이상 진행하지 않았다. 그 일로 B는 외상 후 스트레스 장애로 치료를 받았다. 이로 인하여 A는 강간치상 혐의로 기소되었다.

◆

수사기관과 법정에서 A는 줄곧 성폭행을 하지 않았다고 범행을 부인했다. B의 방에 찾아가 B에게 키스를 하고, 가슴 등 신체 일부를 만진 사실은 인정했다. 일본 여행지에서 같은 여행 모임 회원으로 활동하던 B에게 충동적으로 좋은 감정이 생겨 서로 합의로 성적인 접촉을 한 것이라는 취지였다. B가 스킨십 이상을 거부하여 그 정도에서 멈췄고, B가 주장하는 것처럼 하의를 내리고 성기를 삽입하려는 행동은 하지 않았다고 항변했다. 그러면서 B가 거짓말을 하고 있다고 주장했다. B의 말은 일관성이 하나도 없고, 성폭행 상황이라면 옆방에 투숙해 있던 다른 회원들도 무슨 소리라도 들었을 것인데 그런 소리를 들었다는 사람이 아무도 없다는 점이 나름의 근거라고 했다. B는 사건 발생일로부터 한 달 뒤에야 병원에 갔고,

약 3개월이 지나서야 고소를 한 것도 의심스러운 대목이라는 주장을 보탰다.

이 사건은 일본 단체여행 중에 B가 혼자 머물던 방에서 일어났다. 옆방에도 일행이 있었지만 이 사건과 관련된 소리를 들었다는 사람은 없었다. 당사자 외에는 목격자가 없었기 때문에 B의 진술이 공소사실에 부합하는 유일한 증거였다. 따라서 B 진술의 신빙성이 유무죄를 판단을 좌우하는 열쇠가 되었다. B는 직접 증거는 아니지만 사건 이틀 뒤 A에게 전화로 당시 상황을 알려주었을 때 A가 잘못을 인정하면서 사과했던 전화통화 녹취록과 3일 뒤에 찍은 오른팔의 멍 사진을 증거자료로 제출했다.

◆

법원은 피해자 B의 손을 들어주었다. B 진술의 신빙성을 인정한 것이다. 공소사실의 유일한 직접증거였던 B 진술의 신빙성을 인정한 이상 A는 유죄였다. 재판부는 A에게 징역 2년 6월을 선고하였다.

재판부는 '누군가 방문을 노크하여 문을 열어주었는데, A가 밀치면서 들어와 키스를 하였다. 계속 스킨십을 시도하면서 침대에 밀쳐서 눕혔다. A는 몸 위에 올라타 손으로 어깨와 팔을 잡아 눌렀고, 양쪽 무릎과 다리로 저의 다리를 눌러 움직이지 못하게 하였다. A는 키스를 했고, 옷 속으로 손을 넣어 가슴을 만졌다. 하의를 벗긴 후 성기를 삽입하려고 하였다. A의 성기삽입을 막기 위하여 20~30분 동안 몸싸움을 하였다'는 취지의 B의 진술에 대해서, 진술 내용이 일관되고 구체적이며 자연스럽다고 판단했다. 비록 일부 변경된 진술이 있기는 하지만 이러한 진술 내용의 차이는 B가 여러 번에 걸쳐 피해 내용을 반복적으로 진술하는 과정에서 발생한 것인데, 이는 강조한 내용이나 사용한 표현이 달랐던 것에 불과한 것으로 보여 진술의 일관성이 없다고 볼만한 사정에 해당하지 않는다고 하였다.

특히, B는 "A의 성기가 허벅지에 닿았다. A는 범행 중에 '좀 있어봐, 왜 이래 자꾸, 있어봐 좋을 거야'라는 말을 하였다. 범행 직후 A가 자고 가겠다며 침대 위에 누웠다. 그래서 저는 벽면에 등을 댄 채 A를 발로 밀고 손으로 잡아끌어 침대에서 내렸다"고 진술했는데, 이런 내용은 직접 경험하지 않으면 진술하기 어려운 구체적이고 특징적인 사항을 포함하고 있기 때문에 신빙성이 높다고 보았다.

재판부는 B의 진술을 신뢰한 반면에 A의 진술은 믿기 어렵다고 하였다. A는 범행 인정 여부에 관하여 여러 차례 입장을 번복하였고, 사건에 관한 진술도 그 자체로 일관성과 구체성이 부족할 뿐만 아니라 비합리적인 부분도 발견되기 때문이라는 것이다. 법원이 A 진술의 신빙성을 배척하면서 밝힌 이유는 대략 다음과 같다.

A는 사건 직후 B와 통화에서는 범행을 인정하였다. 나중에 A는 통화 당시 B가 하는 말의 의미를 오해했다거나 B를 달래주려는 취지였다고 변명하고 있지만, B가 이 사건 범행의 강제성을 분명히 언급하였다. 또 상당히 긴 시간 편안한 분위기에서 자유롭게 통화하였다. 그 통화이후에 B에게 다시 연락하여 사실관계를 바로잡거나 반박하는 조치를 하지 않았다. 그래서 그 주장은 납득하기 어렵다.

A는 사건 후 최초 통화에서는 잘못을 인정하였다가 두 달 뒤 B의 문자를 받고는 사실관계를 부인하는 답변 문자를 보냈고, 며칠 뒤 다시 잘못을 인정한다는 문자를 보냈다. 그리고 B에게 법적 조치를 중단해달라는 부탁과 함께 피해 회복에 관하여 협의하겠다는 문자를 다시 보냈다.

당시 충동적으로 합의로 성적인 접촉을 했다는 것이 A의 주장이지만 그 과정에서 B로부터 들었다는 말은 '오늘은 여기까지만요'에 불과하다. 사건 이후 약 1시간 동안 B의 방에서 자고 나가면서 인사도 하지 않았다. 합의로 신체적 접촉을 한 상황에서 두 사람 사이에 별다른 대화가 없었다는 것은 납득하기 어렵다.

A는 당시 B가 '오늘은 여기까지만요'라는 말을 했다는 것이 신체접촉에 합의한 근거라고 주장하나, B는 성폭력에 저항하면서 회유와 호소로 설득했다고 진술하였다고 한다. 따라서 B의 이런 말은 성폭력을 피하기 위해 회유하고 호소하는 취지로 보는 것이 합리적이다.

A는 사건 이후 B와 최초 통화에서 B의 객실을 찾아간 이유 등 이 사건 내용이 잘 기억나지 않는다고 하였다. 그런데 수사기관과 법정에서는 당시 술을 주량 보다 적게 마셔 그때 상황을 정확히 기억한다고 진술하여 그 진술 자체로 모순되고 합리적이지 않다.

강간죄에서 공소사실을 인정할 증거가 사실상 피해자의 진술이 유일한 사건에서, 피고인의 진술이 경험 법칙상 합리성이 없고 그 자체로 모순되어 믿을 수 없는 경우, 이러한 사정은 피해자 진술의 신빙성을 뒷받침하거나 직접증거인 피해자 진술과 결합하여 공소사실을 뒷받침하는 간접정황이 될 수 있다. 이 사건에서도 법원은 A의 비합리적이고 모순적인 진술은 B 진술의 신빙성을 뒷받침하는 정황증거로 보았다.

◆

법원은 유일한 직접증거인 B의 진술을 근거로 A의 범행 부인에도 불구하고 유죄판결을 선고하였다. 법원이 B 진술의 신빙성을 인정한 이유는 진술이 일관된 점도 한몫을 하였지만, 무엇보다 B의 진술 내용이 직접 성폭행 피해를 경험하지 않은 사람은 결코 진술할 수 없을 정도로 사건의 특정적인 내용에 대한 묘사가 매우 구체적이었다는 점이다. '성기가 허벅지에 닿았다'거나 '있어봐, 좋을 거야'라는 내용은 거짓으로 지어내기 어려운 내용이다. 이처럼 당시 겪었던 세부적인 상황, 느낌, 감정을 기억해내는 것이 진술의 신빙성을 인정받는데 있어 매우 중요함을 알아야 한다. 아마도 B는 A의 성기가 자신의 허벅지에 닿는 거북하고 수치스러운 느낌을 기억하고 있었던 것 같다.

사건 발생 이틀 후, A와 B 사이의 전화통화 내용은 진술의 신빙성 판단에 중요한 정황증거가 되었다. 법원은 그 녹취록에 나오는 A의 대화 내용은 A 스스로 잘못을 인정하고 사과하는 취지여서 B의 주장에 부합된다고 보았다. 잘못을 인정한 것이 아니라 B를 달래주려는 의도였다는 A의 변명은 받아들이지 않았다.

수사기관이나 법정에서 A는 당시 상황을 정확하게 기억하고 있는 것처럼 행동했지만, 전체적으로 볼 때 당시 상당히 취해 있었던 A는 그때 일을 제대로 기억하지 못했던 것으로 추측된다. 사건 이틀 후 B와의 통화에서도 그 방에 찾아간 것도 잘 기억나지 않는다고 했고, 사건 당시 '오늘은 여기까지만요'라는 그 한마디 말만 기억하고 있을 뿐, 다른 상황에 대해서는 진술하지 못했다. B가 신체접촉을 거부하자 그곳에서 1시간이나 잠을 자고 나간 것과 이틀 후 전화통화 당시 B가 그때 상황을 일일이 설명해주는 방식으로 대화를 하는 모습은 이러한 추론을 뒷받침해주는 정황이다.

A는 1심에서 유죄가 인정되어 징역 2년 6개월을 선고받았다. 그 판결에 불복하여 항소하였는데, 항소심에서는 범행을 깨끗이 자백하였다. A가 그전까지 범행을 부인했던 이유가 궁금해진다. B는 사건 다음 날 아무 일도 없었다는 듯이 남은 여행일정을 소화했고, 귀국해서도 3개월이 지나서야 뒤늦게 고소하였다. 이런 객관적 사실

에다가 당시 일을 제대로 기억하지 못했고, 성관계를 시도하다가 중간에 그만두었기 때문에 A는 강간이 아닐 것이라는 생각으로 부인했을 가능성이 있다. 만약 A가 당시 상황을 정확하게 기억하고 있었다면 B의 주장을 반박하고 자신의 결백을 주장하는 것은 당연하다. 그렇지 않고 기억이 정확하지 않은데도 무작정 부인하고 보자는 대응은 재고할 필요가 있다. 당시 상황을 기억하지 못할 만큼 취한 상태였다면 사건 당시의 언행은 평소 자신이 알고 있는 이성적인 본인의 모습과 많이 다를 수 있기 때문이다. 이런 경우 피해자 B의 기억은 정확하고, 가해자 A의 기억은 부정확하다. A는 B에게 찾아간 이유에 대해서 파스를 가져다주려고 갔다고 주장하였으나 실제로 파스를 갖다 주려고 했었는지에 대해서는 제대로 증명하지 못했다. 그렇다면 A로서는 이 사건으로 피소된 사실을 알았을 때 어떤 태도를 취할지에 대해서 좀 더 신중하게 생각할 필요가 있었다. 그랬다면 시간적·경제적인 낭비와 수고로움을 줄일 수 있었을 것이다. 그렇지 않으면 시간과 돈은 쓸데로 쓰고 원하는 결과를 얻지 못할 확률이 높다.

A의 입장에서 볼 때, 초기대응만 잘했더라면 법정에 서지 않아도 될 기회가 여러 번 있었다. A와 같은 여행 동아리 회원이었던 B는 A가 진심으로 사과하면 이 사건을 더 이상 문제 삼지 않으려고 생각했다. 그래서 귀국 직후 먼저 A에게 전화하여 당시 벌어졌던 상황을 설명해주었다. 그때는 A도 잘못을 인정하고 사과했기 때문에 고소할 생각이 없었다. 문제는 그 이후 A의 대응태도였다. 그 후 2개월 동안 A는 모르쇠로 일관하면서 B를 철저히 외면하였다. B가 나름대로 잘못을 만회할 기회를 주었음에도 그 기회를 알아차리지 못했다. B는 한 달 후에 정신과 치료까지 받았다. A의 태도에 크게 실망한 B는 더 이상 A와 동아리 회원으로서 관계유지가 불가능하다고 생각했다. 그래서 B는 A에게 여행 동아리에서 탈퇴하고 피해보상을 해달라는 합의조건을 제시하였다. 이때까지도 B는 A와 원

만하게 합의를 하고 사건을 자체적으로 해결하려는 마음이었던 것 같다. 그런데 A는 아무런 잘못도 없다는 태도로 돌변해서는 B의 요구를 일언지하에 거절해 버렸다. B는 A의 갑작스러운 태도변화에 황당했을 것이다. 그래서인지 그로부터 4일 뒤, A에게 '더 이상 사과의 기회나 용서는 없다. 법정에서 진실을 밝히겠다.'는 문자가 왔다. 그때서야 다급해진 A는 B에게 잘못을 사과하면서 요구조건을 이행하겠다는 문자를 보내고, 며칠 뒤에는 고소하지 말아 달라고 했지만 돌아선 B의 마음을 돌리기에는 너무 늦었다. B는 A를 고소했고 수사가 시작되었다. A가 어떤 생각으로 그렇게 행동했는지는 모르겠지만 그의 잘못된 판단과 대응이 사태를 악화시킨 것만은 분명하다. 결국 A는 항소심에서야 범행을 자백하고, 거액을 지급하고 합의도 하였다. 이러한 사정이 참작되어 항소심에서 집행유예를 선고받았지만, 서툰 대응으로 말미암아 호미로 막을 것을 가래로 막은 꼴이 되었다.

제2장

피해자다움

제2장

피해자다움

형사절차에서 증거가 범죄를 증명하는 가치, 즉 증거의 증명력은 법관이 법과 직업적 양심에 따라 자유롭게 판단한다. 이런 제도를 자유심증주의라고 한다. 자유롭게 판단한다는 것이 아무런 원칙도 없이 마음대로 판단해도 좋다는 의미는 아니다. 증거의 증명력에 대한 법관의 판단은 논리와 경험 법칙에 부합해야 한다. 유죄의 심증은 합리적인 의심을 할 여지가 없을 정도여야 한다. 여기서 합리적 의심이란 모든 의문, 불신을 포함하는 것이 아니라 논리와 경험법칙을 기준으로 볼 때 기소된 공소사실과 양립할 수 없는 다른 사실의 개연성에 대한 합리적인 의문을 의미한다. 즉, 합리적으로 판단할 때 다른 가능성이 의심된다면 이러한 의심은 합리적인 의심에 해당한다. 그렇지 않고 증명력이 있는 증거를 비합리적인 의심으로 배척할 수는 없다.

성폭력 사건에서 피해자의 진술은 매우 유력한 증거이거나 유일한 직접증거인 경우가 대부분이다. 피해자 진술이 유일한 직접증거일 경우, 그 진술의 증명력에 따라 피고인에 대한 유무죄가 결정된다. 피해자 진술은 신빙성이 있어야 증명력이 생긴다. 진술의 신빙성을 평가함에 있어서 성폭력 피해자의 피해자다움은 중요한 판단기준이 된다. 피해자답다는 말은 사건 당시 또는 이후에 피해자가 보이는 행동이 진실로 성폭력 범죄로 인하여 피해를 입었다고 이해된다는 의미이다. 피해자다움이라는 말 자체가 성폭력 피해자에 대한 2차 가해라는 일부 의견도 있으나 이런 입장에는 동의하기 어렵다.

누군가에게 맞아서 상해를 입은 사람이 약국이나 병원에 가는 것, 사기를 당한 사람이 변호사를 찾거나 돈을 빌려 간 사람을 수소문하는 것은 범죄 피해자다운 행동이라는 데 이론의 여지가 없을 것이다. 성폭력 사건도 마찬가지다. 성폭력 당시 또는 이후 성폭력 피해자의 행동은 진짜 피해자인지, 가짜 피해자인지를 구분하는데 매우 중요한 판단근거가 된다. 다만 성폭력 피해는 다른 범죄의 피해와 달리 성적 수치심 등 공개하기 어려운 프라이버시의 영역에 해당하고, 성폭력 피해가 피해자의 행실에 대한 의심과 비난의 소재가 될 수 있는 문화 때문에 일반적인 범죄피해의 경우와 똑같이 평가할 수 없는 면도 있다.

피해자다움은 사건 당시나 이후에 나타난 피해자의 언행에 대한 평가라고 할 수 있다. 사건 이전 성경험 유무, 남자친구 유무, 성매매 경험 유무, 모텔에 간 경위, 음주 여부 등 사건 전 상황은 성폭력 자체와는 직접적인 관계가 없음에도 넓은 의미에서 피해자다움의 판단대상이 될 수 있다. 뿐만 아니라 피해자가 저항했는지, 구조요청을 했는지, 그 상황을 벗어나려는 노력이나 경찰 신고 여부 등 범행과정이나 그 이후 피해자의 언행도 피해자다움의 판단대상이 된다. 따라서 범행 전부터 범행과정은 물론 범행 후까지 피해자 언행은 모두 피해자다움 평가의 대상이 된다고 볼 수 있다.

피해자다움은 피해자다움의 강요와는 구별해야 한다. 피해자다움의 강요는 성폭력 피해자라면 일반적으로 보이는 전형적인 행동을 미리 설정해 놓고 실제 사건에서 피해자가 보인 행동이 설정된 기준에 부합하는지를 판단하는 방식에 해당한다. 이런 판단 방식은 옳지 않다. 성폭력 범죄에 있어서 피해자의 대응 방식은 여건에 따라 다양한 모습으로 나타날 수밖에 없기 때문이다. 그러나 피해자다운지 아닌지는 미리 설정한 전형적인 피해자상을 기준으로 판단하는 것이 아니라 피해자가 사건 이후에 보인 행동이 성폭력 피해자라는 전제에서 볼 때 충분히 이해되고 설명되는지 여부를 기준으로 판단해야 한다(2019. 최성호). 사건 이후에 보인 피해자의 언행이 충분히 설명되고 이해된다면 당연히 피해자다운 행동으로 평가받게 될 것이다.

1 … 피해자는 소리친다 - 불청객

피고인 A(18세)는 피해자 B(14세의 여중생)의 오빠 친구였다. B의 부모는 타지에 나가 일을 하였고, 오빠는 학교 기숙사에서 생활하여 B 혼자만 집에 있는 날이 많았다.
2014년 2월 어느 날 밤 11시경, A는 B를 찾아갔다. B의 오빠가 왔는지 확인해 본다는 핑계를 대고 집 안으로 들어갔다. 당시 거실에는 B의 친구 1명이 놀러와 있었다. A는 B를 방으로 불러들여 침대에 밀쳐 눕혔다. B는 몸부림치며 반항했다. A는 B의 양 손목을 잡아 제압한 다음 옷을 벗기고 강제로 성관계를 하였다.
2014년 4월 어느 날 밤 10시경, A는 또 B의 집에 찾아갔다. B는 문을 열어주지 않았다. 그러자 A는 B에게 카톡으로 문을 열어주지 않으면 지난번 일을 소문내겠다고 협박하여 집 안으로 들어갔다. A는 거실 바닥에서 TV를 보던 B를 바닥에 눕혔다. B의 옷을 벗기고 강제로 성관계를 하였다. 2개월 뒤 B는 A를 경찰에 고소했다. 이로 인하여 A는 청소년성보호법위반(강간등) 혐의로 기소되었다.

◆

A는 공소사실을 인정하지 않았다. B 집에서 성관계를 가진 사실은 인정하지만, 모두 B와 합의로 성관계를 하였을 뿐이고 강간한 것이 아니라는 취지였다.

B는 첫 번째 피해 직후 바로 고소하지는 않았고, 두 번째 강간이 있었다는 때로부터 2달 뒤에야 고소했다. 고소 전까지는 피해 사실을 아무에게도 말하지 않았다. 심지어 처음 강간을 당했다는 날에는 거실에 친구가 있었음에도 소리를 지르는 등으로 그 친구에게

도움을 요청하지 않았다. A는 B의 오빠에게 동생 B를 잘 관리하라고 말했고, 그런 말을 들은 오빠에게 추궁당할 때 강간 피해를 밝혔고, 그 이후 A를 고소하였다.

A는 자연스럽게 B와 성관계를 하였다고 주장했지만 사건 이전에 B가 A에게 호감이 있었다는 근거는 없다. A는 B의 오빠와 친구여서 B가 집에서 거의 혼자 지낸다는 상황을 누구보다도 잘 알고 있었다. A가 밤늦은 시간에 혼자 있는 B가 혼자 생활하는 집에 찾아간 점이나 이전까지 B가 성경험이 전혀 없었던 사정도 두 사람의 성관계가 자연스러운 성관계로 보기 어렵게 하는 요소로 보인다.

결국 A는 범행을 전면 부인하고 있어서 공소사실에 부합하는 직접증거는 B의 진술뿐이었다. 따라서 B 진술의 신빙성 유무에 따라 A에 대한 유무죄가 결정될 수밖에 없었다. 그런데 B 진술의 신빙성을 판단함에 있어서는 사건 이후 B가 보여준 행동이 과연 성폭력의 피해자다운 모습이었는지가 주된 쟁점으로 다뤄졌다.

◆

1심 법원은 B의 진술은 일관성이 없다고 판단하였다. 그리고 범행 당시나 그 이후 B의 행동은 성폭력 피해를 당한 사람의 모습으로 보기 어렵다고 보았다. 즉 피해자다운 모습으로 인정하기 어려운 B의 행동에 비추어 볼 때 B의 진술은 신빙성이 없다는 결론이었다.

처음 강간 피해와 관련하여, 법원은 A에게 문을 열어줄 때 친구가 자고 있었는지, 강간을 당할 때 친구의 행동, 강간을 당한 이후 친구와의 대화 등에 관하여 B는 일관성 없이 진술하고 있다고 판단하였다. B는 경찰, 검찰, 법정에서 대체로 다음과 같이 진술했다.

A가 시끄럽게 초인종을 누르고 문을 두드려서 자고 있는 친구가 깰

까봐 문을 열어주었고, 강간을 당할 때 친구는 자고 있었다. 강간을 당한 후에 친구 옆에서 잠을 잤다. 다음 날 친구가 무슨 일이 있었느냐고 물어봤지만, 실망할까봐 A가 잠깐 놀다갔다는 말만 했다(경찰진술).

A가 시끄럽게 초인종을 누르고 문을 두드렸다. 집에 함께 있었던 친구도 왜 저러냐고 했다. 어쩔 수 없이 문을 열어주었다. 강간을 당한 뒤 친구의 뒤에서 계속 훌쩍대자 친구가 일어나 왜 우느냐고 물어봤지만 아무 일 아니라고만 했다(검찰진술).

강간당할 때 거실에서 자고 있었던 친구가 방안을 들여다봤다. A가 나가라고 하자 친구는 거실로 돌아갔다. 강간당한 이후 거실에서 친구에게 피해 사실을 말하지는 않았다(법정진술).

한편, B의 친구는 법정에서 'B와 함께 있을 때 A가 왔다. 셋이 거실에서 함께 TV를 보다가 A가 갑자기 피해자 방으로 들어갔고, B도 아무 말 없이 방으로 들어갔다. 거실에 혼자 있다가 피해자 방을 들여다보았는데, 당시 같이 이불을 덮고 침대에 누워있었고, 이불이 들썩거리고 있었다. 자신과 눈이 마주친 A가 나가라고 하여 거실로 나왔다. 그 후 거실에서 TV를 보다가 안방에 들어가 잠을 잤다. 아침에 B 집에서 나올 때 잠을 자고 있던 B를 깨워서 간다고 말하고 나왔다. B가 훌쩍대는 모습은 본 적이 없다'고 증언하였다. 법원은 B의 진술은 그 친구의 증언과도 일치하지 않는다고 하였다.

두 번째 강간 피해에 대해서도, 그때 다른 친구가 있었는지, A가 상의를 벗겼는지 등에 관하여 B의 진술은 일관성이 없다고 하였다. 이에 대한 B의 진술은 대체로 이랬다.

친구와 집에 있을 때 A가 초인종을 누르고 문을 두드려 열어줬다. 친구와 셋이서 놀다가 친구는 집에 돌아갔다. A한테도 집에 가라고 했지만 가지 않고 B의 트레이닝 반바지를 벗기고 강간하였다. 상의는 벗기지 않고 옷 위로 가슴을 만졌다(경찰1회 진술).

친구가 먼저 집에 갔다. A와 함께 거실에서 TV를 보고 있었는데 갑자기 바닥에 눕히더니 트레이닝 바지를 벗기고, 티셔츠를 올리고 브래지어를 풀어 가슴을 만졌다. 자기 바지를 벗고서 강간하였다(경찰2회 진술).

집에 혼자 있던 날인데, A가 집으로 들어와서 TV를 보다가 카펫에 눕혔다. 상의를 올리지는 않고, A도 성기를 꺼낼 정도만 바지를 내린 뒤 강간하였다(검찰진술).

1심 법원은 또 범행 당시나 범행 이후 B의 언행이 성폭행 피해자의 자연스러운 모습으로 보기 어렵다고 판단하고, 그래서 강간을 당했다는 B의 진술은 신빙성을 인정하기 어렵다고 하였다. 재판부가 피해자답지 않다고 지적한 부분은 대체로 다음과 같다.

첫 번째 강간을 당할 때 A는 '안에다 싸도 돼'라고 물었고, B는 '안에다 싸지마'라고 대답했다는 것이다. B는 성교육을 받은 대로 임신할 위험을 생각하여 그렇게 대답하였다는 취지이나, 강간 상황에서 이런 내용의 대화를 했다는 것은 자연스럽지 않다.

친구가 강간사실을 소문낼까봐 걱정도 되고, 친구한테 창피하기도 하여 거실에 있던 친구에게 도움을 요청하지 않았다는 것이지만 이런 주장은 납득하기 어렵다.

첫 번째 강간 피해 이후에 B는 친구, A, A의 친구 등과 노래방에 간 적이 있고, 두 번째 강간 피해 이후에 A에게 친구를 소개시켜 주었다. A의 친구는 B가 A를 무서워한다든지 싫어하는 모습은 없었다고 진술하였다. B의 친구들도 A를 만났을 때 B가 평상시와 다르다는 느낌은 받지 못했다고 했다. 이처럼 강간 피해자가 가해자를 자신의 친구에게 소개하거나 사건 이후 가해자와 함께 어울리면서 평상시와 다름없이 행동하였다는 것은 강간 피해자가 취할 수 있는 자연스러운 행동이라고 보기 어렵다.

B는 오빠가 추궁하자 비로소 피해 사실을 얘기했는데, 당시 14세의 어린 B가 강간을 당하고도 아무에게도 피해 사실을 얘기하지 않았다는 점에서 B가 A와 합의로 성관계를 가졌던 것은 아닌가 하는 의심이 든다.

1심의 무죄선고에 대해 검사는 항소했다. 그러나 2심 법원도 B 진술의 신빙성을 배척하고 A에게 무죄를 선고한 1심의 판단이 정당하다면서 검사의 항소를 기각하였다. 2심은 또 B는 검찰에서 첫 번째 피해 때 있었던 친구와 매우 친해서 그가 자주 집에 놀러 왔다고 했다가 1심 법정에서는 그 친구와 알게 된 지가 얼마 되지 않아 속 깊이 아는 관계는 아니었기 때문에 도움을 요청하지 못하였다고 진술하여 일관성 없이 진술한 것도 B의 진술을 믿을 수 없는 이유라고 하였다.

◆

법원은 B 진술의 신빙성을 인정하지 않았다. 그 주된 이유는 피해 당시나 사건 이후 B의 행동이 성폭력 피해를 입은 사람의 모습으로 보기 어렵다는 것이었다. 법원이 지적한 B의 행동은 크게 4가지였다.

이유가 될 수 있다. 따라서 한번 강간을 당했던 A에게 다시 문을 열어주었다고 하더라도 이를 피해자답지 못한 행동이라고 섣불리 판단해서는 안 된다.

2014년에 발생한 이 사건은 2015년에야 1심 판결이 선고되었다. 성인지감수성이라는 개념이 성폭력 사건에 정식으로 도입되기 이전이다. 앞에서 본 것처럼 성인지감수성이라는 관점에서 이 사건을 다시 재판한다면 유죄판결이 선고될 확률이 매우 높을 것 같다.

법원은 B의 언행이 성폭력 피해자답지 않다는 것도 신빙성 배척의 이유였지만, 다른 한편으로는 진술에 일관성이 없으므로 믿을 수 없다고 하였다. B는 사건 처리 과정에서 경찰, 검찰, 1심 법정에서 각각 피해 내용을 진술했다. 법원은 B가 문을 열어줄 때의 상황, 피해를 당한 이후 B의 행동, 거실에 있던 친구와 대화 여부, 범행 당시 A가 B의 상의를 모두 벗겼는지, 두 번째 범행 당시 친구가 집에 있었는지 등에 관하여 일관성 없게 진술하고 있다고 판단하였다. 그러면 과연 B의 진술은 신빙성을 부정할 정도로 일관성이 없었다고 단정할 수 있을까.

수사기관에서 B가 진술 내용은 조서를 통해 확인된다. 그런데 수사기관의 조서는 조사방식이나 조사자의 조서 작성 능력, 공감능력, 사건에 대한 이해도 등 다양한 요인에 따라 기재내용이 달라질 수 있다. 또 어떤 사람도 매번 똑같이 진술할 수도 없고, 시간의 경과에 따라 기억이 흐릿해지거나 혼동되는 경우도 있다. B가 이 사건으로 검찰에서 진술할 때는 사건이 있던 때로부터 8개월이 지났고, 법정에서 증언할 때는 1년도 넘었다. 사건 당시 B는 겨우 14세에 불과했고, 면식범인 A에게 강간을 당하여 큰 충격을 받았을 것이다. B 혼자 살고 있던 집에는 친구들이 아지트처럼 빈번하게 들락거렸을 것이다. 따라서 B의 상황에서 피해 사실을 진술할 때마다 매번 동일하게 진술하는 것은 사실상 불가능에 가깝다. 법원이 지적하는 진술 번복이나 차이는 매우 지엽적이거나 부분적인 내용일 수 있다. 전체적인 맥락에서 보면 일관적이라고 볼 여지가 많다. 법원은 첫 번째 범행 당시 거실에 있었던 친구의 법정 진술과 B의 진술이 불일치한다고 하였으나, 그 친구 1심 법정에서 증언한 시점은 사건 발생일로부터 1년이 넘은 시점이다. 사건 당시 B는 곧바로 친구 강간 피해 사실을 알리지 않았기 때문에 1년 전 일을 당사자인 B보다 친구가 더 정확하게 기억할 가능성이 작다.

2심은 집에 자주 놀러 올 정도로 친구와 친했다고 하면서도 속내를 털어놓을 만큼 친한 사이는 아니라고 진술한 것을 두고 모순적이라고 판단하였다. 집에 자주 와서 친한 것과 속마음을 털어놓을 수 없는 친구라는 것은 얼마든지 양립가능하기 때문에 법원의 판단 논리는 이해하기 어렵다. 친해도 속마음을 털어놓을 수 없는 경우도 있고, 친하지 않아도 얼마든지 고민 상담을 할 수 있기 때문이다. 그 비밀이 성폭력과 관련된 것이라면 더욱 그럴 것이다. 2심의 판단도 아쉬움이 남는다.

2 … SNS에 사진을 올리다 - 불꽃놀이

피고인 A(20대 초반의 남성)는 태권도장 사범이었다. 피해자 B(10대 후반의 여성)는 A에게 태권도를 배웠다. 나이 차이는 있었지만 서로 반말을 하거나 고민 상담을 할 정도로 친했다. A가 군에 입대한 후에도 두 사람은 계속 소식은 주고받았다. B가 남자친구와 헤어졌다는 말을 듣고, 외박을 나가면 바닷가에 데려가겠다고 약속했다.

2019년 3월 초순 어느 날 밤 8시경, 외박을 나온 A는 남성 친구, B, B의 여성 친구 등 4명은 바닷가에 도착했다. 해변에서 놀다가 밤 9시경 식당에서 소주 4병을 마시고, A의 차에서 함께 시간을 보냈다.

다음 날 새벽 2시경, 피곤했던 B와 그 친구는 먼저 근처 모텔로 갔고, 잠시 후 A와 그 친구도 모텔을 찾아 투숙했는데, A와 B가 카톡을 하다가 그들이 같은 모텔에 있다는 것을 알았다. 여자들 방은 1층이었고, 남자들은 2층이었다.

B는 2층 방으로 올라가 A와 그 친구를 데리고 내려왔다. 그들은 여자들 방에서 맥주를 마시며 놀았다. 잠시 후 A는 잠을 자려고 2층 방으로 올라갔고, 3명은 밖으로 나갔다. A의 친구가 잠을 자고 있던 A를 깨워 밖으로 데리고 나와 함께 놀았다.

새벽 3시 반경, A는 먼저 1층 방으로 들어와 잠을 잤고, 조금 뒤 B도 1층 방으로 들어갔다. A의 친구와 B의 친구는 2층 방으로 갔다. 새벽 5시경, A는 자고 있던 B와 성관계를 2번 하였다. B로부터 성폭행 당했다는 말을 들은 B의 친구가 바로 경찰에 신고했고, B는 상해진단서를 제출했다.

이로 인하여 A는 청소년성보호법위반(강간등치상) 혐의로 기소되었다.

◆

A는 사건 당일 B와 묵시적으로 합의된 상황에서 성관계를 2번 했을 뿐이지 강간이 아니라고 하면서 범행을 인정하지 않았다. A는 1층 방에서 잠을 자다가, B의 친구가 소지품을 가지러 내려왔을 때 잠이 깼고, B의 친구가 2층으로 돌아간 후 B의 옷을 벗길 때 B가 몸을 들어주었기 때문에 성관계에 대해 묵시적 합의가 있었거나 그렇게 생각했다는 것이다. B가 주장하는 난소손상은 성병 등 B의 기왕증으로 인한 것이지 성관계로 인하여 발생한 상해가 아니라고 항변했다.

반면에 B는 침대 밑 방바닥에 쪼그리고 앉아서 콘센트에 충전기를 꽂아놓고 휴대폰을 하다가 그대로 잠이 들었는데, 눈을 떠보니 자신이 침대 위에 옷이 벗겨진 채로 누워있었다고 했다. A가 침대 아래쪽 바닥에서 잠든 자신을 침대 위로 올려 옷을 벗긴 것이 분명하고, 강제로 2차례나 성관계를 했다고 주장했다.

사건은 원래 A와 B, 두 사람만 있었던 1층 방에서 벌어졌고, 다른 일행 2명은 2층 방에 있었기 때문에 사건 당시 목격자는 없었다. 따라서 공소사실을 입증할 직접증거는 B의 진술뿐이었다. 결국 B 진술의 신빙성 여부에 따라 A의 유무죄가 결정되는 상황이었다. 사건 당시 A는 현역 군인이었고, 유죄가 인정될 경우 최대 무기징역까지 선고받을 수 있는 중죄에 해당하기 때문에 치열한 법정공방이 펼쳐졌다.

B 진술의 신빙성과 관련해서는, B가 사건 이후 일행들과 바닷가에서 놀면서 찍은 사진을 자신의 인스타그램과 카톡에 배경 사진으로 게시하고 댓글을 단 행동이 과연 성폭행을 당한 피해자의 모습인지가 주된 쟁점이 되었다.

◆

1심 법원은 B의 진술에 대한 신빙성을 인정하였다. A는 B가 성관계에 동의하지 않았음을 인식하면서 또는 묵시적으로 동의를 하였다고 간주하고 강제적으로 B와 2차례 성관계를 가졌다고 판단하였다. 비록 B가 방바닥에 있다가 침대에 올라가거나 옷을 벗은 과정, 바닥에 두었던 휴대폰이 침대 위에서 발견된 경위 등에 관하여 다소 부자연스러운 진술을 하고 있지만, 이는 잠이 들면 다른 사람이 깨워도 잘 인지하지 못하거나 깨어나지 못 하는 B의 잠버릇 때문으로 볼 수 있고, 그 외에 피해 사실의 주요한 부분은 일관되게 진술하고 있으므로 B 진술은 신빙성이 있다면서 A에게 징역 5년을 선고하였다.

재판부는 A가 B에게 명시적으로 성관계를 제안하거나 B가 성관계를 명시적으로 승낙한 사실도 없고, 단지 B에게 여기서 자도 후회하지 않겠냐고 물었더니 고개를 끄덕였기 때문에 문을 잠그고 불을 껐다는 것에 불과하므로, A의 진술에 의하더라도 B가 명시적으로 또는 묵시적으로 성관계에 동의하였다고 볼 수 없다고 판단하였다.

한편, 1심 법원은 강간죄 성립에 필요한 폭행과 협박에 관하여, A가 직접적인 폭언이나 협박을 하지는 않았지만, 두 사람의 체격이나 완력의 차이가 있기 때문에 폭언이나 협박 없이도 몸 위에서 B의 어깨 등을 누른 행위만으로도 B의 반항을 제압할 수 있는 폭행에 해당한다고 하였다. 강간을 당할 때 손톱으로 A의 쇄골 쪽을 긁거나 어깨를 밀치고 가슴을 치는 방식으로 저항했고, A에게 제발 그만하라며 울면서 소리쳤다는 B의 주장을 진실한 것으로 받아들였다. 이런 B의 주장에 대해서, A는 손톱으로 쇄골을 긁었다고 하지만 사건 당일 채취한 B의 손톱에서는 A의 DNA가 검출되지는 않았고, 계산대에 있던 업주도 B가 반항하는 소리를 듣지 못하였기 때문에 B의 주장은 거짓말이라고 항변했다. 그러나 재판부는 B가 쇄골을 긁는 시도를 했더라도 긁지 못했을 가능성이 있고, 업주도 잠이 들어 B의 반항 소리를 듣지 못했을 가능성이 있다는 이유로 A의 주장을 인정하지 않았다.

1심 재판에서는 B가 사건이 있던 날 밤 10시경 그날 여행지에서 찍은 독사진과 C와 함께 촬영한 사진을 자신의 인스타그램에 올리고, 인스타그램 사진 밑에 댓글을 달았으며, 다음 날 새벽 1시경 '좋은 사람과 좋은 곳에서'라는 글과 당시 찍은 사진을 인스타그램과 카톡 프로필 및 배경사진으로 업로드 한 사실이 피해자다움과 관련하여 논쟁이 되었다. A는 이런 B의 행동은 강간 피해를 당한 사람의 모습이라고 볼 수 없다고 주장했다. 이에 대해 1심 재판부는 사건 이전 함께 술을 마실 때 사진을 업로드 했는데 휴대폰이 비행기 모드로 설정되어 있어서 사건 이후에야 업로드가 된 것이라는 B의 주장은 다소 믿기 어려운 부분이 있다고 하였다. 하지만 사건의 충격으로 인한 심리적 혼란으로 성폭력 피해자로 보기에는 납득하기 어려운 SNS 활동을 하였을 가능성이 있고, 업로드 시점을 설명하면서 비행기 모드였다고 주장하는 것은 B가 다른 사람들이 볼 때 이례적으로 보일 수 있는 자신의 SNS 활동을 합리화하기 위하여 이런 허위 주장을 했을 가능성도 있기 때문에, 설령 사건 이후에 이런 SNS 활동을 했다는 사정은 B 진술의 신빙성을 배척할 사유가 아니라고 하였다.

A는 1심 유죄판결에 불복하여 항소했다. 그런데 2심 법원에서 반전이 일어났다. 2심은 B의 진술이 공소사실을 인정할 유일한 직접증거인데, B의 진술에 의하더라도 성관계에 이르는 과정에서 직접적인 폭행이나 협박이 있었음을 인정하기 어렵다면서 1심 유죄판결을 뒤집고 A에게 무죄를 선고하였다.

2심은 성관계 과정에서 A가 몸으로 누르거나 양팔로 어깨를 누르는 것은 A가 B의 몸 위에 있는 정상위 자세로 성관계를 할 때 자연스레 나타나는 체위로 볼 여지도 있고, B가 심하게 반항하지 않은 이유가 A의 폭력 때문이 아니라 하체를 함부로 움직일 경우 음부 부위를 다치거나 A를 자극할 것을 우려했다는 B의 개인적이고 주관적인 경험 때문으로 보인다고 하였다. 여기에 성관계 당시 A가 B에게 어디 아픈지, 괜찮은지 물으면서 친구처럼 사랑스럽게 쳐다보며 성관계를 하였다는 B의 진술을 보더라도, B가 성관계에 대하여 진정으로 동의를 하였는지의 문제와는 별개로, A가 강간할 의도로 B의 항거를 불가능하게 하거나 현저히 곤란하게 할 정도의 폭력을 행사했다고 보이지 않는다고 판단하였다.

한편, 2심 법원은 또 B의 진술은 최초에 A가 어떻게 음부에 성기를 삽입하였는지, 어떻게 폭력을 사용하여 반항을 억압하였는지 등 주요하고 핵심적인 부분에 관하여 일관적이지 않고, 객관적인 사실과도 일치하지 않기 때문에 믿기 어렵다고 하였다. 1차 성관계 전 B가 눈을 떴을 때의 상황에 관하여, 사건 당일 경찰에 제출한 진술서에서는 '자다가 삽입하는 느낌을 받고 눈을 떴다'고 기재했다가 9일 뒤 해바라기센터에서는 '자다가 일어났을 때 A가 자신을 누르고 성기를 삽입하였다'는 취지로 진술이 변경되었다는 것이다. 그뿐 아니라 강간 당시 A가 B를 누른 방식에 관하여도, 해바라기센터에서는 '양손으로 피해자의 어깨를 눌렀다'고 진술하였으나, 법정에서는 '손으로 어깨를 눌렀다기보다는 A가 위에서 상체로 누르는 것에 더 가까웠다'는 취지여서 그 진술이 변경된 것으로 보았다. 특히 사건 이후 그 당시 찍은 사진과 댓글을 게시한 경위에 관한 B의 주장도 다음과 같은 이유로 믿지 않았다.

이 사건이 발생한 당일 밤과 다음 날 새벽 B의 인스타그램에 이 사건 여행에서 찍은 사진과 그 사진에 대한 댓글이 게시되었고, 다음 날인 새벽에도 '좋은 사람과 좋은 곳에서'라는 문구와 함께 이 사건 여행에서 찍은 사진이 게시되었다.

B는 이 사건 발생일 밤 10시경과 다음 날 새벽 1시경 자신의 SNS에 이 사건 여행지에서 찍은 사진을 게시하고 댓글을 단 것으로 보인다. 그런데 성폭행 피해를 당한 지 1~2일 만에 '좋은 사람과 좋은 곳에서'와 같은 문구와 함께 피해 장소에서 찍은 사진 등을 SNS에 올리는 것은 아무리 성인지감수성을 고려하더라도 통상적인 성범죄 피해자의 행동으로서는 매우 이례적이다. 게다가 B는 그 게시물을 올리게 된 이유를 납득할 수 있도록 설명을 하지 않고 그 사실 자체를 숨기려고 하였다.

이에 관하여 B는 사진과 댓글은 이 사건 발생 전 일행들과 술을 마시고 있을 때 올렸는데, 휴대폰이 비행기 모드 상태라서 바로 게시되지 않다가 사건 후 집에 도착하여 비행기 모드를 끄고 와이파이를 연결하였을 때 비로소 게시된 것이라고 진술하였다.

그러나 사건 당일 인스타그램에 사진이 올라간 지 1분 후 그 사진에 B의 댓글이 달렸는데, 통상 인스타그램에서는 게시물이 등록된 상태에서만 그 게시물에 대한 댓글을 쓸 수 있으므로, 비행기 모드에서 사진과 댓글을 함께 달았다는 주장은 받아들이기 어렵다.

B는 사건 발생 전 모텔을 잡는 과정에서 A의 친구 전화를 받기도 하였고, 사건 발생 직후 A에게 페이스북 메시지를 보내기도 하였으며, 사건 당일 저녁에는 다른 친구와 SNS 대화를 하거나 통화를 하였는데, 이 사건 발생 전에 올렸던 게시물이 사건 다음 날 새벽까지도 게시되지 않았다는 것은 납득할 수 없다. 또 B가 비행기 모드 상태에서 올렸다는 게시물이 인터넷이 연결되었을 때 한꺼번에 올라가지 않고 일부는 사건 당일 저녁 10시경, 일부는 그다음 날 새벽 1시경에 따로 올라갔다는 것 또한 이해하기 어렵다.

나아가 2심 법원은 사건 이후 여행지에서 찍은 사진을 SNS에 올리거나 성관계 직후 A가 샤워하는 사이에 아무런 도움을 요청하지 않은 것은 통상적인 성범죄 피해자의 행동으로 보기에는 매우 이례적이라고 하였다. 이와 관련한 판단 요지는 다음과 같다.

B는 1차 성관계 이후 A가 욕실에 들어가 씻는 동안 홀로 침실에 남아 있었는데도 도망치거나 도움을 요청하지 않고 있다가 이후 다시 2차 성관계를 하게 되었는데, 이 역시 통상적인 성폭행 피해자라고 보기에 다소 이해하기 어려운 모습이다. B는 배가 아파서 도움을 요청하지 못하였다거나 A로부터 붙잡혀 폭행을 당할까 봐 도망칠 수 없었다는 취지로 진술하였으나, 2차 성관계가 있기 전에 도움을 요청하거나 연락을 할 수 없는 상태였다고 보이지는 않고, 1차 성관계 당시에도 폭력적인 모습은 보이지 않았던 점 등에 비추어 보면, 성폭력 피해자의 대처 양상은 구체적인 상황에 따라 다르게 나타날 수 있다는 '성인지 감수성'을 충분히 고려해 보더라도 B의 진술을 선뜻 믿기 어렵다.

2심 무죄판결에 대하여 검사가 대법원에 상고하였으나 대법원은 검사의 항고를 기각하여 A에 대한 무죄가 최종 확정되었다.

◆

이 사건에서 A는 1심에서 징역 5년의 유죄판결을 선고받았고, 2심에서는 무죄판결을 받았다. 1심과 2심은 강간죄 성립에 필요한 정도의 폭행이 있었는지, B의 진술이 일관적인지, 사건 이후에 게시물을 올린 행위가 피해자다운 모습인지 등에 관하여 어떤 관점에서 바라보느냐에 따라 서로 다른 판결을 하였다.

먼저 강간죄에서의 폭행 유무에 관하여, 1심은 두 사람의 신체적

격차, 성별 차이 등에 초점을 맞추어 A가 B의 몸 위에서 누르는 행위도 강간죄의 폭행에 해당한다고 하였다. 그러나 2심은 그 정도의 행동은 정상적인 성관계에서도 수반되는 것이므로 강간죄의 폭행에 해당하지 않는다고 하였다. 나아가 B의 친구가 1층 방에 왔다가 돌아간 후 방문을 잠근 A의 행위에 대해서도 1심은 강간할 의도를 가진 A가 계획적으로 문을 잠근 것으로 받아들였고, 2심은 모텔에서 잠을 잘 때 문을 잠그는 것은 통상적인 일이라고 보았다.

A와 B, 두 사람 진술의 일관성에 대해서도, 1심은 B 진술은 주요한 부분에서 일관성이 있다고 하였지만, 2심은 A의 진술은 경험법칙상 합리적인 반면, B의 진술은 B가 2층에 올라갔을 때 A에게 장난을 쳤는지, 그때 모텔 주인이 2층에 올라왔었는지, 이 사건을 최초로 경찰에 신고한 사람이 누구인지 등 주요하고 핵심적인 부분에 관하여 일관성이 부족하기 때문에 신빙성이 없다고 하였다.

사건 이후 대처나 SNS에 사진과 댓글을 게시한 부분에 대하여, 1심은 A가 샤워하는 사이에 친구에게 메신저로 도움을 요청했다고 판단하였고, 성폭행으로 인한 정신적 충격으로 성폭행 피해자로 보기에는 다소 이례적인 SNS 게시 행위를 한 것으로 보았다. 반면에 2심은 첫 번째 성관계 이후 도움을 요청하거나 장소를 벗어나는 조치를 취하지 않은 점이나 사건 후에 사진을 SNS에 게시하는 행동은 성폭행을 당한 피해자다운 모습이 아니라 판단하였다.

이 사건은 A의 입장에서 볼 때 지옥에 떨어졌다가 극적으로 살아난 경우로 볼 수 있다. 1심에서 선고받은 징역 5년이 확정되었다면, 현역 군인이었던 A는 불명예제대는 물론, 출소 후 취업까지 제한받는다. 평생 성폭행 범죄자라는 낙인이 찍혀 정상적인 사회생활이 어려웠을 것이다. B가 사건 이후에 SNS에 그날 사진과 댓글을 올렸다는 사실이 2심 무죄판결의 결정적인 근거가 되었다. 법원은 그런 B의 행동은 성폭력 피해자의 모습으로 보기에는 이례적이라고 하였다. B는 자신의 이런 행동이 의심받게 되자 게시물을 올린 시점에 관해서 거짓말을 하였다. 특이하게도 1심은 게시경위를 속인 B의 행동까지도 이해하는 입장이었지만 2심은 B가 사진과 댓글을 게시한 경위에 대해 거짓말을 하였다면서 B의 진술을 신뢰하지 않았다. 만약 B가 이 사건 이후 SNS에 여행지에서 촬영한 사진을 올렸다는 사실이 재판에서 밝혀지지 않았다면, 항소심에서 A가 무죄선고를 받을 가능성은 희박했을 것이다. 따라서 누구라도 허위고소로 누명을 쓰고 있다면, 피해를 주장하는 사람의 카카오톡, 인스타그램, 페이스북, 트위터 등 SNS 게시물을 철저히 확인해 봐야 한다. 개인적으로 확인이 곤란하다면 수사기관에 확인을 요청하는 것도 좋다.

객관적으로 볼 때 피해 상황에 관한 B의 진술은 신빙성을 인정받기에는 구체성이 부족했다. B의 진술은 직접 경험하지 않고는 알 수 없는 구체적인 내용이 없었고, 일부 진술은 번복되거나 친구 진술과도 달랐다. 반면에 A의 진술은 매우 구체적이고 일관성이 있었다. 키스를 하다가 가방에 넣어둔 콘돔을 찾아 콘돔을 끼고 성관계를 했다거나 성관계 체위에 관하여 정상위 체위뿐 아니라 여성상위 자세로서 성관계를 했고, 2차 성관계 당시에는 후배위 자세로 성관계를 했다고 진술했다. 1차 성관계 이후 샤워를 하고 나왔을 때 B가 옷을 입지 않은 채로 새우처럼 누워서 A를 바라보았다거나 배가 아프다며 고통을 호소하는 B의 배를 문질러 주었고, B도 A의 손위로 깍지를 끼고 같이 자신의 배를 문질렀다는 등 매우 구체적이고 쉽게 지어낼 수 없는 내용이 담겨있었다. 강간을 하는 상황에서 콘돔을 사용했다는 것도 강간 상황과 잘 어울리지 않는다. 그래서 2심 법원은 A의 진술이 일관적이고 신빙성이 있다고 본 것이다.

B는 1차 성관계 후, A가 혼자 샤워를 하는 동안 친구에게 아무런 연락을 하지 않았다. 2차 성관계 후 A가 샤워를 하던 도중 친구에게 "빨리 내려와라"는 페이스북 메시지를 보낸 것은 맞지만, 메시지는 내용이 명확하지 않다. 1심은 B가 다급한 상황에서 친구에게 도

움을 요청한 것이기 때문에 성폭행을 암시하는 내용을 메시지에 넣지 못한 것으로 이해했다. 하지만 다른 관점에서 보면 성관계가 끝났으니 이제 내려와도 된다는 의미이거나, 배가 아프니 빨리 내려와서 도와달라는 뜻이었을 수도 있다. B의 연락을 받고 1층으로 내려온 친구가 문을 두드렸을 때 A는 샤워를 하고 나오던 중이었기 때문에 B에게도 빨리 옷을 입으라고 했다는 것이고, 방문도 B가 아니라 서둘러 옷을 입은 A가 열어준 사정을 보태어 보더라도 그 메시지 내용이 반드시 성폭행을 당했다는 사실을 알리고 구조를 요청하는 내용이었다고 확신하기도 힘들다.

반대로 B의 입장에서 보면, A에게 무죄를 선고한 항소심 판결은 매우 억울한 일이다. 2차 성관계 직후 A가 샤워하는 틈에 2층에 있던 친구에게 '빨리 내려오라'고 구조요청을 하였고, 방에 도착한 친구에게 성폭행을 당했다고 말했기 때문에 친구가 A에게 항의를 하고 경찰에 신고한 사실은 객관적으로 인정된다. 특히 B에게는 거짓 피해를 주장할 아무런 동기가 없었다. 2차 성관계 직후 보인 B의 행동은 성폭행을 당한 상황일 때 더 잘 설명되고 이해된다. 좋아서 한 성관계였다면 B의 행동을 설명할 방법이 없다. 2심은 B가 성기를 삽입하는 느낌을 받고 잠에서 깼는지 아니면 잠에서 깨고 나서 삽입하였는지, B의 어깨를 누른 것이 손인지 아니면 상체인지에 관하여 진술이 번복되었다고 지적하였으나, 이런 부분은 자다가 갑자기 성폭행을 당한 사람에게 그런 내용까지 세세하게 기억할 것을 기대하는 것 자체가 부당하다. 또 법원이 지적하는 부분은 매우 사소하거나 지엽적인 내용으로 볼 여지도 있어 이런 부분에 대한 진술 변경만으로 진술 전체의 신빙성을 배척하는 것은 불합리해 보이는 면이 있다.

2심은 A의 진술이 매우 구체적이고 자연스러우며 일관성이 있다고 평가하였다. 그러나 관점을 달리하여 보면, 콘돔 사용, 여성상위, 후배위 등의 주장은 성폭행을 부인하고 합의에 따른 성관계를 주장하는 사람들이 흔히 주장하는 지극히 일반적인 내용들이다. 이런 내용은 직접 경험하지 않더라도 얼마든지 지어낼 수 있다. 오히려 A의 진술에는 성관계 전에 샤워를 하였는지, 자신은 옷을 어떻게 벗고 B의 옷은 어떻게 벗겼는지, 성관계 시간은 얼마나 지속되었는지, 성관계 도중 어떤 대화를 하였는지 등에 관하여 아무런 언급이 없다. 특히, B도 여성상위 자세로도 성관계를 했다고 진술했다. 다만 그 경위가 다르다. A가 몸을 들어 올려 자신의 몸 위로 엎드리게 하여 계속 성관계를 계속했다는 것이다. 여성상위 자세는 자칫하면 합의에 따른 성관계로 인식될 수 있어 B에게는 매우 불리한 내용임에도 B는 숨김없이 진술했다. 이런 점은 B 진술의 진실성을 담보하는 요소다.

또 A는 두 번 성관계 모두 콘돔을 사용했다고 했지만 현장에서 콘돔이 발견되었다는 증거는 없다. B는 당시 성병과 난소낭종이라는 질병이 있었다. 성병이 있는 B가 오랫동안 친밀한 관계를 유지해 오던 A와 선뜻 성관계에 합의했을 가능성은 낮다. A도 1차 성관계 후반부터 B가 복통을 호소했고, 2차 성관계 때는 더 심해졌다고 진술했는데, 그런 몸 상태에서 B가 자발적으로 후배위 자세로 성관계를 했다는 주장은 설득력이 떨어진다. 후배위 자세를 B에게 요구한 것인지, 아니면 B가 그런 자세를 원했는지에 대해서도 명확한 진술이 없다.

A는 B의 친구가 소지품을 챙겨 2층으로 올라간 뒤 방문을 잠그고 B에게 여기서 자도 후회하지 않느냐고 물었다고 진술했다. 1층은 원해 B가 머물던 곳이므로 B가 그곳에서 자는 것은 당연하다. 바닷가로 여행을 오기 직전에도 B는 A의 집 침대에서 낮잠을 잘 정도로 친밀한 관계여서 1층 방에서 함께 잠자는 것이 그리 어색한 것도 아니었다. 그런데도 A는 B에게 그렇게 물었다는 것이다. 그리고 문을 잠갔다. A의 행동은 충분히 의심스럽다.

2심이 A에게 무죄를 선고한 또 다른 주된 이유는 강간죄에서 필요한 폭행이 있었음을 인정할 증거가 없다는 점이다. 추측건대 B는 성관계에 동의하지 않았기 때문에 강간이라도 생각했을 가능성이 크다. 반면에 A는 B가 강하게 저항하지 않았기 때문에 동의했다고 생각했을 수도 있다. 강간죄와 합의에 따른 성관계의 중간쯤에 해당하는 비동의 간음의 영역에 속했을 수도 있다. 그렇다면 A도, B도 법률적 지식은 많지 않기 때문에 최소한 폭행 부분에 대해서는 모두 자신들이 느낀 대로 진실을 말하고 있는 것인지도 모른다.

다만 강간죄 성립에 필요한 폭행이 있었는지의 문제와 별개로 피해자다움에 관한 문제는 핵심적인 이슈였다. 문제는 B가 사진을 올리고 댓글을 단 시점이 사건 이후임에도 사건 이전이라고 거짓말을 했다는 점이다. B는 게시물을 사건 전에 올렸던 것인데 휴대폰이 비행기 모드로 되어 있어서 사건 후에 뒤늦게 업로드 된 것이라고 변명했다. 하지만 B의 이런 주장은 휴대폰의 기능, 전후 사정에 비추어 보면 거짓해명으로 보였다. A에게 유죄를 선고한 1심 법원조차 그 주장을 받아들이지 않았다. 이러한 행동이 약간은 일반적이지는 않은 것은 분명하다. 그렇다고 성폭행 피해자가 사건 이후에 사건 이전에 찍은 사진을 자신의 SNS 계정에 게시한 행위는 무조건 피해자답지 못하다고 단정할 수 있는가이다. 성폭력 피해자가 사건 이후에 관련된 사진 등을 게시할 이유와 동기는 얼마든지 예상할 수 있기 때문이다. 친구의 부탁이 있었을 수도 있고, 그날의 좋았던 장면을 떠올리면서 스스로를 위로하는 차원에서 가해자와 관계없는 사진을 올렸을 수도 있다. 성폭행 피해자는 그 당혹감과 정신적 충격으로 일반적이지 않은 행동을 할 가능성도 있다. 가해자와 함께 템플스테이를 갔다가 찍은 사진 중에서 가해자가 없는 사진을 사건 이후 자신의 SNS에 올린 성폭행 사건에서 법원은 피해자의 대처 양상은 구체적인 상황에 따라 다르게 나타날 수밖에 없다면서, 그러한 사정만으로 피해자 진술의 신빙성을 뒤집을 수 없다고 판결한 사례도 있다.

B가 사건 이후에 SNS에 사진 등을 게시한 것에 대해 숨기지 않고 그 이유를 사실 그대로 설명했다면 B가 받은 충격 등을 고려하여 오히려 충분히 납득했을 수도 있다. B가 무슨 이유에서 '비행기 모드'라는 이해하기 힘든 주장을 했는지는 알 수 없다. 자신의 경솔한 행동이 강간 피해자답지 않다고 평가받을 것이 두려워 그 이유를 묻는 수사관에게 자기 행동을 합리화시킬 요량으로 내뱉은 말일 수도 있다. 하지만 한번 진술한 내용은 나중에 바꾸기가 어렵다. 말을 바꾸면 진술번복이 되기 때문이다. 비행기 모드를 핑계로 한 B의 주장은 휴대폰의 기능과 맞지 않아 강간을 당했다는 B의 진술 자체가 의심받는 원인이 되었다.

수사나 재판이 진행되는 동안 성폭행 피해자는 사건의 영향으로부터 완전히 벗어나지 못해 정상적인 심리상태가 아닐 가능성이 크다. 따라서 피해자 본인의 진술이 어떤 평가를 받을지에 대해 미리 속단하여 이를 합리화하려고 허위의 주장을 해서는 안 된다. 다른 사람이 믿지 않을 것이라고 속단하지 말고 직접 경험하고 느낀 그대로 진술해야 한다. 본인 생각에는 남들이 이해하지 못하리라고 생각되는 행동이더라도 성인지감수성으로 무장된 전문가나 검사, 판사들은 충분히 이해하고 납득할 수 있는 행동으로 평가할 가능성이 크기 때문이다. 피해 진술을 할 때도 법률가의 조언이 필요한 이유이기도 하다.

3 … 사랑이 담긴 편지를 썼다 - 그루밍, 100통의 편지

피고인 A(40대 초반)는 연예기획사 대표였다. 2011년 8월 어느 날, A는 아들 병문안을 갔다가 병원 엘리베이터에서 피해자 B(15세의 여중생)를 만났다. B는 교통사고로 왼쪽 무릎과 인대를 다쳐 그 병원에 입원해 있었다. B의 외모에 호감을 느낀 A는 연예기획사 명함을 주고, B의 휴대폰 번호를 받았다.
다음 날 새벽 1시경, A는 B를 병원 밖으로 불러내 차에 태우고 공원 주차장으로 데려갔다. 차 안에서 A는 B의 얼굴을 양손으로 감싸듯이 잡고 몸쪽으로 끌어당겨 키스를 하려고 했으나 B의 거부로 성공하지는 못했다.
그다음 날 저녁 6시경, A는 아들 병실로 B를 불러 양손으로 B의 얼굴을 붙잡고 입술에 키스를 하였다.
2011년 8월 중순 저녁, A는 어느 아파트 주차장으로 B를 데려갔다. 승용차 안에서 조수석에 있던 B의 환자복을 벗기고 B의 몸 위로 올라가 강제로 성관계를 하였다.
2011년 8월 하순 저녁, A는 B를 자신의 집으로 데려가 강제로 성기를 빨도록 하고, B의 몸 위로 올라가 강제로 성관계를 하였다.
2011년 10월 중순경, 그리고 2012년 2월 하순경에도 같은 방법으로 강제로 성관계를 하였다. 그 과정에서 B는 임신하게 되었다.
2012년 4월경, A는 B에게 부모와 함께 살던 집에서 나오도록 하여 그때부터 5월경까지 자기 집에서 B와 함께 생활하면서 수회 간음하였다.
이로 인하여 A는 청소년성보호법위반(강간등), 간음유인 등 혐의로 기소되었다.

◆

A는 비록 B와 27살이라는 나이 차이가 있지만 연인 사이로 순수하게 사랑하였고, B 스스로 부모 집을 나온 것이지 가출을 부추기지 않았다고 주장하면서 모든 범행을 부인했다. B는 최초 강제추행 때부터 신고 때까지 약 10개월 동안 다양한 방식으로 성폭행을 당했다고 주장했다. 검사는 두 사람이 처음 만났을 때, B는 교통사고로 다리를 다쳐 입원하고 있었던 사정, 두 사람의 나이 차이, 어리고 내성적인 성격 등을 종합적으로 고려할 때, B는 A에게 제대로 저항하기 어려웠을 것으로 보고 성폭력 피해를 주장하는 B의 일관된 진술을 근거로 A를 기소하였다.

이 사건은 A와 B 사이에 벌어진 일련의 성적 접촉이 A의 주장과 같이 연인 사이에서 사랑을 전제로 한 자연스러운 것이었는지, 아니면 A보다 27살이나 어린 B가 오랜 기간 심리적으로 위축되어 마치 그루밍 범죄처럼 저항할 수 없이 성폭력을 당한 것인지가 쟁점이 되었다.

A와 B는 병원에서 처음 만났을 때 연락처를 교환했다. B는 여러 번의 성관계 과정에서 임신사실을 알게 되자 부모님 집에서 나와 A의 집에서 지냈다. 둘이서 같이 살던 중에 A는 다른 사건으로 구속되어 교도소에 수감되는 일이 생겼다. 이때 B는 임신한 몸으로 거의 매일 교도소를 찾아가 A를 면회하였고, 사랑한다는 애정표현이 가득 담긴 편지도 자주 보냈다. B는 A의 아이를 출산 한 날 A를 경찰에 신고하였다. 하지만 신고 전에 A를 대했던 B의 행동이 과연 오랜 기간 성폭행을 당한 피해자의 모습인지가 치열하게 다투어졌다. 이에 대해 B는 자신이 자주 면회를 가고 애정 편지를 보낸 것은 그렇게 하지 않으면 A가 화를 내기 때문에 어쩔 수 없이 그렇게 한 것이라고 하였다. 편지도 인터넷을 검색하거나 드라마 대사, 노

래 가사 등을 참고하여 내용을 채웠을 뿐이고, 실제로 A에게 애정이 있어서 그렇게 한 것이 아니라는 것이었다.

과연 법원은 어떤 판결을 내렸을까?

◆

1심 법원은 모든 범죄사실을 유죄로 인정하고, A에게 징역 12년을 선고하였다. 재판부는 한 달 전 교통사고로 무릎을 심하게 다쳐 병원에 입원하고 있던 B가 병원에서 우연히 알게 된 부모 또래의 A를 단 며칠 만에 좋아하게 되어 성관계를 가졌다는 A의 주장은 상식에 맞지 않다고 보았다. A는 평소 B나 다른 사람에게도 자주 폭언을 하는 사람이었기 때문에 나이 어린 B로서는 심리적으로 크게 위축되어 제대로 저항하기 어려웠을 것이라고 하였다. 그래서 B는 몸이 온전하지 못한 상태에서 A의 갑작스러운 강간 시도에 제대로 저항을 하지도 못하고 그대로 강간 피해를 당했다고 보는 것이 타당하다고 결론지었다. B는 집에서 가출한 뒤, A의 집에 살면서 A가 구속되자 출산 직전까지 약 4개월 동안 거의 매일 면회를 가고 A를 사랑한다는 내용이 담긴 편지를 수십 통이나 썼다. 이런 B의 모습을 보면 최소한 그 무렵에는 A에 대한 애정을 가지고 있었던 것으로 볼 여지도 있다. 하지만 A가 교도소에 있을 때, B는 출산이 임박한 상태여서 가출했던 집으로 다시 돌아가기는 어려웠을 것이다. 또 B는 A의 강요 때문에 드라마 대사나 노래 가사 등을 적어 편지를 쓰게 되었다고 그 경위를 밝히고 있으므로 잦은 면회나 편지 내용만으로는 A의 주장을 믿을 수 없다고 하였다.

2심 법원도 A를 처음 만나게 된 상황 및 나누었던 대화, 각 위력추행 범행과 강간 범행이 행해진 장소 및 상황과 당시 A와 B의 행동 등에 관하여, B의 진술은 비교적 일관되고 구체적이므로 신빙성이 높다고 하면서 1심의 유죄판결을 지지하였다. 어린 나이에 A의 아이를 임신한 15세의 B로서는 임신 사실을 부모에게 알리기 어려운 상황이었고, 평소 폭력적인 언행을 일삼던 A를 어쩔 수 없이 추종할 수밖에 없었을 것으로 보았다. 그래서 면회나 편지 내용만으로 두 사람을 연인관계로 보거나, 합의로 성관계를 한 것으로 볼 수는 없다고 판단하였다.

그런데 대법원에서 엄청난 반전이 벌어졌다. 대법원은 공소사실에 부합하는 직접증거는 사실상 B의 진술이 유일한데, 유일한 증거인 B의 진술은 신빙성이 없다고 판단하였다. 대법원이 B 진술의 신빙성을 부정한 주된 이유는 다음과 같다.

두 사람은 처음 만난 후부터 A가 구속되기 전까지 하루에도 수백 건의 카톡 문자를 주고받았다. B는 A를 오빠, 자기, 남편 등으로 호칭하였고, 대화는 연인 사이에나 주고받을 법한 일상생활 이야기나 사랑한다는 내용, 보고 싶다는 내용, 절대 헤어지지 말자는 내용 등이 대부분이다. B는 A의 강요에 의해 A의 비위를 맞추려고 거짓 내용으로 문자를 보냈다고 진술한다. 그러나 문자 횟수, 내용, 형식 등을 보면 B가 자신의 감정을 솔직하게 표현한 것으로 보인다.

B는 A가 구속된 동안 거의 매일 접견하였고, A에게 많은 접견민원서신, 인터넷서신을 보냈다. 그 서신은 B의 소소한 일상생활 이야기와 함께 '사랑한다, 보고 싶다, 함께 살고 싶다, 고맙다, 힘내라'는 내용, 당시 임신 중이던 A의 아이를 낳아서 잘 키우고 싶다는 내용 등으로 채워져 있다. 이는 B의 감정을 솔직하게 표현한 것으로 보이므로, 마음에 없는 허위의 감정표현을 하였다는 B의 진술을 믿기 어렵다. 서신에서 B는 처음 만났을 때 A가 입었던 옷차림까지 상세하게 기억하고 있고, 처음 봤을 때 귀엽다는 생각을 했으며, 승용차를 타고 강가 공원에 갔을 때 사랑의 감정을 느꼈고, 그날 이후 쭉 사랑해 왔으며, 앞

으로도 영원히 사랑하겠다고 다짐하고 있다. 이런 서신 내용을 보면, 당시 A가 위력으로 추행 범행을 저질렀다거나 그 이후에도 B의 의사에 반하여 공소사실과 같은 각 범행을 저질렀다는 B의 진술을 선뜻 믿기 어렵다.

B는 공소사실과 같은 피해를 당하고도 이를 아무에게도 알리지 않은 이유에 대해, A가 집이나 가족관계, 학교나 학원 등의 정보를 알고 있어 보복할까 두려웠고, 학교에서 왕따를 당하거나 엄마가 충격으로 쓰러지실까 걱정되고 무서워서 A를 계속 만났다고 한다. 그리고 B는 키스만 해도 임신이 되는 줄 알았기 때문에 임신중절 비용 등이 걱정되어 어쩔 수 없이 A를 따라다녔다고도 진술하였다. 그러나 A가 B를 직접 협박하거나 폭행했다거나 만남을 강요했다는 증거는 없다. B 스스로 겁을 먹었다는 이유만으로는 피해 사실을 알리지 않은 채 A를 계속 만난 사실을 쉽게 설명할 수 없고, 임신중절 비용이 걱정되어 계속 만날 수밖에 없었다는 진술도 납득하기 어렵다.

대법원은 2심의 유죄 판단이 잘못되었으니 다시 재판하라는 취지로 2심 판결을 파기하고, 사건을 항소심 법원으로 환송하였다. 대법원의 사실상 및 법률상의 판단은 새로운 증거가 등장하지 않는 이상 새로운 2심 법원은 대법원의 판단에 따라야 한다. 검사는 접견녹음파일을 새로운 증거로 제출하였다. 이를 근거로 법원은 A가 B에게 여러 차례 서신을 보내달라거나 A의 재판이나 사업에 관한 일을 부탁하고 그 처리 결과를 서신에 적어달라고 말하거나 A에게 다음 접견을 요청하거나 접견 예약을 하라고 말한 사실을 추가로 인정하였다. 그러나 A가 B에게 접견이나 서신과 관련하여 화를 냈다는 직접적인 증거가 없고, 녹취록이나 접견 서진도 B가 A의 강요 또는 그에 대한 두려움으로 인하여 A를 접견하고 허위의 감정표현이 담긴 서신을 보냈다는 근거로는 부족하다면서 B 진술을 그대로 믿기 어렵다고 하면서 A에게 무죄를 선고하였다. 재판부가 신빙성을 배척하는데 참고한 사정들은 대략 다음과 같다.

A는 B에게 시간이 너무 늦었으니 접견민원서신을 쓰지 말고 가라고 하였다. 또 거의 매일 접견을 오면서 서신을 보내는 B에게 감사나 미안함을 표시하거나 사랑한다면서 앞으로 잘하겠다거나 필요한 것이 있으면 이야기하라는 취지로 말했고, B는 A의 그런 말에 감사하다거나 웃어줘서 기분 좋다는 취지의 서신을 보냈다.

B는 A에게 너무 피곤해서 집에 가 자야 한다거나 엄마를 만나고 병원에 가야 하기 때문에 서신을 못 쓸 것 같다고 말하기도 하였다. 서신에는 일상생활과 A를 사랑한다는 내용 외에도 A의 누나와 A의 아들에 대한 불만을 적거나 특실은 좋은데 9인실은 싫다는 등의 내용을 적기도 하였다.

B가 A 누나로부터 받은 공과금 낼 30만 원을 인터넷 쇼핑에 사용한 것에 대한 걱정, 출산 후 한 달 동안 산후조리원에 있게 해 달라고 적는 등 B가 A에게 바라는 요구사항 등을 적기도 하였다.

◆

A는 1심에서 징역 12년을 선고받았고, 2심에서 징역 9년을 선고받았다. 대법원이 무죄라면서 유죄판결을 파기하였고, 파기 후 2심 법원에서 무죄를 선고받았다. A는 지옥과 천당을 오갔고, B는 대법원의 파기 환송과 최종 무죄판결로 억장이 무너졌을 것이다.

주장이 서로 상반된 이 사건에서 쟁점은 B 진술의 신빙성이었다.

B는 피해 사실에 관하에 일관되게 진술하고 있었으므로 신빙성 판단의 핵심은 결국 B가 A와 관계를 지속하면서 보인 언행이 공소사실과 같은 성폭력 피해를 당한 피해자의 모습으로 이해되는가 하는 문제로 귀결되었다. 사건 이후 B의 행동을 어떻게 해석할 것인지는 두 사람 사이의 문자, 접견기록, 접견서신, 편지 등이 주된 판단 근거였다.

파기 전 1심과 2심은 두 사람은 A가 주장하는 것처럼 정상적인 연인관계가 아니라고 판단하였다. 사건의 본질은 나이 어린 B가 폭력적인 성향의 A에게 억눌려 심리적 위축과 무기력 상태에 빠졌고, A에 대해 연민의 정은 A가 다른 사건으로 구속 이후에야 생긴 것이라고 보았다. 따라서 B의 태도는 범죄피해자들에게서 흔히 나타날 수 있는 양가감정(mixed emotions)으로 이해하였다. 처음 추행 사건 당시 B의 상황을 매주 중요한 해석하는 입장이었다. 당시 B는 불과 15세의 여중생이었다. 교통사고로 다리에 중상을 입고 입원 치료 중이던 B는 제대로 저항을 할 수 있는 상황이 아니라고 보았다. 27살이나 차이나는 A에게 불과 며칠 만에 호감을 느끼고 이성적으로 좋아한다는 것은 상식적이지 않다는 것이다. 성폭행과 임신 사실이 학교나 가족에게 알려질 것에 대한 걱정과 수치심, 평소 B뿐만 아니라 다른 사람에게 폭언을 일삼던 A의 폭력성 때문에 피해 사실을 알리거나 구조요청을 하지 못했다는 B의 주장을 충분히 이해했다. 접견기록이나 서신의 애정표현은 B의 주장처럼 강요된 것이지 진심이 아니라고 판단한 것이다.

하지만 대법원의 견해는 달랐다. A가 구속되기 전후에 주고받은 카톡, 접견내용, 서신을 근거로 B는 첫 만남 때부터 A에게 호감을 느낀 것으로 보았다. 그래서 카톡이나 서신에 담긴 A에 대한 애정은 B의 감정을 솔직하게 표현한 것으로 판단하였다. B가 오랫동안 성폭력 피해를 당했다고 한다면, 주위에 그 사실을 알리지 않은 이유도 믿을 수 없다고 하였다. 성폭력 피해를 주위에 알리지 않았고,

애정이 담긴 카톡이나 서신을 계속 보내고, 거의 매일 접견을 다녔던 B의 행동은 진정으로 성폭력을 당한 피해자의 모습으로 볼 수 없다고 평가한 것으로 보인다. 파기 전 1심과 2심의 판단, 그리고 대법원의 판단 모두 논리적이고 설득력을 가지고 있다. 하지만, 대법원의 판단은 이 사건이 오랜 기간에 걸쳐 진행되었다는 사정, 사건 당시 B의 개인적인 상황, 성폭력 피해자에게 나타나는 양가감정, B가 출산 당일 바로 A를 신고한 사실 등에 담겨있는 의미를 제대로 파악하지 못한 것은 아닌가 하는 의문이 든다.

대법원은 지속적인 성폭행을 당하면서도 주위에 알리지 않은 B의 모습은 피해자답지 않다는 입장인데, 쉽게 동의하기 어렵다. 성폭력을 당한 어린 여중생의 처지에서 성폭행 피해 자체의 고통보다 더 강한 공포가 있다. 바로 알려지면 큰일이라는 두려움이다. 성폭력 피해자들의 폭로가 지연된 가장 주된 이유는 소문에 대한 두려움 때문이다. 학교에 소문이라도 나면 피해자임에도 친구들이 경계하게 되고, '아니 땐 굴뚝에 연기 날까'라는 식으로 피해자가 뭔가 원인을 제공했을 것이라는 부당하고 근거 없는 추측으로 또래 집단까지 해체될 수 있다. 가족에게 알려지면 경우에 따라서는 피해자 가정이 해체될 수도 있다. 따라서 건강이 좋지 않은 부모에게 자신의 문제로 더 충격을 주고 싶지 않았다는 B의 주장은 지극히 상식적이다. 15살 여중생인 B에게 임신은 그 자체로 두려움이다. 이런 상황에 처해 있는 B에게 일반적인 성인 수준의 대처를 기대하는 것은 그 자체가 억지이고 모순일 수 있다.

두 사람 사이의 카톡이나 편지 내용은 마치 연인이나 부부 사이의 대화로 보인다는 점은 부정할 수 없다. 하지만 B가 출산 당일 바로 A를 신고한 사실은 결코 가볍게 여길 일이 아니다. 15살밖에 되지 않은 어린 중학생이 원하지도 않은 임신이 되었을 때 B가 느낀 충격과 공포, 두려움은 상상하기 힘들 것이다. 전문가들은 이런 경우 심리적 충격은 물론, 미래에 대한 불확실성, 사회적 낙인과 압박, 경제적 부담, 신체적 위험에 대한 두려움으로 엄청난 고민에 빠진다고 한다. B는 임신도, 그리고 태아의 생명을 빼앗는 임신중절 수술도 그 자체로 두려웠을 것이다. B의 집은 부모 건강이나 경제적인 형편도 넉넉하지 않았다. 이런 상황은 어린 B가 감당하기에는 너무 폭력적이다. 어린 B의 입장에서는 어떻게든 A의 기분을 맞추어서라도 일단 출산하기만을 기다리자는 생각이었을 수 있다. 이런 관점에서 바라보아야 B가 출산 당일 아이의 아빠인 A를 신고하였다는 것이 자연스러워진다. 대법원의 판단처럼 B가 진심으로 A에게 영원한 사랑을 약속하고 아이를 낳아 잘 키우고 싶다고 다짐했다면 출산 당일 아무런 사정도 없이 경찰서를 찾을 이유는 없기 때문이다.

B는 A가 구속된 이후 두 사람이 처음 만났을 때의 감정, 영원한 사랑을 약속하는 내용 등으로 채워진 편지를 계속 보냈다. 언뜻 보기에는 강요를 받아 그렇게 했다는 것은 믿기 어렵다. 그런데 B의 관점으로 보면 달라진다. 편지 내용은 오히려 너무 형식적인 면이 있다. 실제로 남편이 구속된 상황이라면 그의 건강이나 A의 장기간 부재로 인한 가족의 현재나 미래를 걱정하는 내용으로 편지를 보내는 것이 상식적일 것이다. 그래서 A를 처음 만났을 때의 격한 감정이나 영원한 사랑을 약속하는 편지 내용은 오히려 작위적인 느낌이 든다. 편지 내용도 15세의 정도의 연령대가 스스로 생각해낸 내용으로 보기에는 표현 수위도 높다. 편지를 강요하는 A의 비위를 맞추려고 인터넷 검색자료나 노래 가사, 드라마 대본 등을 활용하여 편지를 작성했다는 B의 주장에 믿음이 가는 이유이다.

최초 강제추행 사건은 알게 된 지 며칠 만에 벌어졌는데, B가 당시 27살이 많은 A에게 단 며칠 만에 이성적 호감이 생겼다는 주장은 상식적이지 않다는 파기 전 1심과 2심의 판단이 이 사건의 진실에 더 가까운 느낌이다. 그때 당시 B의 상황을 보면 이점은 더욱 분명해진다. 그때 B는 중학교 3학년이었다. 한 달 전에 교통사고로 인한 인대파열로 걸음도 쉽지 않은 중환자였다. 성경험도 없었다.

이런 상황에서 A를 안 지 며칠 만에 이성적으로 좋아하게 되었다는 것은 매우 이례적이다.

대법원 판단의 또 다른 문제점은 초기 범행과 그 이후 범행, 그리고 각각의 범행 별로 죄의 성립 여부를 구분하여 판단하지 않았다는 것이다. 기소된 각각의 범행은 모두 별개의 범죄이고 오랜 기간에 걸쳐 있다. 사람의 감정은 시시각각으로 변할 수 있고 순간적인 감정변화도 있을 수 있다. 연인이나 부부 사이에도 성폭행 범죄가 발생할 수 있는 것과 같은 이치다. 따라서 B가 A에 대해 일시적으로 또는 일정 시점 이후로 좋은 감정이 생겼다고 가정하더라도 일정 시점 이전이나 개개 범죄 시점의 생각과 감정은 동일하지 않으므로 각각 개별적으로 그 범죄의 성립 여부를 판단했어야 한다. 그랬다면 일부라도 유죄 판결이 났을 여지가 충분했다.

당시 B가 A를 만난 경위, 최초 범행시점, 두 사람의 나이 차이, 교통사고로 보행이 자유롭지 못한 B의 건강상태 등을 고려하면 A의 강제추행이나 강간은 넉넉히 인정될 수 있었다. 그런데도 A의 강요에 의해 마음에도 없이 매일 접견을 가고 애정표현이 빼곡한 편지를 쓸 수밖에 없었다는 B의 간절한 외침을 외면한 채 두 사람의 관계를 연인관계로 단정해 버렸다. 이에 반하여 1심 법원은 '설령 B가 A로부터 지속해서 성폭행 피해를 당하면서도 이와 동시에 A에 대하여 연민·애정과 같은 감정을 갖게 되었다고 가정하더라도, 이러한 감정이 정상적으로 형성된 것으로 보기는 매우 어렵다. 이는 A의 거짓말에 현혹되어 생긴 감정이거나 가해자의 지속적인 폭력으로 도저히 저항할 수 없는 특수한 범죄 상황에서 피해자가 가해자에게 종종 갖는 것으로 알려진 긍정적인 감정에 불과하다고 할 것이므로 이 사건 범죄의 성립과 양립 불가능한 것이 아니다'라고 판단하였는데, 이런 판단은 계속된 성폭력 피해자의 양가감정을 정확하게 이해하고 있었기 때문에 가능했을 것이다. B의 행동을 살아남기 위한 부득이한 선택으로 바라본 1심 재판부는 이 사건을 그루밍(grooming)에 의한 성폭력으로 규정했다.

대법원의 무죄 판결을 두고 혹자는 '21세기 가장 부끄러운 대법원판결'이라는 혹평을 내놨다(2023. 김재련). 여중생 피해자가 처해있는 특별한 사정을 전혀 고려하지 않은 채, 편지에 적힌 문자들을 근거로 두 사람이 사귀는 관계이고, 합의로 이루어진 성관계라고 판단하였다는 것이다. 이 사례는 공중파 방송 '그것이 알고 싶다'의 소재가 된 적도 있다. 그 방송 제작과정에서 B는 "제가 사랑이 아니라고 하는데, 왜 그걸 사랑이라고 하는지 모르겠어요."라고 말했다고 한다(2016. 류영우).

이 사건을 전형적인 그루밍 성범죄로 보는 견해가 많다. 그루밍은 대체로 피해자 길들이기로 이해하는 것이 보편적이다. 성범죄에서 그루밍은 성범죄를 목적으로 피해자에게 접근하는 계획적인 일련의 행동이다. 마이클 웰너(Michel Welner)는 아동 성범죄에 이르는 그루밍의 6단계를 제시했다. 피해자 고르기(1단계), 피해자 신뢰얻기(2단계), 욕구 충족시켜주기(3단계), 아동 고립시키기(4단계), 관계를 성적으로 만들기(5단계), 통제유지하기(6단계) 등이다(2019. 김정연).

웰너 교수의 이론을 이 사건에 대입시켜 보자. A는 병원 엘리베이터에서 처음 만난 B에게 연예기획사 명함을 주었다. 경제적으로 어렵고 정서적으로 취약한 B에게 연예인을 만나게 해주거나 연예인을 시켜줄 것처럼 접근하여 신뢰를 쌓았다. 교통사고 병원비나 연예인 접촉 등 B의 욕구를 충족시켜주었다. 성적 접촉을 유지하면서 임신이 되자 가출을 유도하여 가족으로부터 고립시켰다. 접견이나 편지 등을 강요하였다. 웰너가 말하는 그루밍의 6단계에 그대로 들어맞는다.

이런 점에서 대법원판결은 강한 비판을 받고 있다. 이 사건은 미성년자 의제강간 대상자의 연령기준 상향에 관한 논의를 촉발시켰다. 이 사건이 계기가 되어 2020년 5월 19일 형법의 미성년자의제강간죄, 미성년자의제강제추행죄의 대상자 연령이 13세 미만에서 16세 미만으로 개정되어 미성년자에 대한 보호가 한층 강화되었다.

4 … 페이스북 친구가 되다 - 산 넘어 산

피고인 A는 18세의 직장인이다. 페이스북을 하다가 피해자 B(13세 여중생)의 친구를 알게 되었다. 2016년 6월 어느 날 새벽, A는 그의 후배와 PC방에서 놀다가 B의 친구에게 만나자는 페북 메시지를 보냈다. B의 친구는 B를 데려왔다. 그들 네 명은 A의 집으로 갔다. 방에 둘러앉아 '산 넘어 산'이라는 게임을 하면서 술을 마셨다. 벌칙은 소주 1병을 마시는 것으로 정했다.
게임 도중에 A가 이기고, B가 졌다. 산넘어산 게임은 패한 사람이 앞에서 시도한 적이 없는 더 높은 단계의 스킨십을 한 가지씩 해야 하는데, 남겨진 스킨십은 성관계뿐이었다. A는 게임에서 진 B에게 성관계를 요구했다. B는 성관계를 거부하면서 대신 소주 한 병을 마시겠다고 하였다. 그러자 A는 소주병을 빼앗고, B의 어깨를 잡아 당겨 방바닥에 눕혔다. 그 후 A는 B의 거부에도 불구하고 바지와 속옷을 벗기고는 B의 몸을 위에서 누른 채 성관계를 하였다.
이로 인하여 A는 청소년성보호법위반(위계등간음) 혐의로 기소되었다.

◆

A는 '산넘어산' 게임을 하면서 B와 성관계를 한 사실은 인정했다. 하지만 B가 주장하는 것처럼 소주 1병을 마시라고 강요하거나 벌칙으로 소주를 마시겠다는 것을 제지하고서 B의 옷을 벗기고 강제로 성관계를 한 것은 아니라고 항변하였다.

산넘어산 게임은 가위바위보를 하여 이긴 사람이 진 사람에게 손잡기, 껴안기, 뽀뽀, 키스 등 스킨십을 하고 진 사람은 이긴 사람에게 그보다 더 높은 단계의 스킨십을 하거나 그렇지 않으면 벌칙으로 정해놓은 술을 마시는 방식이다.

B는 '차례가 돌아왔을 때는 성관계만 남아 있었다. 성관계는 아닌 것 같아 소주 한 병을 마시겠다고 했다. A는 몇 번 넣었다 빼면 되고, 아프지 않다고 했다. 벌칙으로 마시려던 소주병을 빼앗았다. 그리고는 어깨를 잡고 끌어당겨 바닥에 눕혔다. 끝까지 술을 먹겠다고 했는데도 강제로 바지를 벗기고 성관계를 했다. 아프다면서 하지 말라고 하는데도 성관계를 계속했다. 이 정도면 됐으니 그만하라고 하자 그때서야 성기를 뺐다.'고 당시 피해 상황을 설명했다.

그때 함께 있던 B의 친구와 A의 후배도 참고인조사를 받았다. 그런데 A의 후배는 A의 주장과 일치되게 진술했고, B의 친구는 B의 주장에 부합되게 진술했다.

A는 기소된 공소사실처럼 완력을 써서 B와 성관계를 한 것이 아니라고 주장하고 있어, 성관계 과정에 강제력이 있었는지, A에게 B의 의사에 반하여 강제로 성관계를 한다는 고의가 있었는지가 주된 쟁점으로 다퉈졌다. 공소사실에 부합하는 증거는 피해자 B의 진술과 그 친구의 진술이 있지만, 피고인 A와 그 후배는 정반대로 주장하고 있어서, 결국 B와 그 친구 진술의 신빙성 문제로 귀결되었다.

◆

1심 법원은 B의 진술에 신빙성이 없다고 하였다. B의 진술이 목격자들의 증언과 다른 점은 신빙성을 배척하는 주된 이유가 되었다. 목격자들은 B가 성관계를 하지 않고 술을 마시겠다고 말하는 것을 듣지 못했고, A가 강제로 B의 팔을 잡고 눕히는 장면도 본 적이 없다고 했다. 뿐만 아니라 성관계 도중에 B가 아프다고 하자 A는 성관계를 바로 중단했다고 진술하여 B가 주장하는 내용과 차이가 있었다. 그런데 사건 이후 B는 A에게 페이스북 친구신청을 하였고, 그 이후로도 오랜 기간 지속해서 A와 연락을 주고받았다. 두 사람이 주고받은 페이스북 대화 내용을 보면 B는 A에게 여러 가지 부탁을 했다. 이러한 B의 행동은 위력으로 강간을 당한 사람의 행동으로 보기에는 이례적이기 때문에 공소사실과 같은 성폭행 피해를 당했다는 B의 진술은 믿을 수 없다고 판단하였다. 재판부가 주목했던 두 사람 사이의 페이스북 대화 내용은 대략 다음과 같다.

- 사건 후 약 6개월 뒤 -

B: 오빠 그 간판 일은 너무 죄송해요

A: 괜찮거든

B: 어엉 오빠는 어떻게 됐어요?

A: 많이 혼났어

B: 어떡해요 ㅠㅠㅠㅠ 미안해요 ㅠㅠ

A: 아니야 안 미안해 두 돼!

B: 혼나게 해서 미안해용 ㅠㅠ

A: 괜찮아 ○○야 ㅎㅎ

B: 넹넹ㅠㅠㅠ

- 사건 후 약 8개월 뒤 -

A 너 친구 욕먹는데~ 하지 말라고 할까?

넹 ㅠㅠㅠㅠㅠ 제가 사과 다 시킬 테니까 욕만 어떻게 해 주세요 B

A 알았어~ 뭔 일 있으면 말하래 두~

ㅎ헤헤 아라쏘용!! B

A 그랭~^^

넹넹ㅎ B

A 내렸대~

오홍 역시 오빠 고마워영 B

- 사건 후 약 9개월 뒤 -

A 얼른 집에 가 꼬맹이

알아써용 (웃음) B

A 진짜로 갈거지? 거짓말치지 말고 얘기해봐 갈꺼야 말꺼야~?

가기는 할 건데 좀 늦게 가겠지용 ㅎ.ㅎ B

A 술먹지 말고 언능 들어가~

히익 조금만 모그께용 B

A 미성년자가~! 언능 들어가

헬렐ㄹ 알라또요 (웃음) B

- 사건 후 약 10개월 뒤 -

B: 오빠

A: 응

B: 부탁하나 해두 대용?

A: 어떤겅~?

B: 조○○ 언니가 자꾸 저격하고 누구 부르고 난리처서용 이○○ 언니랑 같이영

A: 알았어. 학교하고 몇 살인지 좀..

B: 이○○ 언니는 ○○여중 3학년이구, 조○○ 언니는 ○○동중 3학년

A: 알겠엉

B: 넹

1심은 범죄성립에 필요한 위력이 있었는지도 명확하지 않다고 보았다. 공소사실에는 성관계 전에 A가 B에게 '끝내 버린다. 성관계를 하지 않으면 소주 1병을 마셔야 한다.'라고 협박 하듯이 말을 했고, 성관계를 거부하자 팔목을 잡고 몸을 눌러 움직이지 못하게 한 후 성관계를 하였다고 기재되어 있다. 그러나 A의 후배와 B의 친구는 모두 A가 B에게 협박성 말을 하거나 폭력을 쓴 사실이 없었다고 진술하고 있어 실제로 B가 주장하는 위력이 있었다는 사실에 대한 입증이 부족하다고 판단하였다. B도 법정에서는 'A가 소주를 강제로 마시라고 말한 것은 아니다. 자신이 성폭행을 당한 후에 A의 후배와 B의 친구도 성관계를 했는데, 그 후쯤에 끝내버리겠다는 말을 A가 했다.'고 증언하여, B가 진술하는 위력의 내용과 공소사실에 기재된 내용이 일치하지 않는다는 점도 지적하였다.

1심은 결국 피해자 B나 그 친구의 진술은 신빙성이 없다면서 A에게 무죄를 선고하였다. 재판부가 B의 친구 진술의 신빙성을 배척한 주된 이유는 다음과 같다.

B의 친구 진술은 산넘어산 게임을 제안한 사람, 남은 스킨십은 성관계 밖에 없다고 말한 사람, 당시 A나 B가 했던 말, B가 성관계를 거부하였거나 울었는지, A가 피해자 B의 손목을 잡아당기거나 어깨를 눌렀는지, 성관계 시간 등에 대하여 일관성 없고, B나 A의 후배 진술과도 배치되는 부분이 많다.

B의 친구는 그때 자신도 A의 후배에게 강간을 당하였다면서 A의 후배를 고소하였지만 무혐의 처분을 받았다. 그 사건에서 B의 친구는 B가 A와 함께 자신을 신고해서 자기도 A의 후배를 신고하게 되었다고 증언한 것을 보면, B의 친구가 수사기관에서 한 진술은 허위나 과장된 내용으로 보인다.

B의 친구는 성관계 시간에 대해서도 수사기관에서는 5분이라고 진술했으나, 법정에서는 5~10초 정도라고 하여 수사기관 진술을 번복하였다.

1심 무죄판결에 대하여 검사가 항소하여 2심 법원에서 항소심 재판이 진행되었다. 하지만 2심 법원도 1심의 판단이 정당하다고 하였다. 한발 더 나아가 1심 법원이 언급하지 않은 부분을 거론하면서 B의 진술은 일관성도 없다고 판단하였다. 즉, B는 사건 다음 날 성폭력 통합지원센터에 찾아가 그곳 상담사에게 A가 일행들 앞에서 하의를 벗기고, 가슴을 만지고, 키스를 하고, 음부에 손가락을 넣고, 강제로 성관계를 하였다고 진술하였는데, 그 이후 수사기관과 1심 법정에서는 A가 이불 아래에서 B의 고무줄 바지를 내린 후 바로 성관계를 하였다고 진술하여 피해내용을 변경하였다. 그런데도 진술을 변경한 경위에 대해 아무런 설명이 없었다는 것이다.

◆

1심 법원이 피해자 B 진술의 신빙성을 배척한 가장 큰 이유는 사건 이후 A에게 페이스북 친구신청을 하고, 페이스북 친구관계를 유지하면서 여러 가지 문제해결을 부탁하는 모습이 강간을 당한 피해자의 모습이 아니라고 보았기 때문이다. 강간 피해자가 가해자에게 먼저 SNS 친구를 신청하고 친밀한 대화를 나누는 것은 상식적으로 설명하기 힘든 장면이다. A가 증거로 제출한 페이스북 대화기록은 모두 사건 당시로부터 6개월이 지난 후의 것이다. 따라서 실제로 강간을 당했다고 하더라도 다양한 원인으로 A와 B가 좋은 관계로 지내는 것도 얼마든지 가능하기 때문에 사건 후 6개월 뒤에 친근하게 나눈 페이스북 대화를 하였다는 점과 공소사실이 양립 불가능한 일은 아니다. 하지만 페이스북 대화에서 볼 수 있는 서로에 대한 호칭, 말투, 내용으로 볼 때, 두 사람은 마치 어린 여동생과 그 여동생의 귀찮은 문제를 해결하고 보호해주는 오빠와 같이 매우 친밀해 보여, 강간 피해자와 가해자 사이의 대화로 보기는 어렵다. 그렇다면 B는 이 사건 이후에 어떤 계기로 A와 좋은 관계로 발전했는지를 납득할 수 있게 충분한 설명이 필요했다. 하지만 B는 그 이례적인 상황을 설명하려는 어떠한 노력도 하지 않았다. 이는 법원이 B의 진술을 배척한 결정적인 원인이 되었다.

1심은 또 B의 진술은 일관성도 부족할 뿐만 아니라 목격자들의 진술과 배치되기 때문에 신빙성이 없다고 하였다. 진술은 객관적 사실과 부합해야만 신빙성이 인정된다. 특별히 거짓말을 할 이유가 없는 목격자의 진술은 객관적인 사실에 해당한다. 진술의 일관성과 구체성은 거짓으로라도 꾸며낼 수 있다. 하지만 객관적인 사실이나 목격자들의 진술과 다른 주장을 하는 경우, 목격자들의 진술이 신빙성이 없다고 여길 만한 사정이 없다면 그와 배치되는 피해자나 피고인의 진술은 신빙성을 인정받기 어렵다.

법원이 A가 무죄라고 판단한 또 다른 이유는 성관계 과정에서 위력이 있었다는 점이 입증되지 않았다고 보았기 때문이다. 위력이란 피해자의 자유의사를 제압하기에 충분한 세력을 말하고, 유형적이든 무형적이든 묻지 않으므로 폭행·협박뿐 아니라 행위자의 사회적·경제적·정치적인 지위나 권세를 이용하는 것도 가능하다. 검사는 A가 끝내버리겠다고 말하거나 성관계가 싫으면 소주 1병을 마셔야 된다고 말했다는 것을 위력의 한 내용으로 공소장에 기재하였다. 또 어깨를 끌어당겨 바닥에 눕혀 몸 위에서 눌렀다고 기재하였다. 검사는 B와 그 친구의 수사기관 진술을 근거로 위력이 있었다고 판단하였던 것 같다. 그런데 B의 친구는 당시 B가 울었는지에 대하여 피해자 B의 진술과도 배치되게 진술했고, 또 일부 수사기관의 진술은 법정에서 번복하여 신빙성을 인정받지 못했다. 따라서 무고함을 주장하는 피고인이라면 공소사실에 부합하는 목격자의 진술을 철저하게 분석하여 객관적인 사실이나 다른 증거와 배치되거나 모순되는 부분은 없는지, 특히 피해자 주장하는 사실과 배치되는 부분은 없는지를 주도면밀하게 살펴보아야 한다. A에 대한 무죄 판결은 확정되었다.

5 … 그놈이 무섭지 않다 - 오피스텔 로맨스

피고인 B는 오피스텔에서 유사성행위를 하는 성매매업소에서 일했다. 그 업소는 남자 손님들이 인터넷 광고를 보고 업주에게 연락하면, 업주는 손님에게 적당한 종업원을 배정하여 그들에게 두 사람이 만날 오피스텔 위치와 출입문 비밀번호 정보, 만날 시간을 알려준다. 해당 오피스텔에서 종업원은 손님에게 성관계 이외의 유사성행위를 서비스 해주고 손님으로부터 정해진 요금을 받는 방식으로 운영되었다.

2016년 1월 어느 날, 그 오피스텔에 남자 손님 A가 찾아왔다. B는 90분 동안 유사성행위 서비스를 해주었다. 그러다 A와 B는 성관계까지 하게 되었다. 돈은 원래 정해진 금액만 받았다. A는 그다음 날 다시 B를 지정하여 오피스텔로 찾아와 성관계까지 하였고, 10일 뒤에도 A와 B는 같은 방식으로 성관계를 하였다.

그로부터 5개월이 지난 2016년 7월경, B는 A에게 강간을 당했다며 A를 경찰에 고소하였다. 경찰에서 B는 A가 양손으로 손목을 잡은 후에, 한 손으로 치마를 걷어 올리고 팬티를 내렸고, 배 위에 올라타 무릎으로 힘껏 다리를 눌러 반항을 제압하고서는 강제로 성관계를 했다고 진술했다.

하지만 검사는 A에 대한 강간 혐의를 인정할 수 없고, 오히려 B가 단지 성매매를 하였음에도 돈을 뜯어낼 목적으로 A에게 강간당한 것처럼 허위고소를 했다고 판단하였다.

이로 인하여 B는 A를 무고한 혐의로 재판을 받게 되었다.

◆

이 사건 업소는 남자 손님들에게 유사성행위를 해주고 일정 금액을 받아왔다. 손님들에게 유사성행위 서비스만 하고 손님들과 성관계는 하지 않는 것이 영업원칙이었다. 그런데 A와 B는 이 업소에서 만나 3번이나 성관계를 하였다. 이에 대하여 B는 유사성행위만 가능한 업소인데도 A가 강제로 3번이나 성관계를 했다고 주장하였다. 그러면서 성관계까지 할 생각이었다면 비용을 더 받았을 것이라고 했다.

A는 성관계 사실을 인정하면서도 강제성은 없었다고 항변했다. 묵시적으로나마 성관계에 동의했고, 그렇지 않더라도 폭행이나 협박으로 성관계를 한 것은 아니라고 했다. B는 자신이 연예인이라는 것을 알고 약점을 잡아 돈을 받아낼 목적으로 허위로 고소한 것이라며 억울해했다.

검사는 A의 강간 혐의에 대해 무혐의 처분을 하였는데, 그 이유는 'B는 마사지업소 종업원이었고, 종업원이 손님과 합의로 성관계를 갖는 경우가 있다는 업주의 진술이 있으며, 성관계 후에 A가 샤워를 하는 동안 뒷정리를 하고 대가를 받은 다음 배웅인사까지 하였다. B는 첫날부터 강간을 당했다고 주장하면서도 그 이후 A의 지목을 받았을 때 거부하지 않았다. 그리고 약 5개월 동안 아무런 조치가 없다가 갑자기 합의금을 요구하고 A가 응하지 않자 이 사건을 고소하여 고소 동기가 의심스럽다'는 것이었다.

B는 강간 피해를 고소했다가 반대로 무고죄로 재판을 받게 되었기 때문에, 결국 강간 여부가 여전히 이 사건의 핵심이다. 사건 장소는 오피스텔이고, 그 공간에는 두 사람만 있었다. B 진술의 신빙성이 사건의 향방을 결정할 열쇠였다. 그런데 B는 첫날부터 강간을 당했다고 하면서도 그 이후로 2번이나 더 A를 손님으로 맞았고, 그

때마다 강간을 당했다는 것인데, 그 당시는 아무런 조치를 취하지 않고 있다가 5개월이 지난 후에야 A를 고소하였다. 따라서 이런 B의 행동이 3번이나 강간을 당한 피해자의 모습으로 볼 수 있는지가 B 진술의 신빙성을 판단함에 있어 가장 핵심적인 요소가 되었다.

◆

1심 법원은 피고인 B의 주장은 신빙성이 없다고 하였다. 손님으로 온 A로부터 세 번씩이나 같은 곳에서 같은 식으로 강간을 당했다고 주장하면서도 사건 전후에 보인 행동은 강간을 당한 피해자의 모습으로 보기 어렵다는 것이 그 주된 이유였다. 그러면서 B는 A가 유명 연예인이라는 사실을 악용하여 경제적인 이득을 취할 의도로 허위고소를 한 것으로 판단하였다. B에게 무고죄가 인정된다면서 징역 2년 6개월을 선고하였다. 재판부가 B 진술의 신빙성을 배척한 주된 이유는 다음과 같다.

두 사람 사이에 성관계에 관한 명시적인 제안이나 동의는 없었지만, 남녀 사이의 성관계는 극히 내밀한 영역에 해당하여 명시적인 제안이나 동의가 없는 상태에서도 상호 간의 묵시적인 승낙이나 합의에 따라 자연스럽게 이루어질 수 있고, 이는 일반적인 남녀 관계와 성매매업소에서 일하는 여성과 손님인 남성의 관계에서도 같다'고 하였다.

강간을 당한 피해자는 가해자를 무서워하고 거부하려는 경향을 보이는 것이 일반적인데, B는 A를 손님으로 맞아 오피스텔에 둘만 있게 되는 상황을 피하지 않았고, 오히려 A의 예약문자를 보고 그의 전화번호를 몰래 저장하였고, 차량용 블랙박스를 방안에 미리 설치하여 두 번째 성관계 장면을 촬영하려고 했다. 블랙박스의 녹음 내용을 보면,

서로 간에 항의하거나 다투는 듯한 소리는 없는 반면, 성관계에 따른 소리, 대화하는 소리, B가 웃는 소리는 간혹 들린다.

B는 정작 강간당했다는 시기 무렵에는 아무런 문제 제기를 하지 않다가 그로부터 5개월이나 지나서 A에게 경제적 보상을 요구했고, 그 즈음 B가 다른 사기 사건으로 법정 구속된 후에야 이 사건으로 고소했다.

이러한 B의 행동은 강간을 당한 피해자의 것이라고 전혀 보이지 않는다.

1심에서 유죄판결을 받은 B는 항소하였지만, 2심 법원도 1심 법원의 유죄판단을 그대로 유지하였다. 그러면서 '첫 번째부터 강간을 당했다면, 그 후 A로부터 지명을 받았을 때도 강제로 성관계를 할 것이 예상되므로 이를 거부하는 것이 자연스러움에도 이에 응하였고, 미리 방에 블랙박스를 설치하여 성관계 장면을 촬영하였다. 그 후 3번째도 A의 지명에 응하여 성관계를 했는데, 성관계를 원치 않았을 경우 수월하게 이를 거부할 수 있었을 것임에도 별다른 저항 없이 마사지와 성관계를 이어간 것은 원치 않는 성관계를 당한 사람의 태도로 보기 어렵다'고 하였다. 재판부는 강간을 당했다고 하면서 그 이후 두 번의 지명을 거절하지 않고, 아무런 저항도 없이 마사지와 성관계를 한 것은 성폭행을 당한 피해자의 모습으로 보기에는 자연스럽지 않다고 보았다. 따라서 B의 진술 역시 신빙성이 없다고 하였다.

◆

B는 강간 피해를 고소하였지만 오히려 무고죄로 기소되어 실형

을 선고받았다. 법원이 B의 진술을 믿지 않은 것은 성관계 전후 B의 행동이 피해자답지 못하다는 이유였다. 법원이 지적한 것처럼 사건 전후에 B가 보여준 모습은 강간을 당한 사람의 행동으로 보기에는 자연스럽지 않은 부분이 많다.

또 강간죄는 피해자의 반항과 저항을 억압할 정도의 폭행이나 협박이 동원된 성관계여야 한다. 그런데 B는 A로부터 강간을 당했다고 고소했지만 정작 A가 구체적으로 어떤 폭행과 협박을 했었는지에 대해서는 아무런 진술도 하지 않았다. 심지어 법정에서는 A로부터 억압당한 상황에서 강간을 당한 것이 아니라 동의 없이 성기를 삽입하였기 때문에 강간당한 것으로 생각했다고 증언하였다. B 스스로 비동의 간음을 주장한 것이나 마찬가지다. 비동의 간음은 폭행이나 협박이 동반되지 않은 경우이기 때문에 현행법으로는 강간죄로 처벌할 수 없다.

이처럼 첫날부터 강간을 당했다고 하면서도 잇따른 A의 지명을 거부하지 않았고, 세 번이나 강간을 당했으면서도 아무런 대응을 하지 않았으며, 5개월이 지나서 뜬금없이 A에게 합의금을 요구하였다가 거절당하자 이 사건으로 고소한 사정, 여기에 비동의 간음이라는 취지의 B의 법정 진술 등을 종합하면, B의 진술만으로 A의 강간죄를 입증하기 어려웠다.

그런데 여기서 우리가 주목할 만한 부분이 있다. 1심은 B의 행동이 강간을 당한 피해자의 모습이 아니라고 하면서, 강간을 당한 피해자는 가해자를 무서워하고 거부하려는 경향을 보이는 것이 일반적이라는 일반론을 제시하였다는 점이다. 그루밍 성범죄와 같이 계속된 성폭력에 노출되거나 외부적 환경으로 실제로는 가해자가 무섭고 거부하고 싶어도 이를 표출하기가 어려운 경우도 있기 때문에 법원의 이러한 일반론에 동의하기는 어렵다는 주장이 있다(2023. 김재련). 피해자는 가해자에게 두려움과 거부감을 가지고 있어도 그런 감정을 외부로 드러내지 못 하는 경우가 많기 때문에 법원의 이런 판단은 피해자다움에 대한 사회적 편견이라는 것이다. 어떤 범죄든 피해자는 가해자를 무서워하는 것이 일반적이라는 것은 쉽게 부정하기 힘들다. 다만 어떤 특별한 사정이 있다면 그 예외적인 상황도 얼마든지 가능하다. 그러므로 위와 같은 비판적 견해는 피해자가 가해자를 두려워한다는 일반론 자체에 대한 반론이라기보다는 유사성행위 업소 종업원이라는 특수성이 있음에도 일반론을 이 사건에 그대로 적용한 것에 대한 반론으로 이해된다. 업주로부터 예약된 손님을 통보받는 B의 입장에서는 A와 맞닥뜨리는 상황을 마음대로 회피하기 어렵고, 낯선 손님이 어떻게 돌변할지 모르기 때문에 항상 상냥하게 대하고 웃어주어야 하는 등 직업적 환경이 일반적이지 않다. 또 성매매업소 종업원은 본인도 처벌받을 수 있고, 업주의 영향력이 강력하여 함부로 고소하기도 어려운 여건에 처해 있다. 그런데도 법원은 B의 환경적인 무력감과 공포심을 충분히 이해하지 못하고 일반적인 관점에서 B의 행동을 판단하였고 비판하고 있다.

한편, 1심은 성관계는 극히 내밀한 영역에 해당하여 명시적인 제안이나 동의가 없는 상태에서도 상호 간의 묵시적인 승낙이나 합의에 따라 자연스럽게 이루어질 수 있고, 이는 일반적인 남녀 관계와 성매매업소에서 일하는 여성과 손님인 남성의 관계에서 같다고 판단했다. 해당 업소는 성관계 여부에 따라 금액에 차이를 두고 있는데, A는 유사성교행위에 대한 대가만 지급하였지 성관계까지 포함된 정당한 대가는 지급하지 않았던 사정을 볼 때 B는 성관계에 동의하지 않았을 가능성이 크다. 하지만 B의 동의 없이 A가 마사지를 받는 과정에서 기습적으로 성기를 삽입했다고 하더라도 폭행이나 협박이 수반된 성관계가 아니라면 강간죄에 해당하지 않는다. 비동의 간음은 민사상 불법행위에 해당하므로 그로 인한 손해배상을 청구할 수 있을 뿐이다.

무고죄로 실형을 선고받은 B는 매우 억울하다고 생각할 수 있는 사건이다. 하지만 A에게 합의금을 요구한 시점에 B는 사기사건으로 수사를 받고 있었다. 그래서 그 사건을 해결하기 위한 돈이 급하게 필요한 상황이었다. B가 5개월이 지나서 합의금을 요구하다가 거절당하자 합의금을 받아낼 요량으로 허위고소를 했을 것이라는 의심을 받을만한 사정이다.

한편, A는 유사성행위만 가능함에도 성관계까지 하였다. 그리고는 유사성행위 비용만 냈다. 객관적으로 볼 때, 비록 A가 유명 연예인이라고 하더라도 그 유사성행위를 생계로 하는 B의 입장에서 성관계까지 선뜻 동의했을 것 같지는 않다. 어쨌든 피해보상을 원했던 B는 오히려 무고죄로 교도소에 수감되는 신세가 되었다. B가 불합리한 방식으로 문제를 해결하려고 하다가 자초한 면도 있다. 고소 전에 법률전문가와 충분히 상의했더라면 무고죄로 처벌받는 경우는 피할 수 있었을 것이다. B가 원치 않는 성관계를 당했어도 법적으로 얼마든지 피해보상을 요구할 수 있다. 고소를 하더라도 있었던 사실을 그대로 밝히고 성관계에 동의하지 않았는데도 기습적으로 성관계를 했으니 A를 강간으로 처벌해달라는 취지로만 고소했어도 무고죄로 처벌받지는 않았을 것이다. 그런데 고소장에는 A가 강제로 B의 손목을 잡고 옷을 벗긴 다음, 몸 위에 올라타 무릎과 다리로 B의 다리를 눌러 움직이지 못하도록 한 다음 성기를 삽입했다고 기재하였다. 법률적 지식이 없는 사람의 조언을 받았음이 분명하다. B가 A에게 합의금을 요구한 시점, 고소 시기도 신중한 고려가 필요했다. 5개월이나 지나서 합의금을 요구하였고, 이를 거절하자 고소한 사정은 고소의 순수성을 의심받을 수밖에 없는 구조다. 추측하건대, 아마도 합의금 요구와 고소과정에 업주가 많이 개입하였을 것이다. A는 성매매로 벌금형을 받았을 뿐이다.

6 … 친밀한 대화를 나누다 - 질투

A와 B는 어느 회사의 같은 팀에서 일하는 직장 선후배였다. 두 사람은 단둘이 자주 술도 마셨고, 사내 메신저로 연애상담 같은 사적인 대화도 나눌 정도로 가깝게 지냈다.

2019년 10월 말경, 그들은 직장 상사의 연락을 받고 저녁 회식에 동참하게 되었다. 회식이 끝났지만 술만 마신 탓에 배고픔을 느낀 두 사람은 다른 식당으로 갔다. 그곳에서 음식을 먹으면서 술을 더 마시다가 밤 11시경 식당을 나왔다. A의 집이 식당에서 그리 멀지 않은 곳에 있어 A의 집으로 옮겨 양주와 맥주를 마셨다.

A의 집에서 자정 무렵 두 사람은 성관계를 하고 함께 잠이 들었다. 다음 날 아침 6시경, A는 B에게 성관계를 시도하다가 B의 거부로 중단하였다. 아침 7시경, B는 자기 집에 돌아갔다. 그날 두 사람은 정상적으로 회사에 출근했고, 오전에 사내 메신저로 대화도 나눴다.

그로부터 일주일 뒤, B는 직장 동료인 A의 여자 친구에게 그날 밤 A가 자신에게 성적인 실수를 했다고 말하고, 며칠 뒤에는 직장 상사에게도 그런 취지로 알리면서 A와 격리를 요구했다.

이 사실을 안 A는 명예훼손으로 B를 고소하였다. 그러자 B는 그로부터 며칠 뒤 A가 술에 취해 잠을 자고 있는 자신을 성폭행하려고 했다면서 준강간미수로 A를 고소하였다.

사건을 수사한 경찰은 A의 준강간미수는 혐의가 없다는 불기소의견으로 검찰에 송치하였고, 검사는 경찰의 송치의견과 같이 A에 대해 무혐의 처분을 하였다. 그리고 A를 고소했던 B를 무고죄 기소하였다.

B는 A를 준강간미수로 고소하였다가 도리어 자신이 무고 혐의로 재판을 받는 처지가 되었다.

◆

이 사건은 B가 약 2달 후에 A를 준강간미수로 고소하면서 시작되었지만, B가 고소한 A는 무혐의 처분을 받았고, 오히려 B는 A를 허위로 고소한 것이 되어 무고죄의 피고인 신분이 되었다. 경찰이나 검사는 A에게 준강간미수를 인정하기 어렵다고 판단했다. 사건 직후에 두 사람이 회사에 출근하여 무려 1시간 동안이나 사내 메신저로 친밀한 대화를 나눈 것은 성폭행을 당하려고 했던 피해자의 모습으로 보기 어렵다는 것이 무혐의 판단의 결정적인 이유였을 것이다. 고소사건이 혐의가 없다는 것은 반대로 고소가 허위일 가능성이 있다는 것이므로 관련 규정상 고소사건을 무혐의 처분할 때는 고소인의 무고 혐의를 반드시 검토해야 한다. 담당 검사는 B가 질투심 때문에 거짓말로 A를 무고한 것으로 판단하였다. 즉, A가 이 사건 이후 여자 친구와 헤어지고 자신과 사귈 것으로 기대했는데, 기대와 달리 여자 친구와 계속 잘 지내는 것을 보고 화가 나서 고소한 것으로 본 것 같다.

당시 상황에 대해 A는 집에 들어와서 함께 양주와 맥주를 마셨고, 서로 스킨십을 하다가 성관계를 한 번 하였고, 다음 날 아침에 다시 성관계를 시도하였으나 발기가 되지 않아 그만두었을 뿐이지 B가 성관계를 거부하거나 술에 취해 잠이 든 B 몰래 성관계를 하려고 한 것은 아니라고 하였다. A의 집에서 발생한 이 사건은 두 사람 외에는 목격자도 없었다. 하나의 일에 대해 완전히 다른 주장을 하고 있다. 과연 누구의 말이 진실일지 궁금하다.

B는 많이 억울해했다. B는 A의 집 거실에서 양주와 맥주를 마시다가 필름이 완전히 끊겼고, 잠에서 깼을 때 A가 침대에서 성관계를 시도하고 있었다고 일관되게 진술하였다. B의 주장은 비록 일관적이었지만 그 말을 뒷받침해줄 객관적인 증거나 정황이 없었다.

오히려 B는 그날 회사에 출근하여 약 1시간 동안이나 친밀한 내용으로 A와 메신저 대화를 했다.

A의 준강간미수 혐의나 B의 A에 대한 무고 혐의는 동전의 양면과 같다. 준강간미수 상황이 아니었다면 B가 무고했을 가능성이 크고, 준강간미수가 사실이라면 무고가 될 수 없기 때문이다. 그날 밤 두 사람 사이에는 도대체 어떤 일이 벌어진 걸까?

◆

1심 법원은 B의 무고죄에 대하여 무죄판결을 선고하였다. B의 고소가 무고라고 볼 만한 증거가 충분하지 않다고 하였다. 성폭행이나 성희롱 사건의 피해자가 피해 사실을 알리고 문제를 삼는 과정에서 오히려 피해자가 부정적인 여론이나 불이익한 처우 및 신분 노출의 피해 등을 입기도 하여 온 점 등에 비추어 보면, 성폭행 피해자의 대처 양상은 피해자의 성정이나 가해자와의 관계 및 구체적인 상황에 따라 다르게 나타날 수밖에 없으므로 개별적인 사건마다 성폭행 등의 피해자가 처하여 있는 특별한 사정을 충분히 고려해야 하고, 구체적인 사건에서 피해자임을 주장하는 자가 처하였던 특별한 사정을 충분히 고려하지 아니한 채 진정한 피해자라면 마땅히 이렇게 하였을 것이라는 기준을 내세워 성폭행 등의 피해를 입었다는 점 및 신고에 이르게 된 경위 등에 관한 변소를 쉽게 배척하여서는 안 된다는 관점에서 사건을 심리하였다.

재판부는 이 사건이 있기 불과 몇 시간 전에 두 사람이 성관계를 가졌고, 이 사건 행위가 있고 난 이후 곧바로 귀가하였다가 출근하여 A와 친밀한 내용의 메신저를 주고받았기도 했으며, 사건 이후 아무렇지 않게 행동하면서 여자 친구와 데이트를 하는 A에게 불쾌한 감정을 표시하거나, A로부터 명예훼손으로 고소를 당하자 비로소 A를 준강간미수로 고소한 사실관계는 인정된다고 하였다. 하지만 두 사람이 직장 동료로서 둘 중 한 명이 직장을 그만두지 않으면 계속 대면할 수밖에 없고, A는 B의 직속 선배였으며, 성폭력 피해 사실이 외부에 알려짐으로 인해 피해자가 2차 피해를 입는 경우도 빈번하다는 사정을 고려한다면, 이 사건 행위 이후 B가 보인 행동이 성폭력 피해자로서 전형적으로 취할 수 있는 행동이 아니라고 단정하기는 어렵다고 하였다. 이 사건 전에도 두 사람 사이에 한 차례 더 성관계가 있었지만 그 성관계는 고소하지 않은 것으로 볼 때, B는 알코올 블랙아웃 증상으로 그 성관계를 전혀 기억하지 못한 것으로 보인다. 따라서 이 사건 이전에 합의에 따른 성관계가 있었다는 사정은 B의 무고 고의를 입증할 정황이 아니라고 하였다.

2심 법원도 1심의 무죄판결이 정당하다고 하였다. 재판부는 당시 B가 마신 술의 양과 주량, 평소 알코올 블랙아웃 증상을 자주 있었다는 B의 진술 및 몇몇 동료들의 진술을 근거로 이 사건 이전의 성관계 당시 알코올 블랙아웃 상태였기 때문에 이 사건 이전에 두 사람 사이에 합의에 따른 성관계가 있었다는 것을 기억하지 못하고 있었을 것으로 추정된다면서, B에 대한 무고의 고의를 인정하지 않았다.

◆

B가 A로부터 성폭행을 당했다고 인정하는 데 가장 큰 방해 요소는 사건 이후 B의 행동이었다. B는 사건 당일 아침에 집으로 돌아갔다가 회사에 정상적으로 출근했다. 그리고 오전 10시 40분경부터 약 1시간 동안 회사 메신저로 A와 당시 상황에 대해 친밀한 대화를 하였다. 메시지 대화는 대체로 이런 내용이었다.

A 빈속에 술을 너무 때려 박았어.

고기 남긴 거 아시죠. B

A 고기를 남겼다고? 다슬기 된장 밥이 너무 맛있었어.

고기를 남김. 고기도 많았었는데. 하나, 둘, 셋, 넷! 친구야 노올자. 노는 게 제일 조아. 친구들 모여라. 언제나 즐거워. 개구쟁이 뽀로로 B

A ㅋㅋㅋㅋㅋㅋ. 도라이야. 아 빨리 해장

제가 왜 도라이 입니까. 어제 밤에 △△(A 여자친구)에게 카톡왔는데, B

집에서 내가 선배한테 그냥 톡 씹으라고 말했는데. B

A 뭐라고 왔는데?

'언니! A, 집에 갔어? 연락이 없네'라고. 그래서 '카톡을 아침에 이제 봤네. 저 시간이면 집에서 사망했을거야'라고만 했음 B

A 나는 '언니 A 집이야'라는 뜻으로 이해했네

ㅋㅋㅋㅋㅋㅋ B

A 담주 월요일 △△(여자친구) 1박 2일 워크샵 가. 놀러와

놀러 가면 또 술 꺼내주는지? B

A 이번엔 화요 토닉이야

ㅋㅋㅋㅋㅋㅋ. 나이뜨 B

A 나쁜 짓은 나빠, 근데 나쁜 짓이 재밌지

나쁜 짓이란 걸 인지하고 있다니 다행이네요 B

A 나쁜 짓은 혼자 했니. 반반이라 괜찮아

?. ㅋㅋㅋㅋㅋㅋ. 저는 나쁜 짓 아닌데요 B

메신저의 대화 주제는 사건 전날 밤 A의 여자 친구가 보낸 카톡을 무시한 일을 말하며 키득거리는 내용, 여자 친구가 1박 2일 워크숍을 간다면서 집에 놀러 오라고 하자 놀러 가면 술을 주느냐고 묻는 내용, 애인 있는 사람에게는 나쁜 짓이지만 애인이 없는 사람은 나쁜 짓이 아니라는 내용이 대부분이다. 이런 내용의 대화모습을 불과 서너 시간 전에 성폭행을 당할 뻔했던 피해자의 행동으로 이해할 수 있을까. 이와 같은 대화 내용에도 불구하고 법원은 두 사람의 회사에서의 지위나 처한 상황 등을 고려해야 한다면서, 사건 이후 B의 언행을 피해자답지 않다고 단정하기는 어렵다고 판단하였다.

그렇지만 아무리 두 사람이 같은 팀에 속한 직장 동료로서 계속 대면하고 지내야 하는 관계였고, 이 사건 이전에도 다정한 사이였다는 사정을 고려하더라도 B의 행동을 성폭행을 당할 뻔한 피해자의 모습으로 이해하기는 쉽지 않다. 차라리 B가 사건 당일 회사에 출근하여 A와 이런 대화를 주고받지 않았고, 단지 평상시와 같이 행동했다면, B의 행동이 피해자답지 않다는 의심을 받을 가능성은 낮다. 성폭행 이후 피해자의 대처 양상은 다양하기 때문이다.

하지만 B는 사건 당일 출근하여 A와 이런 대화를 나눴다. 또 B는 기억을 못 하고 있지만 불과 몇 시간 전에 A와 성관계를 가졌다. B는 또 A가 성적인 실수를 했다는 모호한 내용을 주변 사람들에게 자발적이고 적극적으로 공개하였다. 이런 소문을 들은 A로부터 명예훼손으로 먼저 고소를 당하자 그때서야 A를 준강간미수로 고소하였다. 수사기관은 이런 일련의 행동을 성폭행 피해를 입은 사람의 모습이 아니라고 판단하였을 것이다.

한편, 법원이 B의 무고 혐의에 대해 무죄를 선고한 데는 A의 미심쩍은 언행도 큰 영향을 미쳤다. B의 무고죄를 입증하기 위해서는 A의 진술에 신빙성이 있어야 한다. 하지만 법원은 A의 주장이 믿기 어렵다고 보았다. A는 당시 집에 들어갈 무렵부터 다음 날 아침 새벽 5시 반경까지 약 6시간 동안 아이폰으로 녹음했다고 주장했다. 녹음 경위에 대하여, A는 B가 계속 집에 가서 한 잔 더 하자고 하는데 느낌이 찝찝해서 나중에 그 사실을 확인시켜 주려고 녹음한 것이라고 하였다. 그런데 정작 녹음내용에는 B가 A 집에 가자고 한 내용은 없었다. 또 원본 녹음파일을 삭제했다며 사설 포렌식 업체에 의뢰하여 복구한 전체 6시간의 녹음파일 중 앞부분의 약 3시간 분량만 복사본으로 제출하였다.

A는 중간에 휴대폰을 두고 편의점에 다녀왔다고 진술했지만 녹음이 중단된 구간이 없었다. 이뿐만이 아니다. 아이폰의 기능상 녹음 도중에 전화통화를 하면 녹음이 자동으로 종료되는데, 녹음파일에는 A가 누군가와 통화하는 내용까지 녹음되어 있었다. A 주장대로 만약 전화통화를 해도 녹음이 중단되지 않는다면 A와 통화한 상대방 목소리도 함께 녹음되어 있어야 마땅한데, 상대방 목소리는 없었다. 또 아이폰은 녹음 도중에 알람기능이 작동하면 녹음이 종료되기 때문에 다시 녹음을 시작하지 않으면 그 이후 상황은 녹음이 중단되는 기능이 있다. 그런데 A는 알람소리를 듣고 함께 잠에서 깨어 B에게 스킨십을 했고, 그 과정에서 나눈 대화도 녹음이 되어있다고 진술하여 녹음기능과 배치되는 말을 했다. 제출하지 않은 녹음파일의 뒷부분의 녹음내용에 대하여, 수사기관에서는 아침에 일어나서 부스럭거리는 내용밖에 없다고 진술했다. 그런데 법정에서는 아침에 일어나서 성관계를 하려고 하던 상황도 녹음되어 있었다며 진술을 변경했다. 녹음과 관련하여 이런 의혹을 받는 A로서는 사건 당시 사용하던 핸드폰을 제출하여 본인이 사용하던 녹음 어플이 전화를 받더라도 녹음이 종료되지 않고, 알람이 울리더라도 녹음이 계속된다는 점을 적극적으로 증명할 수 있을 것임에도 그렇게 하지 않았다. 이런 사정을 근거로 A의 주장을 믿지 않았다. 그래서 B의 주장이 허위사실이라는 점에 대한 입증이 부족하게 되었다.

결국 B의 무고죄에 대한 무죄판결은 확정되었다. A가 B를 고소한 명예훼손 사건과 B가 고소한 A의 준강간미수 사건은 모두 무혐의로 불기소되었다. 두 사람을 둘러싼 3개 사건이 모두 진실이 제대로 규명되지 않은 채 그대로 묻혀버렸다. 누구도 처벌받지 않았다. 승자도 패자도 없는 싸움이 되었다.

이 사건은 많은 의문점이 있다. A는 왜 휴대폰을 수사기관에 제출하여 자신의 억울함을 증명하려고 하지 않았는지, 녹음파일을 분할하여 네이버 클라우드에 업로드 하려다가 오류가 났다면서 녹음파일 전체 원본이 아니라 사설업체에서 포렌식한 녹음파일 일부에 대한 사본을 제출했는데, 녹음파일을 왜 업로드 하려고 했는지, 업로드 과정에서 오류가 발생한 것이 사실인지, 아이폰의 자체 녹음기능으로 녹음한 것인지 아니면 다른 녹음장치를 사용한 것인지 등이 제대로 밝혀지지 않았다. 휴대폰을 제출하지 않은 A의 행동이 미심쩍다.

B에 대해서도 궁금함은 있다. 이 사건 이전에 성관계한 사실이 기억나지 않는다고 하면서도 A에게 밤새 무슨 일이 없었는지는 물어보지 않았다. A의 주장에 따르면 B는 잠에서 깼을 때 A의 티셔츠를 입고 있었다는 것인데, 그렇다면 기억나지 않은 동안의 일이 궁금할 법한데, 잠에서 깼을 때나 회사에서 메신저 대화를 하면서도 이에 대해서는 전혀 물어보지 않았다. 그 이유가 궁금하다. B는 사건 당일 저녁 직장 동료 한 명에게 A가 성관계를 하려고 했다는 취지로 말했고, 며칠 뒤 친구인 다른 직장 동료에게는 비슷한 취지의 문자를 보냈다. 또 그로부터 며칠 뒤 A의 여자 친구에게 A가 성적으로 실수를 했다는 문자를 보냈다. 그런데 왜 정작 A에게는 직접 문제를 제기를 하지 않고 주변인에게, 그것도 모호하거나 정확하지 않은 내용을 알리려고 했는지도 의문이다.

당시 B가 마신 술의 양과 주량 등을 고려했을 때 이 사건 이전 성관계를 할 시점에 B는 알코올 블랙아웃 상태였던 것은 분명해 보인다. 녹음과 관련된 A의 진술은 신빙성이 없고, A가 제출한 녹음파일은 원본이 없는 편집파일이라 그 진실성이 담보되지 않기 때문에 이 사건 이전에 합의로 성관계를 하였다는 것도 A의 일방적인 주장에 불과하다. 만약 B가 알코올 블랙아웃 상태가 아니라 정상적인 의식이 없는 패싱아웃 상태였다면 첫 번째 성관계도 그 자체로 준강간죄에 해당한다. 따라서 최초에 준강간미수 사건의 수사 과정에서 신속하게 아이폰을 압수하거나 사설 포렌식 업체를 조사하거나 녹음파일을 네이버 클라우드에 업로드하려고 한 이유나 그 진실 여부 등을 철저히 조사했다면 최소한 B가 무고죄로 기소되는 상황까지는 이르지 않았을 것이다. 수사기관이 스스로 이런 부분을 적극적으로 확인했어야 했다. 수사기관이 소극적일 경우 B나 그 대리인이라도 수사기관에 이런 점에 대한 철저한 규명을 촉구할 필요가 있었던 사건이다. 결국 진실은 묻히고 말았다.

7 … 손을 잡고 걸었다 - 주차장의 진실

피고인 A(20대 중반의 회사원)와 피해자 B(20세의 여성)는 2주 전 어느 술집에서 만나 알게 되었다. 2014년 5월 어느 날, 우연히 이 사건 주점에서 다시 만난 두 사람은 합석하여 밤 10시까지 함께 소주 3병을 마셨다.
그날 밤 10시경, A는 그 주점 건물 통로에서 B를 벽으로 밀어붙이고 몸으로 밀착시켜 움직이지 못하게 하고서는 옷 안으로 손을 집어넣어 가슴을 만지고, 강제로 키스하여 추행하였다.
A는 그 주점 인근 건물 1층 주차장으로 B를 데려가 그곳에 주차되어 있던 승용차 조수석에 태웠다. A는 조수석 의자를 뒤로 젖히고는 B 몸 위로 올라타 움직이지 못하도록 누르고 손을 옷 속으로 집어넣어 가슴을 만졌다. 입으로 가슴을 빨고, 치마를 걷어 올리고 팬티 안으로 손을 넣어 음부에 손가락을 집어넣었다. A는 이렇게 B를 유사성행위를 하였다.
이로 인하여 A는 강제추행과 유사강간 혐의로 기소되었다.

◆

A는 수사기관에서부터 법정에서까지 일관되게 B와 묵시적 합의로 서로 키스와 스킨십을 하였을 뿐이고, B를 폭행이나 협박하여 추행하거나 유사성행위를 하지 않았다고 주장하면서 범행을 부인하였다. B는 공소사실과 같이 1차로 주점 건물 복도에서 1차로 강제추행을 당했고, 주점에서 나와서는 A가 주점 근처 건물에 주차해 둔 차 안에서 유사강간을 당했다고 주장하였다.

사건이 일어난 곳은 상가건물 복도나 A의 자동차였기 때문에 직접적인 목격자나 객관적인 증거는 없었다. B의 진술이 공소사실을 입증할 유일한 직접증거였으므로 B 진술의 신빙성 여부에 A에 대한 유무죄가 결정될 수밖에 없는 사건이었다. 그런데 주정차단속카메라 영상에는 두 사람이 이 사건 음식점 부근에서 손을 잡은 채 횡단보도를 건너가는 모습이 확인되었고, 2차 유사강간은 주차장에 주차되어 있던 A의 승용차 조수석에서 발생하였다. 따라서 B 진술의 신빙성 여부와 관련하여, 과연 주점에서 1차로 강제추행을 당한 사람이 가해자의 손을 잡은 채 그를 따라 주차장으로 걸어가 A의 승용차에 탑승한 행동이 성폭행 피해자의 모습으로 볼 수 있는지가 쟁점이 되었다.

◆

1심 법원은 두 사람이 주점에서 나와 주차장으로 갈 때 서로 손을 잡은 채 횡단보도를 건너가고, 2차 범행 이전까지 B가 A에게서 벗어나려 하거나 A에게 첫 번째 추행에 대해 항의하지는 않은 채 A의 차가 있는 주차장으로 가서 스스로 A의 승용차 조수석에 올라탄 사실을 인정했다. 다만, 당시 B의 이러한 행동은 술에 취하여 상황파악이나 사리분별을 제대로 하거나 그에 따라 상황에 적절히 대처할 능력이 다소 저하된 상태였기 때문이라고 하였다.

또한 B는 경찰부터 법정까지 피해 사실을 일관되고 구체적이며 상세하게 밝히고 있고, 주점 건물의 CCTV 영상에도 A가 화장실에 갔다 오는 B의 허리와 어깨를 감싸 안으려고 할 때 A의 팔을 뿌리친 장면이 촬영되어 있는 점도 B의 진술에 부합한다고 보았다. 여기에 B의 손목, 입술, 허벅지 등 신체에 남아 있는 상처, B의 가슴에서 다른 사람의 타액이 검출된 것 등도 B의 진술과 일치하기 때문에 B의 진술은 신빙성이 있다고 보았다.

이와 달리 A의 진술은 신빙성이 없다고 하였다. A의 주장은 경찰

신고자의 진술과 다르고, A는 B의 가슴을 만진 적이 없다고 했지만 B의 가슴에서 타액이 검출된 사실과도 배치되기 때문에 신빙성이 없다고 하였다. 그리하여 B의 진술을 근거로 A에게 징역 1년 6월, 집행유예 2년을 선고하였다. A는 범행을 부인하면서도 B와는 합의하였다. 아마도 B와 합의한 사실이 양형에 유리하게 반영되어 집행유예 판결을 선고받은 것 같다. A는 1심 판결에 불복하여 항소하였다.

그런데 2심 법원은 1심 법원과 달리 A에게 무죄를 선고하였다. B의 진술은 신빙성이 없다고 판단하였다. B로부터 성폭행을 당하고 맞았다는 말을 들었다는 목격자 진술은 B로부터 전해 들은 전문증거에 불과하므로, 공소사실을 입증할 직접증거는 B의 진술이 유일하고, 오로지 B의 진술만으로 공소사실을 유죄로 인정하기 위해서는 그 진술의 진실성과 정확성에 거의 의심을 품을 만한 여지가 없을 정도로 높은 증명력이 요구되는데 그 정도의 증명력을 갖고 있지 않다고 보았다. 즉, 사건 후 B의 대처 양상은 성폭행을 당한 피해자의 모습에 해당하지 않기 때문에 성폭행을 당했다는 B의 진술은 신빙성이 없다고 판단하였다. 이러한 2심의 판단 요지는 다음과 같다.

사건 당시 시각이 오후 10시에 불과하였고, 범행 장소가 직장 근처인 B는 그 주변지리를 잘 알고 있었을 것으로 추정된다. 그런데 첫 번째 강제추행을 당한 후에도 주위에 도움을 요청하거나 A로부터 벗어나 집으로 가지 않았다. 뿐만 아니라 강제추행에 대해 A에게 항의를 하지도 않았다.

그리고 A와 함께 그의 승용차가 주차된 건물 주차장까지 걸어가 스스로 이 사건 승용차 조수석에 탔고, 주점에서 주차장으로 가는 도중 서로 손을 잡은 채 횡단보도를 건너가는 모습이 확인된다.

이는 의사에 반하여 강제로 추행을 당한 피해자가 통상적으로 취하는 행동으로 보이지 않는다.

2심 법원은 또 B의 진술은 내용 자체로 정확성과 합리성이 떨어진다고 하였다. 재판부는 'B는 주차장에서 A로부터 발로 차였다는 것인데, 구체적으로 어느 부위를 맞았는지 명확하게 진술하지 못하였다. 다른 자동차 블랙박스 영상을 보면, B는 A의 승용차가 주차된 주차장에 2차례 출입하였음에도 경찰에서는 아무런 언급을 하지 않았고, 검찰에서는 해당 영상을 보고서도 기억이 나지 않는다면서 합당한 이유를 제시하지 못하였다. B가 두 번째로 주차장 안으로 들어갔다가 뛰어나올 때까지의 시간은 1분 48초 정도에 불과하므로, 승용차 안에서 10분 내지 15분 동안 추행과 유사성행위를 당했다는 B의 진술은 믿기도 어렵고, 쉽게 납득되지 않는다.'고 하였다.

◆

1심에서 유죄판결을 받은 A는 2심에서는 정반대로 무죄판결을 선고받았다. 이 사건은 1차 강제추행을 당한 이후 B의 행동을 어떻게 이해하느냐에 따라 유무죄가 달라질 수 있음을 알 수 있는 사례에 해당한다.

주점 건물 복도에서 강제추행을 당했다는 B는 그 주점에서 주차장으로 갈 때 A와 손을 잡은 채 횡단보도를 걸었고, 주차장에 도착해서도 A의 승용차 조수석에 스스로 올라탔다. 이러한 B의 행동이 직전에 강제추행을 당한 피해자의 행동으로서는 이례적이라는 점에서는 1심이나 2심이 같은 입장이었다. 다만 1심은 당시 B는 상황파악이나 적절한 대처가 힘들 정도로 취해 있었기 때문에 다소 이례적으로 보이는 B의 행동도 충분히 이해된다는 입장이었다. 반면에 2심은 블랙박스의 영상 등을 근거로 당시 B가 피해 상황을 인식하는 데 문제가 있을 정도로 술에 취한 것은 아니라고 보았기 때문에 위와 같은 행동은 성폭력의 피해자다운 모습이 아니라고 판단하였다. 특히, B가 당시 상황을 구체적으로 진술하는 데 별다른 문제가 없음에도 이에 대해 모호하게 진술하는 태도는 피해자다운 모습과 어울리지 않는다고 하였다. 결국 2심 재판부가 보기에는 사건 당시 B의 주취 상태가 상황인식과 대처능력에 지장을 가져올 정도로 심각하지 않았다는 것이다.

당시 주차장 입구에서 B가 폭행당하는 장면을 목격하고 신고한 목격자가 있었는데, 2심 법원은 목격자가 직접 경험한 내용과 B로부터 전해 들은 내용을 엄격하게 구분하였다. 목격자가 직접 목격한 사실 외에 B로부터 들어서 아는 성폭행 피해와 관련된 진술은 독립적인 증거가치가 없다고 하였다. 목격자 진술의 핵심은 도로에서 남녀가 붙잡고 싸우고 있는 것을 보았고, 그때 B가 그 남자로부터 성폭행을 당했다는 말을 해서 신고하였다는 것이었다. 따라서 성폭행을 당했다는 B의 진술을 믿을 수 없으므로 B로부터 그런 피해 내용을 들었다는 목격자 진술도 성폭행에 대한 증거가치를 인정하지 않았다.

1차 강제추행을 당했다는 B가 그 직후 A와 손을 잡고 주차장까지 걸어가는 장면은 주점 입구의 주정차단속카메라와 주차장에 있던 다른 차의 블랙박스 영상으로 확인되었고, 이는 2심 법원이 A에게 무죄를 선고하게 된 결정적인 근거가 되었다. 만약 이런 영상들이 확보되지 않았다면 A는 유죄판결이 확정되었을 가능성이 컸을 것이다. 이들 영상을 수사기관이 자체적으로 확보한 것인지, 아니면 A의 노력으로 입수한 것인지는 알 수 없지만, A의 입장에서 보면 그 영상들은 무죄판결의 일등공신이다. 따라서 억울하게 성폭력 가해자로 의심받고 있는 당사자라면 사건 당일 동선에 따라 주정차위반카메라나 방범단속카메라는 물론, 사건 현장 부근에 주차된 차량의 블랙박스가 확보될 수 있도록 최선의 노력을 다해야 한다.

A는 결국 2심에서 무죄판결을 받았지만 수사 과정에서 A의 행동에는 미심쩍은 부분도 발견된다. A는 차량 블랙박스 영상을 제출하면서 B가 차를 가로막고 발길질을 하거나 차를 걷어차는 장면이 녹화된 부분만 제출하고, 그 이전에 녹화된 부분은 모두 삭제하였다. A가 블랙박스 녹화파일을 편집한 이유는 알 수 없지만, 이 점은 1심 법원이 A의 진술을 믿지 못 하는 이유가 되었다. 이를 통해 알 수 있는 것은 사건 후 벌어진 어떤 행동에 대한 법적 평가나 해석은 행위자 본인이 생각하는 것과 완전히 달라질 경우도 많다는 점이다. 가볍게 생각하거나 나쁜 의도 없이 한 행동이라도 증거조작으로 비쳐 결과적으로 신뢰받지 못 하는 원인이 되기도 한다. 삭제된 부분이 어떤 내용인지는 알 길이 없지만 증거를 함부로 변경하는 행동은 본인에게 불리한 정상이 될 수 있음을 기억해야 한다.

A는 범행을 부인하였지만 1심에서 집행유예판결을 선고받았다. B와 합의한 것이 결정적인 이유였다. 범행을 부인하면서 이와 별개로 성폭력 피해자와 합의를 하는 일은 쉽지 않다. 하지만 합의는 선고결과에 매우 큰 영향을 미친다. 법정구속을 피할 수도 있고, 합의가 된 상태에서는 법정에 증인으로 나온 피해자가 피고인에게 좀 더 우호적으로 진술할 여지를 제공한다. 그런데 여기서 주의해야 할 점이 있다. 성범죄에 관한 양형기준에서 특별양형인자 및 집행유예 기준의 주요참작사유로 피해자의 처벌불원을 규정하고 있는데, 여기서 처벌불원은 피고인이 자신의 범행에 관하여 진심으로 뉘우치고, 피해자가 이를 받아들여 피고인의 처벌을 원하지 않는 경우를 의미한다. 비록 이 사건에서는 A가 범행을 부인하고 있음에도 B와 합의하였다는 사정으로 집행유예를 선고하였지만, 모든 법원이 이렇게 판결하지는 않는다는 점이다. 강간죄로 기소되어 1심에서 징역 3년을 선고받은 피고인은 항소심까지 범행을 계속 부인하였고, 변론 종결 이후에 피해자와 합의하여 합의서를 법정에 제출하였는데, 법원은 위와 같은 양형기준에 근거하여 피고인이 범행

을 인정하지 않았기 때문에 피해자와의 합의에도 불구하고 징역 1년 6개월을 선고하였다. 따라서 피해자와 합의하면 집행유예 판결이 예상되는 사건에서는 부인하는 상태에서 변론이 종결되었다면 반드시 변론재개신청을 하여 범행을 인정하고 합의서를 제출하는 것이 좋고, 합의서를 재판부에 제출할 때 범행을 자백하고 반성하는 취지의 진술서를 함께 제출해야만 진정한 처벌불원으로 인정받을 수 있다.

B의 입장에서 보면 A에게 무죄가 확정된 것은 납득하기 어려운 결과이다. 하지만 객관적으로 볼 때, 사건 이후 B의 대처에는 몇 가지 아쉬운 점이 있다. B는 사건 경위나 피해 상황에 대해 구체적이고 일관성 있게 진술하지 못했다. 주점 건물 복도에서 강제추행을 당한 경위나 시점에 대한 진술도 구체적이지 않았다. 그런 추상적인 진술은 판사로 하여금 강제추행 피해를 입었을 것이라는 확실한 심증을 갖도록 하기에는 역부족이었다. 강제추행을 당한 후 주점 건물에서 밖으로 나간 경위에 대해서 진술할 때 '서로 밖으로 나가자는 분위기가 됐다', '그냥 밖에 나갔다'는 등 애매모호하고 막연한 표현을 사용했다. 이러한 어법이 B의 언어적 습관이나 희미한 기억 때문인지, 아니면 조서를 작성한 수사관의 문제인지는 알 수 없지만, 어쨌든 그런 진술은 구체성이 떨어져 진정으로 성폭력 피해를 당한 것으로 받아들이기 어렵게 만든다.

특히, B는 강제추행을 당한 후 주점 건물에서 나와 주차장으로 이동할 때도 주위에 도움을 요청하거나 그 상황을 벗어나려는 행동을 하지 않았고, 오히려 손을 잡고 길을 건너는 모습이 무인카메라에 포착되었다. 누가 보더라도 성폭력 피해를 당한 직후라고 이해하기 어려운 모습이다. 일반적으로 예상되는 행동은 상식적인 범주에 속하므로 따로 설명할 필요가 없다. 하지만 특별하거나 예외적인 사정이라면 반드시 그럴만한 이유나 사정에 대한 설명이 있어야 납득할 수 있다. 어떤 협박을 받았다거나 소심한 성격 등 피해자의 주관적인 동기, 술에 만취한 사정 등 합당한 이유는 여러 가지가 있을 수 있다. 당시 그럴 수밖에 없었던 사정이나 이유가 제시되었다면 그런 행동이 피해자답지 못한 것으로 평가받지는 않았을 것이고, 진술의 신빙성을 부정하는 이유가 되지도 않았을 것이다. 피해자가 주변에 도움을 요청하지 않거나 그 상황을 벗어나려고 노력하지 않은 것도 사실에 근거하여 합리적인 이유를 설명하고, 당시 본인이 느꼈던 감정이나 심리상태를 솔직하게 진술했다면 신빙성을 인정받을 수도 있었다고 본다.

B의 입장에서 볼 때 아쉬운 점은 또 있다. 2심은 주차장 승용차 안에서 10분 내지 15분간 성폭행을 당했다는 B의 주장에 대하여, 승용차에서의 유사강간은 B가 두 번째로 주차장에 갔을 때 발생했다고 볼 수 있는데, 그때 B가 주차장에 머문 시간은 1분 48초에 불과하기 때문에 B의 진술은 믿기 어렵다고 하였다. 그런데 두 사람이 횡단보도를 건너는 시각은 9시 48분이고, B가 주차장으로 들어갔다가 나온 시각은 10시 15분으로 두 시점의 간격은 약 17분이다. 따라서 A의 차 안에서 10분 이상 성폭행을 당했고, 차에서 빠져나왔다가 휴대폰을 찾으러 다시 주차장으로 들어갔다는 B의 진술을 고려하면, 승용차에서의 성폭행은 B가 처음 주차장에 갔을 때 발생했을 가능성이 크다. 이를 전제로 주차장에서의 성폭행 과정은 이렇게 재구성해볼 수 있다.

밤 9시 50분경, B는 A와 함께 주차장으로 들어가 그곳에 있는 A의 승용차 조수석에 탔다. 차 안에서 10분 내지 15분 동안 성폭행을 당했다. 차에서 내려 주차장 밖으로 도망쳐 나왔는데 막상 휴대폰이 없었다. A가 있는 차로 다시 가는 것이 망설여진다. 하지만 용기를 내서 A의 승용차로 돌아가 휴대폰을 돌려달라고 요구하면서 A와 실랑이를 벌이다가 다시 주차장 밖으로 나왔다. 그 시간은 1분 48초 정도 걸렸다. 주차장 입구에서 차를 운전하여 주차장을 빠져나가려는 A를 발견하고 그 앞을 가로막았다. 행인들에게 도움을 요청했고, 행인이 경찰에 신고했다.

주차장 입구에 주차된 다른 차량 블랙박스에는 B가 주차장에서 나왔다가 다시 주차장 안으로 들어갔고, 약 2분 후에 다시 나온 장면이 녹화되어 있었다. 그런데 B는 수사기관에서 피해 내용을 진술할 때 그 과정을 명확하게 구분하여 진술하지 못했다. 경찰에서는 주차장에서 A의 차에 2번 갔다는 말은 하지 않은 채, 승용차 조수석에 타자마자 성폭행을 했고, 그래서 주차장 밖으로 뛰쳐나왔다고만 진술했다. 그 후 검찰과 법정에서는 주차장에 두 번 들어가는 영상을 보여주며 그 경위를 묻는 질문에 '첫 번째 간 것은 잘 기억나지 않고, 두 번째로 차에 갔을 때 성폭행을 당했다'고 진술해버렸다. 하지만 두 번째 갔을 때 차에 머문 시간은 2분도 되지 않아 그 짧은 시간에 B가 주장하는 성폭행을 당했다고 하는 것은 객관적 증거와 불일치한다는 이유로 신빙성이 배척되었다.

왜 이런 일이 일어났을까. 이렇게 추정해 볼 수 있다. B는 주차장에서 A의 차에 2번 간 사실을 의도적으로 숨길 생각은 없었다. 그럴 필요성도 없었다. 다만 B 스스로 중요하다고 생각하는 부분만 진술하고, 주차장에서 A의 차로 간 횟수는 대수롭지 않게 생각했을 가능성이 크다. 이것도 아니라면 성폭행의 당혹감과 충격으로 기억이 혼재되었을 수도 있다. 그러나 B의 의도와 상관없이 객관적인 사실과 다른 진술은 부메랑이 되어 B의 진술 전체를 믿지 못하게 만들 수 있다. 이 부분에 대한 진실이 제대로 밝혀지지 않은 것 같아 아쉽다.

8 … 가족에게 알리지 않았다 - 민간요법

피고인 A와 피해자 B(20세)는 아버지와 친딸이다. A는 집에서 가까운 거리에서 따로 나가 살았고, 집에는 가끔 왕래하였다. A는 딸의 성기에 성병이 있다는 사실을 알게 되었다.

2018년 11월 중순 어느 날, A는 딸의 성병을 치료해야 한다는 명분으로 B를 집 근처 모텔로 데려갔다. A는 서로의 성기를 비비면 성병이 옮아서 치료가 된다면서 옷을 벗으라고 강요했다. 거절하는 B에게 화도 내고 설득도 하면서 집요하게 요구했다. B는 울면서 병원에 가서 치료받겠다고 하였으나 소용없었다. 큰 소리로 윽박질러 옷을 벗게 하고 B를 침대에 눕혔다. B의 몸 위에 올라타 성기를 비비고 성관계를 하였다.

잠시 뒤 B에게 성병이 옮지 않은 것 같다면서 다시 B의 옷을 벗겼다. 키스를 하고 B를 침대에 밀어 눕히고는 다시 성관계를 하였다. 이로 인하여 A는 딸을 2차례 강간한 혐의로 기소되었다.

◆

A는 모텔에서 B의 성기에 자신의 성기를 비빈 사실은 인정했다. 하지만 B의 동의를 받고 성병을 옮겨와 치료해주기 위한 목적이었고, 성관계는 하지 않았다면서 범행을 부인했다.

B는 그동안 엄마나 친구 등 주변에 성폭행 피해를 알리거나 도움을 요청한 적은 없지만 이 사건 전후로 10년 가까이 A로부터 지속적인 성폭행을 당해왔다고 주장했다.

A는 B가 10년 동안 성폭행을 당해왔다고 하면서도 주변에 알리지 않았고, 그동안 애교나 아빠를 걱정하는 내용 등 친근한 문자메

시지를 보내 왔는데, 이러한 행동은 오랫동안 성폭행을 당했다는 피해자라면 할 수 없는 것이기 때문에 B가 거짓말을 하는 것이라고 주장했다. B도 A에게 친근한 문자를 자주 보낸 사실을 인정했지만, 그런 문자와 별개로 오랫동안 성폭행을 당해 온 것도 사실이라고 일관되게 주장했다.

이 사건은 A와 B, 두 사람만 투숙하고 있던 모텔에서 발생했기 때문에 공소사실을 입증할 수 있는 직접증거는 B의 진술뿐이었다. B의 진술은 일관성은 있었으므로, 결국 B 진술의 신빙성 여부와 관련하여서는 아빠로부터 수년간 성폭행을 당해오면서도 피해 사실을 주변에 일절 알리지 않았고, 성폭행 가해자인 아빠를 걱정하는 문자를 보낸 일이 과연 오랫동안 성폭력을 당한 피해자의 행동으로 볼 수 있을지가 쟁점이 되었다.

◆

1심 법원은 B는 이 사건 각 범행 당시의 장소와 상황, 피해 내용과 그 경위, 범행 당시 A의 특징적 행동, B의 심리상태와 반응, 범행 이후 A와 B의 언동 등에 관하여 비교적 구체적이고 일관되게 진술하고 있다고 하였다. 그리고 B는 급기야 A가 칼로 자신을 위협하는 지경에 이르자 더 이상 참지 못하고 이 사건을 고소한 것으로 보이기 때문에 피해 신고 경위가 매우 자연스럽고 특별히 허위 주장을 할 만한 동기나 이유도 전혀 찾아볼 수 없다고도 하였다. B의 진술 내용은 직접 경험하지 않고서는 진술하기 어려운 내용이며, 합리적이지 않다거나 경험 법칙에 반한다고 볼만한 내용이 없다면서 신빙성을 인정하였다.

특히, B가 범행 당시 구호요청을 하지 않았다거나 수년간 피해 사실을 알리지 않았다는 사정은 진술의 신빙성을 인정하는 데 방해가 되지 않는다면서 그러한 행동이 성폭력 피해자답지 않다는 A의 주장을 배척하였다. 피해자다움과 관련된 판단 요지는 다음과 같다.

B는 아빠로부터 수년 동안 성폭행을 당해 온 것은 사실이지만, 중학교 때 담배를 피우다 엄마에게 걸린 이후 엄마가 자신을 달갑지 않게 보았기 때문에 피해 사실을 말하더라도 믿어주지 않을 것 같았고, 오히려 자신을 더럽게 생각할까 봐 숨겼다. 자신이 피해 내용을 외부에 말하지 않고 아빠에게 더 잘하면 다시 평범한 가족처럼 돌아갈 수 있지 않을까 하는 생각으로 당시 엄마나 친구 등에게 도움을 요청하지 않았다고 진술하였다.

B 모친의 법정 진술과 태도를 보면 B가 모친으로부터 충분한 보호를 받지 못했을 것 같다. 그러므로 친부로부터 예상하지 못한 성폭력 피해를 당한 B가 주변에 선뜻 도움을 요청할 생각을 하지 못했던 것을 이해할 수 있다.

따라서 A와 B의 특수한 관계에 비춰볼 때 B가 범행 당시 구호요청을 하지 않았다거나 수년간 피해 사실을 알리지 않았다는 등의 사정은 B 진술의 신빙성을 인정하는 데 방해가 되지 않는다.

1심에서 유죄판결은 선고받은 피고인 A는 항소하였다. 그러나 2심 법원은 A의 항소를 기각하였다. 특히, A와 B가 주고받은 문자메시지가 성폭행 가해자와 피해자 사이의 내용으로 볼 수 없다는 A의 주장에 대해, B가 성폭행 피해자라면 마땅히 보여야만 하는 반응을 보이지 않는다는 이유만으로 B 진술의 신빙성을 배척할 수 없다면서 A의 주장을 배척하였다. B는 사건 이후 A에게 "아빠 제가 더 죄송할 따름이에요. 운전 조심히 가세요. 정말 아빠가 싫고 벌레같이 생각한 적 없습니다. 앞으로도 없을 거구요 그런 부분은 아예 생각도 걱정도 하지 마세요. 조심히 올라가세요."라는 내용의 문자메시지를 보냈다. 이에 대하여 B는 아빠한테 걱정하지 말고 조심해서 가라는 말을 안 하면 계속 주변에 있다가 다시 찾아올 것 같아서 보낸 문자라고 하였는데, 이러한 B의 설명은 충분히 납득할만하다고 하였다.

◆

이 사건은 아버지가 딸을 오랫동안 지속해서 성폭행을 해왔다는 특징이 있다. 그루밍(Grooming) 성범죄로 보인다. A는 중학교 1학년 때부터 20살이 넘도록 수년간 성폭행을 해왔는데, 증거가 없어 B가 특정할 수 있는 부분만 기소되었다. 함께 기소되었던 2번의 다른 성폭행은 피해 진술이 불명확하거나 시기가 특정되지 않았다는 이유로 무죄판결이 선고되었다.

이 사건에서 A는 처음부터 범행을 전면 부인했고, B가 A에게 보낸 문자 내용은 일반적으로 볼 때 성폭력 피해자가 맞느냐는 의심을 받을 수도 있는 내용이었다. 더구나 오랫동안 아빠에게 성폭행을 당해왔으면서도 엄마나 친구 등에게 한 번도 도움을 요청하지 않은 것은 어린 피해자가 감당하기 어려운 내용이었기 때문에 다소 이례적인 일로 받아들여질 수 있었다. 이런 상황에서 공소사실을 인정할 증거는 B의 진술밖에 없었으므로 유죄의 입증이 간단하지 않았다. 이런 상황에서 어쩌면 일부라도 유죄가 선고된 것은 다행스러운 일이다. B가 일반적으로 볼 때 다소 이례적이고 피해자답지 못하다고 보일 수 있는 행동을 하게 된 이유와 경위를 납득할 수 있게 설명하였기 때문에 가능한 일이었다.

법원은 B가 비록 애교 섞인 내용이나 A를 걱정하는 취지의 문자메시지를 보냈다고 하더라도 A에게는 그럴 수밖에 없었던 특별한 사정이 있었음을 인정하였다. 여기에다가 B의 진술은 일관적이고 직접 경험하지 않고는 지어낼 수 없을 만큼 구체적이었으며, 자신에게 불리한 내용도 숨김없이 진술했기 때문에 신빙성을 인정받을 수 있었다.

이 사건에서는 사건 이후 B가 녹음한 A와의 대화 내용도 법원이 유죄판결을 선고하는 데 결정적인 영향을 미쳤다. 녹음 내용에는 '너 몸 만져도 된다고 했잖아. 딱 3번만 해줘. 화장하기 전에 키스 한 번만 해줘.'라는 대화가 들어있었다. 이런 대화 내용은 B가 A에게 보낸 문자메시지 내용이 성폭력 피해자다운 행동으로 보이지 않는다는 의심을 충분히 상쇄시키고 B의 처지와 입장을 이해하도록 만들었다.

재판과정에서 B는 A에 대한 처벌을 원하지 않는다는 의사를 밝혔다. 일반적으로 형사사건에서 피해자의 처벌불원의사는 피고인에게 매우 유리한 양형요소가 된다. 대법원의 양형기준에도 처벌불원을 특별감경요소다. 그런데 이 사건에서 B는 A의 선처를 바란다는 탄원서를 2번이나 제출하였고, 이와 별도로 처벌불원서까지 제출하였지만 법원은 이를 A에 유리한 양형사유로 받아들이지 않았다. 특별감경 요소인 '처벌불원'의 의미는 피고인이 자신의 범행에 대하여 진심으로 뉘우치고 합의를 위한 진지한 노력을 기울여 피해에 대한 상당한 보상이 이루어졌으며, 피해자가 처벌불원의 법적·사회적 의미를 정확히 인식하면서 이를 받아들여 피고인의 처벌을 원하지 않는 경우를 말한다. 그런데 비록 B가 처벌불원의사를 표명했지만, B는 자기 때문에 아빠가 구속되어 가족이 생활고를 겪게 된 것에 대한 부담감과 죄책감으로 인하여 어쩔 수 없이 그러한 의사를 표출한 것이지 진심으로 A를 용서하는 마음에서 비롯된 것은 아니라고 판단된다. A는 여전히 범행을 부인하면서 마치 B가 허위고소를 한 것처럼 B를 탓하고 있어 자신의 잘못을 진지하게 반성하고 있다고 볼 수 없다. 그래서 B의 탄원서와 처벌불원서를 특별양형인자로 고려하지 않았다. 이처럼 법원은 피고인의 선처를 구하는 탄원서나 처벌불원서가 제출되었다고 하더라도 피고인이 진심으로 반성하고 뉘우치고 있는지, 피해자가 진심으로 용서하고 처벌을 원하지 않는 것인지 등 그 경위를 꼼꼼히 따져보고 처벌불원을 특별감경의 양형요소인지를 결정하기 때문에 형식적으로 처벌불원서가 제출되었다는 사정만으로 피고인에게 유리한 판결이 선고될 것으로 섣불리 확신하는 것은 금물이다. 피해자가 미성년자인 경우에는 더 주의할 필요가 있다. 부모나 법정대리인이 미성년자 본인의 동의 없이 미성년자를 대리하여 처벌불원의사를 표시할 수 없다. 반면에 미성년자 본인은 법정대리인의 동의 없이도 처벌불원의사를 표시할 수는 있다.

9 … 경찰조사를 피하다 - 별거부부

피고인 A와 피해자 B는 1년 넘게 별거하고 있는 부부다. 둘 사이에는 딸 한 명이 있다. 2019년 2월 어느 날 저녁 6시 30분경, A는 B에게 가지고 있던 목걸이로 새 반지를 만들어 줄 테니 만나자고 연락하였다. B는 그 말을 믿고 순순히 나왔다. 저녁 무렵 두 사람은 차를 타고 교외로 나가 저녁을 먹었다. 밤 10시가 돼서야 식당에서 나왔다. A는 차에 B를 태우고 돌아가다가 B의 휴대폰을 빼앗고 자신의 아파트로 데려갔다.

밤 10시 30분경, A의 집에 도착했다. 기분이 상한 B는 말도 없이 안방으로 들어가 버렸다. A는 안방으로 따라 들어가 B에게 성관계를 요구했다가 거절당했다. 화가 난 A는 플라스틱 옷걸이로 치켜들고서 죽고 싶지 않으면 옷을 벗으라고 협박하였다. B에게 구강성교를 강요하면서 엉덩이를 때렸다. 이에 겁을 먹은 B는 A의 성기를 입으로 빨고, A의 몸 위로 올라가 성관계를 하였다. 다음 날 새벽 1시경, B는 경찰에 A를 신고했다.

이로 인하여 A는 강간 혐의로 기소되었다.

◆

사건 당시 별거 중이던 A와 B, 두 사람은 이날 함께 저녁을 먹고 와서 A의 집 안방에서 성관계를 했다는 점에 대해서는 다툼이 없었다. 단지 A는 서로 합의로 성관계를 했다는 것이고, B는 성폭행을 당했다고 주장했다.

법적인 부부 사이에도 얼마든지 강간죄가 성립할 수 있다. 더구나 당시 두 사람은 별거할 정도로 관계가 좋지 않았기 때문에 법적 부부라는 사실이 강간죄가 성립하는데 장애가 되지는 않는다.

이 사건은 A의 주거지 안방에서 발생하였기 때문에 다른 목격자가 없다. 신고자인 B의 진술이 강간혐의를 인정할 유일한 직접증거였다. 따라서 B 진술의 신빙성 여부에 따라 A에 대한 유무죄가 결정된다. 그런데 B 진술의 신빙성과 관련하여서는 B가 신고한 이후에 경찰조사에 소극적이었던 태도가 과연 성폭행을 당한 피해자의 모습으로 볼 수 있는지가 주된 쟁점이 되었다. 과연 법원은 어떤 판단을 하였을지 살펴보자.

◆

1심 법원은 A가 억지로 B를 자기 거주지로 데려왔고, A 스스로도 집에 들어가 옷을 정리하다가 옷걸이를 손에 들었던 일이나 성관계를 하면서 엉덩이를 살짝 때린 일을 인정하고 있어, B의 주장대로 A가 강간했을 가능성도 있다. 그러나 공소사실에 부합하는 직접증거로는 사실상 B의 진술이 유일한데, B의 진술은 신빙성이 없으므로 공소사실을 인정할 증거가 없다고 하면서 A에게 무죄판결을 선고하였다. 법원이 B의 진술을 믿지 않은 주된 이유는 다음과 같다.

B는 사건 다음 날 새벽 1시경 A에게 강간당했다고 경찰에 신고하였다. 그런데, 신고 이후에 전화로 A에게 경찰에 조사받으러 가지 않겠다고 말하고, 실제로 경찰 조사에 응하지 않다가 10일 후에 경찰서에 가서 피해 내용을 진술하였다. 그런데 B는 경찰에 출석하기 이틀 전부터 A에게 딸을 보여주지 않는다는 이유로, A로부터 B가 주점 종업원으로 일하고 있는 증거를 B의 형부에게 보내겠다는 협박을 받고 있었다. 이런 상황에서 B는 A에게 나쁜 감정이 생겨 당시의 일을 과

장하여 진술하였을 가능성도 있다.

그 이후 A가 경찰에서 조사를 받던 날, B는 A에게 합의서를 주었고, 조사를 받는 중에도 신고해서 미안하다는 문자를 A에게 보냈다. B는 그 이후에도 자신의 조사 일정을 A에게 알려주었다. 이러한 B의 태도는 강간 피해를 당한 피해자의 행동이라고 보기에는 납득하기 어렵다.

1심은 또 두 사람이 별거 중에도 여러 차례 성관계를 하였고, 이 사건 이틀 전에도 성관계가 있었으며, 이 사건 성행위 방식이 두 사람의 평상시 성행위 방식과 비슷하다고 하였다. 나아가 성관계 과정에서 A가 B의 엉덩이를 한 차례 때린 것이 반드시 강간을 위한 폭행으로 보기 어렵다고도 하였다. 따라서 당시 B가 속으로는 내키지 않는 성관계를 했을 가능성은 있지만 B가 반항을 제압하여 강제로 성관계를 한 것인지는 의문이 든다고 하였다.

1심의 무죄판결에 대해 검사는 부당하다며 항소하였다. 하지만 2심 법원도 1심의 무죄판결이 정당하다고 하였다. 재판부는 '남편의 아내에 대한 폭행 또는 협박이 피해자의 반항을 불가능하게 하거나 현저히 곤란하게 할 정도에 이른 것인지 여부는 부부 사이의 성생활에 대한 국가의 개입은 가정의 유지라는 관점에서 최대한 자제하여야 한다는 전제에서, 그 폭행 또는 협박의 내용과 정도가 아내의 성적 자기결정권을 본질적으로 침해하는 정도에 이른 것인지 여부, 남편이 유형력을 행사하게 된 경위, 혼인생활의 형태와 부부의 평소 성행, 성교 당시와 그 후의 상황 등 모든 사정을 종합하여 신중하게 판단하여야 한다'고 전제하면서, B가 주장하는 폭행 또는 협박의 내용과 정도가 B의 성적 자기결정권을 본질적으로 침해하는 정도에 이르렀다고 단정하기 어렵다고 하였다.

◆

법원이 무죄를 선고한 주된 이유는 2가지다. 하나는 강간죄가 성립하려면 B의 항거가 불가능하였다거나 현저히 곤란할 정도의 폭력적인 수단을 써서 강제로 성관계를 해야 하는데, B의 진술에 의하더라도 그 정도의 폭행이나 협박이 있었다고 인정할 수 없다는 것이다. 다른 하나는 B가 경찰에 신고를 하고도 조사를 피했고, A가 경찰 조사를 받는 날 합의서와 인감증명서 발급 위임장을 준 것은 물론, A에게 경찰에 신고한 것에 대해 미안하다는 문자를 보내고, 경찰 조사 일정을 A에게 알려 준 B의 행동이 강간 피해를 당한 피해자의 일반적인 모습으로 볼 수 없다고 판단하였기 때문이다.

첫 번째 이유는 어느 정도 이해할 만하다. 그런데 두 번째 근거는 B의 입장에서 볼 때 받아들이기 쉽지 않다. 법원은 B의 이러한 행동이 강간 피해를 당한 피해자의 모습이 아니라고 했지만 왜 그렇게 판단했는지에 대해서는 구체적인 근거를 밝히지 않았다. A와 B가 전혀 모르는 관계였다면 법원의 판단은 별다른 문제가 없어 보인다. 하지만 두 사람은 비록 별거 중이라고 하더라도 엄연한 법률상 부부이고, 별거 중에도 가끔 부부관계를 가져 왔었다. 두 사람에게는 B가 양육하고 있는 어린 딸이 있었다. 두 사람 간에는 이런 복잡한 사정이 있으므로 신고 이후 B의 태도를 평가할 때는 신중할 필요가 있다. B가 강간을 당한 것이 맞는다고 하더라도 딸의 아빠가 성범죄로 처벌을 받았을 때 딸에게 부정적인 영향이 미칠 수 있다는 생각에서, 비록 성폭행 피해 당시에 홧김에 신고했지만 감정이 누그러진 후에는 경찰 조사에 적극적으로 협조하기 어려웠을 수도 있다. 또 성폭력 피해자가 가해자와 합의하는 것을 피해자답지 않다거나 이례적인 일로 받아들여서도 안 될 일이다. B가 조사일정을 A에게 미리 알려주는 행동이 반드시 납득하기 어렵거나 이례적인 일도 아니다. 어떤 경위로든 합의를 한 이상 합의한 취지에 따라

A의 도와주는 것은 어쩌면 당연한 일일 수도 있기 때문이다. 따라서 신고 이후 B의 행동을 강간 피해를 입은 피해자의 모습으로 보기 어렵다는 판단에는 반론의 여지가 많다.

법원은 또 B가 신고 후에 경찰에 출석하지 않다가 A로부터 주점 종업원으로 일한다는 사실을 가족에게 알리겠다는 협박을 받은 다음에 경찰에 출석했기 때문에 그런 협박을 한 A에게 좋지 않은 감정이 생겨 거짓말을 했을 것으로 추측했다. 하지만 납득할 수 없는 추정이다. B는 사건 발생 2시간 이후인 새벽 1시경에 이미 강간 피해를 경찰에 신고했다. 강간 피해는 그 직전에 A에게 휴대폰을 빼앗긴 채 끌려다니던 감금행위 직후에 발생했다. 아파트 주차장의 CCTV 영상을 보더라도, B는 A의 아파트 엘리베이터를 타는 것을 주저하는 모습을 보이고, 엘리베이터 안에서도 고개를 숙인 채 훌쩍이고 있었다. 사건 다음 날 전화통화에서도 "내가 집에 들어가기 싫다 했지?"라고 A를 책망하듯 말하는 내용이 녹음되어 있다. 이 사건 이전에 B를 감금하였다고 기소된 범행은 A의 부인에도 불구하고 B의 진술을 근거로 유죄가 선고되었다. B는 A에게 합의해준 이후에도 수사기관이나 법정에서도 강간 당시 상황을 일관되게 진술하였다. 수사기관에 바로 나가지 않거나 신고 후 얼마 지나지 않아 합의를 해 주었고, 그 이후 조사일정을 A에게 알려준 것은 맞지만 사실관계를 허위로 진술하지는 않았다. 이런 사정들을 모두 고려하면 B의 진술이 허위나 과장되었을 가능성은 거의 없어 보인다. 강간을 당한 직후 바로 신고했지만 시간이 지나면서 딸의 장래 등을 생각하여 본인만 참으면 된다는 생각으로 경찰 조사에 소극적으로 응했을 가능성이 크다. 이런 점에서 B의 신고 동기에 의혹을 제기한 법원의 판단은 B에게 가혹하다. 법원은 사건 이후 B의 행동이 강간을 당한 피해자의 모습이 아니라고 하였으나, 성폭행에 대한 피해자의 대처 양상은 다양하다는 성인지감수성의 관점에서 볼 때 사건 이후 B의 행동은 결코 이례적이라고 평가하기 어려웠다. 하지만 A에 대한 무죄판결은 그대로 확정되었다.

10 … 쇼핑을 함께 하다 - 두 얼굴

피고인 A와 피해자 B(40대 후반의 여성)는 신학대학 동기생이었다. 두 사람은 약 7년간 내연관계로 지냈다. 두 달 전 A와 헤어진 B는 다른 남자와 결혼할 예정이었다.

2018년 6월 말 저녁 무렵 어느 교회, 함께 예배를 보던 사람들은 모두 빠져나가고 그곳에는 A와 B, 둘만 남았다. A는 B에게 대화를 요구했다가 거절당했다. 갑자기 태도가 돌변한 A는 B의 팔과 다리를 잡고 바닥에서 끌고 다니다가 강제로 키스하고, 바닥에서 B의 몸 위에 올라타 제압하고 성관계를 하였다.

2018년 7월 초순 아침 9시 30경, A는 차를 운전하고 가다가 버스 정류장에 서 있던 B를 보았다. A는 차를 멈추고 내려서 조수석 문을 열고 B를 밀어 넣고는 자기 집으로 데려갔다. 집에서 B의 원피스 치마를 벗기고 속옷을 찢어버린 다음 B의 몸 위에 올라타 성관계를 하였다.

2018년 8월 중순 저녁 무렵, A는 세탁기 사용법을 알려달라며 B를 집으로 불렀다. 일을 끝내고 귀가하려는 B에게 성관계에 응하지 않으면 남자친구에게 알리겠다고 협박하여 B와 성관계를 하였다.

2018년 8월 하순 저녁 6시경, A는 집밥을 한 번만 해주면 다시는 괴롭히지도 않겠다면서 B를 집으로 데려왔다. 집에 오자마자 강제로 옷을 벗기고 협박하여 B와 성관계를 하였다.

이로 인하여 A는 강간과 강제추행 혐의로 기소되었다.

◆

A는 신학대학을 졸업한 목사였다. A는 B를 추행하거나 강간하지

않았고, 모두 합의로 성관계를 했다면서 범행을 모두 부인했다. B와 헤어진 적도 없고, B가 다른 남자랑 사귄다는 사실도 몰랐다고 주장했다. 이 사건은 모두 A와 B, 두 사람만 있던 공간에서 발생하여 공소사실을 입증할 유일한 직접증거는 B의 진술뿐이었다. A에 대한 유무죄를 판단하는 재판에서 B 진술의 신빙성 여부가 결정적일 수밖에 없었다.

그런데 사건 당시 B는 다른 남자친구가 있었음에도 별다른 저항 없이 A의 집에 갔고, 강간을 당했다고 하면서도 그 이후에 세탁기 사용법을 알려달라거나 집밥을 해달라는 등 A의 속내가 빤히 보이는 요구를 받고도 이를 거절하지 않았다. 심지어 강간을 당한 다음 날 A와 함께 마트에 가서 A의 생필품을 사기도 했다. A는 이러한 B의 행동은 강제추행이나 강간을 당한 피해자의 모습이 아니라고 주장했다. B 진술의 신빙성이 A의 유무죄와 직결되는 이 사건에서, B의 이러한 행동이 정말로 성폭행을 당한 피해자다운 모습인지가 B 진술의 신빙성을 판단하는데 핵심적인 쟁점이 되었다. 법원의 판단이 궁금해진다.

◆

1심 법원은 B가 A로부터 강제추행 및 강간을 당하고도 A의 집에 다시 가거나 강간을 당한 다음 날 A와 함께 마트에 생필품을 사러 가는 모습은 일반적으로 볼 때 강간 피해자로 보기 어려운 이례적인 행동이라고 하였다. 하지만 당시 B가 처한 특별한 사정을 고려하면 일반적으로 성폭력 피해자답지 않은 이례적인 행동을 하였다는 사정만으로는 B 진술의 신빙성을 배척할 수 없다고 하였다. 법원은 A에게 징역 4년을 선고하였다. 법원은 다음과 같이 B에게 특별한 사정이 있었다고 보았다.

A와 B는 7년 가까지 교제하다가 헤어졌는데, 사건 당시 다른 남자와 결혼을 앞둔 B의 입장에서는 큰 잡음 없이 A와의 관계를 잘 정리하는 것은 매우 중요한 문제였다.

B는 강간이 벌어졌던 A의 집에 자발적으로 간 것으로 볼 수 없다. A가 강제로 차에 태우기도 하였고, B에게 몸에 절대 손대지 않겠다든지, 이번이 진짜 마지막이라는 등의 말에 속아서 가게 되었다.

1심에서 유죄판결을 선고받은 A는 항소하였다. 그런데 항소심 재판에서 입장을 완전히 바꾸어 범행을 모두 인정하는 태도를 보였다. B와 합의하였고, B도 처벌불원의사를 표시하였다. 2심 법원은 이런 양형요소를 참작하여 A에게 징역 3년, 집행유예 5년을 선고하였다.

◆

성폭력 발생 이후에 피해자가 보여주는 여러 가지 모습과 행동이 과연 일반적인 기준으로 봤을 때 성폭력 피해자의 행동으로 이해될 수 있는지를 판단하는 일은 매우 어려운 일이다. 법원은 성폭행을 당하고도 A의 집에 다시 가거나 A와 함께 마트에 쇼핑하러 가는 모습은 일반적으로 볼 때 강간을 당한 피해자의 모습이 아니라는 점은 인정하였다. 다만 당시 A와 헤어진 후 다른 남자와 결혼할 예정이었던 B가 처한 상황을 고려하면 왜 B가 그렇게 이례적으로 보이는 행동을 했는지를 충분히 납득할 수 있기 때문에 단순히 일반적으로 볼 때 성폭행 피해자의 모습으로 보기에 이례적이라는 사정만으로는 신빙성 인정에 아무런 영향이 없다고 판단한 것이다. B의 당시 상황을 충분히 이해하여 성인지감수성의 관점에서 판단한 것으로 보인다.

당시 A와 B는 오랫동안 사귀다가 헤어졌는데, 헤어진 이후에도 A는 여전히 B에 집착하여 그녀를 괴롭히고 있었다. 그래서 B의 입장에서는 무리하거나 부당하더라도 A의 요구를 들어주면서 관계를 정리할 필요가 있었다. B는 A의 집에 들어갈 때 억지로 끌려 들어가지는 않았다. 세탁기 사용법을 알려달라거나 집밥을 해 달라는 요구에 스스로 찾아가기도 하였다. B도 신학대학을 졸업했다. B는 A 집에 들어가는 과정에서 다툼으로 A와의 관계가 외부에 알려질까 걱정되었을 것이다. 이런 관점에서 법원은 다소 이례적으로 보이는 B의 행동에도 나름의 사정이 있었다고 인정한 것이다.

따라서 B가 외부적으로 보인 모습들만으로 강간 피해를 입은 사람 같지 않다고 판단하는 데는 신중한 접근이 필요하다. 두 사람이 사귄 시간이 길수록 성폭행 이후 B가 보인 행동에 대한 평가는 고려할 요소가 많아지기 때문이다.

그밖에도 법원이 B의 진술에 신빙성을 인정한 데에는 사건 당일 B와 그 아들이 주고받은 다음과 같은 짧은 문자메시지도 한몫한 것 같다.

아들 엄마 전화 못 받아?

지금 보내 준대 **피해자**

아들 상황 설명 좀 해봐 그래야 내가 얼마나 심각한 일인지 알지? 교회 나가지마 이제 진짜 속 뒤집어지니까, 20분 안에 전화 줘 전화 안 오면 경찰서에 납치신고 할 테니까

B는 두 번째 강간을 당한 후, A가 화장실에 갔을 때 아들과 이런 문자를 주고받았다. 문자 내용으로 볼 때 B의 아들도 엄마가 A로부터 괴롭힘을 당하고 있다는 사정을 알고 있었던 것 같다. B가 아들에게 보낸 '지금 보내 준대'라는 짧은 문자는 당시 긴박했던 상황이 담겨있다. '보내준다'는 표현은 마음대로 나갈 수도 없고 A가 보내주어야 벗어날 수 있는 처지임을 암시한다. B가 강간 피해 직후 아들과 주고받은 위와 같은 문자가 있었기에 판사도 B가 처해 있는 특별한 사정을 충분히 이해할 수 있었을 것이다.

11 … 남자친구 문제를 상담하다 - 음악학원

피고인 A는 음악학원 원장이다. 먼 친척인 피해자 B(20대 초반의 여성)는 그 학원에서 강사로 일했다. B는 평소 A를 삼촌이라고 불렀다.
2017년 4월 말 어느 날 저녁, A는 B 및 직원 1명과 고깃집에서 회식을 했다. 식사를 마치고 호프집으로 2차를 갔다. 직원은 먼저 귀가하였다. 다음 날 새벽 2시경 두 사람은 호텔에 들어갔다. A는 술에 취해 잠을 자고 있던 B의 옷을 벗기고 성관계를 하였다.
2017년 6월 말 어느 날 저녁, A는 고깃집에서 B와 저녁을 먹으면서 술을 마셨다. 두 사람은 함께 시간을 보내다가 다음 날 새벽 호텔에 투숙하였다. A는 술에 취한 채 잠을 자고 있는 B의 옷을 벗기고 성관계를 하였다.
2018년 7월경, B는 학원을 그만두었다. 그로부터 10일 뒤부터 A에게 강간의 잘못을 추궁하기 시작했다. 11월 말경, A를 이 사건으로 고소하였다.
이로 인하여 A는 준강간 혐의로 기소되었다.

◆

먼 친척뻘인 A와 B 사이에 두 달 간격을 두고 2번의 성관계가 있었다. A는 성관계 사실은 인정하였다. 하지만 B가 주장하는 것처럼 술에 취해 자고 있을 때 성관계를 한 것이 아니라 B와 스킨십을 하면서 합의로 성관계를 가진 것이라면서 범행을 인정하지 않았다.

그런데 B는 각 성관계 전후 모텔에 가게 된 경위가 기억나지 않는다고 진술했다. 단지 1차 성관계 당시 '누군가 옷을 벗기는 느낌,

누군가가 몸에 올라타고, 키스를 하고, 가슴을 빨고, 성관계를 하였고, 성관계 후 억지로 옷을 입혀주는 느낌만 기억난다.'는 취지였다. 2차 성관계 당시 '몸을 가누지 못할 정도로 많이 취해있었는데, 강제로 옷을 벗기고 성관계를 하였다.'고 주장했다. 1차 성관계 직후 B는 사촌언니에게 문자를 두 번 보냈는데, 그 사실을 기억하지 못했기 때문에 B의 알코올 블랙아웃이 의심되기도 하였다.

이 사건은 A가 술에 취해 제정신이 아닌 B를 강간했을 가능성도 있고, A 주장과 같이 합의로 성관계를 하고서도 B가 기억을 하지 못하거나 다른 이유로 거짓말을 하는 것일 수도 있었다. 모텔에서 있었던 성관계라서 목격자도 없었다. A는 범행을 부인하고 있었으므로 공소사실을 입증할 유일한 직접증거는 B의 진술뿐이었다. 따라서 A에 대한 유무죄는 B 진술의 신빙성 여부에 달려있었다. 그런데 B 진술의 신빙성은 사건 이후 B의 언행이 강간을 당한 피해자의 모습으로 보기에 합당한지의 문제로 집중되었다. 법원이 어떤 판단을 하였는지 알아보자.

◆

1심 법원은 준강간을 당했다는 B의 진술을 믿지 않았다. 성관계 이후 두 사람은 카톡을 주고받았는데, 그 내용으로 볼 때 성폭행을 당한 피해자다운 모습으로 보기 어렵다고 하였다. 따라서 술에 취해 있을 때 2번이나 준강간을 당했다는 B의 진술은 전체적으로 신빙성이 떨어진다고 판단하였다. 이와 관련된 법원의 판단 요지는 다음과 같다.

1차 성관계 다음 날 저녁 6시경, B는 먼저 A에게 카톡을 보내 대화를 요청하였다. 그리고 그때부터 다음 날 새벽 4시경까지 카톡으로 남자친구 문제를 상의하고 조언을 들었다. 상담이 끝난 후에 B는 A에게 '삼촌 많이 힘이 됐어요! 고맙습니다.'라는 카톡을 보냈고, A가 '우리 ○○이 파이팅'이라고 답하자, B는 다시 A에게 '♡' 이모티콘을 보냈다. 그 이후로도 지속해서 사적인 카톡을 주고받았다.

2차 성관계가 있었던 날 저녁 6시경, A는 B에게 '어지러운 건 좀 괜찮아?'라는 카톡을 보냈고, B는 7시경 '지금은 괜찮아졌어요!, 지금 합주 중이에요!'라고 답했다. A가 다시 '미안ㅠㅜ'이라고 카톡을 보내자, B는 '아뇨 왜 미안이에요ㅋㅋㅈㅋ'라고 답하고, A가 '눈치 없이 합주 중에 전화나 하고, 음악하는 놈이 타이밍을 못 맞추는 게 좀 웃겨서 ㅋㅋ'라는 카톡을 보내자, B는 '왜 그래요. 장난이 너무 착하자나여.'라고 답했다.

1심 법원은 또 B가 A로부터 1차로 성폭행을 당하였음에도 불구하고, 그로부터 불과 2달 후에 A와 다시 같은 식당에 가서 스스로 만취할 정도로 술을 마신 것이나 2차 성폭행을 당했다는 날부터 다시 2달 후에 같은 식당에서 회식을 했고, 그 자리에서 A의 입술에 손가락을 대거나 A의 얼굴을 감싸 쥐는 등의 스킨십을 했다는 B의 행동은 성폭행을 당했다는 피해자의 모습으로 보기 어렵다고 판단하였다. 그래서 유일한 직접증거인 B의 진술은 신빙성이 없고, 달리 공소사실을 인정할 증거가 없다면서 A에게 무죄를 선고하였다.

1심의 무죄판결에 대해 검사가 불복하여 항소하였다. 그러나 항소심 법원도 1심의 무죄판단이 옳다고 하면서 검사의 항소를 기각하였다. 2차례나 성폭행을 당했다고 하면서도 그 후에도 A와 친밀한 카톡 대화를 지속하였고, 2차 성폭행 피해 이후에 같은 식당에서 가진 저녁 회식에 다시 참석한 것에 대하여, B는 성폭행을 당했다는 사실이 세상에 알려지는 게 두려워 아무 일도 없었던 것처럼 평상시와 똑같이 행동한 것일 뿐이라고 주장하였다. 그러나 2심 법원은 2차 성관계 이후 있었던 회식자리에서 B가 A에게 적극적으로 스킨십을 하는 모습을 봤다는 학원 직원의 진술은 객관적이라고 평가하고, B의 주장은 그 직원들의 객관적 진술과 배치되기 때문에 성인지감수성을 고려하더라도 이런 B의 행동은 납득하기 어렵고, 따라서 진술의 신빙성을 떨어뜨린다고 하였다.

◆

법원은 성관계 이후에 A에게 카톡으로 남자친구 문제를 상의하거나 사적인 대화를 이어가는 모습, 같은 회식장소에 매번 참석하고 다른 학원 선생님들이 함께 있는 회식장소에서 A에게 적극적으로 스킨십을 하는 행동은 성폭행을 당했다는 B의 진술을 믿을 수 없게 하는 사정이라고 하였다. 다시 말하면 B의 이러한 행동은 성폭행을 당한 피해자다운 모습이 아니라는 것이다.

일반적으로 볼 때 성폭행 피해를 당한 피해자라면 사건 당일에 가해자에게 카톡을 보내 자신의 남자친구 문제를 상담하거나, 하트 모양의 이모티콘을 보내거나 가해자의 건강을 걱정하는 카톡을 보낸다는 것은 상상하기 어려운 일이다. 특히, 2차례나 성폭행을 당한 상황에서 다른 직원들이 있는 회식장소에서 가해자인 A에게 자발적으로 스킨십을 하는 행동은 누가 보더라도 납득하기가 쉽지 않다. 그런데도 B는 그럴 수밖에 없는 사정에 대해서는 전혀 설명하지 않았다. A는 재판에서 이 부분을 재판부에 집중적으로 어필했고, 재판부도 성인지감수성을 아무리 고려하더라도 B의 대처 양상은 납득하기 어렵다는 판단을 끌어냈다. A의 입장에서는 효과적인 변론을 한 것으로 평가할 수 있다.

이 사건에서 특이한 점은 B의 진술태도이다. B는 2차례 성관계 당시 모두 술에 취해 있었다고 하면서도 성관계 당시 상황을 대체로 기억하고 있었다. 단지 회식자리에서 술을 마시게 된 경위나 모텔에 들어가게 된 경위, 성관계 이후 상황에 대해서는 기억나지 않는다고 하였다. 일반적으로 술에 취한 상태에서 강간을 당한 경우라면 성관계 당시 상황은 제대로 기억하지 못하더라도 성관계 이전 상황이나 잠에서 깨어났을 때 이후 상황은 어느 정도 기억하는 것이 상식적이다. 그런데, B는 정반대로 성관계 전후 상황은 기억나지 않는다고 하면서도 성관계 당시 상황은 대체로 구체적으로 진술했기 때문에 법원은 B의 진술을 믿을 수 없다고 하였다. B가 왜 이런 진술태도를 취했는지 그 이유가 궁금하다. B가 진술하는 것처럼 실제로 그렇게 기억하고 있는 것인지, 아니면 성관계 당시도 기억나지 않지만 마치 성관계 상황만은 기억나는 것처럼 진술한 것인지도 확실하지 않다. 어쨌든 이런 B의 진술태도는 본인 진술의 신빙성을 약화시키는 요인이 되었다.

이에 반하여 A는 주장은 구체적이고 명확했다. 사건 이전부터 B가 호감을 표시했고, 사건 당일에도 술자리를 먼저 요구하거나 술자리에서 스킨십을 시도했다는 것이다. 성관계 이후에도 성폭행을 거론하지 않았고, 오히려 카톡으로 헤어진 남자친구 문제를 상의하거나 사적인 대화를 주고받았다고 진술했다. 그런데 학원에서 생긴 갈등으로 관계가 소원해지면서 그 여파로 B는 학원을 그만두게 되었는데, 아마도 그 일 때문에 나쁜 감정이 생겨 1년도 넘은 성관계를 마치 강간당한 것처럼 허위로 고소하였다고 일관되게 주장하였다. 그리고 두 사람의 카톡 대화나 목격자들의 증언으로 그 주장을 뒷받침했다.

그날 있었던 일은 두 사람 외에는 아무도 모른다. 그러나 수사와 재판과정에서 드러난 A와 B의 주장 및 관련 증거를 보면 법원이 어떤 판결을 선고할지 어느 정도 예상은 할 수 있다. 친척뻘인 A와 B의 관계, 나이 차이, 술을 마시게 된 경위, B가 학원 퇴사 이후 성폭력상담소를 찾아가고 이 사건으로 우울증 치료까지 받고 있는 상황 등을 고려하면, B의 주장이 모두 허위라고 단정하기 어려운 면도 있다.

하지만 형사재판은 증거에 의해 피고인의 유죄를 입증하는 과정이므로, 객관적으로 볼 때 유일한 증거인 피해자의 주장에 의문이 생긴다면 판사는 피고인에게 유죄를 선고할 수 없다. 설령 A가 실제로 준강간을 했다고 하더라도 유죄를 입증할 증거가 없기 때문이다. 순수하게 B의 입장에서 생각할 때 고소 이후 B의 대응에 약간의 부족함이 느껴진다. 1차 성관계 당시 B가 먼저 술을 사달라고 했고, 1차 성폭행 이후에도 A와 지속해서 친밀한 카톡을 주고받았다는 사실을 스스로 밝히고, 당시 그럴 수밖에 없었던 솔직한 이유를 설명했다면 일반적으로 성폭력 피해자의 모습으로 볼 수 없는 다소 이례적인 행동이라도 성인지감수성의 관점에서 얼마든지 B의 상황을 이해시킬 수 있었기 때문이다. B는 성폭행 사실이 밝혀지는 게 두려워서 회식자리에서 일부러 아무 일 없다는 듯이 과장되게 행동하거나 가벼운 스킨십을 시도했을 가능성도 있다. 만약 B가 이런 생각을 하고 있었다면 처음부터 그렇게 행동했던 이유나 본인의 감정을 솔직하게 밝혔다면 더 좋았을 것이다. 그러므로 법률전문가의 도움 없이 혼자만의 생각으로 지레짐작하여 기억을 왜곡하거나 거짓말을 해서는 안 된다. 되도록 전문가의 조언을 받아가면서 사건 당시나 사건 전후에 느꼈던 자기 생각이나 감정 등 직접 경험하지 않고는 도저히 알 수 없는 내용을 솔직담백하게 진술하는 태도가 필요하다. 감추려 할수록 더 역효과가 날 수 있기 때문이다.

법원은 성관계 당시 B가 알코올 블랙아웃 상태였을 가능성이 있다고 했다. B 스스로도 술을 많이 먹었을 때는 블랙아웃이 된다고 진술하기도 하였다. 알코올 블랙아웃은 사건 당시 인지기능이 정상적이었지만 술 때문에 그때 상황을 기억하지 못 하는 정도의 블랙아웃도 있고, 술을 너무 많이 마셔 인지기능과 판단능력이 정상적으로 작동하지 않아 당시 상황을 기억하지 못 하는 블랙아웃이 있다. 후자는 패싱아웃이라고 한다. 당시 B가 술을 얼마나 마셨는지 정확히 확인되지 않았기 때문에 블랙아웃 상태였다고 하더라도 어느 정도의 블랙아웃이었을지 판단하기 어렵다.

1차 성관계 당시 저녁회식은 회식 시간이 길었다. 2차로 자리를 옮겨 맥주도 마셨다. B는 회식이 끝나고 자러 가기로 했던 사촌언니의 집을 A에게 알려주지 않았다. 남자친구도 있는 B가 친척인 A에게 먼저 모텔로 가자고 하였다. 모텔에 들어와서도 구토를 계속하였다. A는 계속 구토를 하는 B에 대해 미치겠다는 표현까지 하였다. 특히, B는 새벽 5시경 사촌언니에게 '1?::(9/3 ㅣㅁㅅ'이라는 해석이 불가능한 카톡을 보냈다. 그런데 그로부터 불과 3분 후에는 '내일 연락할게'라는 깔끔한 문장의 카톡을 보냈다. 불과 3분 사이에 문장 형식이나 내용이 완전히 달라진 두 개의 카톡 중에서 나중에 보낸 것은 B가 모두 보낸 것인지도 의심된다. 이런 정황을 보면 당시 B는 패싱아웃 상태였을 가능성도 있어 보인다. 만약 이런 상태에 있는 B에게 성관계를 하였다면 그 자체로 준강간에 해당한다. 그렇지만 성폭행 상황을 기억한다고 하면서도 그 이후에 A와 친밀한 사적대화를 계속했다. 이런 B의 태도는 성폭행을 당했을 수도 있다는 가능성에 대한 믿음을 떨어뜨리는 원인이 되었다.

어쨌든 A는 무죄를 선고받았다. A의 입장에서는 매우 다행스러운 일이다. 반대로 B의 입장에서는 너무나 억울한 결과일 것이다.

12 … 너무나 차분하다 - 비극

피고인 A1, A2, A3은 같은 업계에서 일하는 선후배들이다.

2016년 11월 말 어느 날 새벽, 그들 세 명은 클럽에서 놀다가 우연히 C를 알게 되었고, 연락처를 교환하였다. 다음 날 저녁 무렵, C에게 전화를 걸어 강남의 모 주점에서 다시 만나기로 하였고, C는 친구를 한 명 데려가기로 했다. 피해자 B(20대 중반 여성)는 친구 C의 연락을 받고 약속장소로 갔다.

그날 밤 11시 30분경, 강남의 한 주점에서 5명이 만나 함께 술을 마시고 놀다가, 다음 날 새벽 2시경 A1의 집으로 이동하여 그 집 거실에서 술을 더 마셨다.

A1과 친구 C는 안방으로 먼저 들어갔다. A2는 갑자기 B를 번쩍 들어 거실의 소파침대에 눕혔다. 그런 다음 A2와 A3는 B의 양쪽에 누워 B의 반항을 제압하고 옷을 벗긴 다음 번갈아 가면서 성관계를 하고, 입에 성기를 집어넣었다.

그 무렵 안방에서 나온 A1은 A2와 A3에게 자리를 피해달라고 말하여 그들을 방안으로 들여보냈다. 그리고는 B의 옆에 앉아 위로하는 척 대화를 하다가 갑자기 B의 옷을 벗기고 강제로 성관계를 하였다.

A1이 성관계를 끝낸 직후 방에서 나온 A2는 옷을 챙겨 입고 집을 나가려는 B를 붙잡고 다시 성관계를 하였다. B는 그 집을 나와서 그날 바로 경찰에 신고했다.

이로써 그들은 성폭력범죄처벌법위반(특수강간) 혐의로 기소되었다.

◆

피고인들은 모두 한목소리로 B의 명시적 또는 묵시적 동의하에 성관계를 가졌을 뿐 강제로 한 것은 아니라면서 범행을 전면 부인했다. 그리고 강간을 당할 상황이었다면 곧장 집 밖으로 도망가거나 가지고 있던 휴대폰으로 신고를 하는 등의 조치를 취할 수 있었음에도 불구하고 B는 그렇게 하지 않고 함께 술을 마셨다는 것이다. 성관계 장면을 촬영한 휴대폰의 동영상을 삭제해 달라고 침착하게 요구하기도 하였고, 강간 상황에서는 예상하기 힘든 여성상위 자세로 성관계를 하기도 했는데, 이런 모습은 일반적으로 강간을 당한 피해자가 할 행동이 아니기 때문에 강간을 당했다는 B의 진술을 사실이 아니라고 주장했다.

당시 현장에 있었던 친구 C는 방에서 자고 있었기 때문에 이 사건 범행에 대해서는 아는 것이 아무것도 없었다. 피고인들은 모두 범행을 부인하고 있었기 때문에 공소사실에 부합하는 직접증거는 B의 진술이 유일했다. B 진술의 신빙성이 유무죄 판단의 열쇠였다. 그런데 피고인들은 사건 이후 B의 행동이 성폭행을 당한 피해자의 모습이 아니라고 주장하고 있었기 때문에, B 진술의 신빙성과 관련하여 피해자다움이 주된 쟁점이 되었다.

◆

1심 법원은 B가 구조요청을 하거나 현장을 벗어나려는 노력을 하지 않았다거나 적극적인 반항이 없었다고 하더라도 그렇게 행동하게 된 경위를 충분히 납득할 수 있다면서 B의 진술에는 신빙성이 있다고 하였다. 재판부는 '피고인들은 B가 성폭행을 당했다고 하면서도 범행 직후에 곧바로 집에서 나가거나 수사기관에 신고하지 않고 자신들과 함께 술을 마시고, A2가 찍은 성관계 동영상을 삭제할 것을 요구하는 등 침착한 태도를 보였는데 이는 강간 피해자의 행동이 아니라고 주장한다. 그러나 B는 방에 들어가 있는 친구 C의 안위가 걱정되어 곧바로 집에서 나가지 못하였고, 피고인들을 자극하지 않고자 침착한 척 행동하였던 것으로 보인다.'면서, 당시 B의 행동은 충분히 납득할 수 있다고 하였다. 그러면서 피고인들에게 징역 6년 또는 5년을 선고하였다.

피고인들은 모두 1심 판결에 대해 모두 항소하였다. 하지만 2심 법원도 B가 사건 현장에서 외부에 바로 구조요청을 하지 않고, 가해자들이 모두 잠들 때까지 기다렸다가 그 집에서 나오거나 그 장소에서 나온 지 6시간이 지나서야 아직 그곳에 있던 친구 C에게 카톡 문자를 보낸 사정 등은 그 경위에 비추어 성폭력 피해자의 모습으로 충분히 납득된다고 하였다. 이와 관련된 재판부의 주된 판단 요지는 다음과 같다.

B는 범행 장소의 집 주소를 몰라서 신고하지 못하였고, 신고하더라도 피고인들이 있을 때 해야 하나 말아야 하나 하는 생각을 하였다고 진술하였는데, 피고인들이 거실을 오가면서 함께 있었고, 친구는 만취한 채로 안방에 잠들어 있었으므로, B로서는 최대한 피고인들을 자극하지 않고 안전하게 그 집에서 빠져나오는 것이 최선이라고 생각하였다는 것은 전혀 이상하지 않다.

B는 성폭행 당해서 살해당한 사람들이 신고할 것처럼 보여서 살해를 당했다고 생각했고, 만약 친구가 없었다면 어떻게 해서든 도망을 갔겠지만 자신이 신고할 것처럼 뛰쳐나가면 친구가 위험해질 거라고 생각했기 때문에 피고인들이 잠들 때까지 기다렸다가 그 집에서 나온 것이라고 설명하였는데, 사건 당일 피고인들로부터 차례로 성폭행을 당하여 육체적, 심리적으로 상당히 위축된 상태였으므로 자신의 신변

에 위협이 있을지도 모른다는 두려움에 섣불리 외부에 구조요청을 하지 못했다는 B의 진술은 신빙성이 있다.

피고인들은 항소심에서는 범행을 모두 자백하였다. 피해자 B와도 합의하였다. 2심 법원은 이런 사정을 참작하여 법원은 피고인들에게 모두 징역 2년 6개월을 선고하였다.

◆

법원은 사건 과정과 그 이후에 보인 B의 행동이 피해자다운 모습인지를 평가하면서 성폭력 피해자는 신고를 주저하는 경향이 있다고 하였다. 성폭행을 당한 직후 바로 신고하지 않았기 때문에 성폭력 피해자답지 않다는 피고인들의 주장은 합리적 근거가 없다. 일반 범죄도 피해자들이 피해 사실을 바로바로 신고하는 것은 아니기 때문에 성범죄도 같은 기준으로 봐야 한다. 그런데도 유독 성폭력 사건에서는 피해자가 곧바로 신고하지 않았다는 이유로 성폭력 피해를 입었다는 피해자의 주장을 의심하고 반박하려는 경향이 있다. 성폭력 범죄는 가해자가 범행을 자백하지 않으면 피해자 진술이 범행을 입증할 거의 유일한 직접증거인 경우가 많은데, 가해자 입장에서는 유일한 증거인 피해자 진술의 신빙성을 무너뜨려야만 무죄 선고를 기대할 수 있기 때문일 것이다. 하지만 성폭력 피해자의 대처 양상은 다양할 수밖에 없어서 단순히 신고나 구조요청을 바로 하지 않았다는 사실만으로는 피해자 진술의 신빙성을 의심하기에 충분하지 않다.

B는 현장에서 휴대폰으로 곧바로 신고하지 않은 이유 중 하나로, 성폭력 피해자가 신고하려고 하다가 살해당했다는 뉴스를 본 적이 있고, 또 술에 취해 방에서 잠을 자고 있는 친구가 걱정되어 바로 신고할 수도 없었고, 최대한 피고인들을 안심시키고 현장을 빠져나

온 다음 신고하려고 했다고 설명했다. 법원은 그 경위가 자연스럽고 충분히 납득할 만한 하다고 판단하였다. 이처럼 일반인의 관점에서 다소 이례적으로 보이는 행동이라도 얼마든지 신빙성을 인정받을 수 있음을 보여주는 사례다.

당시 B는 성폭행 상황에서도 매우 침작하게 대응하면서 증거를 수집하였다. 성폭행 직후 A1과 대화하면서 휴대폰으로 녹음을 하였다. 그 녹음에는 A1이 잘못을 사과하고 용서를 구하는 내용이 들어 있었다. 그런데 그 녹음에서 나타나는 B의 말투는 강간을 당한 피해자로 보기에는 너무 침착한 태도여서 이것조차도 논란거리가 되었다. 하지만 법원은 집으로 돌아가려는 B를 A1이 만류하는 상황에서, A1이 의심하지 않게 범행을 인정하는 진술을 받아내고 그 장소에서 벗어나려고 침착한 태도로 대화한 것이라는 B의 진술을 그대로 받아들였다. 녹음 내용도 B의 진술에 부합했기 때문에 그 녹음은 신빙성을 인정받는 데 큰 도움이 되었다. B가 그 집을 나오면서 집 주소가 기재된 건물 현관문 사진을 찍었는데, 이러한 B의 행동은 성관계 직후 집 주소를 몰라 신고하지 못하였다는 주장에 부합되는 행동으로 보인다.

피고인들은 또 당시 후배위 자세나 여성상위 자세로도 성관계를 하였는데, 이런 체위는 성폭행 상황에서는 어렵기 때문에 이러한 자세만 보더라도 합의에 따른 성관계가 분명하다고 주장하였다. 후배위나 여성상위 자세는 성폭행을 부인하는 피고인들이 자주 주장하는 단골메뉴다. 일반적으로 여성상위나 후배위 자세는 성폭행 상황보다는 자연스러운 성관계에 더 잘 어울린다. 만약 그러한 체위의 성관계가 있었고, 피해자가 그 경위를 제대로 설명하지 못했다면 체위만으로도 B의 진술이 의심받을 가능성도 있다. 하지만 단순히 그러한 체위로 성관계가 이뤄졌다는 사정만으로 성폭행이 아니라고 속단할 수는 없다. B는 그런 자세가 나오게 된 경위를 구체적으로 설명하였다. 한 명이 힘으로 B의 저항을 제압하는 과정에서 앉은 자세가 되었는데, 밑에 있던 사람이 허리를 잡아 성기를 삽입하였고, 도망가다가 붙잡혀 후배위 자세로 뒤쪽에서도 성기를 삽입하였기 때문에 그런 이상한 자세로 성관계를 하게 된 것이라고 설명했다. 법원은 B의 설명이 합리적이라고 판단했다.

이 사건은 전체적으로 볼 때 피고인들의 주장을 그대로 믿기가 어려운 구조였다. 남자 3명과 여자 1명이 성관계를 하는 장면 자체가 매우 이례적이기 때문이다. 더구나 B는 당시 친구 C를 만나러 갔다가 피고인들과 우연히 어울렸을 뿐이지 그날 처음 본 사이였다. 그런 상황에서 B가 피고인들 모두와 합의로 성관계를 했다는 주장으로는 판사를 설득하기 어려웠다. 더구나 B는 성관계 당시 상황을 세세하게 기억하고 있었다. 성폭행을 당했지만 B는 매우 침착하게 대응했다. 잘못을 인정하는 대화를 이끌어 녹음을 하고, 술에 취한 피고인들을 안심시킨 후에 집을 빠져나와 신고했다. 신고 초기에 경찰도 신속하게 피고인들의 휴대폰을 확보하여 사건 이전에 그들끼리 사건을 모의하는 카톡 대화도 확인했다. 이런 상황에서 피고인들이 왜 1심 재판 때까지 범행을 부인했는지 알 수 없다. 아마도 처벌에 대한 두려움이었을 것으로 추측된다. 거짓말로 진실을 이길 수는 없다. 처음부터 잘못을 인정하고 B에게 용서를 빌었더라면 재판에 들어가는 시간과 노력을 많이 줄일 수 있었을 것이다. 피고인들은 항소심 재판 중에 피해자와 합의하였고, 범행도 자백했다. 하지만 실형을 선고받고 교도소에 수감되었다. 고생은 고생대로 다 하고 얻는 성과는 미미했다. 처음부터 전문가의 도움을 받아 제대로 대처했다면 좋았을 것이다.

13 … 가해자와 짬뽕을 먹었다 - 캠핑

피고인 A와 피해자 B(20대 중반 여성)는 직장 동료다. A는 B보다 나이도 어리고, 회사에서도 후배였다.
2021년 10월 초 월요일, A는 친구와 캠핑을 하고 있었다. A와 통화를 하다가 우연히 그가 친구와 캠핑장에 있다는 말을 들은 B는 그날 밤 10시경 술을 사서 직접 차를 운전하고 캠핑장에 도착했다. 캠핑장에서 그들과 함께 술을 마시다 취해서 텐트에 들어가 잠이 들었다.
다음 날 새벽 1시 30분경, A는 캠핑장 텐트 안에서 술에 취해 잠을 자고 있던 B에게 접근하여 옷 속으로 손을 집어넣어 가슴을 만지고, 키스도 하였다. 이때 잠에서 깬 B는 몸 위에 올라와 있는 A를 발견했다.
며칠 후 B는 추행을 당했다고 같은 회사에 다니던 남자친구에게 알렸고 그 무렵 A를 고소했다.
이로 인하여 A는 준강제추행 혐의로 기소되었다.

◆

A는 캠핑장 텐트 안에서 B와 스킨십을 한 것은 사실이지만, 자고 있는 B를 추행한 것은 아니라고 했다. 당시 함께 술을 마시던 B가 텐트 안으로 들어가는 모습이 보여, 그녀를 따라 들어갔고, B의 옆에 나란히 누워 이야기를 하다가 팔베개를 해주었다. 자연스러운 분위기에서 입을 맞추고 가슴을 만졌지만 B는 거부하지 않았다는 것이다. 잠시 후 친구가 술 때문인지 화장실을 너무 자주 들락거려

친구 상황을 살피려고 밖에 나갔다가 텐트로 돌아와서 보니 B는 침낭 안에서 잠들어 있었다. 그래서 친구와 함께 그 옆에서 잔 것이 전부라고 주장하였다.

사건이 발생했다는 시점에 A의 친구는 텐트 밖에 있었다. 텐트 안에는 A와 B, 두 사람만 있었다. A는 강제추행이 아니라는 부인하고 있어서, 강제추행임을 입증할 직접증거는 B의 진술밖에 없었다. 당연히 B 진술의 신빙성 여부가 유무죄를 좌우할 수밖에 없었다. 그런데 B는 당시 상황에 대해서 대체로 일관되게 진술하고 있었으므로 그 신빙성 판단은 사건 이후 B의 행동이 과연 성폭행을 당한 피해자다운 모습이었는지, 즉 피해자다움이 쟁점이 되었다.

◆

법원은 사건 직후 B의 행동은 직전에 강제추행을 당한 피해자의 일반적인 행동으로 이해하기 어렵기 때문에 그녀의 진술도 전체적으로 신빙성이 없다고 하였다. 따라서 공소사실을 입증할 유일한 증거였던 B의 진술이 신빙성이 없고, 달리 공소사실을 인정할 만한 증거가 없다면서 A에게 무죄를 선고하였다. 법원이 사건 후 B의 행동을 피해자답지 않다고 판단하면서 신빙성을 배척한 주된 요지는 다음과 같다.

B는 사건 당일 오전 11시경 일어나서 집을 정리하고, 각자의 차를 운전하여 차로 약 30분 거리에 있는 짬뽕집에 가서 함께 A 일행과 함께 짬뽕을 먹고 헤어졌다. 식당에서 B는 웃으면서 A에게 말을 걸거나 장난을 치기도 하였으나 추행사실에 대하여 언급하지는 않았다.

그날부터 이틀 후에 다른 직원들도 있는 자리에서 A가 다음에 또 캠핑을 가자는 제의에 동의하였다. B는 사건이 있던 날로부터 5일 후에 같은 직장에 근무하는 남자친구에게 추행 당한 사실을 이야기하였다.

사건 직후 B의 이러한 행동은 강제추행이 벌어진 상황에서의 일반적인 행동으로 선뜻 이해하기 어렵다.

법원은 B가 사건 후에 같은 회사에 다니는 남자친구에게 강제추행을 당했다고 알렸고, A가 B에게 사과하는 내용의 카톡을 보낸 것을 보면 A가 추행한 것이 아닌가 하는 의심이 든다고 하였다. 하지만 카톡으로 사과메시지를 보낸 경위에 관하여, A는 B가 회사 사람들에게 추행을 당했다고 소문을 내고, 남자친구로부터 항의전화를 받게 되었는데, 그런 상황에서 B의 친구로부터 B가 사과를 받고 끝내고 싶어 하는 것 같으니 그렇게 하자는 권유를 받고, 그 친구와 B에게 보낼 문자 내용까지 상의하여 보낸 것일 뿐이라고 주장하였다. 메시지의 내용도 추행 사실을 구체적으로 인정하는 것이 아니라, 단지 "술을 먹고 나서 실수했다는 걸 모르고 있다가 이제야 사과드려서 죄송하다."는 것에 불과하여 그 문자메시지만으로는 A가 범행을 스스로 인정하였다고 볼 수는 없다고 하였다.

◆

법원은 B의 진술에 일관성은 있지만 사건 이후 행동이 피해자답지 않다는 이유로 진술 전체의 신빙성을 배척한 것이다. B의 진술은 공소사실을 입증할 유일한 직접증거였다. 그런데 유일한 증거인 B의 진술이 유죄의 증거가 될 수 없었기 때문에 당연히 무죄가 선고된 사건이다.

B는 사건 당일 아침에 회사동료인 친구와 전화통화를 하면서 강제추행을 당했다는 사실을 알렸다고 주장했다. 하지만 정작 그 친구는 A가 팔베개도 해주고 뽀뽀도 해주었다면서 자랑하듯이 말했

다고 진술하였다. 친구가 특별히 거짓말을 할 이유는 없으므로, 강제추행을 당했다는 B가 사건 직후 친구에게 그날 있었던 일을 자랑하는 것은 납득하기 어려운 일이다.

또 사건 이후 캠핑장을 정리한 후 A와 그 친구는 같은 차를 타고, B는 본인 차를 운전하여 캠핑장에서 멀리 떨어져 있는 짬뽕집으로 가서 점심을 함께 먹었다. B는 차가 있었기 때문에 아침에 술이 깼을 때 그곳을 바로 떠나버릴 수도 있었고, 늦어도 캠핑장을 정리하고 떠날 때 집으로 와 버릴 수도 있었다. 그런데도 캠핑장에서 멀리 떨어진 곳까지 따라가 함께 식사를 하는 모습도 매우 이례적이다.

또 일반적으로 성폭행을 당한 경우에는 트라우마 때문에 유사한 장소를 피하려는 경향이 있다. 그런데 B는 캠핑장에서 추행을 당했다고 하면서도 다시 캠핑을 가자는 A의 제안에 거부감 없이 동의하는 것도 피해자다운 모습으로 보기 어렵다.

그런데 만약 사건 당일 아침 B가 친구와 통화할 때, A가 옆에서 지켜보고 있어서 친구에게 우회적으로 자랑하는 것처럼 추행당한 사실을 말했다거나 A가 B의 신상을 모두 알고 있어 같이 식당에 같이 가지 않으면 어떤 해코지를 할 위험이 있었다거나 공개석상에서 A의 캠핑 제안을 거절할 수 없었던 불가피한 사정이 있었다고 한다면 이러한 피해자의 행동이 반드시 강제추행을 당한 피해자다운 모습이 아니라고 판단하기는 어려울 것이다. 그러나 B는 그와 같이 이례적인 행동을 한 경위에 대하여 납득할 만한 설명을 하지 않았다.

앞에서도 잠깐 언급했지만 이 사건 재판에서는 A가 B에게 사과하는 내용으로 보냈던 카톡 문자의 증명력이 또 다른 쟁점이었다. 일반적으로 자신의 잘못에 대해 용서를 구하는 사과 문자나 편지는 범행을 스스로 인정하는 중요한 단서가 된다. 하지만 사과 문자를 보낸 경위나 문자 내용에 따라서는 예외도 있을 수 있다. A는 B의 친구로부터 형식적으로라도 사과하고 조용하게 마무리하자는 권유를 받았기 때문에 마음에 내키지는 않았지만 조용히 끝내고 싶어서 사과 문자를 보내게 되었다는 것이고, 문자 내용도 그 친구와 함께 조율한 것도 사실이었다. 그래서 법원은 사과 문자를 보낸 것은 사실이지만 그것이 추행을 자백하는 것은 아니고, 문자 내용에도 추행을 구체적으로 인정하는 취지가 아니라고 하였다. 사과 문자를 보낸 동기는 주관적인 것이므로 얼마든지 사실과 다르게 주장할 수 있다. 따라서 A가 주장하는 동기와 달리 문자 내용이 그날 추행 상황에 관하여 매우 구체적으로 묘사하는 것이었다면 법원은 그 사과 문자의 증거가치를 다르게 판단하였을 가능성이 크다. 하지만 앞에서도 보았듯이 '술을 마셔 그날 실수한 것을 모르고 있다가 뒤늦게 사과하게 돼서 미안하다.'라고만 기재되어 있어 매우 추상적이다. 마지못해 사건을 무마하기 위해 보냈다는 A의 주장에 더 들어맞는 내용이다. 상황에 따라서는 비록 성폭행을 한 사실이 없지만 상황을 정리하고 피해자를 진정시키려는 의도에서 얼마든지 형식적인 사과 편지나 문자를 보낼 수도 있다. 하지만 그런 동기에서 형식적으로 사과 편지나 문자를 보낸다고 하더라도 그 문구 내용은 매우 신중하게 작성해야 한다. 그렇지 않으면 애초의 의도와 달리 그 사과 편지나 문자가 범행을 인정하는 증거가 되어 억울하게 처벌받을 수도 있음을 명심하면 좋겠다.

14 … 저는 괜찮아요 - 붉은 와인

피고인 A와 피해자 B는 와인 모임에서 한 달 전 처음 알게 되었고, 그 이후 모임에서 2번 더 만났다.
2022년 9월 어느 날 저녁 7시경에 있었던 와인 모임의 번개 회식에서 두 사람은 또 만났다. A는 1차 자리가 끝나자 돌아갔고, B는 다른 회원들과 함께 호프집으로 갔다.
10시 30분경, A는 B와 다른 회원 2명에게만 A의 사무실에서 와인 파티를 하자고 제안하였다. A의 사무실은 술을 마실 수 있는 공간이 따로 마련되어 있었다. A는 밖에서 먼저 B를 만나서 A의 오토바이를 타고 사무실에 도착하였고, 다른 회원 2명이 뒤늦게 도착하였다. 와인을 마시던 중 B는 피곤함이 몰려오자 먼저 한 쪽에 마련된 침대로 가서 쉬었다.
다음 날 새벽 2시경, A는 B가 누워있는 침실로 들어와 갑자기 통화 중이던 휴대폰을 빼앗고, 몸 위에 올라타 B의 다리와 손으로 움직이지 못하게 하고는 강제로 키스를 하였다. B의 옷을 벗기고 성기를 B의 항문에 삽입하려고 시도하고, 강제로 성관계를 하였다. B는 항문에 급성열창의 상해를 입었다.
이로 인하여 A는 강간치상 혐의로 기소되었다.

◆

A는 당시 B와 합의로 성관계를 한 것이라고 주장했다. 강간은 인정하지 않았다. 하지만 B는 사건이 발생한 지 4일 후에 A를 강간과 감금으로 경찰에 고소하였다. 당시 침실에 누워 남자친구와 통화를 하고 있는데, A가 갑자기 들어와 전화기를 뺏고 성폭행을 했다는

것이다. 당시 거실에는 와인 모임 회원 1명이 있었지만, 그는 침실에서 아무런 소리도 듣지 못했다고 하였다. 성관계 직후 A가 침실에서 나올 무렵, B의 남자친구가 그곳에 도착하였지만 범행 현장을 목격한 것은 아니었다. 따라서 이 사건에서 공소사실을 입증할 직접증거는 사실상 B의 진술뿐이었다. B의 진술에 신빙성이 인정되면 A는 유죄가 선고될 것이고, 신빙성이 없다는 판단을 받으면 A에게 무죄가 선고될 수밖에 없는 상황이었다.

그런데 당시 B는 현장에 출동한 경찰관에게 아무 일도 없으니 괜찮다면서 경찰을 돌려보냈다. 또 사건 이후에 A에게 미안하다는 취지의 카톡을 보냈다. 그래서 이 사건에서는 B 진술의 신빙성 여부와 관련하여, 이러한 B의 행동이 강간을 당한 피해자가 할 수 있는 행동으로 볼 수 있는지가 쟁점이 되었다.

◆

1심 법원은 B 진술의 신빙성을 인정하지 않았다. B는 사건 장소에서 집으로 돌아간 직후에 A에게 소란을 일으켜 미안하다는 취지의 카톡을 보냈는데, 고소 내용이 사실이라면 B가 먼저 A에게 연락하여 사과하는 일은 이해할 수 없는 행동이라고 하였다. 오히려 사무실에서 아무런 일이 없었음에도 불구하고 자신의 남자친구 때문에 경찰까지 출동한 것에 대하여 사과를 한 것으로 해석하는 것이 자연스럽다고 보았다. 또 B는 남자친구의 신고로 사건 직후 현장에 출동한 경찰관에게 충분히 피해 사실을 말할 수 있는 상황이었음에도 아무런 말을 하지 않았는데, 당시 소리를 지르며 저항했다고 주장하면서도 정작 남자친구가 현장에 왔음에도 A에게 아무런 항의도 없이 집에 가려고 했다. 이런 행동은 강간 피해자의 행동으로 납득하기 어렵기 때문에 B 진술의 신빙성을 의심하게 하는 요소라고 하였다. B가 집으로 돌아간 후에 그날 아침 A와 주고받은 카톡은 다음과 같다.

B 오빠 죄송합니다. 06:14

06:41 아냐 아냐, 근데 그 또라이한테서는 벗어나자. A

09:59 괜찮은 거지? A

B 네 괜찮아요. 소란 일으켜서 죄송합니다. 10:13

10:14 아녀 아녀, 히메 걱정하지마 오빠는 큰사람 ㅋㅋ A

1심 법원은 이밖에도 B 진술의 신빙성을 인정하기 어려운 이유를 몇 가지 더 제시했다. 먼저 B는 남자친구와 통화를 하고 있는데, A가 갑자기 "이제 일어났어"라고 말하며 핸드폰을 뺏고 통화를 못하게 하였다고 진술하였다. 그러나, 당시 통화 녹음 파일에 의하면 A가 "이제 일어나고 있어"라고 말을 걸자 B는 "네"라고 답하고, 이어 A는 "그래"라고 하면서 자연스럽게 대화가 종료되었고, B의 주장과 같이 핸드폰을 강제로 빼앗기는 상황은 확인되지 않는다고 하였다.

또 B는 침실에서 소리를 지르며 저항했다고 주장했으나, 당시 거실에 있었던 다른 회원은 비명소리를 듣지 못했다고 했고, A와 B는 당시 다른 일행보다 먼저 사무실에 도착하여 단둘이 있을 때에도 아무 일이 없었는데, 굳이 거실에 사람이 있고, 또 여성을 포함한

다른 회원 2명이 사무실로 오고 있는 상황에서 이 사건 범행을 하였을 것으로 보이지는 않는다고 하였다.

한편 사건 직후 도착한 B의 남자친구는 침실에서 비명소리가 들려 문을 열고 들어갔다고 진술하였는데, 정작 B는 성폭행 초기에 항문에 삽입하려고 할 때 큰소리를 질렀다는 것이어서, 그 시기가 다르기 때문에 남자친구의 진술은 믿기 어렵다고 판단하였다.

1심은 이런 이유를 종합하여 B의 진술은 신빙성이 없다고 하면서 A에게 무죄를 선고하였다. 1심의 무죄판결에 대하여 검사는 항소하였다.

2심 법원은 1심의 무죄판결이 정당하다고 보았다. 사건 당시의 상황에 대해 B는 비교적 구체적이고 일관되게 진술하고 있고, 고소 전날의 진료기록부에도 '만취 상태에서 성폭행 당했다. 남자친구한테는 그냥 잠들었다고 했다. 내가 몸 간수를 잘못한 게 아닐까'라고 기재되어 있는 사정을 보면, A가 B를 강간한 것은 아닌지 의심이 들기는 한다고 하였다.

그러나 성폭력 피해자의 대처 양상이 피해자의 성정이나 가해자와의 관계 및 구체적 상황에 따라 다르게 나타날 수밖에 없다는 점을 충분히 고려하더라도, B가 이 부분 공소사실 기재와 같이 폭력적인 방법으로 강간을 당하고 남자친구에 의하여 구출된 상황에서, 남자친구가 없는 시간을 이용하여 A에게 '소란 일으켜서 죄송하다'는 취지의 메시지를 보내고, 남자친구로부터 마약 복용이 의심된다는 말을 듣고도 A에게 자신의 일상에 관한 일을 이야기하는 것은 이례적이기 때문에 신빙성이 없다고 하였다.

재판부는 두 사람이 합의하거나 적어도 폭력이 동반되지는 않은 성관계가 이루어졌는데 이후 B가 술에 취하여 A와 성관계를 한 상황에 대한 자책감이나 혼란스러움 등으로 정신적 고통을 느끼게 되었고, 여기에 남자친구로부터 계속 추궁을 받게 되자 그 상황을 모면하기 위하여 A로부터 강간당했다는 취지로 진술하였을 가능성이 있다고 보았다.

또한 새벽 1시 53분경 침실로 들어간 A는 새벽 2시 4분경 B의 남자친구가 사무실에 도착하여 침실에 진입하려고 했을 때까지 약 11분 동안 침실에서 B와 함께 있었는데, A가 11분이라는 비교적 짧은 시간 사이에 방음이 잘되지 않는 곳에서 거실에 사람이 있고, 다른 일행들이 곧 사무실로 올라올 예정인 상황에서 B를 강간하려 하였을 것이라고 쉽사리 단정하기 어렵다고 판단하였다.

한편 2심 법원은 B의 진술에는 강간 범행 직후의 상황에 대한 구체적이고 세부적인 설명이나 묘사가 없다고 지적했다. 이는 경찰 조사 단계에서 이에 대한 구체적인 질문이 이루어지지 않았기 때문으로 볼 여지도 있으나, B가 강간 범행 자체에 대하여는 매우 구체적으로 묘사하며 진술한 것과 대비되기 때문에 그 진술을 그대로 믿기 어렵다고 하였다.

◆

B가 주장하는 당시 상황은 이렇다. 사건 당일 B는 와인모임에 참석했다가 A의 사무실까지 가게 되었다. 사무실 공간에 있는 침대에서 남자친구와 전화통화를 하고 있을 때, A가 갑자기 휴대폰을 빼앗고 강제적으로 성폭행을 했다. 비명을 지르며 저항했지만 소용이 없었다. 남지친구가 경찰에 B가 감금되었다고 신고하였고, 사건 직후 남자친구가 B를 구출하려고 사무실에 막 도착하였다. 뒤이어 현장에 도착한 경찰은 B에게 피해 상황을 확인하였다. B는 경찰관에게 아무 일이 없었다고 반복해서 말하고, 남자친구와 함께 집에 돌아갔다. 집으로 돌아간 B는 불과 몇 시간 뒤에 가해자인 A에게 사무실에서 소란을 피워 미안하다는 카톡을 보냈다. 강간을 당했다는 B가 자기 때문에 출동한 경찰관에게 괜찮다고 말하고, 집에 돌아가 가해자인 A에게 먼저 사과까지 한 행동은 일반인의 관점에서 매우

제3장

고의

제3장

고의

범죄에는 고의범과 과실범이 있다. 성폭력 범죄는 모두 고의범이다. 고의범이란 범죄를 실행할 의사를 갖고서 저지르는 범죄를 말한다. 따라서 강간죄는 피해자를 강간한다는 고의가 있어야 하고, 강제추행죄는 피해자를 강제추행한다는 고의가 필요하다. 고의는 행위의 주체와 객체, 행위와 그 결과, 인과관계 등 범죄를 구성하는 객관적 요소, 즉 객관적 구성요건요소를 정확하게 인식하고 범죄로 나아간다는 주관적인 의사이다. 미성년자나 아동·청소년에 대한 성폭행은 상대가 미성년자 또는 아동·청소년인 것을 알고 있어야 한다. 준강간이나 준강제추행은 피해자가 심신상실 또는 항거불능 상태에 있고, 그러한 상태를 이용하여 간음 또는 추행한다는 인식이 있었다고 입증되어야 고의범으로 처벌할 수 있다. 객관적 구성요건요소에 대해 잘못 알고 있는 경우, 즉 착오가 있을 때에는 처벌되지 않거나 미수범으로 처벌될 수 있다. 형법도 제13조에서 법률에 특별한 규정이 있는 경우를 제외하고는 범죄의 성립요소인 사실을 인식하지 못한 행위는 처벌하지 않는다고 규정하고 있다.

따라서 고의 인정 여부는 성폭력 범죄의 유무죄 판단에 있어서 매우 중요한 쟁점이다. 고의가 인정되지 않으면 무죄판결이 선고되기 때문이다. 객관적 구성요건요소에 대한 인식이 없어 고의가 부정되는 경우에는 고의범이 아닌 미수범으로 처벌되기도 한다. 미수범은 기수범보다 형을 감경할 수 있기 때문에 피고인 입장에서는 더 유리하다. 성폭력 범죄는 기본적으로 형이 높은 중죄에 해당하므로 수사나 재판 과정에서 고의 인정 여부는 항상 중요한 이슈가 된다. 고의가 없었다고 주장하여 무죄를 선고받기도 하고, 고의를 부인하더라도 다른 증거들에 의해 고의가 인정되기도 한다.

성폭력 범죄에 있어서 고의가 문제 되는 경우는 강간죄나 강제추행죄에서 피해자가 성관계에 동의한 것으로 알았다거나 준강간죄에서 피해자가 심신상실 또는 항거불능 상태에 있다는 사실을 몰랐다거나 미성년자나 아동 청소년인지 몰랐다고 하는 경우가 대부분을 차지한다.

1 … 모텔에 갈래요 - 20분의 진실

피고인 A(40세 남성)는 본사 차장이고, 피해자 B(22세 여성)는 산하 사업소 직원이었다. 2021년 4월 어느 날 저녁 6시 30분경, A는 B, 다른 직원 2명 등과 함께 식당에서 술을 곁들인 회식을 하였다. 근처 포차에서 2차를 하고 밤 9시 15분경 회식을 마쳤다. 2차가 끝날 무렵 직원 한 명이 술에 취해 넘어지자 다른 직원 한 명이 그를 집에 데려다주기로 하고 먼저 떠나 A와 B만 남게 되었다.
A와 B는 다른 직원들이 먼저 간 후에 식당가 도로변에 서서 10분간 이야기를 하였다. 그날 밤 9시 45분경, 두 사람은 지나가던 택시를 타고 10분 거리에 있는 이 사건 모텔에 도착하였다.
모텔 방에 들어온 A는 술에 취하여 몸을 제대로 가누지 못하고 있던 B에게 키스를 하고, B와 성관계를 하였다. B는 이틀 뒤에 A를 고소하였다.
이로 인하여 A는 준강간 혐의로 기소되었다.

◆

A는 당시 B가 술에 취하긴 했지만 스스로 의사결정을 할 수 있을 정도로 멀쩡했고, 그래서 모텔로 가서 B와 합의로 성관계를 하였는데, B가 술 때문에 성관계에 합의한 사실을 기억하지 못한 것일 뿐이라고 하였다. 또 실제로 B가 술에 취해서 심신상실이나 항거불능의 상태였다고 하더라도, 자신은 B가 그런 상태였다는 사실을 전혀 알지 못했다면서 범행을 부인하였다. B는 1차 회식 이후 상황을 전혀 기억하지 못했다.

준강간죄는 심신상실 또는 항거불능의 상태에 있는 피해자를 그 상태를 이용하여 성관계를 할 때 성립하는 범죄로서 고의범이다. 따라서 A에 대해 준강간죄가 성립하려면 B가 사건 당시 술에 취하여 심신상실 또는 항거불능 상태에 있었어야 하고, A는 B가 그런 상태에 있음을 알고 이를 이용하여 강간한다는 의사, 즉 준강간의 고의가 입증되어야 한다. 그런데 A는 준강간의 고의를 인정하지 않았기 때문에, 이 사건은 사건 당시 B가 술에 취하여 심신상실 또는 항거불능의 상태에 있었는지와 A의 준강간의 고의 유무가 주된 쟁점이 되었다.

한편, A는 B가 사건 당시 심신상실 또는 항거불능의 상태에 있지 않았다고 주장하고 있어, 당시 B가 객관적으로 어떤 상태에 있었는지도 치열하게 다투어졌다. 당시 2차 회식을 마치고 일행들과 함께 포차에서 큰길까지 이야기하면서 5분 정도 걸어 나왔다. 다른 직원 2명이 먼저 택시를 타고 귀가한 후에도 도로변에 남아서 10분 동안 대화를 하다가 택시를 타고 모텔로 갔다. 모텔에 투숙할 당시 두 사람은 팔짱을 끼고 있었고 객실까지 걸어서 들어갔다. 객실에 들어온 직후 B는 화장실에 들어가 남편과 통화를 하면서 남편에게 언제 데리러 오는지를 물었고, 성관계 직후에도 남편과 다시 통화하였다. 이런 사정은 당시 B가 어떤 상태에 있었는지를 판단하는 정황이 되었다.

◆

1심 법원은 A에게 무죄를 선고하였다. 무죄 이유는 크게 2가지였다. 하나는 사건 당시 B가 A와의 성관계 자체를 인식하지 못하거나 그 행위의 의미를 이해하지 못 하는 심신상실의 상태나 심리적 또는 물리적으로 반항이 절대적으로 불가능하거나 현저히 곤란한 항거불능의 상태에 있었다고 인정하기는 어렵다고 하였다. 이에 대하여 법원은 다음과 같이 설명하였다.

B는 다른 일행이 먼저 귀가한 후 길가에서 A와 함께 서서 약 10분간 이야기를 하다가 A와 손을 잡고 택시로 걸어갔고, A가 택시 문을 열어주자 스스로 택시에 탑승하였다.

1차 회식 이후 모텔에 가서 성관계를 하는 과정에서 B는 의식을 유지하면서 A와 대화를 하거나 남편과 통화하였고, 약간 비틀거리기는 하였으나 스스로 걸어서 이동하였다.

성관계 직후 남편 전화를 받고 통화를 하면서 모텔에서 나왔고, A와 함께 약 15분간 모텔 주변을 걸으면서 입사 동기와 2차례 통화를 하다가 택시에 탑승하였다. 남편이나 동기와 통화하면서 횡설수설하기는 하였으나 통화하는 상대방이 누구인지, 상대방이 하는 말을 이해하면서 대화하였다. B는 모텔에서 나와서 택시를 탈 때까지 다른 사람의 도움 없이 스스로 걸어서 이동하였다.

B는 시간이 지남에 따라 알코올 흡수율과 육체적 피로도가 상승하여 모텔에서 나와 택시를 탈 무렵에 이르러 사실상 의식을 차리지 못하는 상태가 됐을 가능성도 많다.

1심이 무죄를 선고한 다른 이유는 B가 겉으로 보기에도 만취하여 심신상실 또는 항거불능의 상태였다고 인정하기 어려운 정황들이 존재하기 때문에, 사건 당시 A는 B가 심신상실 등의 상태라는 사실을 알고 있었다는 점이 합리적인 의심을 배제할 정도로 증명되었다고 보기도 어렵다는 것이다. 즉, 준강간의 고의가 인정되지 않는다고 보았다. 그 주된 판단 근거는 다음과 같다.

B는 다른 일행이 택시를 타고 귀가하는 것을 지켜본 후 모텔에 가자는 A의 제안에 응하여 그의 손을 잡고 택시에 탑승하고 모텔까지

가는 등 성관계에 호응하는 것으로 보이는 행동을 하였다.

2차 회식 이후 택시를 타고 모텔로 이동하여 성관계를 하고, 모텔을 나와서 재차 택시를 타기까지 A와 이야기를 하거나 남편 등과 전화통화를 하면서 스스로 걸어서 이동하였다.

이를 지켜본 A의 입장에서는 B의 이러한 행동이 현저한 항거곤란 상태에서 이루어진 것으로 인식하기는 쉽지 않았을 것으로 보인다.

1심의 무죄판결에 불복하여 검사는 항소하였다. 그런데 2심 법원은 1심 법원과 달리 A가 유죄라고 판단하였다. 재판부는 사건 당시 B는 평소 자신의 주량보다 상당히 많은 양의 술을 마셔 매우 취해 있었고, 그 영향으로 판단능력이나 성적 자기결정권의 침해행위에 맞서려는 저항력이 현저하게 저하된 상태였다고 봄이 타당하다고 하였다. 준강간의 고의 여부에 관하여도, 두 사람의 나이, 관계 등을 고려할 때 B가 술에 만취한 상태가 아니었다면 A의 갑작스러운 성관계 제안에 순순히 응할 만한 합리적인 이유나 동기를 전혀 찾아볼 수 없는 점 등 여러 사정에 비추어 보면, A는 당시 B가 알코올의 영향으로 심신상실이나 항거불능의 상태에 있었음을 미필적으로나마 인식하였다고 보는 것이 타당하므로 준강간의 고의가 인정된다고 하면서 A에게 징역 3년을 선고하였다. 당시 B의 상태를 위와 같이 판단한 주된 근거는 다음과 같다.

사건 당일 B는 자신의 주량에 비해 술을 많이 마셔 모텔에 가기 위해 택시에 탈 때부터 이미 매우 취한 상태였다. B는 1차 이후의 일은 기억하지 못했다.

두 사람은 나이 차이가 18살이나 되고, 각자 배우자가 있었다. 특히 신혼이었던 B는 사건 당일 A와 처음 만났는데, B가 만취한 상태가 아니었다면 A의 갑작스러운 성관계 제안에 순순히 응했을 만한 합리적인 이유나 동기가 없다.

B는 회식이 끝나 남편이 데리러 오고 있는 상황에서, A와 택시를 타고 모텔로 이동하였는데, 이는 B가 만취한 상태였다는 것을 반증한다.

객실로 들어온 직후 화장실에서 남편과 전화를 했고 남편으로부터 10분 뒤에 도착한다는 말을 들었음에도 별로 신경 쓰지 아니하고 피임기구도 없이 A와 성관계를 하였다. 이런 B의 모습은 신혼의 남편이 데리러 올 것을 알고 있는 사람의 행동으로 볼 수 없다.

성관계 직후 남편의 전화를 받고 남편에게 '오빠한테 갈 거야'라는 말을 반복하면서 '○○○ 시네마'라고 모텔 상호까지 알려 주었는데, 불륜을 저지르고 있는 사람의 행동으로 볼 수 없다.

모텔에서 나와 택시에 탑승한 B는 거의 움직이지 못했고, 남편 전화도 제대로 받지 못해 택시 기사가 대신 받아서 위치를 알려주어 남편을 만날 수 있었다.

B의 팬티가 잘못 입혀져 있었고, B의 휴대폰에는 모텔에서 휴대폰을 잘못 조작하여 촬영된 것으로 보이는 사진들이 발견되었다.

◆

1심은 A에게 무죄를 선고하였는데, 그 주된 이유는 사건 당시 B의 '블랙아웃(Black-Out)' 가능성 때문이다. 블랙아웃은 술에 취하여 사건 당시에는 의식적으로 한 행동을 나중에 기억하지 못 하는 것인데, B가 회식 이후 모텔에서 성관계를 하고 나올 때까지의 모습은 정상적으로 보였기 때문에 B가 술에 취하긴 했지만 A의 입장에서는 의사결정에 큰 문제가 없다고 생각했을 가능성이 있다는 이유로 A의 준강간에 대한 고의가 인정되지 않는다고 하였다. 반대로 2심은 사건 당시 B의 상태가 정상적인 의사결정을 할 수 없는 상태에 있었고, A도 그런 상태를 최소한 미필적으로나마 알 수 있었기 때문에 준강간의 고의가 인정된다고 하였다.

하나의 사건에 대하는 두 법원의 판단은 완전히 정반대였다. 3심제로 운영되는 재판의 심급제도상 당연히 상급심인 2심 법원의 판단이 우선되긴 하지만, 1심 법원이나 2심 법원이나 모두 판사 3명으로 구성된 합의부에서 심판하였다. 그런데 왜 이런 결과가 나왔을까. 1심은 사건 전후 B가 보인 행위에 더욱 중점을 둔 것 같고, 2심은 A와 B의 관계에 더 초점을 맞춘 것 같다.

B는 1차 회식 이후의 일을 기억하지 못했지만, 2차를 마치고 대화를 하면서 걸었고, 일행을 먼저 보낸 후에도 A와 꽤 긴 시간 서서 대화를 했으며, 데리러 오고 있는 남편과 통화하면서 소요 시간을 확인하기도 했다. A와 손을 잡고 택시를 탔고, 모텔에도 걸어서 들어갔다. 성관계 전에는 모텔 화장실에서 남편과 전화통화도 했다. 모텔을 나올 때도 걸어서 나왔고, A와 걸으면서 입사동기와 전화통화를 하기도 했다. 단지 남편을 만나러 가기 위해 택시를 탄 이후부터는 인사불성이 되었다. 이런 외형적인 모습만 보면 비록 B가 주량을 많이 초과하여 상당히 취한 것은 맞지만 스스로 의사결정을 할 수 없을 상태는 아니라고 볼 여지도 충분하다.

반면에, A는 본사의 간부고, B는 사업소 직원으로 편한 관계는 아니다. 나이 차이도 18살이나 되고, 더구나 사건 당일 회식장소에서 처음 본 사이였다. 평소는 물론이고 그날 회식자리에서도 B가 A에게 호감을 갖거나 표시한 적이 없다. B는 불과 몇 달 전에 결혼한 신혼이었고, 회식이 끝나면 남편이 데리러 오기로 되어있었다.

일행이 먼저 떠나고 두 사람이 길가에 서서 대화를 하는 중에도 남편에게 언제 오는지를 확인했고, 모텔에 들어와서도 남편과 통화하면서 소요시간을 묻기도 하였다. A와 B의 관계, 그리고 당시 상황에서 B가 A의 성관계 제안을 순순히 받아들인 것 자체로 B가 당시 정상적으로 의사결정을 할 수 있는 상태가 아니었음을 의미할 수도 있다.

A는 2심의 유죄판결에 불복하여 상고하였지만 대법원은 2심 법원의 판단이 정당하다며 A의 상고를 기각하였다. 징역 3년 형이 그대로 확정되었다. 참으로 판단이 어려운 사례이다. 하지만 전체적으로 볼 때 소주 1병에서 1병 반 정도의 주량인 B가 1차에서 소주 8병과 맥주 5병을 일행들 3명과 나눠 마셨고, 2차에서도 소주 1병을 나눠 마셨기 때문에 주량을 상당히 초과한 상태였다. 남편으로부터 10분 뒤에 데리러 오겠다는 전화를 받은 사람이 그 짧은 시간에 다른 남자와 순순히 모텔에 들어간다는 것은 정상적인 상태에서는 사실상 불가능한 행동이다. A의 입장에서 보더라도 그날 처음 만났고 18살이나 어릴 뿐만 아니라 신혼으로 남편이 회식이 끝나면 데리러 온다는 상황에서 모텔에 가자거나 성관계 제안에 순순히 응했다면 B의 상태가 정상이 아니라는 것을 충분히 알았을 것이다. 당시 두 사람이 모텔에 함께 있었던 시간은 길어야 20분에 불과하다. A는 20분 동안의 쾌락을 누린 대가로 3년 동안 교도소에서 수감생활을 해야 하는 신세가 되었다.

2 … 나는 강도다 - 공원화장실

2020년 4월 어느 날 새벽 1시경, 피고인 A는 서울 어느 공원 부근에서 혼자 걸어가고 있는 피해자 B(20대 초반 여성)를 발견했다. A는 B를 범행 대상으로 정하고 B가 공원 여자 화장실에 들어가는 것을 보고 서둘러 뒤따라 들어갔다.

A는 여자 화장실 안 통로에서 B를 기다리다가 용변 칸에서 나오는 B를 안으로 밀어 넣었다. 그곳에서 한 손으로는 B의 목을 누른 채 조용히 하라고 협박하면서, 한 손으로 B의 바지를 아래로 벗기려고 하였다.

B가 한 번만 살려달라고 애원하면서 다른 데로 가서 하자고 설득하자, A는 B를 붙잡고 화장실에서 나오다가 B의 일행에게 붙잡히게 되었다. B는 이 과정에서 목에 상처도 입었다.

이로 인하여 A는 성폭력범죄처벌법위반(강간등치상) 혐의로 기소되었다.

◆

검사는 A가 처음부터 공원에서 성폭행할 대상을 찾다가 공원 여자 화장실로 들어가는 B를 따라 들어가 B를 강간하려다가 실패하였고, 그 과정에서 B에게 상처까지 입힌 사건으로 판단하였다. 그리하여 A를 성폭력범죄처벌법의 강간치상으로 기소하였다.

그러나 A는 수사기관에서부터 법정에서까지 성폭행할 의도가 전혀 없었고, 단지 B에게 돈을 뺏으려고 했던 것이라고 하면서 강간의 고의를 부인했다. A의 주장에 따르면 그날 공원으로 가던 중 포장마차 앞에서 B를 처음 봤는데, 옷차림새로 보아 돈이 많아 보여 돈을 뺏을 생각으로 B를 뒤따라 간 것이고 했다. 또 화장실 용변 칸에서 한 손으로 목을 조르고 다른 손으로 바지를 더듬어 주머니를 찾으려고 했는데 주머니가 보이지 않았고, 돈이 없어서 빼앗지 못했다고 주장했다.

이처럼 A는 강도의 고의는 인정하면서 강간의 고의를 부인하였다. 그런데 검사는 A를 강간치상으로 기소하였기 때문에 A에게 강간의 고의가 있었는지가 재판의 쟁점이 되었다.

◆

1심 법원은 A에게 강간의 고의가 있었음이 증명되지 않았다고 판단하고 무죄를 선고하였다. 법리상 피고인이 고의를 부인하고 있는 경우에는 성질상 고의와 상당한 관련성이 있는 간접사실을 증명하는 방법에 의하여 고의를 입증할 수밖에 없다. 무엇이 상당한 관련성이 있는 간접사실에 해당할 것인가는 정상적인 경험 법칙을 바탕으로 치밀한 관찰력이나 분석력에 의하여 사실의 연결상태를 합리적으로 판단하는 방법에 의하여야 한다는 것이 대법원의 확립된 판례이다(대법원 2008도522 판결).

그런데 A는 B로부터 돈을 빼앗으려고 했다고 일관되게 주장했다. 비록 B는 용변 칸에서 A가 티셔츠와 바지를 강제로 내리려고 하여 성범죄를 저지를 것으로 생각했다는 것이다. 하지만 A가 입맞춤을 하려고 하거나 다른 신체 부위를 만지거나 상의나 바지 안으로 손을 넣는 행동은 하지 않았다고 진술하였다. A는 현장에서 경찰관들에게 체포되었는데, 당시 출동한 경찰관도 체포 당시에 A로부터 돈이 필요해서 그랬는데 너무 잘못 한 것 같다는 말을 들었다고 했다. 이런 점들은 B로부터 돈을 뺏으려 하였다는 A의 진술에 부합하므로, 검사가 제출한 증거만으로는 A에게 강도의 고의가 있었는지는 몰라도 더 나아가 강간의 고의가 있었다는 점이 합리적인 의심의 여지없이 증명되지 않았다고 판단하였다.

2심 법원도 1심의 무죄판결을 지지하였다. A에게서 성폭행을 당할 것 같아 두려웠다는 B의 진술은 늦은 밤 인적이 드문 화장실에서 범행을 당한 B의 추측으로 보이고, 다른 신체적 스킨십을 시도하지 아니한 점을 보더라도 A에게 당시 강간의 고의가 있었다고 단정하기 어렵다고 하였다.

◆

인적이 드문 어두운 밤, 공원 화장실에 가는 여성을 뒤따라 들어가 화장실 용변 칸에서 나오는 여성을 안으로 밀어 넣고 그 여성을 몸을 만지는 장면은 누가 보더라도 화장실 성폭행 상황으로 보인다. 이 사건의 피해자 B도 그렇게 느꼈다.

그런데 며칠 동안 밥을 못 먹어 굶주린 어떤 남자가 인적이 드문 어두운 밤, 혼자 화장실에 들어가는 여성을 보고 뒤따라 들어갔다가 화장실에서 나오는 여성을 다시 용변 칸에 밀어 넣고 돈이 있는지 확인하려고 바지 주머니를 살짝 만져본다. 이 장면은 성폭행 상황으로 보기는 어렵다.

하지만 두 장면은 밖으로 드러난 모습에서는 큰 차이가 없다. 앞의 사례는 성폭행할 의도가 있는 경우이고, 뒤의 예는 돈을 빼앗는 것이 목적인 경우다. 두 사례 모두 남자는 자신의 목적을 외부로 직접 표현하지 않았고 신체접촉을 시도했기 때문에 피해 여성은 성폭행 상황으로 생각할 수밖에 없다. 그런데 범죄는 피해자의 느낌이 기준이 아니라 가해자의 의도, 즉 가해자가 어떤 범죄고의를 가졌는지에 따라 성립하는 범죄가 달라진다. 강도죄나 강간죄 모두 3년 이상의 징역으로 처벌받는 중대 범죄로 법정형은 같다. 그렇지만 강도죄는 재산범죄임에 반해, 강간죄는 파렴치범이기 때문에 사회적 비난이 더 강하고, 전자발찌나 신상정보공개 등 부수적인 제재가 뒤따른다. 그래서 A의 입장에서는 어떤 죄로 처벌받는지가 매우 중요한 문제가 된다. 실체적 진실이라는 관점에서도 A가 가진 의도에 맞게 처벌하는 것이 정의롭다.

고의는 범죄를 구성하는 주관적인 요소이기 때문에 피고인이 부인하는 경우에는 그 고의를 입증하기는 쉽지 않다. 이런 경우 고의는 간접사실에 의해 입증해야 한다는 것은 앞에서도 언급하였다. 고의를 입증할 수 있는 간접사실이 많다면 별문제가 없지만 그렇지 않은 경우라면 고의 유무에 관한 판단은 녹록지 않다. 이 사건에서 A는 일관되게 돈을 뺏을 목적이었지 강간할 생각은 전혀 없었다고 하였다. 반면에 B는 A가 성폭행을 할 것으로 생각했다고 진술했다. 화장실에서 A는 범죄 의도를 추측할 수 있는 말을 하지 않았기 때문에 B도 A의 정확한 범행 의도를 알 수 없었다.

A가 B의 티셔츠를 만졌는지에 대해서는 진술이 조금 달랐다. B는 A가 티셔츠도 만졌다고 했지만 A는 부인했다. 검사는 A가 티셔츠 어깨 쪽을 잡고 내리려고 하고, 바지를 아래로 잡아당겨 벗기려고 했다는 B의 진술을 근거로 강간할 의도가 있었다고 본 것 같다. 그렇지만 A의 강간 고의를 충분하게 입증하지는 못했다. A가 범죄 전력은 몇 번 있었지만 성범죄 전과는 없었다. 비록 A가 성범죄를 저지를 것으로 생각했다는 B의 진술이 있지만 이는 어디까지나 B의 추측일 뿐이다.

B는 A가 티셔츠를 아래로 내리려고 했다고 주장했는데, A가 B를 용변 칸으로 밀어 넣는 과정에서 어깨나 목 부위를 만지면서 티셔츠를 건드린 것인지, 아니면 진짜로 티셔츠를 벗기려고 한 행동인지에 대해서는 명확하게 구분하지 못했다. 결국 검사는 항소심에서 강도미수로 공소장을 변경하였다. 2심 법원도 A의 강도미수에 대해 유죄를 선고하고, 강간의 고의가 인정되지 않기 때문에 강간치상죄는 1심 법원과 같이 무죄라고 판단하였다.

가 점심때쯤 일어났다.

1심 법원은 B의 진술에 신빙성을 인정한 것과 달리 잠버릇이 좋지 않아 잠결에 자리가 뒤바뀌면서 B를 아내로 착각하여 만졌을 것이라는 A의 주장은 받아들이지 않았다. 법원이 A의 주장을 배척한 이유는 대체로 다음과 같다.

사건 당시 B는 10cm 정도 두께의 매트리스 위에서 벽 쪽에 누워 잠을 잤고, B는 바닥에서 머리 방향을 반대로 하고 잠이 들었다. A와 B 사이에는 B의 엄마가 B와 같은 방향으로 잠을 잤다. 그런데 사건 당시 B는 원래 위치 그대로 잠을 자고 있었고, A는 매트리스 위에 B와 같은 방향으로 B에게 밀착해 있었다. A가 B 옆으로 이동하기 위해서는 그 사이에 누워 잠을 자고 있는 아내를 넘어 약 10cm 두께의 매트리스 위로 이동하였어야 했다. 뿐만 아니라 머리의 방향까지 B와 같은 방향으로 바뀌어 B 옆으로 이동하였다. 이와 같은 A의 위치와 머리 방향의 이동방식은 통상적으로 잠을 자는 중에 무의식적으로 일어날 수 있는 잠버릇에 의한 것으로 보기 어렵다.

A는 잠결에 B를 아내로 착각하여 만졌을 뿐이라고 하면서도 그다음 날 B를 보자마자 자신이 만졌는지를 먼저 묻고 사과한다는 것은 상식적으로 납득하기 어렵다.

A는 1심 판결에 대해 항소하였다. 그런데 2심 법원은 다른 판단을 하였다. 재판부는 A가 잠결에 착오나 실수로 B를 그의 아내로 잘못 알고 만졌을 가능성도 있기 때문에, A에게 추행의 고의가 있었는지가 입증되지 않았다고 하면서 무죄를 선고하였다. 이와 관련된 주된 판단 이유는 다음과 같다.

B의 진술에 의하더라도 A는 평소 잠버릇이 좋지 않아 많이 움직인다는 것이다. A뿐만 아니라 엄마도 A처럼 잠자리 위치나 머리 방향이 모두 바뀌어 있었다. 심지어 방바닥에서 자던 A와 매트리스에서 자던 엄마가 뒤바뀌어 있었다. 따라서 A가 B 옆으로 잠자리가 이동하게 된 것이 통상적으로 잠을 자는 중에 무의식적으로 일어날 수 있는 잠버릇에 의한 것이 아니라고 단정하기 어렵다.

즉, B의 엄마도 매트리스 아래로 내려가 위치와 머리방향이 모두 바뀌어 있는 상황을 보면, 엄마가 잠버릇 등의 원인으로 A를 넘어가 잠자리와 자세를 바꾸고, 그 사이 A도 잠결에 매트리스 위로 이동하며 자세를 바꾸었을 가능성도 있다.

또한 체중과 신장 등 체격이 처와 비슷한 B가 아내의 옷을 입고 자고 있어 B를 아내로 착각했을 가능성도 있다. A가 아침에 B에게 사과한 행위도 A가 처음에는 자신의 아내로 생각하고 B를 만졌으나 B가 벗어나면서 잠결에 자신이 만진 대상이 처가 아니라는 사실을 알고 사과를 하였을 수 있다.

◆

강제추행죄는 고의범이므로 유죄로 처벌하려면 피해자를 강제로 추행하려는 의사, 즉 강제추행에 대한 고의가 있어야 한다. 범죄의 주관적 요소인 고의는 내면의 문제이므로 피고인이 고의를 부정하는 경우에는 고의와 관련성이 있는 간접적인 사실을 통해 입증할 수밖에 없다. 고의와 상당한 관련성이 있는 간접사실은 경험 법칙을 바탕으로 치밀한 관찰력이나 분석력에 의하여 합리적으로 판단하여야 한다는 것이 법원의 입장이다.

이 사건에서 A는 줄곧 잠결에 B를 아내로 잘못 알고 만진 것이라고 하면서 강제추행의 고의를 부인하였다. 따라서 강제추행의 고의는 추행과 관련된 여러 가지 전후 정황, 즉 간접적인 사실들을 종합하여 판단할 수밖에 없었다.

1심이나 2심 모두 A가 B의 음부와 가슴을 만진 신체적 접촉이 있었다는 사실은 인정하였다. 다만 A에게 강제추행의 고의가 있었다고 할 것인지에 대해서는 결론이 일치하지 않았다. 1심 법원은 최초에 잠을 잘 때의 위치와 자세, 매트리스 높이, 처의 위치 등의 간접사실에 비추어 잠결에 잠자리의 위치 등을 바꿔가며 추행 하기는 어렵다는 관점에서 잠결에 자리가 바뀌었다는 A의 주장을 배척하였다. 이에 반하여 2심 법원은 A와 처의 평소 잠버릇, 방바닥과 매트리스에 자던 사람의 위치가 뒤바뀌는 경험 등의 간접사실을 근거로 A가 잠결에 방바닥에서 매트리스 위로 올라와 B를 아내로 알고 만졌을 가능성이 있기 때문에 A에게 강제추행의 고의가 있었다고 단정하기 어렵다면서 무죄를 선고하였다. 결국 방바닥에서 자던 A가 잠결에 10센티미터 높이의 매트리스 위에서 자던 엄마와 자리를 바꿀 수 있는 가능성에 대한 견해의 차이에서 유무죄가 달라진 것이다. 1심은 매트리스의 두께나 머리 방향 등으로 봤을 때 아무리 잠결이라고 하더라도 그런 형태의 자리바꿈이 불가능하다고 판단했다. 그렇다면 의도적으로 B의 등 뒤로 갔다는 말이기 때문에 잠결에 무의식적으로 만졌다는 A의 주장을 배척한 것이다. 그러나 2심은 매트리스는 높이가 5~10센티미터 정도에 불과하여 잠버릇이 심하면 그런 방식의 자리바꿈도 얼마든지 가능하다고 보고 A의 주장을 그대로 받아들여 무죄를 선고한 것이다. 매트리스 외에도 B와 엄마의 신장과 체중 차이가 크지 않은 점, B가 엄마의 옷을 입고 있었던 점 등도 A의 추행 고의를 판단하는 간접사실이 되었다. 이처럼 강제추행의 고의 유무가 쟁점이 된 사건에서는 고의 여부를 판단하는데 관련성이 있는 간접사실을 어느 편에서 더 풍부하고 설득력 있게 제시하는지에 따라 유무죄의 결론이 달라질 수 있음을 알 수 있다.

그런데 여기서 우리는 아침에 일어났을 때 상황에 대한 A와 B의 주장이 서로 다르다는 점에 주목할 필요가 있다. B는 A가 자꾸 몸을 만져 이불을 들고 거실로 나와 점심때까지 잠을 잤고, 점심 무렵 A로부터 사과를 받았다고 진술했다. 그런데, A는 아침에 깨어보니 B를 안고 있어 혹시 아내로 착각하고 만졌을지도 몰라 사과를 했다고 설명했다. 아침에 일어났을 당시 B의 주장대로라면 A는 방 안에, B는 거실에 있었다. A의 주장이 사실이라면 A와 B는 안방에 함께 있었어야 한다. 따라서 어느 한 사람은 거짓말을 하는 것이다.

실제로 잠결에 옆에 누워있는 사람의 신체를 아내나 여자 친구 또는 남편이나 남자친구로 알고 만질 경우도 있고, 잠을 자는 척하면서 일부러 만질 가능성도 많다. 따라서 재판부가 객관적이고 합리적으로 판단할 수 있도록 고의와 관련된 간접사실을 얼마나 더 많이 제시하고 입증하느냐가 관건이 된다.

4 … 재활치료를 했다 - 화풀이

피고인 A는 종합병원에서 물리치료사로 일하고 있었다. 피해자 B(30대 중반의 여성)는 그 병원에서 재활치료를 받고 있는 장애인 환자였다. B는 2019년 1월경 주치의로부터 운동장애 진단을 받고, 주치의의 처방에 따라 약 7개월 동안 1주일에 한 번씩 보행훈련, 보바스치료 등의 물리치료를 받게 되었다. A는 B의 물리치료를 담당하게 되었다.
2019년 7월 어느 날, 그 병원 재활치료실에서 B는 A에게 재활치료를 받았다. A는 재활치료를 하면서 B의 옷 안으로 손을 집어넣어 B의 배를 만지고, 옷 위로 B의 엉덩이를 만졌다.
이로 인하여 A는 성폭력범죄처벌법위반(장애인위계등추행) 혐의로 기소되었다.

◆

A는 사건이 발생한 병원에 소속되어 있는 남자 물리치료사였다. 그리고 B는 주치의로부터 보행훈련, 보바스치료 등 재활치료 처방을 받았고, A에게 이 사건 발행일까지 약 6개월 동안 매주 정기적으로 30분씩 B의 재활치료를 받아왔다.

A는 사건 당일 재활치료의 일종인 보바스치료를 수행하는 과정에서 손으로 B의 복부 맨살과 엉덩이 부위를 접촉한 사실은 인정했다. 다만, 복부나 엉덩이 등 신체를 접촉한 것은 보바스치료 과정에서 발생하는 정상적인 과정이지 추행의 의도가 있었던 것은 아니라며 추행의 고의를 부인하였다.

따라서 이 사건은 A가 B의 신체를 만진 것이 재활치료의 일환인지, 아니면 추행의 의도가 있었는지가 쟁점이 되었다. 검사는 재활치료 과정에서 추행의 고의로 신체를 만졌다고 판단하여 기소하였는데, 과연 법원은 어떤 판단을 하였을까.

◆

1심 법원은 A에게 무죄를 선고하였다. A가 B의 신체를 접촉한 것은 맞지만, 검사가 제출한 증거들만으로는 B에 대한 치료과정에서 이루어진 신체접촉이 통상적인 치료 범위를 넘어 B의 성적 자기결정권을 침해하는 추행에 해당한다거나 A에게 추행의 고의가 있었다고 보기 어렵다고 하였다. 법원 판단의 주된 요지는 다음과 같다.

B는 복부, 둔부 등 코어근육이 약화되고 신체균형이 붕괴되어 독자적으로 걷는 것조차 힘든 상태였다.

보바스치료(Bobath Theraphy)는 본질적으로 치료 과정에서 맨살 접촉이 동반된다. 따라서 A가 보바스치료를 수행하는 과정에서 B의 맨살에 신체접촉을 하였다는 사실만으로 적절한 치료범위를 초과하였다고 단정할 수 없다.

재활치료 중에 다른 물리치료사나 실습생들이 A의 보바스치료를 보거나 참관하였는데, 치료 과정에서 부자연스럽거나 이상한 점이 발견되었다는 진술은 없다. 물리치료실은 여러 대의 침상이 함께 있는 개방된 공간인데, 다른 환자들 중에서도 문제점을 지적하는 사람이 없었고, B도 약 6개월 동안 보바스치료를 받아오면서 이 사건 이전까지는 한 번도 항의한 적이 없었다.

검사는 1심의 무죄판결에 대해 항소하였다. 그러나 2심 법원도 1

심의 무죄판결이 정당하다며 검사의 항소를 기각하였다. 재판부는 '주치의는 B에 대하여 보바스치료를 포함한 운동치료를 처방하면서 세부적인 물리치료의 방법은 A에게 일임하였고, A는 주치의의 처방에 따라 B에게 치료행위를 하였다. 그 치료행위는 매뉴얼에 부합하는 적절한 방법으로 수행된 것으로 보인다. 비록 A가 성적 수치심이나 혐오감을 느낄 수도 있는 B의 복부 및 엉덩이 부위를 접촉하였다고 하더라도, 그러한 사정만으로 A의 치료행위에 수반된 신체접촉이 치료의 목적을 넘어 B의 성적 자유를 침해하려는 의도로 이루어졌다거나 A에게 당시 추행의 고의가 있었다고 인정하기는 어렵다'고 판단하였다.

◆

실제로 안마, 마사지 등 환자에 대한 치료과정에서 치료를 가장한 성범죄도 적지 않게 발생한다. 이 사건에서와 같이 물리치료 과정에서 추행으로 처벌받은 사례도 상당하다. 하지만 물리치료는 신체접촉이 불가피하고, 특히 치료자와 환자의 성별이 다를 경우에는 환자의 성격, 접촉부위 등 여러 조건에 따라 치료행위가 추행으로 오해받을 위험성도 많다. 치료행위를 가장하여 환자를 성폭행하는 행위는 반드시 근절되어야 하지만 정당한 치료행위가 성범죄가 되어 억울하게 처벌받는 일도 있어서는 안 된다.

성범죄를 입증하여 가해자를 처벌하기도 어렵지만, 억울하게 누명을 쓰고 일단 법원에 기소가 되면 무죄판결을 선고받기는 매우 어렵고 힘들다. 무죄율은 대략 1% 내외 정도 된다. 100건이 기소되면 무죄가 선고되는 사건은 1건인 셈이다. 일단 사건에 연루되면 수사와 재판과정에서 경찰, 검찰, 법원에 계속 불려 다녀야 하는데, 생업이 있는 경우에는 그 자체만으로도 매우 번거로운 일이다. 대부분은 형사사건에 대한 법률적 지식이 없으므로 변호사의 도움도 필요하고, 여기에는 경제적인 부담도 뒤따른다. 이처럼 한번 범죄 혐의를 받게 되면 시간적으로, 경제적으로, 정신적으로 삼중고, 사중고를 겪는다. 실제 A의 신체접촉이 치료행위에 불과했다면 A로서는 정말 억울한 일이 아닐 수 없다.

이런 취지에서 대법원도 '환자의 신체를 대상으로 하는 진료 및 치료과정에서 이루어진 행위에 대해서는 그 행위가 환자의 인식 여하에 따라서 추행으로 오해되거나 비판받을 소지가 있을 수 있으므로, 그것이 치료와 무관하거나 치료의 범위를 넘어 환자의 성적 자유를 침해하려는 의도로 이루어져 추행행위로 평가할 수 있다는 점에 대하여 합리적 의심의 여지가 없는 증명이 필요하고, 검사의 증명이 그 점에 관한 유죄의 확신을 갖기에 충분한 정도에 이르지 못한 경우에는 비록 그 전체적인 치료과정에 다소 석연치 아니한 면이 있다 하더라도 피고인의 이익으로 판단하여야 한다.'는 입장을 취하고 있다(대법원 2015도624 판결 등 참조).

물리치료나 추행행위는 모두 상대방과의 신체접촉이 동반되기 때문에 행위 자체로는 구분하기 어렵다. 결국 행위자의 의도에 따라 진료 목적이면 치료행위가 되지만, 추행 목적이라면 성범죄에 해당하게 된다. 성범죄는 고의가 인정되어야만 성립한다. 치료자가 아무리 치료행위라고 우기더라도 환자의 성기를 만지거나 뽀뽀 또는 키스를 하거나 항문에 손가락을 넣거나 가슴을 만지는 것과 같은 행위는 외형상으로도 추행이 명백하다. 이런 경우에는 크게 민감한 부위를 만졌는지에 대한 입증이 문제될 뿐이지 행위자의 의도는 크게 문제되지 않는다. 그런데 이 사건에서는 신체접촉이 이뤄진 곳은 왼쪽 가슴아래 옆구리와 엉덩이 부위여서 행위 자체로는 그것이 치료행위인지 추행행위 인지를 구별하기가 쉽지 않다.

A는 추행의 고의를 부인하고 있기 때문에 결국 고의 유무는 간접적인 정황을 근거로 판단할 수밖에 없다. 법원은 치료행위가 이뤄진 곳이 개방적인 공간이고, 그래서 동료 물리치료사나 실습생, 뿐

만 아니라 다른 환자들도 치료과정을 지켜봤지만 A의 행위가 추행이라고 느끼지 못한 점, B도 같은 내용의 보바스치료를 6개월 동안 받아오면서 한 번도 항의하지 않은 점, 보바스치료는 그 방법상 신체접촉 또는 맨살접촉이 동반될 수밖에 없는 점, 주치의의 처방에 따라 보바스치료가 이뤄진 사실 등을 종합적으로 고려하여 A에게 추행의 고의를 인정하기 어렵다고 판단하였다.

A에게 추행의 고의가 없었다면 이는 치료행위에 불과하다는 것인데, 그렇다면 B는 왜 A에게 추행을 당했다고 고소했을까. B는 보바스치료에 대한 충분한 이해와 신뢰가 없었던 것 같다. 남자 물리치료사로부터 운동치료를 받는 상황에서 주치의가 여성 물리치료사로 변경해 줄 것으로 기대하였지만 주치의는 아무런 조치를 취하지 않았다. B는 주치의에 대한 반감이 생겼다. 그래서 A를 성추행으로 신고하였던 것으로 추정된다는 것이 법원의 판단이다.

A는 수사기관부터 법정까지 B의 건강상태, 치료내역과 경위, 치료장소의 환경, B의 반응 등에 관하여 자신의 입장을 일관되고 구체적으로 설명했다. 법원은 이러한 A의 주장은 신빙성이 높다고 평가하였다. 반면에 B는 구체적으로 언제부터 치료 중 추행이 시작되었는지, 어느 부위를 어떻게 추행하였다는 것인지 등에 관하여 일관되거나 명확하게 진술하지 못했다. 또 스스로 주치의가 여성 물리치료사로 변경해 주지 않아 주치의에 대한 반감으로 이 사건을 신고하였다고 내용도 진술했다. 주치의에 대한 반감으로 고소하게 되었다는 말이 반드시 추행을 당하지 않았는데 허위로 고소하였다는 의미는 아니지만, 법원은 다른 여러 사정을 종합하여 B가 주치의에 대한 반감으로 A를 고소한 것으로 추정하였다.

비록 A에 대해서 무죄가 선고되었지만 실제로 치료과정에서 B가 추행을 당했다고 느꼈는데, 참다가 주치의의 불성실한 태도에 불만이 쌓이자 피해 사실을 신고했을 가능성도 있다. 하지만 B에 대한 조서에는 고소 동기가 구체적으로 기재되어 있지 않고, 오히려 주치의에 대한 반감 때문에 고소했다고 기재되어 있어 B의 의도와 무관하게 고소 동기에 의심을 받게 되었다. B는 고소 취지를 모두 진술했는데도 표현상의 오류 또는 조사자의 편견이나 조사능력부족 등 다른 원인으로 고소 동기가 조서에 구체적으로 기재되어 있지 않았을 가능성도 있다. 그래서 수사기관에서 조사를 받은 다음에는 조서에 기재된 내용이 맞는지 꼼꼼하게 확인해야 한다. 수사기관이 작성한 조서는 조사받는 사람의 진술을 있는 그대로 옮겨 적는 녹취록이 아니라 조사자가 듣고 이해한 진술취지를 기재한 것이기 때문이다.

이 사건은 A가 처음부터 범행을 인하면서 무고함을 주장했음에도 불구하고 검사는 법원에 벌금을 구하는 약식명령을 청구하였다. 법원은 A에게 검사가 청구한 금액과 같은 벌금으로 약식명령을 하였다. 이에 A가 법원의 약식명령에 불복하여 정식재판을 청구하였고, 정식재판에서 무죄판결까지 받게 되었다. 만약 A가 '억울하지만 벌금을 내고 말자'는 소극적인 태도로 대응했다면 평생 성폭력범죄자라는 꼬리표를 달고 다녔을 것인데, 다행히 적극적으로 대응하여 성범죄자라는 오명을 벗을 수 있었다.

5 … 장애인이 아니었다 - 변기수리

피고인 A(50대 후반의 남성)는 배관공이었다. 2018년 7월 어느 날 저녁, A는 동네 상점에서 술을 마시며 시간을 보내고 있었다. 그 상점 앞집에 살던 아주머니가 A에게 다가와 집 화장실 변기가 고장 났다며 고쳐달라고 부탁했다.

A는 술을 마시다 말고 일어나 그 아주머니 집에 가서 그 집 화장실 변기를 고쳐주었다. 그 집에는 딸이 한 명 있었다. 수리를 끝낸 A는 아주머니의 딸인 피해자 B(30대 초반의 지적장애인)에게 변기에서 소변을 봐보라고 시켰다. B는 A의 요구대로 변기에 앉아 소변을 보고 일어나 바지를 올리려고 하였다. 그때 A는 갑자기 손으로 B의 음부, 가슴, 엉덩이를 만졌다.

A는 변기를 고쳐준 것에 대한 보답으로 아주머니가 차려준 저녁밥을 먹게 되었다. 식탁에서 아주머니, 그리고 B와 함께 저녁을 먹다가 갑자기 아주머니에게 술과 치킨을 사다 먹자고 제안하였다. 아주머니는 술과 치킨을 사러 집 밖으로 나가고, 그 집에는 B와 둘만 남았다.

A는 B에게 너무 예뻐 결혼하고 싶다고 말하면서 B의 옷 속으로 손을 넣어 가슴, 허벅지를 만졌다. 그리고는 배로 B를 밀치면서 안방으로 데리고 들어갔다. 옷을 벗고 성기를 B에게 보여주면서 빨아달라고 하였다. 배로 B를 밀쳐 침대에 눕힌 다음 B의 바지와 속옷을 벗기고 몸 위로 올라타 손으로 가슴을 만지고 성관계를 하였다.

이로 인하여 A는 장애인에 대한 강제추행과 강간 혐의로 기소되었다.

◆

A는 화장실에서 B를 추행한 것은 부인하였고, 방안에서의 강간 사실은 인정했다. 다만 당시 B에게 정신적인 장애가 있는 사실을 전혀 몰랐다고 주장했다. 검사는 사건 당시 A는 B가 장애인이라는 사실을 충분히 알았다고 판단하여 장애인에 대한 강제추행과 강간으로 기소하였기 때문에 A가 B의 장애를 알았는지 여부가 주된 쟁점이 된 사건이다.

사실 B는 후천적인 뇌병변으로 정신지체 진단을 받은 지적장애 2급의 장애인이었다. B는 지능지수 50, 사회지수 40, 사회연령 10세 정도여서 인지기능과 사회적응기능이 낮아 오래전부터 장애인보호시설에서 생활하고 있는데, 사건 당시는 잠시 집에 와있었다.

일반적으로 강간이나 강제추행은 형법이 적용된다. 강간죄는 3년 이상의 징역, 강제추행죄는 10년 이하의 징역이나 1,500만 원 이하의 벌금으로 처벌된다. 하지만 피해자가 장애인이면 특별법인 성폭력처벌법이 적용되어 장애인에 대한 강간죄는 무기징역 또는 7년 이상의 징역, 강제추행죄는 3년 이상의 징역 또는 3,000만 원 이상 5,000만 원 이하의 벌금에 해당한다. 피해자가 장애인이냐 아니냐에 따라 법정형의 차이가 매우 크다.

장애인에 대한 강간이나 강제추행은 피해자가 장애인이라는 객관적인 사실만으로는 부족하다. 고의범이므로 상대방이 장애인이라는 점에 대한 인식이 필요하다. 따라서 A가 범행 당시 B가 장애인이라는 사정을 알고 있었었다는 사실이 증명되어야 한다. 행위 당시 B가 장애가 있었다는 사실에 대한 인식은 장애인에 대한 강제추행이나 강간죄에 있어서 고의의 주관적인 요소이기 때문이다. 그런데 A가 줄곧 B가 장애인인 줄 몰랐다고 하면서 고의를 부인하였다.

결국 A는 B에 대한 강제추행이나 강간이 인정될 경우, B의 장애를 인식하였다면 성폭력처벌법의 장애인에 대한 강간죄 등으로 처벌되고, B의 장애를 인식했다는 점이 입증되지 않으면 형법의 강간죄나 강제추행죄가 문제될 뿐이다.

◆

법원은 이 사건 당시 A는 B의 정신적 장애를 충분히 인식하고 있었다고 판단하였다. 즉, B가 장애인임을 알고 있으면서도 이 사건 범행을 저질렀다고 보았다. 그리하여 성폭력처벌법에 따라 기소된 범죄사실을 모두 유죄로 인정하였다. A가 B의 장애를 인식하였다고 판단한 법원의 주된 근거는 다음과 같다.

B가 수사기관에서 진술한 영상 등을 보면, 간단한 의사소통에는 큰 문제는 없어 보이나, 발음이 부정확할 때가 있고 말이 빨라지면 더 부정확해지기도 하며, 때때로 조사자의 질문을 잘 이해하지 못하거나 질문의 취지에 맞지 않는 답변을 하고, 사건의 맥락이나 순서를 뒤섞어 진술하는 모습이 보인다.

A는 사건 당시 B를 처음 보았지만, B와 그 모친의 요청에 따라 B의 집으로 가서 변기를 고쳐주고 그 후 이들과 함께 식사도 했기 때문에 상당한 시간 B와 직접 대화를 하고 그 행동을 관찰할 수 있었다.

따라서 A는 B에게 지적장애가 있음을 어렵지 않게 알 수 있었을 것으로 보인다. 더구나 A는 변기를 고쳐주다가 자신이 보는 앞에서 B에게 소변을 보게 하고 이날 처음 본 B를 방으로 데리고 들어가 성관계도 하였는데, 이는 만약 B가 비장애인이었다면 감히 실행하기 어려운 행동이다.

A가 범행을 부인하는 화장실에서의 강제추행 부분에 대해서는, A는 변기를 고친 후 B에게 화장실을 써도 된다고 말하자 B가 화장실 문을 닫고 들어가 소변을 본 것이고, B의 주장처럼 추행한 사실이 없다고 주장하나, B의 진술은 전체적으로 신빙성이 있기 때문에 A가 화장실에서의 강제추행도 인정된다고 하였다. 비록 B의 진술은 일부 세부적인 사항에 관하여 일관되지 못하거나 정확하지 않게 진술한 부분은 조금 있으나, 이는 B의 지적장애와 사건으로부터 경과한 시간 등을 고려하면 충분히 수긍할 수 있고, 그 밖에 B가 의도적으로 없는 사실을 꾸며내거나 왜곡할 만한 동기나 이유도 전혀 없으므로 B의 진술은 신빙성이 높다고 하였다.

◆

1심 법원은 B가 장애인임을 몰랐다는 A의 항변에도 불구하고 수사기관에서의 B의 모습, 사건 직전 B와 함께했던 시간, A가 보는 앞에서 바지를 내리고 소변을 누는 행동, 그러한 행위를 시킨 의도 등을 모두 고려하여, 사건 당시 A는 충분히 B의 장애에 대한 인식이 있었다고 판단하였다. A는 1심 유죄판결에 불복하여 항소하였지만 2심 법원도 A의 변명을 받아들이지 않았다. 다만 장애인에 대한 강간죄는 법정형이 7년 이상의 징역이지만, 법원은 우발적이고 충동적으로 범행에 이른 점과 범죄전력이 거의 없는 초범인 점, 그리고 합의금으로 일정금액을 지급한 점 등을 유리한 양형요소로 고려하여 법정형보다 2년 적은 징역 5년을 선고하였다. 일반적으로 강간죄의 경우 징역 3년 정도가 선고되는 경향에 비추어 보면 2년 이상을 더 선고받은 것이다. 만약 실제로 B가 장애인이었다고 하더라도 A가 그런 사실을 알지 못했다면 형법의 강간죄나 강제추행죄로 처벌받았을 것이다. 이렇듯 장애인에 대한 인식 여부에 따라 형량에 큰 차이가 발생한다.

참고로 성폭력처벌법이 적용되는 장애인은 신체적인 또는 정신적인 장애가 있는 사람이다. 여기서 신체적인 또는 정신적인 장애는 그 장애로 인하여 성적 자기결정권을 전혀 행사하지 못할 상태에 있을 것까지 요구되는 것은 아니지만, 최소한 성폭력에 대한 인지능력, 항거능력 또는 대처능력 등이 비장애인보다 부족하기 때문에 성적 자기결정권의 행사를 특별히 보호해야 할 필요가 있는 사람이어야 한다.

B는 엄마에게 피해 내용을 바로 말하지 않았다. 보복이 두려웠기 때문이라고 하였다. 며칠 뒤에 장애인보호시설로 돌아간 B는 그곳 상담교사에게 성폭력 피해 사실을 알렸고, 상담교사가 그날 바로 경찰에 신고하여 수사가 시작되었다. 이처럼 수사가 시작된 배경이나 과정도 매우 자연스럽다.

이 사건에서 특이한 점은 기소 이후에 합의서가 제출되었음에도 불구하고 합의사실이 형의 감경요소로 인정받지 못했다는 것이다. A는 1심 선고 전에 1,000만 원을 합의금으로 지급하고 처벌을 원하지 않는다는 내용이 기재된 합의서도 제출하였다. 그렇지만 합의가 특별한 형의 감경요소가 되려면 A가 자신의 범행을 진심으로 뉘우치고, B가 처벌불원의 정확한 의미를 이해한 경우이어야 한다. 그런데 A는 강제추행 범행을 부인하였고, 합의 이후 B가 처벌불원의 정확한 의미를 이해하지 못한 상태에서 합의서가 작성되었다고 주장하여, 합의금을 지급하고 작성한 합의서가 제출되었음에도 특별한 양형자료로 인정받지 못하였다.

여기서 합의가 특별양형인자가 되기 위한 두 가지 기준을 알 수 있다. 하나는 진심어린 반성과 뉘우침이다. 반성은 잘못을 인정함을 전제로 한다. 따라서 범행을 일부라도 부인하는 경우에는 설령 합의가 되었더라도 그 합의는 특별양형인자로 인정받지 못한다. 또 하나는 피해자가 합의나 처벌불원의 정확한 의미를 안 상태에서 합의가 이뤄져야 한다. 지적장애나 미성년 등으로 판단능력이 떨어진다고 할 경우가 주로 여기에 해당한다. 이 사건에서도 A가 처음부터 죄를 인정하고 범행을 진심으로 뉘우치면서 B와 진정어린 합의를 했다면 합의가 특별한 감경 요소로 인정받아 보다 훨씬 낮은 형이 선고되었을 것이다.

이 사건에서 합의서는 두 번이나 작성되었다. 한 번은 A의 동생과 B의 모친이 작성하였다. 그 이후 모친을 통해 보호시설에 있던 B를 밖으로 불러내 한 번 더 작성하였다. 그런데 1심 재판부는 법정에서 A에게 피해자의 변호사 없이 B나 그 모친을 접촉하지 말라고 권고하였음에도 불구하고, A의 동생이 그 권고를 어기고 그들과 직접 접촉하여 B에게 2차 피해를 입혔다고 지적하였다. 성폭력 사건은 그 특성상 합의를 위한 경우에도 피해자나 그 가족이 원하지 않은 한 직접 접촉을 피해야 하고 반드시 피해자 변호사를 통해서 연락해야 한다. 그렇지 않으면 합의를 위한 노력이 피고인에게 더 불리한 정상이 될 수 있다.

6 … 그때도 그랬다 - 룸카페

피고인 A(18세)는 SNS에서 활동하는 우울증 등이 있는 사람들의 모임의 회원이었다. A는 다자간연애(폴리아모리)를 추구하면서 회원들 상대로 1:1 채팅을 즐겨왔다. 그러다가 2018년 가을 무렵 SNS를 통해 같은 모임 회원인 피해자 B(여, 16세)를 알게 되었다. 그 무렵 룸카페에서 처음 만났고, 그 이후 서로 사귀기로 하였다. 2018년 9월경, A는 한 만화카페에서 B를 다시 만났다. 두 사람은 커튼으로 된 칸막이로 구분된 공간에서 나란히 앉아 만화책을 봤다. A는 갑자기 어깨동무를 하면서 옷 위로 B의 가슴을 만졌다. 2018년 10월경 A는 다른 지역의 한 만화카페에서 B의 음부에 손가락을 넣었다. B에게 성기를 빨아 달라고 요구하더니 갑자기 B의 뒷머리 채를 잡고 성기 쪽으로 당겨 B의 입에 성기를 집어넣었다. 이로 인하여 A는 아동 청소년인 B에 대한 강제추행, 유사성행위의 혐의로 기소되었다.

◆

A는 당시 B와 사귀는 사이였기 때문에 애정표현을 하면서 자연스럽게 옷 위로 B의 가슴을 만지고, 스킨십을 하면서 손가락을 음부에 넣거나 성기를 빨도록 한 것이지 강제추행이나 유사성행위를 한다는 생각은 없었다면서 고의를 부인하였다.

연인 사이에서 애정표현의 일환으로 서로 합의로 스킨십을 하면서 상대방의 몸을 만지는 육체적인 접촉은 성범죄에 해당하지 않는다. 성폭력 범죄를 저지른다는 인식이나 고의가 없기 때문이다. A는 이 사건 행위를 연인관계의 신체적 접촉이라고 주장하였고, B는 성폭행을 당했다는 것이어서 두 사람의 주장이 상반되었다. 어쨌든 A에게 강제추행죄나 유사성행위라는 범죄가 성립하려면 행위 당시에 A가 B를 강제로 추행하고 유사성행위를 한다는 고의가 있었음이 증거로 입증되어야 한다. 하지만 A는 성폭행의 고의를 부인하고 있기 때문에 A에게 고의가 있었는지는 고의와 관련된 간접사실을 근거로 판단할 수밖에 없다.

◆

1심 법원은 A에게 B를 강제추행하거나 유사성행위를 한다는 고의가 있었음이 충분하게 입증되었다고 볼 수 없다면서 무죄를 선고하였다. 재판부는 A와 B가 온라인으로만 연락하다가 룸카페에서 처음 만났을 때도 A는 B의 가슴, 허리, 엉덩이를 만지고 B의 음부에 손가락을 넣거나 성관계를 하였고, 그때부터 한 달 정도 사귀던 중 이 사건이 발생하였다는 사실에 주목하였다. 재판부가 A의 고의가 인정될 수 없다고 판단한 주된 근거는 다음과 같다.

첫 만남 당시에도 이 사건과 거의 같은 신체적 접촉이 있었지만 그 일에 대해서는 기소되지도 않았다. 첫 만남 이후 두 사람이 계속 사귀게 된 것을 보면 첫 만남에서의 행동이 강제추행이나 강간에 해당한다고 보기는 어렵다.

이 사건은 연인관계였던 두 사람이 폐쇄된 공간에서 성적 행위를 나누던 중 발생하였다. A가 B를 폭행하거나 협박하여 성적 행위를 시작한 것이 아니다. A는 B의 가슴과 허리를 만지다가 자연스럽게 성적 수위를 높여간 것으로 볼 여지도 있다. 이 사건 이후에도 두 사람은 연인관계가 유지되었다.

1심의 무죄판결에 대해서 검사가 항소하였다. 하지만 2심 법원도 1심의 무죄판결을 유지하였다. 재판부는 A가 B에 대하여 성적 접촉행위를 반복하는 과정에서 폭행이나 협박을 한 적이 없었고, 성적인 신체 접촉을 하다가 B가 거부 의사를 보이면 곧 멈추기도 한 것을 보면 A가 B의 거부 의사표시를 명확하게 인지하고도 계속하여 이 사건 각 성적 접촉행위를 한 것인지 명확하지 않다고 하였다. 따라서 A로서는 당시 사귀고 있고 이미 성관계를 가진 바 있던 B가 어느 정도의 성적인 신체 접촉행위는 양해하고 있거나 양해하리라 믿고, 그것이 B의 의사에 반한다는 생각 없이 이 사건 공소사실 기재 행위에 이르게 되었을 가능성을 배제하기 어렵기 때문에 강제추행이나 유사성행위의 고의를 인정하기 어렵다고 판단하였다.

◆

A는 대체로 B가 주장하는 성적인 행동은 모두 인정하였다. 하지만 그러한 행동은 연인 사이에서 자연스럽게 애정행위를 한 것이라고 주장하였다. 이처럼 A가 고의를 부인하는 경우 고의는 간접사실과 정황사실에 의해 판단할 수밖에 없다. 그런데 SNS에서 알게 된 두 사람은 첫 만남에서 이 사건과 유사한 신체접촉이 있었는데, 이에 대해서는 기소조차 되지 않았다. 첫 만남과 이 사건은 시기적으로 한 달 차이에 불과하고 첫 만남 이후에도 관계가 유지되었다. 첫 만남에서의 일이 기소되지 않은 이유는 명확하지 않다. B가 그 당시 행위를 신고하지 않거나 피해 사실로 진술하지 않았는지, 아니면 B가 진술했음에도 수사기관에서 그때 벌어진 일은 성범죄에 해당되지 않는다고 판단했는지는 알 수 없다. 하지만 첫 만남에서 있었던 신체접촉과 이 사건 당시 신체접촉은 그 방식이 거의 비슷하므로, B가 이 사건 행위를 성폭행이라고 생각했다면 첫 만남에서 있었던 신체접촉도 당연히 성폭행이라고 생각했을 것이다. 그런데

도 첫 만남에서의 일이 기소되지 않은 것에 대해 법원은 의문을 갖게 되었고, 이 사건에서 A의 고의 유무를 판단하는 주된 근거가 되었다.

같은 가해자로부터 여러 번 성폭력 피해를 당한 경우 피해자가 모든 피해 사실 진술해야 할 의무가 있는 것은 아니다. 피해 사실을 신고하여 처벌을 요구하는 것은 어디까지나 피해자의 권리이지 의무가 아니고, 성폭력 피해는 개인의 프라이버시와 밀접하게 관련되어 있으므로 피해 사실의 일부만 신고하였다고 하여 색안경을 끼고 신고한 피해 사실에 바로 의혹을 제기하는 것은 정당하지도 않다. 하지만 한 달 사이에 벌어진 유사한 일을 일부만 신고하는 것은 이례적인 면이 있다. 이례적인 상황은 반드시 그렇게 한 경위에 대한 합리적인 설명이 있어야 한다. 그렇지 않으면 그렇게 한 경위가 의심받을 수밖에 없다.

법원은 이 사건으로부터 약 한 달 전에 있었던 첫 만남에서 이 사건과 같은 수준의 신체접촉이 있었는데, 첫 만남 이후 연인관계가 시작되었고, 이 사건도 사귀던 중에 발생한 것이기 때문에 A의 입장에서 볼 때는 이 사건의 신체접촉도 연인 사이에서 흔히 있는 애정행위 정도로 생각했을 가능성이 크기 때문에 고의를 인정하기 어렵다고 판단한 것이다. 즉, 설령 성폭행을 당했다는 B의 주장이 사실이라고 하더라도 A의 입장에서는 애정행위로 생각했을 가능성이 있기 때문에 A에게 성폭행의 고의가 인정되기 어렵다는 취지이다.

한편 법원은 이 사건이 수면위로 등장하게 된 경위에 대해서도 의문을 제기했다. 이 사건은 B가 사건 직후 신고한 것이 아니었다. A는 B와 사귀게 된 후에도 폴리아모리(polyamory: 다자간연애)'를 지향한다며 다수 여성과의 만남을 합리화하여 이 사건 이후 약 한 달 만에 헤어졌다. 그런데 그로부터 약 2년 후, A가 여전히 SNS에서 여러 명의 여자를 만나거나 그들과 성적인 대화를 하는 것이 논란이 되었고, 그때 B도 자신의 경험을 공론화하는 과정에서 이 사건 성범죄 피해자로 조사까지 받게 된 것이었다. 법원은 이러한 경위에 비추어 평소 A의 성향에 대해 부정적인 감정을 갖고 있던 B가 이 사건에 대한 기억을 과장하거나 왜곡하였을 가능성도 있다고 보았다.

사건 당시 B의 대응도 쟁점이 되었다. 2심 법원은 또 당시 피해 장소가 비교적 개방된 공간이었음에도 B가 주변에 도움을 요청하거나 그 장소에서 벗어나려고 하거나 A를 피하려는 등의 행위를 하지 않았고, 심지어 이 사건 이후에도 A와 연인관계를 유지한 사정을 볼 때 당시 B가 주장하는 정도의 폭행 협박이 있었다거나 A에게 고의가 있었다고 단정하기 어렵다고 하였다. 이는 결국 사건 당시 B의 행동이 성폭력의 피해자답지 않다고 평가한 것이다. 하지만 당시 B의 나이는 16살에 불과했고, 다자간연애를 지향하는 A는 여성을 다루는 기술이 전문가 수준이었다. 여기에 성폭력에 대처하는 양상은 피해자의 성향, 관계 등에 따라 다양하게 나타날 가능성 등을 고려한다면 사건 당시 B의 행동이 반드시 피해자답지 않다고 보기 어려운 면도 있다. 피해자는 소리를 치는 등 구조를 요청할 권리가 있을 뿐 구조요청을 할 의무는 없기 때문이다.

결과적으로 이 사건에서는 B의 적극적인 주장에도 불구하고 이 사건 당시 A에게 성범죄 고의가 있었음이 입증되지 않았다. 그래서 1심 법원은 A에게 무죄를 선고하게 된 것이다. 검사가 불복하여 항소하였지만 항소심도 1심 법원의 판단이 정당하다며 검사의 항소를 기각하였다. A의 무죄는 확정되었다.

7 … 평소처럼 했다 - 혼전순결

피고인 A와 피해자 B(40대 중반의 여성)는 연인 사이이다. A와 B는 평소 스킨십은 즐겼으나 혼전 순결을 주장하는 B의 요구로 성관계를 하지는 않았다.
2019년 4월 말 어느 날 밤 9시경, 두 사람은 A의 집에서 함께 시간을 보냈다. 여느 때처럼 서로 스킨십을 하였다. 그러던 중 A는 B의 동의도 없이 그녀의 음부에 성기를 삽입하려고 하였다. B는 싫다고 말하면서 몸을 비틀어 성기삽입을 완강히 거부하였다. 그런데도 A는 B의 몸 위에 올라타 양손으로 B의 손목을 잡고, 다리로 눌러 B의 반항을 제압하고 성기를 삽입하려고 하였으나 B가 계속 거부하면서 몸을 흔드는 바람에 성공하지는 못했다.
이로 인하여 A는 강간미수 혐의로 기소되었다.

◆

A와 B가 사귄 기간은 1년 남짓이다. B는 혼전순결에 대한 자신만의 신념을 가지고 있었다. 그래서 A에게 성기를 비비는 스킨십까지는 허용했지만 성관계는 허락하지 않았다. 두 사람 진술에 의하면 이 사건 전에도 2, 3번 정도 스킨십을 하다가 A가 성기삽입을 시도한 적이 있었지만 성기삽입이 성공한 적은 없었다고 한다.

이 사건에서 A는 B와 스킨십을 하였을 뿐 강제로 성기를 삽입하려고 하지는 않았다고 일관되게 주장했다. 반대로 B는 A가 강제로 몸을 움직이지 못하도록 제압한 다음 성기를 삽입하려고 했고, 그 과정에서 몸에 상처까지 났다고 주장하면서, 사건이 있던 날부터 약 3개월 후에 A를 강간치상죄로 고소하였다.

강간죄는 폭행 또는 협박이라는 수단을 사용하여 간음할 때 성립하는 범죄이므로 A가 스킨십을 넘어 성기를 삽입하려고 시도했다는 사실 외에도 B의 반항을 제압하기 위해 폭행이나 협박 등 물리적 강제력을 사용하였다는 점이 증거로 입증되어야 한다. 특히, A는 강간 의사가 없었다면서 강간의 고의도 부인하고 있으므로 고의도 증명되어야 했다. 그런데 이 사건은 A의 집에서 두 사람만 있을 때 발생하였기 때문에 목격자는 없다. A가 범행을 인정하지 않고 있기 때문에 공소사실을 입증할 증거는 사실상 피해자 B의 진술이 유일했다. 결국 유일한 증거인 B의 진술에 의해 위와 같은 여러 쟁점이 증명될 수 있는지가 이 사건의 핵심이었다.

◆

1심 법원은 이 사건 공소사실을 뒷받침하는 직접증거는 B의 진술이 유일한데, 그 진술은 신빙성이 없어 유죄의 증거로 삼기 어렵고, 달리 A가 B를 폭행하여 반항을 억압한 다음 성관계를 하려고 시도하였다는 점이 합리적인 의심의 여지가 없을 정도로 증명되었다고 볼 수 없다고 하면서 A에게 무죄를 선고하였다.

재판부는 B가 교제 초반에는 성기 삽입은 원하지 않는다는 의사를 밝혔으나 그 이후 스킨십을 하는 중에 여러 차례 성기삽입을 시도한 일이 있었음에도 그 이후 두 사람의 카톡 메시지 대화상으로는 성기삽입에 항의하거나 그로 인하여 관계가 악화된 정황은 보이지 않는다고 지적하였다. 또 B는 이 사건 이전에 스킨십 과정에서 성기가 정상적으로 삽입되지 않은 경험 때문에 스스로 산부인과를 찾아 상담을 받고 대책을 고민하였다고 진술하였는데, 이러한 진술 내용은 성기삽입을 용인하였다고 볼 수 있는 근거라고 하였다.

그뿐 아니라 이 사건 이후 A는 차를 운전하여 B를 집까지 데려다주는 과정에서, B는 A에게 성관계 시도에 대해 항의하지 않고,

당시 A가 혼전순결을 지켜온 B에게 동거하자고 제안한 것에 대해서만 항의하였다. 바로 직전 강간을 당할 뻔했다는 B의 입장에서 성관계 시도행위보다 동거에 대해 더 강한 불쾌감을 표현한다는 것은 선뜻 납득하기 어렵다고 하였다.

1심의 무죄판결에 대해 검사는 항소하였다. 하지만 2심 법원도 1심의 무죄판단은 정당하다고 하면서 무죄선고를 유지하였다. 2심 재판부는 이 사건 이전에도 스킨십을 하면서 성기 삽입을 시도하다가 B의 통증 호소로 성관계를 중단한 일이 있었는데, 그다음 날 B가 A에게 '우리 오빠 피곤해서 코피 안 났어요? 그래도 내일 쉬니까 오늘도 파이팅~'이라는 문자를 보낸 사실도 B의 진술을 믿기 어려운 이유로 제시하였다.

이 사건 전에도 A는 성기를 B의 음부에 비비는 행위를 하면서 성기 삽입을 시도했다가 B가 통증을 호소하면 중단한 적이 여러 번 있었다. 그런데 이런 성기 삽입 시도 이후 두 사람 관계가 나빠졌다거나 이에 항의하였다는 증거는 없었다. 한편, B는 성기 삽입이 원활하지 않자 스스로 산부인과를 찾아가 진료받았고, 병원에서는 이상이 없다고 하는데도 성기 삽입에 문제가 있으니 넓히는 시술을 받을지에 대해 A의 의견을 묻기도 하였다. 2심 재판부는 이런 사정을 그거로 평소 A가 성기 삽입을 하다가 중단된 이유가 삽입이 잘 되지 않고 B가 고통을 호소하여 중단한 것인지, 아니면 A가 강제로 삽입을 시도하다가 B에게 저지된 것인지가 분명하지 않기 때문에 A가 성기 삽입을 중단한 것이 B의 저항 때문이라고 단정하기 어렵다고 판단하였다.

2심은 또 설령 A가 B의 의사에 반하여 성기 삽입을 시도하였다고 하더라도 강간죄 성립에 필요한 정도의 폭행이 있었음이 증명되지 않았다고 하였다. 즉, 강간죄는 피해자의 반항을 제압할 만한 폭력이 있어야 한다. B는 사건 당시 A가 양손을 붙잡고, 다리로 B의 두 다리를 눌렀다고 주장하지만, 그런 정도의 행동은 평소 두 사람이 즐겨오던 스킨십에서도 통상적으로 행해졌을 가능성이 있기 때문에 B의 주장만으로는 A가 B의 반항을 불가능하게 하거나 현저히 곤란하게 할 정도로 폭력을 행사하였다고 단정할 수 없다고 하였다. 특히 B는 상해진단서도 폭행의 근거로 제출하였으나, 상해진단서도 이 사건 폭행의 증거가 아니라고 하였다. 그 진단서는 B가 사건 후 10일 뒤에 병원에 가서 발급받은 것인데, 진단서에 기재된 상해 부위가 이 사건 직전에 발생한 교통사고로 인한 상해 부위와 비슷했다. 또 B는 A를 강간치상으로 고소하였음에도 불구하고, 검사는 강간미수로만 기소하였다. 이런 점을 근거로 법원은 B가 제출한 상해진단서를 이 사건 폭행의 증거로 인정하지 않았다.

◆

강간죄이나 강간미수죄는 모두 고의가 있어야 성립하는 고의범이다. A는 처음부터 강간의 고의를 부인했다. 여기서 강간의 고의는 피해자의 반항을 억압하는 강제력을 사용하여 피해자 의사에 반하여 간음한다는 의사를 말한다. 그런데 A는 이 사건 이전부터 B와 스킨십을 즐기면서 여러 번 성기 삽입을 시도했다가 B가 거부하면 중단하는 일을 반복해왔었고, 이 사건에서도 이전과 같은 방식으로 스킨십을 하다가 성기 삽입을 시도했던 것이지 특별하게 강제력을 행사하지 않았다고 주장했다. 1심은 A의 강간 고의 유무에 대해 별도의 판단은 하지 않았다. A의 고의 유무를 판단할 필요도 없이 B의 진술을 믿기 어렵다고 판단했기 때문으로 보인다. 2심은 A에게 강간의 고의가 있었다는 점이 증명되지 않았다고 명시적으로 판단하였다. 이는 사건 이후 B의 대처양상이 강간의 피해자다운 모습이었는지 여부와 별개로 A에게 강간의 고의가 없어 유죄를 선고할 수 없음을 명백히 밝힌 것이다.

따라서 A가 허용된 스킨십을 넘어 성기 삽입이 B의 명시적인 의사에 반하는 행동이라는 것을 알고서 성기 삽입을 시도하였고, A가 B의 몸 위에 올라타 손을 잡고 성기 삽입을 시도하려는 동작이 B 입장에서 볼 때는 반항이 불가능하거나 현저히 곤란하게 하는 상황으로 느꼈다고 하더라도, A 스스로 자신의 행동이 B의 반항이 불가능하거나 현저히 곤란한 정도의 폭행을 수단으로 하여 성기를 삽입하려고 한다는 인식과 의사, 즉 강간의 고의가 입증되지 않으면 강간죄가 성립할 수 없다.

1심은 강간의 고의 유무를 직접 판단하지 않고, 기본적으로 사건 전후 B의 행동이 강간을 당한 피해자의 일반적인 모습이 아니기 때문에 B의 진술은 신빙성이 없고, 유일한 직접증거인 B의 진술이 증거가치가 없으므로 공소사실을 입증할 증거가 없다고 보았다. 뿐만 아니라 B는 혼전 성관계에 대한 거부감이 있어 평소 스킨십까지는 허용하지만 성기 삽입은 절대 안 된다는 의사를 분명히 밝히었음에도 이를 무시하고 강간을 했다고 일관되게 주장하였다. 그렇지만 B는 이 사건 이전에도 이미 이 사건과 유사한 방식의 성기삽입이 2차례나 더 있었지만 한 번도 성기 삽입 시도 자체를 문제 삼지 않았고, 스스로 병원을 찾아가 성기가 삽입되지 않은 이유를 검사하고 그 해결방안을 A에게 제안하기까지 했다고 진술하였는데, 이런 B의 행동은 성폭행을 당한 피해자의 행동으로 보기에는 매우 이례적이라고 하였다.

이러한 법원의 판단에는 성폭력 피해자는 어떤 식으로든 항의를 하거나 문제를 삼는 것이 일반적인 모습이라는 전제가 깔려있다. 하지만 반드시 그럴까. 피해자가 피해 사실에 대해 항의하는 것만이 피해자다운 모습인가에 대해서는 논란의 여지가 있다. 절도나 상해, 명예훼손 등 다른 일반범죄에 있어서는 사건 이후 피해자가 항의하거나 문제 삼는 경우가 일반적이다. 하지만 범죄 피해자들이 모두 그런 것은 아니다. 개인적인 성향과 사정, 가해자와의 관계 등 개별적인 사정에 따라서는 즉시 항의하지 않거나 신고하지 않는 경우는 얼마든지 있다. 따라서 이 사건에서 B가 왜 그런 이례적인 행동을 했는지를 확인할 필요가 있다.

B는 A가 성기 삽입을 시도할 때마다 매번 그 자리에서 항의하였다는 것이고, 산부인과에 간 것은 경위가 어떻든 성기가 삽입되지 않은 일이 걱정되어 나중에 결혼한 이후를 대비하여 몸에 이상이 없는지를 검사받기 위한 것이라고 하였다. 또 A와 대화나 문자를 주고받을 때 성기 삽입에 대해 문제 삼지 않은 것도 성적인 문제를 외부에 표출하는 것을 싫어하는 성격 때문이라고 그 이유를 설명하였다. 하지만 법원은 이러한 B의 주장을 받아들이지 않았다. 따라서 수사나 피해자 변호사와 면담과정에서 B의 성향이나 가치관, 생활습관, 성장과정 등을 좀 더 폭넓게 확인하여 B가 그렇게 할 수밖에 없었던 사정을 더 자세하고 풍부한 근거를 제시하여 설명했다면 최소한 B의 행동이 강간을 당한 피해자의 모습이 아니라는 이유로 신빙성이 배척되지는 않았을 가능성도 있었다.

B의 입장에서 재구성해보면, A는 결혼을 전제로 교제하고 있는 사람이어서 가끔 선을 넘는 성기삽입 시도를 하더라도 그때그때 소극적으로 항의하는 방법 외에 일상생활에서 지속해서 표출하기 어려웠을 것으로 짐작된다. 특히 B는 성적인 문제에 대해 남들과 좀 다른 확고한 신념과 감수성을 가지고 있어 성행위 당시의 불만을 외부로 표출하는 것에 대해 극도의 저항감을 가지고 있었을 가능성이 있다. 혼전 순결에 큰 의미를 부여하는 B의 신념과 성폭력에 대한 대처 양상은 매우 다양하게 나타날 수 있다는 성인지 감수성 등을 고려하면, 법원이 문제 삼는 성기 삽입 시도 이후 B의 행동이 성폭력 피해자의 모습이 아니라는 추론은 반론의 여지가 충분해 보인다. 2심 법원이 판결문에서 'B는 성기 삽입을 원하지 않는다는 의사를 밝힌 적이 있고, 사건 당시 A가 자신의 손목을 잡아 움직이지 못하게 한 채 강제로 삽입을 시도하였다고 일관되게 진술하고 있으며, 이 사건 직후 A가 성기 삽입을 시도한 것에 대하여 B에게

사과한 사정 등을 보면, A가 B의 의사에 반하여 성기 삽입을 시도한 것이 아닌지 의심이 드는 것은 사실이다'라고 밝혔는데, 재판부도 그런 가능성이 있다고 판단한 것으로 보인다.

한편, A의 입장에서 볼 때, 사건의 핵심을 정확히 공략하여 변론에 성공한 사례로 볼 수 있다. A는 여러 관점에서 공소사실의 문제점을 제기했다. 우선 공소사실을 입증할 유일한 직접증거인 B 진술의 신빙성을 탄핵했다. 사건 이후에 B가 보인 태도나 말이 강간을 당한 피해자의 일반적 모습이 아니기 때문에 B의 진술은 믿기 어려움을 강조했다. 또 설령 B의 의사에 반하여 성관계를 시도했다고 하더라도 강간죄의 성립에 요구되는 강제력, 즉 피해자의 반항을 억압할 정도의 폭행이 없었다고 항변했다. 현행법상 폭행 또는 협박을 수단으로 하지 않았지만 피해자의 의사에 반하는 성관계, 즉 비동의 간음은 강간죄에 해당하지 않기 때문이다.

8 … 자고 있었다 - 남자친구의 사장님

피고인 A는 미용실 원장이다. 피해자 B(10대 후반의 여성)의 남자친구가 그 미용실에서 일하고 있었다.
2014년 5월 어느 날 저녁, A는 미용실 일을 마치고 B와 그 남자친구를 데리고 자신의 집에서 함께 술을 마셨다. 술에 취한 B와 남자친구는 안방으로 들어가 잠이 들었다.
다음 날 새벽 2시경, A는 안방으로 들어갔다. B와 그 남자친구가 나란히 누워 이불을 덮고 자고 있었다. 잠을 자고 있는 B를 보자 욕정이 생겼다.
A는 B의 몸을 툭툭 건드려보기도 하고, 이불을 들추어보면서 B의 반응을 살폈지만 미동도 없었다. B가 깊이 잠들었다고 확신한 A는 이불속으로 손을 집어넣어 B의 엉덩이와 다리를 만졌다. 그리고 팬티 속으로 손을 넣어 B의 음부를 만지고 그 안에 손가락을 집어넣었다. 사실 B는 A가 안방으로 들어올 때부터 잠에서 깨어있었다. 하지만, 자신이 내색하게 되면 난처한 상황이 벌어질 것 같은 생각에 A의 신체접촉 행위에 대하여 아무런 대응을 하지 않고 계속 잠을 자는 척하였다. B의 남자친구가 뒤척이자 A는 그길로 방을 나갔다.
이로 인하여 A는 유사강간 협의로 기소되었다.

◆

검사는 A는 유사강간죄로 기소했다. 유사강간은 폭행 또는 협박으로 사람에 대하여 성기 외의 구강, 항문 등의 내부에 성기를 넣거나 성기, 항문에 성기 외에 손가락 등 신체의 일부 또는 도구를 넣는 행위를 말한다. 그런데 A는 B가 잠을 자고 있다고 생각하였기 때문에 B 몰래 신체적 접촉을 한 것이지, 특별히 B에게 폭행이나 협박 같은 강제력을 사용하지는 않았다. 즉, A에게는 준유사강간의 고의만 있었다. 준유사강간은 심신상실 또는 항거불능의 상태에 있는 피해자를 대상으로 하므로, 실제로 피해자가 심신상실 또는 항거불능의 상태에 있어야 하고, 가해자도 그런 상황을 이용한다는 생각이 있어야 한다.

그런데, 사건 당시 B는 실제로 깨어있어 객관적으로 심신상실이나 항거불능상태에 있지 않았고, 단지 A가 그렇게 착각했을 뿐이다. 따라서 A는 준유사강간의 고의를 가지고 있었는데, 검사는 A의 고의와 무관하게 유사강간죄로 기소하였기 때문에 재판에서는 어떤 죄에 해당하는지가 쟁점이 되었다.

◆

1심 법원은 유사강간죄가 성립하기 위해서는 피해자의 항거를 불가능하게 하거나 현저히 곤란하게 할 정도의 폭행이나 협박행위가 있어야 하는데, A는 자는 척하고 있었던 B가 잠을 자고 있는 것으로 착각하여 B의 몸을 만지고, 유사성행위를 한 것일 뿐이고, B에게 항거를 불가능하게 하거나 현저히 곤란하게 할 정도의 유형력을 행사한 사실은 없으므로 유사강간죄는 성립하지 않는다고 하였다. 검사는 A가 B의 음부에 손가락을 집어넣은 행위 자체가 기습적으로 이루어진 것이므로 유사강간죄의 폭행에 해당한다는 취지로 주장하지만, 이 사건 유사간음행위는 A가 B의 엉덩이나 다리, 음부 등을 만진 이후에 있었고, 그 전개과정이 당시 의식이 명료한 상태에 있었던 B가 반항을 하기 어려울 정도로 기습적인 것으로 보이지도 않기 때문에 그러한 유사간음행위 자체가 유사강간죄의 폭행에 해당한다고 평가할 수는 없다고 하였다.

또 유사강간죄가 성립하지 않으면 강제추행죄가 성립한다는 검사의 주장에 대해서는, A에게는 수면으로 인한 B의 심신상실 또는 항거불능의 상태를 이용하여 추행행위를 한다는 의사, 즉 준강제추행의 범의가 있었던 것일 뿐이고, 유형력을 행사하여 추행한다는 강제추행의 범의가 있었다고 볼 수 없었기 때문에 강제추행죄가 성립하지도 않는다고 하였다.

◆

A는 B가 잠을 자고 있으리라 생각하고 B의 몸에 손을 댔기 때문에 준유사강간에 대한 고의를 가지고 있었다. 그럼에도 B가 자고 있었던 것이 아니라 자는 척했기 때문에 무죄를 선고받았다. A가 무죄를 선고받은 근본적인 이유는 유사강간죄로 기소되었기 때문이다. 검사는 손가락을 B의 음부에 갑자기 넣은 행위는 기습강간에 해당한다는 취지에서 유사강간죄로 기소한 것으로 보인다. 하지만, 법원은 강간죄에서 일반적으로 예상되는 폭행이 없었고, 기습강간죄에도 해당하지 않는다고 하였다.

결과적으로 B가 실제로 잠을 자고 있었다면, A가 준유사강간죄로 유죄판결을 받았을 것인데, 단지 B가 자는 척했기 때문에 처벌받지 않게 된 것이다. A에게 B의 상태에 대한 착오, 즉 심신상실 또는 항거불능이라는 상태에 대한 착오가 있었기 때문이다.

그렇지만 이 사건과 같은 행동이 전혀 처벌받지 않은 것은 아니다. 실제로 이러한 사례는 준유사강간죄의 미수범으로 처벌된다. 다만 이 사건에서는 검사가 유사강간죄로만 기소하였기 때문에 유사강간죄에 대해서 무죄가 선고되었을 뿐이다. 그 이유는 유사강간죄의 성립에 필요한 폭행 협박이 없었기 때문이다.

이 사건에서 대법원은 A는 B가 심신상실의 상태에 있다고 인식한 채 이를 이용하여 B의 성기에 손가락을 넣는다는 의도로 위와 같은 행위를 하였기 때문에 준유사강간의 고의를 가지고 있었다고 하였다. 다만 A의 생각과 달리 B는 실제로는 자는 척만 하고 있어 심신상실의 상태에 있지 않았으므로, 이는 대상의 착오에 해당한다고 하였다. 대상의 착오로 인하여 준유사강간이라는 결과 발생이 불가능하게 된 것이다. 이런 경우를 불능미수라고 한다. 형법은 불능미수의 경우에도 위험성이 있는 때에는 처벌하고 있다. 대법원도 이런 의미에서 이 사건에서 A와 같은 행위는 준유사강간죄의 불능미수에 해당할 여지가 많다고 하였다. 다만 유사강간죄와 준유사강간 불능미수죄는 행위의 객체, 상대방의 상태, 행위의 태양, 폭행·협박의 요부 등 구성요건이 다른 별개의 범죄라고 하였다. 따라서 유사강간죄로 기소된 사건에서 공소장 변경 없이 준유사강간 불능미수죄를 인정할 경우에는 피고인인 A의 방어권 행사에 실질적 불이익을 초래할 염려가 있으므로 준유사강간의 미수범으로 유죄를 선고할 수 없다는 것이다. 따라서 대법원의 판단을 반대로 해석해 보면 공소사실을 준유사강간의 미수범으로 공소장을 변경했다면 준유사강간죄로 유죄가 선고되었을 것이라는 의미이다. 왜 검사가 준유사강간죄의 불능미수를 주장하지 않았는지 궁금하다.

이 사건에서 A는 무죄판결이 확정되었지만 그 이후 A는 찜질방에서 잠을 자고 있던 다른 피해자를 추행하여 준강제추행죄로 처벌받았다. 꼬리가 길면 결국 잡히고, 사람은 잘 바뀌지 않는 것 같다.

9 … 나이를 몰랐다 - 금지된 사랑

피고인 A(20대 대학생)는 2021년 7월경 카톡 오픈채팅방에서 피해자 B(여, 12세)와 채팅을 하면서 알게 되었다. 채팅을 하면서 B는 자신을 14살이라고 소개하였고, A도 그렇게 믿고 있었다.
2021년 7월 어느 날 오후 1시경, A는 B를 만나 모텔로 데리고 들어갔다. A는 B에게 성관계를 해도 되는지 물었다. B가 성관계를 승낙하자 그녀의 옷을 벗기고 성관계를 하였다.
이로 인하여 A는 미성년자의제강간 혐의로 기소되었다.

◆

피해자 B가 성관계에 동의했는데 A가 왜 처벌을 받는지 이해하기 힘들 수도 있다. 강간죄나 강제추행죄 같은 성범죄는 폭행이나 협박, 위력 등의 강제력을 사용하여 강제로 성관계를 하는 사람을 처벌하는 것으로 알고 있기 때문이다. 그러나 성적 가치관과 판단 능력이 충분히 형성되지 않아 성적 자기결정권을 행사하거나 자신을 보호할 능력이 부족한 13세 미만자가 피해자라면 좀 다른 관점에서 성범죄를 바라볼 필요가 있다. 우리 법은 13세 미만자를 성적 대상으로 한 경우에는 그들의 건전한 성적 발육을 보호한다는 차원에서 간음이나 추행을 하는 과정에서 강제력을 사용하지 않았더라도 미성년자의제강간죄나 미성년자의제강제추행죄로 처벌한다. 따라서 13세 미만의 자가 성관계에 동의했더라도 형사처벌을 면할 수 없다. 이런 범죄의 보호 대상자는 원래 13세 미만자, 즉 12세까지였다. 그러다가 'N번방 사건'이나 '박사방 사건'과 같이 미성년자 성착취물 제작·유포 등 미성년자를 대상으로 한 성범죄 사건들이 사회적으로 큰 문제가 되자 미성년자 대상 성범죄에 대한 처벌 강화하는 차원에서 미성년자의제강간죄와 미성년자의제강제추행죄의 피해자의 연령을 13세에서 16세로 대폭 올렸다. 다만 피해자가 13세 이상 16세 미만인 경우에는 19세 이상의 행위자에 대해서만 처벌하도록 하였다. 청소년들 사이의 이성교제는 처벌하지 않기 위한 고려도 포함되었다.

이 사건에서 20대 초반의 대학생이었던 A는 카카오톡 오픈채팅방에서 B를 알게 되었는데, B가 자신을 14살이라고 말했기 때문에 그렇게 알고 있었다. 그러나 B의 실제 나이는 12세였다. A는 실제 12세인 B의 나이를 14세로 잘못 알고 그의 동의를 받아 성관계를 한 것이다. 그런데 범행대상에 대한 인식은 고의의 내용이고, 미성년자의제강간죄에서는 피해자의 나이도 중요한 범죄성립의 중요한 요소이기 때문에, A에게는 구성요건적 착오, 즉 범행객체에 대한 착오가 있는 경우에 해당한다. B의 실제 나이는 12세이므로 실제 나이대로라면 형법 제305조 제1항의 미성년자의제강간죄에 해당하고, A는 B가 14세로 알고 있었으므로 A의 고의에 따르면 형법 제305조 제2항의 미성년자의제강간죄에 해당한다. 즉, A는 제305조 제2항에 대한 고의를 가지고 있었는데, 결과는 제1항의 결과였기 때문이다. A에게 어떤 고의를 인정할 것이냐는 A를 기수로 처벌할 것인지, 아니면 미수로 처벌할 것인지와 관련되기 때문에 매우 중요한 쟁점이 되었다. 미수죄라면 법적으로 형을 감경할 수 있기 때문이다.

◆

검사는 B가 비록 실제 12살이지만 A가 B를 14살로 알고 성관계를 하였기 때문에, 그 고의에 따라 A를 형법 제305조 제2항의 미성년자의제강간죄로 기소하였다. 이에 대해 1심 법원은 다음과 같은 이유로 미성년자의제강간미수죄가 성립한다고 하였다.

형법 제305조 제2항의 죄는 피해자의 나이가 '13세 이상 16세 미만의 사람'을 범행대상으로 하는데, B는 12세이므로 법이 규정하고 있는 구성요건적 결과, 즉 13세 이상 16세 미만자에 대한 간음이라는 결과 발생이 원천적으로 불가능하다. 따라서 A를 형법 제305조 제2항의 미성년자의제강간죄에 대한 기수로 처벌할 수 없다.

따라서 A가 "13세 이상 16세 미만의 사람"에 대하여 간음을 하였다는 사실로 기소된 이 사건 공소사실은 범죄의 증명이 없는 때에 해당하므로 무죄를 선고하여야 마땅하다. 다만 형법은 제27조에서 결과발생이 불가능하더라도 위험성이 있는 경우에는 미수범으로 처벌한다고 정하고 있으므로, 그 규정에 따라 A를 형법 제305조 제2항에서 정한 미성년자의제강간의 미수죄로 처벌한다.

그런데, 2심 법원은 1심 판결과 달리 A에게 형법 제305조 제2항의 미성년자의제강간죄의 기수라고 판단하였다. 그 이유는 대략 다음과 같다.

형법 제305조 제1항과 제2항은 법정형과 범행의 태양이 완전히 동일하게 규정되어 있고, 여기에 위 개정 취지를 더하여 보면 형법 제305조 제2항은 제1항과 구별되는 별개의 새로운 죄나 구성요건을 신설한 것이 아니라, 피해 미성년자의 연령 기준을 기존 13세 미만에서 16세 미만으로 상향하되, 다만 피해 미성년자의 나이가 13세 이상 16세 미만인 경우 행위자의 연령이 19세 미만인 자에 한하여 벌하지 아니한다는 의미로서, 처벌받는 '행위자의 요건'에 제한을 가한 것이다. 따라서 형법 제305조 제2항에서 정한 범죄에 있어 고의의 핵심은 '피해 미성년자가 16세 미만이라는 점을 인식하는 것'에 있다고 해석하는 것이 타당하다. 이 사건의 경우 실제 B의 나이가 12세라고 하더라도, A가 B의 나이를 16세 미만으로 인식하고 범행으로 나아간 이상 앞서 본 바와 같이 위 범행에 대해 형법 제305조 제2항 미성년자의제강간의 기수를 인정하여야 한다.

◆

범죄에 대한 처벌에 있어서 기수범과 미수범에 대한 선고형은 원칙적으로 같을 수는 없다. 범죄를 실행하였으나 결과가 발생하지 않은 미수죄와 범죄의 결과가 발생한 기수죄가 불법성이 동일하다고 볼 수는 없기 때문이다. 미성년자의제강간죄 등을 규정한 형법 제305조는 2개의 항으로 되어 있는데, 제1항과 제2항은 그 법정형이 같다. 범죄가 성립하려면 그 범죄를 저지른다는 고의가 필요한데, 피고인은 실제 12세인 B의 나이를 14세로 알았기 때문에 제2항의 고의를 가지고 있기 때문에 1심과 2심 모두 제1항의 미성년자의제강간죄가 성립하지 않는다는 데에는 이견이 없다. 그런데 1심 법원과 같이 제2항 미성년자의제강간죄의 미수범으로 처벌받는 것과 2심 법원과 같이 제2항 미성년자의제강간죄의 기수범으로 처벌받는 것은 선고형에 있어 큰 차이가 발생하게 된다.

1심 법원은 조문의 규정 내용에 충실하여 형법 제305조 제1항과 제2항을 피해자의 연령에 따른 별도의 구성요건으로 본 것이고, 2심 법원은 입법취지와 형평 등에 입각하여 형법 제305조 제1항과 제2항은 범죄대상인 피해자의 연령을 구별하여 처벌을 달리하는 별개의 범죄가 아니라 제2항은 단지 처벌받는 '행위자 요건'을 제한한 것으로 제1항과 제2항은 하나의 범죄를 규정한 것으로 보았다. 실제로 1심 법원과 같이 판단한 사례도 많은데, 이러한 판결은 대부분 준강간죄에 있어서 심신상실 또는 항거불능 상태에 대한 착오가 있는 경우 준강간죄의 불능미수범으로 처벌해야 한다는 대법원 전원합의체 판결(대법원 2018도16002)을 참고하였다.

한편 개정된 형법 제305조는 미성년자의제강간죄의 연령 기준을 기존 13세에서 16세로 상향하면서도, 피해 미성년자가 13세 이상 16세 미만인 경우에는 가해자가 19세 이상인 경우에만 처벌하도록 하였다. 개정 취지는 미국의 일부 주 등에서 시행하고 있는 이른바 '로미오와 줄리엣 법(Romeo and Juliet Law)'- 교제하는 청소년 간의 합의에 따른 성적 접촉까지 처벌되는 것을 막기 위하여 피해자가 기준 연령 이하인 경우에도 가해자와 피해자의 연령 차이가 3~4세 정도로 크지 않은 경우에는 처벌하지 않거나 경범죄로 처벌하는 법조항 - 을 참고하여 19세 미만의 사람이 13세 이상 16세 미만의 사람과 합의에 의하여 성관계 등 성적 행위를 한 경우에는 청소년 간의 자연스러운 교제에 따라 온전한 성적 자기결정권을 행사한 것으로 보아 처벌대상에서 제외하기 위한 것으로 이해된다(수원고등법원 2021노824 판결). 따라서 피해자의 나이가 16세 미만이기만 하면 피고인이 상대방 나이를 13세 미만으로 알았던지, 아니면 13세 이상 16세 미만으로 알고 성관계를 하던지 그 고의에 상관없이 미성년자의제강간죄의 기수범으로 처벌받게 된다.

이런 법률적 문제는 어디까지나 A가 B의 실제 나이를 몰랐기 때문에 발생한 것이다. 그런데 만약 A가 아무리 B의 실제 사이를 몰랐다고 주장하더라도 B의 키, 얼굴, 말투, 머리모양, 옷차림, 친구관계, 사회경험 등 여러 가지 상황을 종합했을 때 누가 보더라도 13세 미만이라고 생각할 수 있었던 상황이어서 미필적으로나마 B가 13세 미만이라는 사실을 알 수 있었다고 인정된다면 미필적 고의가 인정되어 제305조 제1항의 미성년자의제강간죄로 처벌되었을 것이다. 미필적 고의란 '자기의 어떤 행위가 범죄가 될 수 있음을 알면서도 그 행위를 계속하는 심리상태'를 말하는데, 여기서는 '스스로는 14세라고 하지만 말투나 외모를 봤을 때 혹시 13세 미만일지도 몰라. 하지만 그래도 괜찮아'라고 하는 A의 마음가짐이다. 미필적 고의도 고의의 일종이다. 반대로 실제 피해자가 16세 이상이라고 말했고, 외모 등 객관적으로 보더라도 16세 미만으로 보기 어려운 상황이라면 미성년자의제강간죄로 처벌할 수는 없다. 가해자에게 16세 미만자와 성관계를 한다는 인식이 없기 때문이다.

제4장

블랙아웃

제4장

블랙아웃

술을 마신 후 필름이 끊긴다고들 한다. 의학적으로 말하면 알코올 블랙아웃(black out)이다. 사람의 기억은 부호화(encording), 저장(storage), 인출(retrieval)이라는 기억 형성 과정을 거친다고 알려져 있다. 단기기억을 만들고 임시 저장하는 기능은 뇌의 해마가 담당한다. 알코올의 독성이 해마의 기능을 저하시키면 알코올 블랙아웃 현상이 발생하여 단기기억을 못하게 된다. 한마디로 알코올 블랙아웃은 혈액 속의 알코올이 기억형성에 관여하는 해마의 기능에 영향을 미쳐 행위자가 일정한 시점에 진행되었던 사실을 기억하지 못 하는 현상이다. 하지만 알코올 블랙아웃 상태에서도 뇌의 다른 기능은 정상적으로 활동한다. 다시 말하면 정상적으로 활동했지만 당시 일을 기억하지 못할 뿐이다. 그런데 사건 당시의 일을 기억하지 못 하는 단순한 알코올 블랙아웃도 있지만 과도한 음주로 심신상실의 정도에 이르러 일정 시점 이후의 일을 전혀 기억하지 못 하는 경우도 있다. 따라서 필름이 끊긴 경우 알코올 블랙아웃인지, 아니면 심신상실 상태인지에 따라 유무죄는 물론, 당사자들의 장래에 미치는 영향이 매우 크다.

형법 제299조는 '사람의 심신상실 또는 항거불능의 상태를 이용하여 간음 또는 추행을 한 자'를 강간, 유사강간, 강제추행과 동일하게 처벌한다. 강간죄나 강제추행죄는 폭행이나 협박을 수단으로 하여 성범죄를 저지르는 것이지만 심신상실이나 항거불능 상태를 이용하여 성범죄를 저지르는 경우도 폭행 또는 협박을 수단으로 하는 경우와 유사하다고 보아서 강간죄나 강제추행죄에 '준(準)'하여 처벌하는 것이다. 준강간죄나 준강제추행죄는 정신적·신체적 사정으로 인하여 성적인 자기방어를 할 수 없는 사람의 성적 자기결정권을 보호하기 위한 범죄이다. 성적자기결정권은 원하지 않는 성적 관계를 거부할 권리를 말한다. 심신상실은 성적행위에 대한 정상적인 판단능력이 전혀 없는 상태를 의미한다. 패싱아웃(passing out, 의식상실)이라고도 한다. 심신상실은 만취, 약물, 잠 등 그 원인은 다양하다. 항거불능은 심신상실 이외의 원인으로 심리적 또는 물리적으로 반항이 절대적으로 불가능하거나 현저히 곤란한 경우를 뜻한다.

여기서 알코올 블랙아웃과 패싱아웃은 구별이 필요하다. 준강간죄 등 성폭력 사건에서는 주로 알코올로 인한 블랙아웃이 문제된다. 알코올 블랙아웃은 그 정도에 따라 보통 ① 사후적 기억형성의 장애만 있을 뿐 행위 당시에는 모든 인지기능과 의식 상태가 정상이었던 단순 알코올 블랙아웃, ② 사후적 기억형성의 장애와 동시에 의식장애가 수반된 알코올 블랙아웃, ③ 사후적 기억형성의 장애와 행위 당시 주변환경에 대한 인식능력의 결핍 또는 주의력 장애 등 인지기능에 장애가 수반된 알코올 블랙아웃, ④ 사후적 기억형성의 장애와 의식장애를 넘어 의식상실(패싱아웃)에 이른 것으로 인정될 의식상실이 수반된 알코올 블랙아웃 등으로 구분한다(2020. 1. 성균관대학교). 알코올 블랙아웃은 인코딩 손상의 정도에 따라 단편적 블랙아웃과 전면적 블랙아웃으로 나뉜다.

음주 후 기억은 못하지만 성폭행 피해를 당했다고 호소하는 피해자의 경우, 범행 당시 그 피해자의 상태는 위의 4가지 중 어느 하나에 해당할 것이다. 따라서 준강간죄 또는 준강제추행죄로 기소된 피고인이 피해자가 범행 당시 성적 행위에 동의했음에도 술에 취해 당시 상황을 기억하지 못할 뿐이라면서 알코올 블랙아웃을 주장하면, 법원은 피해자의 음주량과 속도, 경과한 시간, 피해자의 평소 주량, 평소 음주 후 기억장애 경험 유무 등의 사정, 그리고 CCTV나 목격자를 통하여 확인되는 당시 피해자의 상태, 언동, 피고인과의 평소 관계, 만나게 된 경위, 성적 접촉이 이루어진 장소와 방식, 그 계기와 정황, 피해자의 연령과 경험, 성에 대한 인식 정도, 심리적·정서적 상태, 피해자와 성적 관계를 맺게 된 경위에 대한 피고인 진술의 합리성, 사건 이후 피고인과 피해자의 반응 등을 종합적으로 검토하여 범행 당시 피해자가 단순한 알코올 블랙아웃인지, 아니면 심신상실 또는 항거불능 상태에 있었는지를 판단한다(대법원 2018도9781 판결, 2015도9436 판결 등).

한편 체내에 흡수된 알코올은 뇌기능에 부정적 영향을 미쳐 이성적 판단능력이나 통제능력이 상당히 저하될 수 있기 때문에 누구든지 과음을 했을 경우에 평상시에는 하지 않았을 행동이나 술을 깼을 때 후회할 행동을 하게 될 가능성도 많다. 평소에 쌓여 있던 불만을 술자리에서 직장 상사에게 털어놓으며 항의하거나 평소 가지고 있던 도덕적인 경계를 넘는 행동을 하는 경우도 있다. 또 알코올은 위험을 감수하고 받아들이는 행동을 하게 만들기도 하기 때문에 어떠한 사건이 벌어진 이후에 행위자가 평소 그와 같은 행위를 할 이성적 동기나 이유가 있지 않다는 사후적인 판단만으로 그러한 행위의 책임을 행위자에게 귀속시킬 수 없다고 보거나, 무의식상태에서의 행위에 불과하다고 단정할 수는 없다. 즉 성폭력에 대한 피해자의 대처 양상이 다양하듯 이성의 적절한 통제를 받지 않을 경우 술에 취한 사람의 행동 또한 다양한 형태로 나타날 수 있기 때문에 정상적인 상태에서 도저히 예상할 수 없는 행동일지라도 실제 그런 행동을 하고서도 기억에 남아 있지 않을 수도 있다.

이런 까닭에 알코올 블랙아웃은 성폭력 사건에서 가장 빈번하게 등장하고, 또 중요하게 다뤄지는 이슈가 되었다.

1 … 남자가 옆에 있다 - 보정속옷

피고인 A는 대학생이다. 2019년 12월 어느 날 오후 늦게 서울의 한 대학 근처에서 피해자 B(20대 초반의 여성)를 만나 PC방을 갔다. B는 2달 전에 다른 친구 소개로 알게 되었다.
그날 저녁 7시 무렵, A는 B를 만났고, 뒤늦게 합류한 친구 한 명과 함께 셋이서 저녁을 먹었다. 그들은 1시간 반 동안 소주 5병을 마셨다. 식당에서 나올 무렵 친구 2명이 더 합류하여 코인노래방에서 노래도 불렀다. 노래방에서 나와 친구들은 먼저 집으로 돌아갔다. A는 술에 취한 B를 집으로 데려다주게 되었다.
A와 B는 집으로 가던 중 숙박업소가 있는 거리를 지나다가 어느 모텔로 들어갔다. 그때가 밤 9:45경이었다. 모텔에서 A는 술에 취해 잠이 든 B의 옷을 벗기려고 했는데 잠에서 깬 B가 거부를 하면서 객실 밖으로 나가려고 하였다.
그러자 A는 B를 못 나가게 잡고 침대에 눕히고는 몸 위로 올라타 B를 강간하려고 하였으나 B가 격렬하게 저항하면서 도망가는 바람에 성공하지는 못했다.
이로 인하여 A는 강간미수 혐의로 기소되었다.

◆

A는 노래방에서 나와 친구들과 헤어졌다. B를 집에 데려다주던 길에 부근에 있는 이 사건 모텔로 가게 되었다. A와 B는 나란히 서서 모텔 안으로 들어갔다. B가 본인 카드를 꺼내 숙박비를 계산하였고, 업주가 결제를 하는 동안 A는 B에게 입맞춤을 하였다. 숙박비 계산이 끝나자 B가 앞서가고 A가 뒤따라 계단과 2층 복도를 지나

객실로 들어갔다. 그 후 약 2시간이 지났을 때 B는 가방과 신발을 손에 든 채 객실 방문을 열고 나오더니 계단을 뛰어 내려가 모텔 밖으로 도망치듯 빠져나갔다. 모텔 CCTV로 확인되는 장면이다.

B는 노래방에서 나온 이후 상황이 기억나지 않는다고 했다. 잠에서 깨어 눈을 떴을 때 옷을 벗고 있는 A가 보여 그 자리를 벗어나야겠다는 생각으로 모텔을 나가려고 하였다. 그런데 A가 못 나가게 저지하면서 침대로 끌고 가 강간하려고 하여 화장실로 들어갔다. 화장실에서 남자친구에게 위험한 상황임을 문자로 알리고 화장실에서 나와 운동화만 챙겨 모텔 밖으로 도망쳐 나왔다며 당시 상황을 설명했다.

A는 억울하다는 입장이었다. A가 설명하는 당시 상황은 이랬다. A와 B는 객실에 들어와 서로 키스를 하였다. B는 옷 위로 A의 성기를 만져주고 자발적으로 구강성교를 해주는 등 서로 합의로 스킨십까지는 하였지만 B가 성관계는 하지 않겠다고 하여 성관계는 하지 않았다고 하였다. A는 B의 핸드폰 통화가 끝나기를 기다리다가 잠이 들었다. 잠결에 B가 화장실에 다녀온다는 말을 들었던 것 같고, 잠에서 깼을 때는 B가 밖에 나간 뒤였다는 것이다. 당시 B의 혈중알코올농도는 0.143%에 불과했고, 술값이나 모텔비도 직접 계산할 정도로 의식이 뚜렷한 상태였음에도 노래방에서 나와 모텔에 들어갈 때까지 상황은 기억하지 못하면서 모텔 안에서 실랑이하는 과정부터 기억하는 것은 앞뒤가 맞지 않는다고 주장했다. A가 B의 보정속옷을 벗기려 하였는지에 관한 진술내용도 일관성이 없으므로 신빙성이 없다고 항변하였다.

이 사건은 A와 B, 두 사람이 약 2시간 동안 머물렀던 모텔 방에서 발생하였다. 모텔에 들어갈 때와 달리 B는 신발을 손에 든 채로 뛰쳐나왔다. A는 합의에 따른 신체접촉이었음을 주장하면서 범행을 부인하였다. 때문에 강간미수죄로 기소된 공사사실에 대한 직접증거는 피해자인 B의 진술이 유일했다. 따라서 B 진술의 신빙성이 이 사건의 핵심이었다.

한편, B는 노래방 이후부터 모텔에 들어왔을 때까지의 상황은 기억하지 못했다. 그런데 B가 자기 신용카드로 모텔비까지 결제하고 들어왔고, 모텔에 투숙하는 과정에서 보이는 B의 모습이 특별히 비정상적이라고 판단할 만한 사정이 없어 B가 술의 영향으로 당시 일을 신체접촉을 기억하지 못 하는 블랙아웃 가능성도 의심되는 상황이다.

◆

1심 법원은 B의 피해 진술이 사실이라고 판단했다. 그리하여 A의 변명에도 불구하고 강간미수죄의 공소사실을 유죄로 인정하고 A에게 징역 1년 6월을 선고하면서 법정 구속하였다. 법정 구속은 불구속 상태로 재판을 받는 피고인을 재판 중이나 선고와 동시에 구속하는 것이다. 형을 선고하면서 구속하는 경우가 대부분이다. 재판부는 B의 진술이 그 주요 부분에서 일관되며 경험 법칙에 비추어 비합리적이거나 진술 자체로 모순되는 부분이 없을 뿐만 아니라, 직접 경험하지 않은 사실을 허위로 꾸며낸 것으로 보기 어려울 정도로 상세하고 구체적이라고 하였다. B가 A를 무고할 동기나 이유도 없으므로 B의 진술은 신빙성이 있다고 판단하였다.

A가 B의 보정속옷을 벗기려고 했는지에 관하여, 1심은 B가 다소 일관성 없이 진술한 부분이 있기는 하지만, 'B는 당시 주량 이상으로 술을 마신 상태였다. A의 갑작스러운 행동 때문에 당황하고 혼란스러운 마음에 그 상황에 대처하느라 급급하였을 것으로 보이며, 그 과정에서 상당한 성적 수치심과 정신적 충격을 받았을 것으로 보인다. 이러한 B에게 당시 상황에 관하여 정확하게 기억하여 진술할 것을 기대하기는 어렵고, B가 이 사건에 관하여 일부 기억을 하지 못하거나 명확하지 않게 진술한다는 사정만으로 B가 허위 또는

과장된 진술을 하였다거나 의도적으로 A에게 불리한 진술을 하였다고 보기는 어렵다'고 하였다. 즉, 보정속옷을 벗기려고 했는지에 관한 B의 진술은 일관성이지 않지만, 당시 그럴만한 사정이 있었기 때문에 진술의 신빙성이 없다고 판단할 근거는 아니라는 것이다.

한편, B가 자발적으로 구강성교를 해주었다는 주장에 대해서는, 모텔에 들어갈 때 벽에 부딪혀 얼굴에 상처를 입은 B가 구강성교를 했다는 것은 이례적이고, 구강성교를 했는지 여부는 유무죄에 관한 매우 중요한 사정임에도 A가 뒤늦게야 진술한 것은 이해되지 않는다는 이유로 신빙성이 없다고 하였다.

◆

A는 항소심에서 범행을 모두 자백하고 B와 합의하여 집행유예로 석방되었다. A가 갑자기 입장을 변경한 이유를 짐작할 수 없다. 거짓말이 통하지 않는다는 것을 깨닫고 뒤늦게나마 범행을 인정한 것인지, 아니면 불구속 상태에서 재판을 받다가 1심에서 법정구속이 되자 전략적 차원에서 억지로라도 자백하고 합의해서 집행유예라도 선고받기로 한 것인지를 알 수 없다. 하지만 A의 입장에서 볼 때 법원의 판단에는 의문이 제기될 소지가 많다.

이 사건은 A와 B 모두 당시 상황을 정확하게 기억하지 못하고 있다는 특징이 있다. B는 수사기관이나 법정에서 명시적으로 노래방에서부터 모텔에서 정신이 들 때까지 있었던 일이 기억나지 않는다고 진술했다. A는 마치 당시 일을 모두 기억하고 있는 것처럼 진술하였으나 신고 직후에 A의 친구가 B에게 '필름이 끊겨서 기억이 거의 안 난데'라고 보낸 문자 내용을 근거로 추측해 보면 A도 그날 상황을 모두 기억하는 것은 아니었던 것 같다.

법원은 범행시각을 밤 9시 45분경이라고 판결하였다. 하지만 9시 45분은 모텔에 들어온 시간이지, 사실 B가 주장하는 강간을 시도한 시간은 아니다. 잠에서 깼을 때 A가 덮치려고 하여 도망 나왔다는 것이 B의 주장이므로, A가 강간을 시도했다는 시점은 모텔에 들어온 때로부터 상당한 시간이 지난 후이다. 당시 두 사람이 모텔에 들어온 것은 밤 9시 45분, B가 화장실에서 남자친구에게 처음 구조요청 문자를 보낸 시점은 밤 11시 20분, B가 모텔 방에서 나온 때는 밤 11시 30분이다. B는 모텔에서 눈을 떴을 때 A가 옷을 벗기려고 하여 모텔 밖으로 나가려다가 붙잡혔고, 다시 성관계를 시도하려고 하여 A를 진정시키고 화장실에 들어가 구조요청을 했다는 것이므로 B가 눈을 뜨고 A의 강간시도를 피해 화장실로 들어갔을 때까지 시간은 대략 10분 내지 20분 정도로 추정된다. 그렇다면 B가 잠에서 깬 시간은 밤 11경이었을 개연성이 높다. 그렇다면 범행시각은 밤 9시 45분경이 아니라 11시경으로 보아야 한다. 그런데 B는 모텔에 들어간 9시 45분부터 11시까지 1시간 15분 정도의 일을 기억하지 못했다. 이 시간에 두 사람 사이에는 어떤 일이 있었을까?

법원은 A의 주장이 신빙성이 없다고 하였으나 A의 입장에서 본다면 신빙성을 배척한 이유를 납득하기는 어려울 것이다. A는 B가 평소에도 자신에게 이성적인 호감을 갖고 있었다고 했다. 그날 노래방에서 서로 키스까지 하였고, 모텔에 들어와서도 키스를 하고 구강성교까지 해주었는데 B가 원치 않아 성관계는 하지 못하고 잠을 잤다고 주장했다. B가 핸드폰으로 누군가와 통화하는 것을 기다리다가 잠이 들었고, 잠결에 B가 화장실에 다녀온다는 말을 들었는데 잠에서 깬 시점에는 B가 밖에 나간 뒤였다는 것이다. 당시 노래방까지 동행했던 친구 2명도 A와 B, 두 사람이 취하기는 했지만 의사소통이 불가능할 정도까지는 아니었다고 증언했다. 숙박비도 B가 본인 카드로 직접 결제했고, 계단을 통해 2층 방으로 갈 때도 A보다 앞서 걸어갔다. 숙박비를 결제할 때 A가 키스를 했는데도 아무런 거부감을 표현하지 않았다. A가 모텔에 들어오자마자 B를 강간하지 않고 1시간 이상이 지나서야 강간을 시도했다는 것도 상당히 이례적으로 보인다.

A는 법정에서 자발적인 성적 접촉임을 주장하면서 B가 구강성교도 해주었다는 사실을 처음으로 진술했다. 이에 대해 1심 법원은 구강성교 사실은 A의 무죄를 뒷받침할 만한 핵심적인 사항인데도 법정에서 처음 진술하였기 때문에 그 진술을 믿기 어렵고, 구강성교는 얼굴 근육을 사용해야 하는데, 모텔 방에 들어가기 직전에 벽에 부딪혀 얼굴에 상처를 입은 B가 구강성교를 해주었다는 것은 이해하기 어렵다면서 A의 주장을 받아주지 않았다. 비록 A가 구강성교라는 중요한 사실을 수사기관에서 진술하지 않다가 1심 법정에서 진술한 것은 납득하기 어려운 점이다. 그렇지만 A는 단순히 B가 구강성교를 해주었다고만 진술한 것이 아니라 '남자친구에게는 이렇게 안 해줬다'고 하면서 A에게만 특별히 해준다는 의미의 말을 했다는 것이다. 이런 내용은 A가 직접 경험하지 않았다면 굳이 지어서 말할 수 없는 내용으로도 볼 수 있다. 당시 A도 상당히 술에 취해 있었기 때문에 시간의 경과에 따라 기억이 구체화되는 경우도 있고, 비록 대학생이지만 사회경험이 많지 않은 상태에서 성범죄에 휘말려 당혹스러운 상태였을 것이므로 수사단계에서 미처 떠올리지 못했을 가능성도 있다. 당시 B의 얼굴 상처가 구강성교가 불가능한 정도였는지, 구강성교 행위에 반드시 얼굴 근육을 사용해야 하는지에 대해서도 명확한 근거가 제시되지 않았기 때문에 이러한 A의 주장을 배척하는데 합리적 근거가 있는지에 대해서는 의문이 제기될 여지가 있다.

당시 B가 모텔에서 정신을 차렸을 때부터 모텔을 나올 때까지의 상황판단능력이 정상적이었는지 의문이다. B는 모텔 화장실에서 남자친구에게 A에게 잡혀서 끌려와 있으니 도와달라는 문자를 보냈고, 모텔에서 나와서는 사촌언니에게 아는 남자가 모텔로 강제로 데려갔다는 취지로 알렸다. 하지만 B는 자기 카드로 결제를 하고 걸어서 들어왔지 A에게 강제로 잡혀서 끌려오지 않았다. 모텔에 강제로 끌려왔다는 생각은 인식의 오류이거나 과장으로 보인다. B는 모텔에서 나와 약 3시간 뒤에 경찰에 신고하였고 그 무렵 혈액을 채취했는데 혈중알코올 농도가 0.143%였다. 이보다 3시간 전인 모텔에서 깨어났을 시점에는 더 술에 취해있었을 것이므로 B가 잠에서 막 깨어났을 때 본인이 처해있는 상황을 제대로 인식하지 못했을 가능성도 얼마든지 있다.

특히, B가 보정속옷과 관련하여서 한 진술은 일관성이 전혀 없다. B는 처음에는 A가 보정속옷을 벗기려고 했다고 진술했다가 그 다음에는 보정속옷인지 아니면 스타킹이나 팬티를 벗기려고 했는지 잘 모르겠다고 했다. 법정에서는 그냥 속옷을 벗기려고 했다고 증언하였다. 이렇게 일관성이 없이 진술하는 것을 보면 B가 잠에서 깨어나 인식했던 상황의 정확성에 의문이 생긴다. 법원은 이에 대해서도 B가 당혹감으로 당시 상황을 제대로 기억하지 못할 수도 있다고 판단하였다. 하지만 B의 보정속옷은 모텔 테이블 위에 놓여 있던 것을 경찰이 확보하여 B가 경찰조사를 받기 전에 B에게 전달되었다. 보정속옷이 테이블 위에서 발견되었다는 것은 이를 벗길 때 강제적인 상황이 아니었다는 정황으로 볼 수도 있다.

만약 모텔에 들어왔을 때까지 상황은 A의 주장이 맞는다고 하더라도 그와 같은 사정만으로 B가 성관계에 동의하였다고 단정할 수 없고, 객실에서 두 사람 사이에 일정한 성적 접촉이 있었다고 하더라도 B가 용인하거나 동의한 한도를 넘는 성관계를 시도하기 위하여 폭력을 행사하였다면 강간미수죄가 성립할 수 있다. 당연한 말이다. 남녀가 모텔에 들어갔다고 하더라도 여성이 변심하거나 허용한 한도를 넘어 강제로 성관계를 시도하는 것은 범죄에 해당한다. 그런데 이 사건에서는 당시 상황이 불명확하다. B는 모텔을 나가려고 하자 A가 머리채를 잡아끌어 침대로 데려가 눕히고 몸 위에 올라탔다고 주장하지만, B가 잠에서 깼을 때부터 모텔에서 나올 때까지의 상황에 대해서 재판을 통해 명확하게 밝혀진 내용은 별로 없다. B는 A가 머리채를 잡았다고 했지만 실제로 그런 일이 있었는지는 B의 진술밖에 없다. B도 머리채를 잡았다는 말은 수사기관에서만 하였고, 법정에서는 그런 내용을 증언하지 않았다. B는 A가 강간을 시도하자 A를 진정시키고 화장실로 들어갔다가 운동화를 손에 들고 도망쳐 나왔다고 하였다. B는 화장실에 10분 정도 있었다. 그때 A는 무엇을 하고 있었는지, 밖에서 A가 기다리고 있는데 어떻게 도망 나올 수 있었는지, 어떤 말로 A를 설득하여 강간 시도를 무마시켰고 이에 대해 A는 어떤 반응을 보였는지, 두 사람 사이에 어떤 대화가 오갔는지, 당시 B의 심정은 어땠는지, 또 눈을 떴을 때 A가 옷을 어디까지 벗고 있었는지, A가 속옷을 어떤 식으로 벗기려고 하였고 B는 어떤 저항이나 반응을 하였는지 등에 관하여 아무런 진술이 없다. A와 B는 서로 친하게 지내는 사이였는데, B가 모텔을 나가려고 하자 A가 머리채를 잡았다는 진술은 쉽게 이해되지 않는다. 비몽사몽 상태에서 꿈과 현실을 혼동하거나 착각했을 수도 있다. 법원이 이런 사실관계에 대해 좀 더 구체적으로 심리한 다음에 A에 대한 유무죄를 판단했으면 좋았을 것 같다.

여기서 B의 알코올 블랙아웃 가능성도 추측해 볼 수 있다. A의 주장에 의하면, 평소 A에게 호감이 있었던 B는 노래방에서 친구들이 보는 앞에서 A에게 적극적으로 스킨십을 하였고, 모텔비도 본인 카드로 결제하고 스스로 걸어서 모텔 방에 들어갔으며, 모텔에서 스킨십과 구강성교까지 하였다는 것이다. 그런데도 B는 정신이 들자 화장실에 들어가 남자친구에게 강제로 끌려와 잡혀있다면서 구해달라는 문자를 보냈다. 이런 진행과정을 보면 B는 노래방에서 나온 이후 모텔 방에 들어가고 잠에서 깰 때까지 알코올 블랙아웃 상태가 아니었을까 하는 의문이 든다. 알코올 블랙아웃은 당시는 정상적으로 사고하고 행동하였지만 나중에 잠이 깨었을 때 당시 상황이 전혀 기억나지 않는 현상이다. 일반적으로 필름이 끊긴 경우가 바로 이런 유형의 알코올 블랙아웃에 해당한다. B는 A와 성적 접촉에 동의했으면서도 나중에 정신이 들었을 때는 그 일을 기억하지 못했을 수도 있다. 정신을 차렸을 때까지도 B는 그때까지 술에 취해 있었고, 방안도 어두웠다고 진술했다. 그런데 B는 당시 사귀는 남자친구가 있었다. 스스로 모텔에 들어왔으면서도 강제로 끌려와 잡혀있다고 당시 상황을 파악했다. 이런 여러 가지 정황들을 보면 B가 술이 깨거나 정신이 들면서 그 이전 상황을 기억하지 못한 채 정조 관념이 발동하여 과잉대응을 했을 것이라는 추측도 전혀 불가능한 것은 아니다.

그런데, 이 사건에서 A와 그 변호인은 사건 당시 B의 혈중알코올농도 추정치를 제시하면서 술값과 모텔비를 직접 계산할 정도로 정상적이었기 때문에 모텔에 들어갈 때까지의 일은 기억하지 못하면서 객실에서 이 사건 발생 시점부터 기억한다는 B의 주장은 상식적으로 맞지 않는다고 주장했다. 즉, B는 당시 상황을 모두 기억하고 있으면서도 일부러 거짓말을 하고 있다는 것이다. 하지만 법원은 B가 당시 주량 이상의 술을 마셨다고 하면서 그 주장을 받아들이지 않았다. 전략적으로 B가 거짓말을 한다고 주장하는 것보다 알코올 블랙아웃으로 사건 이전 상황, 즉 모텔에 들어와서 서로 성적 접촉을 하고 구강성교까지 했다는 사실을 기억하지 못한 것이라는 주장을 했다면 더 효과적인 주장이 아니었을까 싶다. 처음부터 B의 알코올 블랙아웃을 주장했다면 유무죄에 대한 법원의 판단이 달라지지 않았을까. 왜냐하면 당시 상황에 대해 B의 진술은 일관성도 없고, 구체적이지도 않으며, 호감을 갖고 있던 A를 상대로 모든 상황에 대해 거짓말을 할 동기도 없었기 때문이다.

지금까지 드러난 여러 사실과 추론, 그리고 의문점들을 근거로 그날의 상황을 이렇게 재구성해 볼 수 있겠다. A와 B는 일행들을 돌려보내고 둘이서 이 사건 모텔에 투숙했다. 객실에 들어와 이런 저런 얘기를 나누며 서로 키스하고 애무하고 구강성교를 했다. A는 성관계를 요구했지만 B는 거절했다. 서먹해진 두 사람은 다시 잠깐 잠이 들었다. 먼저 잠이 깬 B는 자신이 왜 그곳에 있는지 기억할 수 없었다. A도 잠에서 깨어 성관계를 다시 시도했다. B가 모텔을 나가려고 하자 A는 B의 신체 어딘가를 잡아 침대로 끌고 왔다. B는 말로 A를 설득하고 화장실로 들어갔다. B는 A에게 강제로 끌려온 것으로 오인하고 남자친구에게 문자를 보냈다. A가 화장실에 있는 사이 A는 B가 나오기를 기다리다가 잠이 들었다. B는 위급한 상황이라고 생각하고 기회를 엿보다 A가 잠든 틈을 타 신발만 챙기고 맨발로 모텔을 도망쳐 나왔다. A는 B가 집에 가버린 것을 뒤늦게 알고 자신의 행동을 반성하면서 B에게 몹쓸 짓을 해서 미안하다는 카톡을 보냈다. 이것은 어디까지나 추론이다. B가 모텔을 뛰쳐나오게 된 계기가 분명히 있었을 것이다. A가 B의 의사에 반하여 성관계를 강하게 요구했을 가능성이 있다. B가 기억하는 부분까지 거짓말을 할 이유가 없기 때문이다. 문제는 그 정도가 형법상 강간죄에서 요구하는 정도의 폭행에 해당하는가 하는 점이다. A 입장에서 봤을 때 좀 더 치밀하게 대응했더라면 어땠을까 하는 아쉬움이 남는 사례다.

2 … 그런 여자가 아니다 - 할로윈파티

피고인 A는 20대 후반의 회사원이다. 2018년 10월 어느 날 저녁, 지인들을 집으로 불러 할로윈 파티를 했다. 그날 새벽까지 친구들과 술을 마신 피해자 B(20대 중반의 여성)는 집에서 잠을 자고 밤 8시경 다시 집에서 나와 친구와 같이 A의 집으로 갔다. 파티를 시작하기 전이라 친구의 영국 친구 집으로 가서 놀다가 밤 11시경에 할로윈 파티 장소인 A의 집에 도착했다. 다음 날 새벽 늦게까지 술을 마시거나 게임을 하면서 놀았다.
다음 날 아침 9시경, A는 술에 만취해 있는 B를 보고 성욕을 느꼈다. A는 B를 안방으로 데려가 B와 성관계를 하였다. 아침 10시 30분경 B는 A가 불러준 택시를 타고 귀가했다.
이로 인하여 A는 준강간 혐의로 기소되었다.

◆

검사는 A를 준강간죄로 기소했다. B가 술에 만취하여 심신상실 상태였거나 최소한 항거불능 상태에 있었는데 이를 이용하여 간음했다는 것이다. 준강간죄는 강간죄와 동일하게 3년 이상의 징역형으로 처벌되는 중대한 성폭력 범죄다.

A는 B와 성관계를 한 사실은 다투지 않았다. B의 동의가 있었다면서 합의에 따른 성관계라고 주장했다. A의 주장은 이렇다. 그때 다른 일행들은 모두 귀가하고 B와 단둘만 남았다. 서로 대화를 하다가 자연스럽게 스킨십을 하게 되었다. 누가 먼저랄 것도 없이 안방 침대로 옮겨서 스킨십을 계속했다. B에게 성관계를 해도 되는지 물어봤더니 고개를 끄덕였다. B는 피임을 하지 않아도 되는지 물었

다. 성관계를 하면서 B에게 아프냐고 물었더니 처음이라서 아프다고 하여 성관계를 중단했다. B는 술 때문에 필름이 끊겨 성관계 당시 상황을 기억하지 못할 뿐이다. B는 성관계 당시 술에 취하긴 했지만 정상적인 상태였지, 심신상실 또는 항거불능 상태는 아니었다는 것이다.

반면에 B는 사건 전후 상황을 거의 기억하지 못했다. 다만 눈을 떴을 때 치마와 속옷이 벗겨진 상태로 하얀색 침대 위에 누워있었는데, A가 알몸 상태로 몸 위에서 성관계를 하고 있는 모습이 보여 다리를 틀어 벽 쪽으로 몸을 돌려 성관계를 중단시켰고, A가 주는 옷을 입고 거실로 나왔다고 주장했다.

이처럼 B는 함께 간 친구가 먼저 귀가할 무렵인 새벽 2시부터 그 이후 안방 침대에서 눈을 떴을 때까지의 상황을 기억하지 못했다. 하지만 A는 물론이고, 당시 파티에 참석했던 일행들은 모두 B가 술에 취하기는 했지만 비틀거리거나 의사표현을 못할 정도는 아니었다고 진술했다. 그렇다면 성관계 당시 B의 상태는 어땠을까? 검사가 기소한 것처럼 술에 만취하여 심신상실 또는 항거조차 할 수 없는 상태, 즉 A의 성적 시도나 행위에 맞서 B가 성적 자기결정권을 행사할 수 없거나 행사하기 현저히 곤란한 상태에 있었던 것인지, 아니면 술에 취하기는 했지만 의사소통이나 행동에 장애가 없어 자발적으로 성관계에 동의하였으면서도 블랙아웃 현상으로 술이 깨고 나서 단지 당시 상황을 기억하지 못 하는 것인지가 재판 내내 쟁점이 되었다.

◆

1심 법원은 A의 손을 들어주었다. B의 블랙아웃 가능성을 이유로 A에게 무죄를 선고하였다. 법원은 제출된 증거에 의할 때 사건 당시 B가 어느 정도 사리분별능력이나 의사결정능력이 저하된 상태에 놓여 있었다고 하더라도 그 정도가 준강간죄에서 말하는 항거불능 상태였음이 증명되지 않았다고 하였다. 사건 당시 B는 평소 주량인 소주 1병 반 정도보다 많은 술을 마신 것으로 보이고, 이 사건 이후 택시를 타고 귀가하던 중 택시비도 계산하지 않고 현장을 이탈한 것을 보면 B가 비정상적인 상태였을 수도 있다. B는 남자친구가 있었지만 성관계를 가진 적도 없다. 그러므로 사건 당시 B가 과도한 음주로 사리분별 능력이나 의사결정 능력이 상당히 저하된 상태, 이른바 패싱아웃 상태였다고 볼 여지도 있다. 그러나 설령 B가 심신상실이나 항거불능 상태였다고 하더라도 적어도 당시 A의 입장에서는 B가 그런 상태라는 것을 인식하고서 이를 방편으로 이용하여 강간한다는 준강간의 고의가 있었다고 보기도 어렵다고 하였다. 무죄판결의 주된 근거는 다음과 같다.

B가 공소사실과 같이 정신을 잃은 것이 아니라 어떠한 방식으로든 A와 성적 교섭을 거쳐 성관계에 이른 것임에도 이를 기억하지 못할 가능성, 즉 블랙아웃 가능성을 배제하기 어렵다면, 블랙아웃 가능성은 공소사실과 양립하기 어렵다.

증거들에 의하면 B는 A와 단둘만 남게 된 새벽 6시경까지 외견상 일상적인 범주 내에서 말하고 행동했고, 친구들이 모두 떠난 이후에도 파티 장소에 남아 있던 사람들과 스스럼없이 대화를 나누었다. B는 어느 정도 스스로의 의사로 친구들이 모두 떠난 이후에도 그곳에 남아서 좀 더 파티를 즐기기로 결정한 것으로 보인다. 그런데 B는 그러한 자신의 행동에 대하여 단편적인 기억만 있을 뿐 전체적인 상황을 거의 기억하지 못하고 있어, B가 이 사건을 전후하여 블랙아웃 상태였을 것으로 의심된다. 특히 알코올 섭취의 빈도와 양은 블랙아웃 증상과 밀접하게 관련되어 있는데 A의 집에 방문하기 전날도 새벽까지 술을 마셨기 때문에 B에게 블랙아웃 증상이 발생하였을 개연성이 상당하다.

또 A와 B의 관계, B의 성경험이나 가치관 등에 비추어 보면, B가 성관계에 동의하거나 이에 응할 특별한 이유나 동기가 없어, 만약 B가 성관계에 응하였다면, 이는 B의 진정한 의사가 아닌 무의식중의 행동에 지나지 않는 것은 아닌지 의구심이 들기도 한다.

그러나 알코올이 이성적 판단능력이나 통제능력을 상당히 저하시킬 수 있다는 점에서 볼 때, 사람이 과도한 음주를 하게 될 경우 술에 취하지 않았다면 하지 않았을 행동 혹은 술에 깨고 나서는 후회할 행동을 하게 될 여지가 전혀 없다고는 말할 수 없다. 따라서 어떠한 사건이 벌어진 이후에 행위자가 평소 그와 같은 행위를 할 이성적 동기나 이유가 있지 않다는 사후적인 판단만으로 그러한 행위의 책임을 행위자에게 귀속시킬 수 없다고 보거나, 무의식상태에서의 행위에 불과하다고 단정할 수는 없다.

◆

B의 친구들 진술을 근거로 그날 일을 시간 순으로 재구성해보면 이렇다. B와 친구 2명은 사건 이틀 전 저녁부터 그다음 날 새벽까지 술을 마시며 놀다가 귀가했다. 집에서 잠을 자고 친구 1명과 함께 사건 전날 밤 8시경 할로윈 파티가 예정된 A의 집에 갔다가 파티 전이라 함께 간 친구의 외국인 친구 집으로 갔다. 영국 친구의 집에서 와인 1잔과 양주 1잔을 마셨다. 밤 11시경 친구, 영국 친구와 함께 다시 A의 집으로 가서 할로윈 파티를 했다. 사건 당일 새벽 4시경까지 B는 파티 참가자들과 와인, 칵테일, 맥주 등을 마시

거나 게임을 하면서 놀았다. 함께 왔던 친구 한 명과 그의 영국 친구는 새벽 2시경, 다른 친구 한 명은 새벽 4시경에 집으로 돌아갔고, 새벽 6시경에는 나머지 파티 참가자들이 모두 귀가하였다. A와 B는 둘만 남게 되었고, 아침 9시경 성관계를 하였다.

할로윈 파티에 왔던 사람들이 새벽 6시경 A와 B, 두 사람만 남겨두고 나올 때 B가 술에 취해 있기는 했지만 정상적으로 행동했다고 진술했다. 그중에는 B의 친구 2명도 포함되어 있었다. A는 일행들이 모두 떠나고 둘만 남아 거실에서 얘기를 나누다가 서로 스킨십을 하게 되면서 자연스럽게 침실로 이동했다고 한다. 그런데 B가 기억하는 것은 눈을 떴을 때, 아래가 나체인 상태로 침대에 누워있었고, A가 몸 위에서 성관계를 하고 있어 다리를 틀어 몸을 벽 쪽으로 돌려 성관계를 거절하고 거실 소파에서 1시간 30분 정도 얘기를 나누다 A가 불러준 택시를 타고 귀가했다는 것이다. 검사는 성관계 시점이 아침 9시라고 판단했다. 그렇다면 그곳에 둘만 남게 된 6시부터 9시까지 3시간 동안 어떤 일이 있었는지에 대해서 B는 전혀 기억하지 못한다. B가 A의 집에서 나와 귀가할 때 도중에 택시비도 내지 않고 가버린 행동을 보면 당시 B의 상태가 정상적이었을까 하는 의문이 드는 것은 사실이다. 1심 법원도 B의 진술은 대체로 진실해 보이고, B가 그날 처음 만난 A와 성관계를 가질 만한 별다른 이유나 동기가 없으며, 6시부터 9시까지 약 3시간의 상당한 시간적 간격이 존재한다는 사실은 A가 범행을 저질렀다고 의심할 만한 요소라고 하였다.

문제는 파티 참석자들, 심지어 친구 2명까지도 그들이 떠날 때까지 B가 비정상으로 보이지 않았다고 진술하였고, B가 새벽 6시 이후 3시간 동안의 일을 전혀 기억하지 못하고 있다는 점이다. 오히려 파티 참석자들의 진술, 그리고 B의 기억 및 A의 주장을 종합적으로 보면 B가 블랙아웃 증상으로 기억만 하지 못할 가능성도 상당하다. B의 블랙아웃 개연성이 높은 상황에서 위와 같은 의심되는 정황만으로는 A가 술에 취하여 제정신이 아닌 B를 간음하였다고 단정할 수는 없다. 유죄는 의심만으로 부족하고 입증되어야 한다. 재판에서 증거에 의해 입증되지 않은 사실은 발생하지 않은 것과 같다.

검사는 아마도 사건 전날부터 B가 마신 술의 양, B의 기억, 두 사람이 그날 처음 알게 된 사정, 당시 사귀던 남자친구와도 성관계 경험이 없었던 사정, 집에 돌아갈 때 보인 B의 이상행동 등을 종합하여, 성관계 당시에도 B가 심신상실 내지 항거불능의 상태에 있었다고 판단했던 것 같다. 하지만 다른 일행들의 진술은 하나같이 기소내용과는 거리가 멀고, 오히려 A의 주장에 더 부합된다. A는 성관계에 이르게 된 과정을 상당히 세부적이고 일관되게 진술하여 특별히 신빙성을 배척할 만한 여지가 없다. 성관계 이후 A가 주는 옷을 입고 거실로 나와 1시간 30분 동안 소파에서 대화를 하였다는 B의 진술에 의하더라도, 이런 모습은 바로 직전 성폭행을 당했다고 보기에는 매우 이례적인 장면이다. B가 집에 돌아가는 택시에서 내려 택시비도 지불하지 않고 가버린 모습이 정상적인 상태로 볼 수 없는 정황이지만 성관계 후 거실에서 대화중에도 와인을 더 마셨다는 A의 진술이 사실이라면 귀가과정에서 나타난 B의 이상행동은 추가로 마신 음주의 영향일 가능성도 있다.

일반적으로 볼 때 남자친구가 있는 B가 처음 만난 사람과 성관계를 하기는 쉽지 않은 일이다. 하지만 술에 취한 사람이 술에 취하지 않았다면 하지 않았을 행동을 하는 경우가 전혀 없는 것은 아니다. 1심 법원도 어떠한 사건이 벌어진 이후에 행위자가 평소 그와 같은 행위를 할 이성적 동기나 이유가 있지 않다는 사후적인 판단만으로 그러한 행위의 책임을 행위자에게 귀속시킬 수 없다고 보거나 무의식상태에서의 행위에 불과하다고 단정할 수는 없다고 하였다. 이러한 법원의 논리는 블랙아웃이 쟁점이 된 성폭력 사건에 새로운 관점을 제시한 것으로 볼 수 있다.

B의 입장에서 볼 때, 이 사건의 무죄판결은 납득하기 어려울 것이다. 아무리 술에 취했다고 하더라도 한 번도 성관계를 한 경험이 없는 B가 그날 처음 본 A에게 순순히 성관계를 허락했을 까닭이 없기 때문이다. 문제는 범행을 입증할 직접증거는 B의 진술이 유일한데 B의 기억이 완벽하지 못하다는 점이다. 그렇다고 A 진술의 신빙성을 배척할 만한 뚜렷한 증가가 있는 것도 아니다. 다만, 아침 6시부터 9시까지의 상황이 명확하게 밝혀지지 않은 점은 아쉬움이 남는다. 만약 A의 주장대로 B가 정상적인 의사로 성관계에 동의했다면 A에게 호감을 느꼈다는 것이고, 그렇다면 두 사람 사이에는 많은 대화가 오갔을 것이 분명하다. 그럼에도 A의 진술 내용 중에는 그 3시간 동안 어떤 일이 있었고, 어떤 대화를 하였고 어떤 밀어를 속삭였는지, 그사이에 잠을 자기도 하였는지, 전화통화를 하거나 화장실을 간 적은 없는지, 속옷은 누가 어떻게 벗게 된 것인지, 어떤 과정을 거쳐 성관계까지 이르게 되었는지 등에 관한 구체적인 상황의 묘사가 없다. 수사관이 묻지 않은 것인지, A가 진술하지 못한 것인지는 알 수 없다. 직접 경험하지 않고는 말할 수 없는 구체적인 사실관계를 진술하지 못할 경우, 진술의 신빙성을 인정하기 어렵다는 관점에서 볼 때, 이런 부분이 더 확인되지 않은 채 A의 진술에 신빙성이 있다고 인정한 것은 납득하기 어렵다. B의 입장에서는 이 부분을 좀 더 끈질기게 확인할 필요가 있었다.

관점을 바꿔서 A의 입장이라면 무죄판결이 당연하다. 애초에 서로 좋아서 스킨십을 하다가 성관계까지 하게 되었는데, B가 성관계 중 고통을 호소하여 중간에 그만두었기 때문이다. 그 이후 소파에 나란히 앉아 상당한 시간 서로 얘기를 나누며 와인을 마시고, 안전하게 집에 가도록 택시까지 불러 주었다. 그런데도 B는 필름이 끊겨 자신의 행동에 대한 일시적 기억상실이 발생하였고, 여기에 B 정조 관념과 불완전한 기억이 더해지면서 없었던 일에 대한 확신으로 탈바꿈하여 A를 준강간죄의 피고인으로서 법정에 서게 만들었다. 경찰에 불려가 아무리 억울함을 호소해도, 검찰에서 아무리 아니라고 하소연해도 A의 진심은 받아들여지지 않았다. 상당한 변호사 비용을 지출하고, 자칫 잘못하면 교도소에 갈 수도 있다는 불안감으로 무죄를 선고받을 때까지 괴로웠을 것이다. A는 B의 블랙아웃을 주장했고, 법원은 받아들였다. 파티 참가자들의 진술이 블랙아웃 판단의 주된 증거가 되었다. A의 입장에서는 용궁에 갔다가 극적으로 살아 돌아온 토끼와 같은 심정일 것이다.

체내에 흡수된 알코올은 중추신경계 기능을 억제하여 인식능력과 인지능력을 저하시킨다. 따라서 블랙아웃 상태라면 자신이 성관계에 동의했다고 하더라도 그것을 기억하지 못 하는 경우가 많다. 그런데 이때 정조 관념이 강하고 윤리의식이 뚜렷한 사람이라면 이성적으로 판단할 때 도저히 성관계에 동의했을 수 없는 상황이었으므로 성폭행을 당한 것이 분명하다고 확신하는 경우도 있다. 이런 경우에는 객관적인 증거를 되도록 많이 확보해야 하고, 특히 B가 블랙아웃 상태였을 것으로 보이는 증거를 제시해야 무고함에서 벗어날 수 있음을 기억해야 한다.

3 … 택시 불러 주세요 - 오피스 와이프

피고인 A는 한국대사관에서 근무하는 고위직이었다. 피해자 B(20대 중반 여성)은 2017년 4월 그 대사관에 계약직 행정직원으로 채용되었고, A가 주도하는 국제회의나 문화행사를 지원하는 실무적인 일을 담당했다.
중요한 행사를 마친 2017년 7월 어느 날 저녁 7시경, A는 현지 식당에서 B와 단둘이 저녁을 먹었다. 와인을 3병째 주문했다. 밤 9시 30분경, 식사를 끝낸 두 사람은 식당을 나와 A가 운전하는 승용차를 타고 A의 집으로 향했다. 밤 10시경 집에 도착해 B를 부축해서 집안으로 데리고 들어갔다.
다음 날 새벽 2시경, A는 안방 침대에서 술에 취해 잠들어 있던 B의 옷을 벗기고 B와 성관계를 하였다. 새벽 3시경 택시를 타고 귀가한 B는 며칠 뒤 귀국하여 A를 고소하였다.
이로 인하여 A는 준강간 혐의로 기소되었다.

◆

A는 준강간을 인정하지 않았다. 합의에 따른 성관계라고 주장했다. 당시 B가 술에 취하긴 했지만 정신을 잃거나 항거가 불가능한 상태는 아니었다는 것이다. 아마도 B는 남자친구와 결혼을 약속한 상황에서 다른 남자와 성관계를 한 사실이 탄로 날까 봐 성폭행을 당했다고 거짓말을 하는 것이거나, 아니면 술 때문에 서로 합의하여 성관계를 했다는 사실을 기억하지 못하고 성폭행을 당한 것으로 착각하여 고소했을 수도 있다면서 B의 블랙아웃을 주장했다. A가 주장하는 그날 두 사람의 행적은 이랬다.

중요한 행사를 마치고 고생한 B를 격려하는 차원에서 저녁을 사주었다. 식당에서 와인을 마시고 나와 집에 가서 양주를 마시기로 했다. B를 승용차 뒷자리에 태우고 직접 차를 운전하여 아파트에 도착했다. 고개를 숙인 채 자고 있는 B를 부축하여 집 안으로 들어갔다. B는 집에 들어오자마자 화장실로 갔고, 화장실에서 나와 곧바로 침대에 눕더니 갑자기 구토를 했다. 토사물을 치우고 침대에 나란히 누워 잠이 들었다.

잠에서 깨어났을 때 깨어있던 B와 눈이 마주쳤다. B에게 키스를 하고 몸을 만지자 적극적으로 스킨십에 응해주었다. 옷을 벗고 성관계를 했다. 부엌에서 물을 한 잔 마시고 와서 다시 성관계를 하려고 했다. B가 피임을 걱정하여 콘돔을 끼고 두 번째 성관계를 했지만 힘이 들어 잠시 쉬었다. 세 번째 성관계는 B가 위쪽에 있는 여성상위 자세였는데 이때도 지쳐서 중단했다.

성관계를 끝내고 침대에 나란히 누워 이런저런 얘기를 했다. B는 갑자기 휴대폰을 찾더니 집에 돌아갈 택시를 불러 달라고 했다. 택시를 부르고 주차장으로 내려가 차 안 떨어져 있던 B의 휴대폰을 찾아 건네주었다. B는 남자친구로부터 걸려온 전화를 받아 짧게 통화하고 나서 속옷과 바지를 입고 집 밖으로 나갔다. 택시를 타러 내려갈 때 주위시선을 피해 계단으로 내려가라고 일러주기도 했다.

그러나 B는 누군가 성관계를 하는 느낌이 들어 눈을 떴더니 A가 자신의 몸 위에서 성관계를 하고 있었고, 하의만 벗겨진 채 누워있었다는 것이다. 누워서 상황을 파악하면서 A의 집 침대라는 것을 알았고, 침대 옆에 뜯긴 콘돔 포장지가 보였다고 하였다. B는 식당에서 세 번째 와인을 시켜서 한두 잔을 마신 이후부터 A의 집 침대에서 정신이 들었을 때까지의 상황은 기억하지 못했다. 그날 A와 저녁을 먹고 나서 동료들의 회식자리에 합류하기로 예정되어 있었다. 직속 상사인 A와는 처음 식사하는 자리였으며, 결혼할 남자친구가 있는 입장에서 A에게 성관계를 허락했을 까닭이 없으므로 술에 취해 자고 있을 때 강간을 당한 것이 분명하다고 주장했다.

A와 B, 두 사람의 주장이 정반대다. 혼자만 살고 있던 A의 집에서 성관계가 있었기 때문에 다른 목격자는 없었다. 오로지 B의 진술이 공소사실을 입증할 유일한 증거였다. 그런데 B는 성관계 중간에 깨어나 그 이후의 일만 기억할 뿐 성관계 이전 상황은 기억하지 못했다. 한편, A는 B가 성관계에 동의했으면서도 나중에 이를 기억하지 못 하는 알코올 블랙아웃을 주장하였다. 따라서 이 사건 당시 B가 블랙아웃 상태에 있었는지, 아니면 블랙아웃을 넘어 패싱아웃(심신상실) 내지 항거불능의 상태였는지가 재판의 쟁점이 되었다.

◆

1심 법원은 이 사건이 발생하기 전과 B가 정신을 차렸을 때의 상황, 당시 B가 느꼈던 감정, A와 B의 태도 등에 대한 B의 진술은 일관되고, 상식에 비추어 비합리적이거나 모순되는 부분이 없어 신빙성이 있다고 판단하였다. 이렇게 신빙성이 인정되는 B의 진술을 근거로 볼 때 사건 당시 B는 정상적으로 행동하였지만 기억하지 못 하는 '블랙아웃' 상태가 아니라 술에 취해 잠이 들어 심신상실의 상태에 있었다고 보았다. 그리하여 A의 준강간죄를 유죄로 판단하고 A에게 징역 3년 6개월을 선고하였다. 판결의 주요 논거는 다음과 같다.

B가 저녁 식사 이후 합류하기로 했던 지인들과의 단체 카카오톡 대화방에 남긴 메시지의 내용, B와 그 지인들과의 통화내역과 통화내용 및 B가 식당에서 나와 B의 집에 가게 된 경위를 전혀 기억하지 못하

고 있는 점 등에 비추어 보면, B는 저녁 식사 이후 지인들과의 모임에 합류하기로 예정되어 있음에도 불구하고 식당에서 나올 무렵인 밤 9시 30경에는 지인 등으로부터 걸려오는 보이스톡을 받거나 카카오톡 메시지를 제대로 보내지 못할 정도로 술에 많이 취해 있었던 것으로 보인다. A의 부하직원으로 사적인 만남이 전혀 없었던 B가 처음 찾아간 직상상사의 집에서 침대와 바닥에 그대로 구토하였다는 사실은 B가 당시 만취해 있었다는 점을 뒷받침한다.

A는 B의 알코올 블랙아웃을 주장하고 있으나, 증거에 의하면 당시 B는 당시에는 정상적으로 행동하였으나 나중에 기억만 못 하는 상태에 있었던 것이 아니라 술에 취해 깊이 잠이 들었다가 A의 성관계로 인하여 정신이 들어 잠에서 깬 것으로 보인다.

A는 사건 이후 B와의 첫 통화에서 당시 성관계 당시 일이 기억나지 않는다는 B의 말에 황당해하며 왜 기억이 나지 않느냐고 반문한 태도는 A에게 준강간의 고의가 없었다는 근거라고 주장한다. 하지만 A가 주장하는 것처럼 3차례나 적극적으로 성관계에 응했던 B가 성관계 중에 갑자기 정신을 차리고 그 순간부터 A와의 성관계를 불쾌하게 생각했다는 것은 쉽게 상정하기 어려운 상황인 점 등을 보더라도 A는 사건 당시 B가 술에 취해 잠이 들어 심신상실 상태에 있었음을 알고 B를 간음하였다고 봄이 타당하다.

1심의 유죄판결에 대하여 A는 불복하여 항소하였다. 하지만 2심 법원은 A의 항소를 기각하고 1심의 유죄판결을 유지하였다. 2심 법원은 사건 당시 술에 만취하여 잠이 들었다가 A에 의한 성관계 도중 정신을 차리게 되었다는 B의 진술은 신빙할 만하다고 하였다. 따라서 B가 식당을 나설 당시에는 심신상실 상태까지 이르지 않았다고 볼 여지가 있다 하더라도 A의 집에 도착하여 A와 성관계를 할 무렵에는 심신상실 또는 항거불능 상태에 있었다고 봄이 상당하다고 판단하였다. 2심 법원은 다음과 같은 근거를 유죄판결의 이유로 추가하였다.

법의학교수에 의하면, B의 신체 조건을 기준으로 2시간 동안 식사와 대화를 하면서 9시 30분까지 2병의 와인을 마셨을 경우, 음주 후 1시간 후에 최고 농도에 도달하므로 10시 30분경 혈중알코올농도는 대략 0.25~0.30%로 계산된다고 하는데, 그로부터 시간당 0.018%의 대사속도를 고려하면 3시간이 경과한 다음 날 새벽 1시 30분 내지 2시경에는 0.196~0.246%여서, 사건 당시 상당한 주취 상태로 볼 수 있다.

A의 변호인은 일반적으로 심신상실은 혈중알코올농도 0.31% 이상에서 나타나고, 블랙아웃은 0.24% 이하에서 발생하므로 혈중알코올농도로 볼 때 블랙아웃 상태였을 가능성이 크다고 주장한다. 그러나 음주량, 음주 속도, 체질, 신체활동의 정도 등 개개인의 특성에 따라 혈중알코올농도 수치도 다르게 나타날 수 있어 그 수치만으로 패싱아웃인지 블랙아웃인지 판단할 수는 없다. B는 혈중알코올농도가 최고치에 이른 10시 30분 이후부터 A의 성행위가 있을 때까지 만취하여 수면상태에 빠져 있었던 것으로 보이므로 심신상실 내지 항거불능 상태에 있었다고 봄이 상당하다.

전문심리위원도 만일 사건 당시 B가 기억은 못하지만 성적 의사결정이 가능한 상태였고, A의 주장처럼 성적으로도 극도로 흥분하는 것이 가능한 신체적 상태였다면, B가 기억이 가능한 한 상태가 되었을 때 몸이 축 늘어지고 성적으로 흥분이 불가능한 상태에 놓일 이유가 전혀 없다는 의견을 제시하였다.

◆

1심과 2심 법원은 모두 B의 진술에 신빙성이 있다고 판단하였는데, 이것은 어디까지나 B가 기억하고 있는 부분에 대한 진술이 신빙성이 있다는 것이지, 식당에서 나올 무렵부터 성관계 도중 정신이 들었을 때까지 B가 기억하지 못 하는 상황에 대한 평가는 아니다. 준강간 사건에서 피해자의 알코올 블랙아웃이 제기되는 경우, 법원은 모든 사정을 종합적으로 면밀하게 검토하여 범행 당시 피해자가 심신상실 또는 항거불능 상태에 있었는지 여부를 판단한다. 따라서 신빙성이 인정되는 피해자의 진술은 사건 당시 피해자의 정신적 · 신체적 상태를 판단하는 주된 근거가 된다.

이 사건에서 A는 범행을 부인하면서 B가 당시 만취 상태가 아니었음에도 기억나지 않는 것처럼 거짓말을 한다거나 결혼을 앞둔 남자친구에게 A와의 성관계 사실을 감추려는 나쁜 동기로 무고한 것이라고 주장했다. 그래서 B의 진술에서 모순점이나 신빙성이 없는 이유를 제시하고, 거짓말하는 동기를 추정하여 부각시키는 방향으로 변론을 집중했다. 하지만 B가 성관계에 합의한 상황을 기억하지 못 하는 블랙아웃 상황이라면 B는 자신이 기억하는 내용만을 진술할 것이기 때문에 그 진술에서 어떤 모순점이나 불합리를 찾아내기는 쉬운 일이 아니다. B가 일부러 거짓말을 할 나쁜 동기나 이유도 발견되지 않았다. B는 일정 구간을 기억하지 못하였지만 기억하고 있는 그 날의 전후 상황에 대해서는 일관되고 구체적으로 진술하였다. 또 스스로 성폭행을 당했다고 확신하고 있었기 때문에 정신을 차린 이후 B의 행동이나 대처방법은 성폭행을 당한 피해자다움의 관점에서도 매우 자연스러웠다. 그러므로 피해자가 성관계 당시 상황을 기억하지 못 하는 것으로 추정되는 블랙아웃 사건에서는 진술의 신빙성을 무너뜨리는 데 힘을 쏟기보다는 블랙아웃 문제에 더 집중하는 전략이 효과적일 수 있다.

법원은 사건 당시 B가 술에 만취하여 잠에 빠진 심신상실 상태에 있었다고 판단하면서, B의 주량과 음주 시간, 식당에서 나올 때와 집에 도착했을 때의 B의 모습, 아파트에 도착해서 침대와 바닥에 구토한 행동, 저녁 식사 이후 만나기로 했던 동료들과 제대로 연락하지도 못한 사정 등을 근거로 하였다. A의 진술에 의하더라도 아파트에 도착했을 때, B가 고개를 숙인 채 뒷자리에서 자고 있어 어깨동무하는 자세로 부축하여 집까지 데리고 가야 할 상황이었다. 저녁 식사 후 합류하기로 했던 동료들과 제대로 연락도 못 하였고, 직속 상사의 집 안방에다 토하고도 그 토사물을 치우려는 생각조차 하지 못한 채 그대로 잠을 잤다. 상의를 입은 채 하의만 벗고 있었다는 점도 합의로 성관계를 하였다는 주장과 잘 어울리지 않는다. 이런 사정들을 고려하면 법원은 B가 기억하지 못 하는 그날의 일을 설득력이 있는 재구성한 것으로 보인다.

사건 이후 B는 매우 적극적으로 대처했다. A의 집에서 의식을 차린 후 얼마 지나지 않아 A에게 택시를 불러 달라고 하여 택시를 타고 그곳을 떠났다. 집으로 가는 택시 안에서 한국에 있는 친구에게 성폭행을 당했다고 알렸고, 다음 날 아침 한국에 있는 엄마한테도 말했다. 친구 소개로 성폭력상담소의 조언을 받아 속옷과 음부를 닦은 휴지 등을 증거로 보존했다. 대사관 직원에게 피해 사실을 알리고, 조기 귀국을 통보했다. 그다음 날 현지 병원에서 의사에게 성폭행을 당했다고 말하고 진단을 받았고 그날 귀국했다. B는 비록 당시 기억은 정확하지 않았지만 성폭행을 당했다는 사실은 확신했던 것 같다. 법원은 이러한 B의 행동이 매우 자연스럽고 사회적인 통념과도 부합한다고 하였다.

이 사건에서는 사건 이후 A의 태도변화가 눈길을 끈다. 사건 이후 A는 B와 두 차례 전화통화를 했다. 사건 당일 오후 4시경 처음 통화에서, A는 당시 상황을 모두 기억하고 있고 피임까지 했는데 그 일을 기억하지 못 하는 B가 이해되지 않는다는 태도를 보였다. 이때까지 A는 B가 성폭행 피해를 대사관에 알렸다는 사실을 몰랐다. 사건 당일 밤 9시경 두 번째 통화에서, A는 자기도 술을 많이 마셔서 집에서 구토한 것을 치운 일 외에는 성관계를 했는지도 모르겠지만 술에 취한 직원을 집으로 데려온 것 자체가 잘못한 일이니 무조건 용서해달라고 했다. 이때는 성폭행 피해가 신고되었다는 것을 알고 난 뒤였다. 합의에 따른 성관계라고 하더라도 유부남인 공무원은 징계를 피할 수 없으므로 B의 기억이 온전하지 못하다는 것을 알고 성관계 자체를 부정한 것 같다. 그런데 수사기관에서는 성관계 사실은 인정하면서 B의 블랙아웃을 주장했다. 이런 A의 입장변화는 오히려 본인 진술의 신빙성을 떨어뜨리는 원인이 되었다.

A는 새벽 2시경 잠에서 깨어 자연스럽게 3번이나 성관계를 했고, 세 번째는 B가 위에서 하다가 그만두고 침대에 나란히 누워 얘기하던 중에 B가 갑자기 집에 가겠다고 하였다. B는 처음 성관계를 할 때부터 계속 깨어 있었다고 주장했다. 따라서 B는 앞부분을 기억나지 않는다고 거짓말을 하고 있거나 블랙아웃 현상으로 성관계 앞부분은 기억하지 못하다가 시간이 지나 혈중알코올농도가 낮아짐에 따라 블랙아웃이 끝나고 기억이 다시 살아난 것이라는 논리를 폈다. 즉, 블랙아웃은 시작 시점과 종료 시점이 있고, 블랙아웃 종료 시점은 혈중알코올농도의 하강에 따라 결정된다는 주장이다. 보통은 술을 마시고 잠을 잘 때 혈중알코올농도가 낮아져 자고 일어난 다음에 기억이 다시 시작되는 경우가 일반적이다. 하지만 블랙아웃의 종료와 기억의 시작은 잠을 자고 깨어나는 것과는 직접 관련이 없고, 잠을 자지 않고 깨어 있는 상태에서도 시간의 경과에 따라 혈중알코올농도가 내려가면 블랙아웃에서 벗어나고 다시 기억이 시작될 수 있다. 따라서 이 사건에서도 B가 깨어 있는 상태에서 성관계를 계속하였음에도 혈중알코올농도의 변화에 따라 성관계 앞부분은 기억하지 못하고 뒷부분부터만 기억하는 것이라고 주장했다.

하지만 법원은 성관계를 할 무렵까지 B는 수면상태에 있었던 것으로 보인다고 하면서, A의 주장처럼 3차례나 적극적으로 성관계를 가졌다면, B가 그 중간에 갑자기 정신을 차리고 그 순간부터 A와의 성관계를 불쾌하게 생각했다는 것은 쉽게 상정하기 어려운 상황이라고 하면서 A의 주장을 인정하지 않았다.

직장에서 A와 B의 관계, 당시 상황 등 객관적인 기준에서 볼 때, B가 쉽사리 성관계에 동의했을 가능성은 매우 낮다. 하지만 다른 관점에서 보면 상당히 술에 취해 있던 B가 모든 행동과 판단을 이성적인 수준에서 결정할 수 있었다고 볼 수만은 없다. 술에 취한 사람이 술에 취하지 않았다면 하지 않았을 행동을 하는 경우가 전혀 없는 것도 아니기 때문이다. 더구나 B는 평소 술을 마시면 필름이 끊기는 블랙아웃 경험이 있었다. A의 집에 도착하여 혼자 화장실을 다녀오거나 카카오톡 메시지를 보내기도 하였다. 새벽 2시경 성폭행 사실을 인지하고서도 특별한 항의도 없었다. 성관계가 있었던 시점은 식당에서 나온 지 약 4시간이 경과되어 알코올이 상당부분 분해되었을 시간이다. 성관계 후 1시간이나 더 머무르다 새벽 3시경에야 떠났다. A의 집을 나와 택시를 타러 갈 때는 혼자 3층에서 1층까지 걸어서 내려갔다. 따라서 어떠한 사건이 벌어진 이후에 행위자가 평소 그와 같은 행위를 할 이성적 동기나 이유가 있지 않다는 사후적인 판단만으로 그러한 행위의 책임을 행위자에게 귀속시킬 수 없다고 보거나 무의식상태에서의 행위에 불과하다고 단정할 수는 없다. 이런 관점에서 보면 A의 주장도 전혀 근거가 없는 주장으로 치부할 수만은 없다. 따라서 A의 입장에서는 유죄판결이 부당하다고 생각할 수도 있다. 하지만 고위 간부가 갓 입사한 계약직 여직원과 둘만의 저녁 자리를 만들고, 와인을 마셔 취한 B를 자기 집으로 데려가 유부남임에도 B와 성관계를 하였다는 사실은 그 자체만으로도 비난받아 마땅하다.

이 사건은 고소까지 10일도 걸리지 않았다. 그런데 고소한 때부터 A에 대한 형이 확정될 때까지는 무려 5년이 넘게 걸렸다. 고소부터 기소까지 7개월, 1심 재판은 1년 9개월, 2심 재판은 2년 8개월, 3심 재판은 3개월 등이다. 1심 법원은 A에게 실형을 선고하고도 법정 구속을 하지 않았다. 2심 재판도 3년 가까이 진행되었다. B는 끝까지 A를 용서하지 않았다. 지연된 정의는 더 이상 정의가 아니라는 격언이 있다.

4 … 오빠 나 좋아 - 다용도실

2022년 4월 9일 토요일 밤 10시경, 피고인 A는 집 근처 술집에서 친구와 술을 마셨다. A의 친구는 그곳에서 혼자 술을 마시고 있던 피해자 B(30세 여성)에게 합석을 제안하여 셋이서 술자리를 함께 하게 되었다. 나중에는 그 술집 종업원도 합석하였다.

친구와 종업원이 먼저 가고 난 후에도 A와 B는 술을 더 마셨다. A가 술값을 계산했다. B가 2차를 사기로 했다. 마땅한 술집을 찾지 못해 그 근처에 있던 A의 집으로 갔다. A의 집은 엘리베이터가 없어 4층까지 계단으로 올라가야 했다.

집에 도착한 A는 화장실에 들어가 소변을 보고 나왔다. 그 사이에 B는 세탁기 등이 있는 다용도실로 들어가 바닥에 소변을 보고 나왔다. 그날 A는 술에 취해 잠들어 있던 B와 성관계를 하였다.

이로 인하여 A는 준강간 혐의로 기소되었다.

◆

A는 기소된 범죄사실을 인정하지 않았다. 당시 B가 잠들어 있거나 술에 만취하여 심신상실 상태에 있지 않았고, 오히려 B와 합의로 자연스럽게 성관계를 하였다고 주장했다. 따라서 B가 술에 취하여 합의로 성관계한 상황을 기억하지 못하는 블랙아웃 상태였는지는 몰라도 B가 항거불능 상태에 있었다는 것은 추호도 생각하지 못했다면서 준강간의 고의를 부인하였다.

그런데 B는 A의 일행과 합석한 이후부터 아침에 A의 집에서 깨어날 때까지 있었던 일을 하나도 기억하지 못했다. 아침에 눈을 떴을 때 알몸 상태였고, 눈앞에 B의 얼굴이 보여 너무 놀라 주변을 살펴봤더니 낯선 원룸이었다고 했다. 현관에 속옷과 가방이 널브러져 있어 급하게 옷을 챙겨 입으면서 A에게 아무 일 없었는지 물었더니 그렇다고 대답하여 곧바로 소지품을 챙겨 그곳에서 나왔다고 했다.

B는 119에 물어 주말에 병원을 찾아 사후 피임약을 처방받았고, 목과 가슴에 빨아서 생긴 멍 자국이 보여 성폭행을 의심하고 경찰에 신고했다면서, 그날 처음 만난 17살이나 더 많은 A와 자발적으로 성관계를 할 이유가 없었다고 진술하였다.

이 사건에서 두 사람 사이에 성관계가 있었던 사실 자체는 다툼이 없었다. A는 자연스러운 성관계였는데 B가 기억하지 못한 것뿐이라고 주장하고, B는 스스로 성관계에 동의했을 이유가 없으므로 성폭행을 당한 것이라고 주장하고 있다. 따라서 사건 당시 정상적으로 성관계에 합의했지만 알코올 블랙아웃으로 당시 상황을 기억하지 못 하는 것인지, 아니면 단순히 기억하지 못 하는 정도를 넘어 술에 만취하여 심신상실 내지 항거불능 상태에 있었는지가 쟁점이 되었다.

◆

1심 법원은 A의 손을 들어줬다. 검사는 술에 취해 잠들어 있던 B를 간음했다고 기소하였으나, 성관계 당시 B가 술에 취하여 잠든 상태였다고 인정하기 어렵고 판단했다. 설령 잠들어 있던 것이 아니라고 하더라도 B는 당시 일정한 인지능력이나 의사능력을 갖춘 상태에서 비교적 정상적으로 말하고 행동하였음에도 나중에 이러한 행동조차 기억하지 못 하는 알코올 블랙아웃 상태였다고 볼 여지가 있다면서 A에 대해 무죄판결을 선고하였다. 판결의 주요 내용은 다음과 같다.

B는 합석하기 전에 이미 소주, 맥주, 정종 등 상당한 양의 술을 마셨고, 합석한 후에도 빠른 속도로 소주를 마셨고, 술집 안팎에서 넘어지거나 넘어질 뻔한 것을 보면, 주점에서 나갈 무렵 B는 술에 취해 있었던 것으로 보인다.

B는 자신의 주량이 소주 3병 정도라고 진술하였다. 주점에서 나와 옆 건물 계단에 잠시 앉아 있었고, 130미터 떨어져 있던 A의 집까지 걸어갔다. 엘리베이터가 없는 건물 4층을 계단으로 걸어서 올라갔다.

집에 도착한 두 사람은 어떤 야식을 시켜 먹을지에 대해 얘기하였고, A가 화장실에 다녀온 사이에 B는 다용도실에서 소변을 본 후 상의 속옷만 입은 채 서 있었다. A가 다용도실을 정리하고 나오자 '오빠 나 좋아'라고 물었고, 이후 자연스럽게 키스를 하다가 성관계를 하게 되었다.

B는 평소 성향에 비추어 봤을 때 자신보다 17살이나 많고, 사건 당일 처음 만난 A와 성관계를 할 이유가 없다고 하였다. 그러나 술에 취하여 평소와 같은 상태였다면 하지 않았을 성관계를 갖기로 마음먹은 경우 그 의사결정 과정에 음주로 인한 경솔함 등이 개입되어 있다 하더라도 그러한 사정만으로 준강간죄가 성립한다고 볼 수는 없다.

1심의 무죄판결에 불복하여 검사가 항소하였다. 그런데 2심 법원은 B의 손을 들어주었다. 2심 법원은 사건 당시 B는 술에 만취하여 적어도 행위통제능력이 현저히 저하된 항거불능의 상태에 있었고, A는 이를 이용하여 B를 간음한 사실을 충분히 인정할 수 있다고 판단했다. 그리하여 1심 무죄 판결을 파기하고 A에게 징역 2년을 선고하였다. 판결의 주요 내용은 이랬다.

합석 전까지 B는 소주, 맥주, 정종 각 1병을 마셨다. 평소 주량은 소주 2병이다. 합석한 후에는 빠른 속도로 술을 마셨다. 주점 종업원은 B가 화장실에 다녀오다가 입간판과 함께 넘어져 일으켜 세워주었고, 나갈 때 넘어질 것 같아서 뒤에서 부축해주었으며, 이동이 불가능한 상태로 보였다고 진술한다. 따라서 B는 술집을 떠날 무렵 상당한 정도로 취해 있었다고 판단된다.

알코올의 영향은 개인적 특성 및 상황에 따라 다르게 나타날 수 있으므로 B가 범행 발생 이전에 몸을 가누지 못할 정도로 비틀거리지는 않고 스스로 걸을 수 있었다거나 단순한 대화가 가능하였다는 사정만으로 범행 당시에도 심신상실 등 상태에 있지 않았다고 섣불리 단정할 수 없다.

B가 배달음식에 관한 대화를 하다가 A가 화장실에 간 동안에 다용도실에서 소변 실수를 하고 상의 속옷만 입고 있었다는 것은 그 자체로 심신상실 등이 의심될 정도로 비정상적인 상태에 있었음을 보여주는 객관적 징표에 해당한다.

B의 몸 안에서 정액이 검출된 것으로 볼 때 피임 도구를 사용하지 않았던 것으로 추정된다. B는 당시 30세의 유부녀로 A와 무려 17살 나이의 차이가 나고, 사건 당일 처음 만난 사이였다. A의 집에 가기 전까지 일상적인 대화 외에 이성적 호감의 표현이나 감정적 교류는 없었다. 이런 점에서 볼 때 B가 정상적인 상태에 있었더라면 A와 성관계를 맺거나 이에 수동적으로나마 동의하리라고 기대하기는 어려워 보인다.

◆

이 사건에서 1심 법원과 2심 법원의 결론은 완전히 정반대다. 사건 당시 A의 상태, B의 주량, 종업원 진술에 대한 평가, 평소 같으면 성관계에 동의하지 않았을 행동을 술에 취한 상태에서 동의할 수 있는지 등에 관한 관점의 차이가 보인다. 1심은 B가 술에 취하긴 했어도 인식능력과 의사능력이 정상적으로 작동하고 있었지만 알코올 블랙아웃으로 기억하지 못할 뿐이라고 보았다. 반면에 2심은 B가 당시 상황을 기억하지 못하고는 있지만 단순한 알코올 블랙아웃 현상이 아니라 술에 만취하여 정상적인 판단능력과 인지능력이 없는 심신상실의 상태였다고 판단하였다.

1심과 2심의 판단이 이렇게 다른 이유는 그 판단의 전제가 되는 사실관계나 증거에 대한 취사선택이 달랐기 때문이다. 알코올 블랙아웃이 발생한 준강간 사건에서 사건 당시 피해자의 상태를 파악하는 요소는 주로 보행상태, 보행거리, 피해자의 언행, 주량 등이다. 걸어서 이동하였는지 아니면 차를 이용하였는지, 혼자서 걸었는지 아니면 부축을 받았는지, 부축했다면 어떤 방식의 부축이었는지, 비틀거리거나 바닥에 주저앉거나 넘어졌는지, 술을 얼마나 빨리 마셨는지, 마지막으로 술을 마신 시점과 성관계 시점 사이의 시간적 간격은 얼마나 되는지, 성관계 장소에서 어떤 행동을 보였는지 등은 피해자의 상태를 판단하는 징표들이다. 이런 징표들에 관하여 어떻게 사실관계를 인정하는지의 차이는 사건 당시 B의 상태가 어떠했는지에 대한 판단에 결정적인 영향을 미친다. 따라서 알코올 블랙아웃이 문제된 준강간 사건에서 이러한 징표들은 피해자의 심신상실이나 항거불능을 판단하는 매주 중요한 정황이므로 결코 소홀히 해서는 안 된다.

1심과 2심 모두 술집 종업원의 진술을 B의 상태를 가늠하는 중요한 판단 근거로 삼았다. 다만 종업원의 진술 내용에서 주목하는 부분이 달랐다. 1심은 '술자리가 끝나고 나갈 때 B를 조금 부축하였지만 들쳐 업거나 그런 상태의 부축이 아니었다'는 종업원 진술에 주목했다. 이와 달리 2심은 종업원 진술 중에서 '술 마시는 속도가 굉장히 빨랐다. B가 횡설수설하지는 않았으나 화장실에 갔다가 오다가 입간판과 함께 넘어져 일으켜 세워줬다. 나갈 때에 넘어질 것 같아서 B의 등 뒤에서 손으로 부축해주었다. B가 술에 좀 취한 상태라 이동이 불가능한 상태로 보였다'는 부분을 중요하게 생각했다.

여기서 재미있는 점은 B의 주량에 관한 두 법원의 판단 차이이다. B는 법정에서 평소 주량은 소주 2병이고, 하루 동안 소주 3병을 마신 적이 있었는데 그날도 기억을 잃지는 않았다고 진술하였다. 이를 두고 1심은 소주 3병이 B의 평소 주량이라고 하였고, 2심은 소주 2병을 평소 주량으로 보고 주취 상태를 파악하였다. 주량을 소주 3명으로 본 1심은 무죄를, 주량을 소주 2병으로 본 2심은 유죄를 선고한 셈이다.

당시 상황에 대한 2심 법원의 재구성과 분석은 매우 치밀해 보인다. A의 진술은 믿기 어렵다고 하면서도 A의 주장이 상식과 논리에 부합하는지를 꼼꼼하게 검토하고 판단하였다. B와 배달음식에 관한 대화를 정상적으로 나누다가 A가 화장실에 잠시 다녀오는 동안에 다용도실에서 소변을 누고 상의 속옷만 입고 있었다는 A의 주장에 대해서는 그 진술 자체로 B가 비정상적인 상태임을 보여주는 증거라고 판단하였다. B는 팬티를 입은 채 소변을 본 것 같다. 그럼에도 B가 몸을 씻지 않은 채 A와 성관계를 가졌고, 성관계 이후 누워있는 상태에서 구토를 하였다는 A의 진술은 B가 만취 상태였음을 뒷받침한다고도 하였다.

A는 아침에 잠에서 깬 B가 물었을 때나 경찰에서도 처음 조사받을 때까지 성관계 사실 자체를 숨겼다. 그러다가 정액반응 결과가 나온 이후에는 합의에 따른 성관계라고 주장하였다. 처음에 성관계 사실을 숨긴 이유에 대하여, A는 아침에 잠에서 깨어난 B가 아무것도 기억나지 않는다고 하여 당황스러웠고, 다시 만날 일도 없어 조용히 넘어가려고 그랬다고 진술하였는데, 이러한 태도는 A의 말을 신뢰할 수 없게 만들었다. 작은 거짓말도 유죄판결의 원인이 될 수 있음을 알아야 한다.

이 사건에서 B가 어떻게 증거물을 채취해서 정액반응 검사를 의뢰했는지는 명확하지 않다. 아마도 경찰에 신고한 이후에 경찰의 권유에 따라 증거를 채취했을 가능성이 크다. 그런데 혈중알코올농도의 검사결과는 확인되지 않는다. B의 주취 상태가 논란이 된 사건이므로 신고 당시라도 혈액을 채취하여 혈중알코올농도를 측정했다면 사건 당시 B의 상태를 좀 더 과학적으로 파악할 수 있었을 것 같다. 특히 술이 개입된 준강간 사건에서는 피해자의 주취 상태가 중요한 쟁점이 되므로 혈액을 채취하여 혈중알코올농도를 반드시 확인할 필요가 있다.

5 … 첫눈에 마음이 통했다 - 길 잃은 소녀

2017년 2월 어느 날 새벽 1시 20분경, 20대 후반의 경찰관이던 피고인 A는 술을 마시고 집에 가는 중이었다. 소변이 마려워 화장실에 가려고 어느 건물로 들어갔다가 1층 엘리베이터 앞에 있던 피해자 B(10대 후반의 여성)를 발견했다.
B에게 다가가 잠깐 대화를 하다가 함께 술을 마시기로 하였다. 우선 잃어버린 B의 소지품부터 찾기로 하였다. 그래서 그 건물 2층부터 5층까지 술집을 차례로 확인하다가 5층 호프집에 도착했다. B는 그곳 테이블에 엎드려 잠을 잤다. B를 깨워 모텔로 데려왔다. A는 모텔 방에서 B에게 키스를 하고, B의 상의와 팬티를 벗긴 다음 가슴을 만졌다. A가 잠시 화장실에 들어간 사이 남자친구와 가족의 신고를 받은 경찰이 출동했다.
경찰이 도착하였을 당시 B의 위쪽은 나체였고, 아래쪽은 치마만 입은 채로 침대에 누워 잠을 자고 있었다. B의 속바지와 팬티는 A의 상의 주머니에 발견되었다.
이로 인하여 A는 준강제추행 혐의로 기소되었다.

◆

A는 첫눈에 서로 불꽃이 튀어 함께 술을 마시러 가기로 하였는데 B의 소지품을 찾던 중에 호프집에서 B가 잠이 들었다. 잠든 B를 깨워 동의하에 모텔에 갔고, 그곳에서 서로 스킨십을 하였다고 주장했다. 사건 당시 B가 술에 취하긴 했지만 혼자서 걷거나 모텔 계단을 걸어서 올라갈 수 있을 정도로 심신상실 상태도 아니었고, 설령 심신상실 상태였다고 하더라도 그러한 상태라는 사실을 인식하

지 못했다면서 준강제추행의 고의도 없었다고 주장했다.

그런데 B는 그날 새벽 1시경 일행들과 함께 있던 노래방에서 나와 화장실에 간 이후부터 새벽 2시 40분경 남자친구와 엄마의 신고로 경찰관이 모텔에 출동할 때까지 상황을 전혀 기억하지 못했다. 노래방 화장실에서 토한 이후 술이 확 올라왔고 그때부터 필름이 끊겼다고 했다.

A는 서로 합의로 모텔에 가서 스킨십을 하였음에도 B가 술 때문에 기억하지 못 하는 것뿐이라면서 B의 블랙아웃을 주장했다. 따라서 재판에서는 사건 당시 B가 단순한 블랙아웃 상태였는지, 아니면 블랙아웃을 넘어 심신상실 내지 항거불능 상태에 있었는지가 주된 쟁점이 되었다.

◆

1심 법원은 A가 심신상실 또는 항거불능 상태에 있던 B를 강제추행한 사실이 유죄로 인정된다고 하면서 A에게 징역 10개월을 선고하였다. 재판부는 나이 어린 B가 술에 만취하여 정상적인 판단능력을 잃어 겨울에 외투도 거치지 않고 휴대폰도 소지하지 아니한 채 일행도 찾아 헤매고 있었는데, 경찰관이라는 사람이 B를 보호해주는 못할망정, 오히려 B를 모텔로 데려가 추행한 사건이라고 하였다. 그럼에도 법정에서까지 '첫눈에 서로 불꽃이 튀었다'고 변명하면서 이 사건으로 자신이 겪고 있는 경제적, 정신적 고통을 호소하는 데에만 급급하기 때문에 엄중한 처벌을 받아야 마땅하다고 하면서 A를 법정 구속하였다. A가 수사기관이나 법정에서 구체적으로 어떻게 범행을 부인했는지는 자료가 부족하여 명확하지는 않지만, 판결 내용으로 추정컨대 A는 모텔에서의 성적 접촉이 강제추행에 해당한다는 사실은 인정하고, 다만 모텔까지 오게 된 경위를 설명하면서 첫눈에 불꽃이 튀었다는 주장을 한 것 같다.

그러나 A의 항소로 진행된 항소심 재판에서 2심 법원은 1심의 유죄판단을 뒤집고 A에게 무죄를 선고하였다. 재판부는 B가 이 사건 당시 심신상실의 상태에 있었다고 단정하기 어렵고, A가 B의 심신상실 상태를 인식하고서 이를 이용한다는 준강제추행의 고의가 충분히 증명되지 않았다고 판단했다. 2심 재판부는 모텔 CCTV에 찍힌 모텔 투숙 당시 B의 모습을 볼 때 몸을 가누지 못할 정도로 비틀거리거나 A가 부축하는 모습이 없었고, 3층 객실까지 계단으로 이동하였으며, 목격 당시 B가 많이 취해 보이지 않았다는 주점 종업원이나 모텔 종업원의 진술 등을 판단 근거로 삼았다.

특히 노래방에서 화장실에 가기 위해 나온 이후 상황은 기억나지 않는다는 B의 주장에 대해서는, 만약 B가 술에 취하여 심신상실 상태에 있었다면 A가 그러한 상태의 B를 데리고 2층에서 5층에 위치한 여러 술집을 돌아다니거나, 모텔 1층에서 3층까지 계단으로 이동한다는 것은 사실상 불가능하기 때문에 B가 심신상실 상태에 있지 않았다고 봄이 상당하고, 그렇다면 B는 사건 당시 의식이 있는 상태에서 스스로 행동한 부분도 기억하지 못 하는 알코올 블랙아웃 상태였을 가능성이 있다고 하였다.

이번에는 2심 무죄판결에 대해서 검사가 대법원에 상고하였다. 대법원은 다시 2심의 무죄판결이 잘못되었다고 하였다. 여러 증거에 비추어 추행 당시 B가 술에 만취하여 잠이 드는 등 심신상실 상태에 있었다고 볼 여지가 충분하고, 블랙아웃이 발생하여 당시 상황을 기억하지 못한다는 이유만으로 바로 B가 동의를 하였을 가능성이 있다고 보아 이를 합리적 의심의 근거로 삼는 것은 타당하지 않다면서 2심의 무죄판결을 파기하고, 다시 재판하라는 취지로 환송하였다. 대법원의 주된 판단 근거는 다음과 같다.

노래연습장 CCTV 영상에 의하면, B는 크게 비틀거리지 않고 걸어다닐 수는 있었다. 그러나 화장실을 찾는다면서 다른 방의 출입문을 열고 들어가거나, 갑자기 비틀거리면서 중심을 잃고 바닥에 쓰러져 눕는 모습을 보면 상당히 취한 상태로 보인다.

B는 화장실에 갈 당시 남자친구의 신발을 신고 있었고, 외투와 휴대폰은 노래방에 두고 나왔다. 그런데 B는 화장실에 간 이후 노래연습장으로 돌아가지 않았다.

A는 B와 함께 그녀의 외투와 소지품을 찾기 위하여 B를 만났던 빌딩 2층부터 5층까지의 술집들을 둘러보았다. 5층 호프집에 도착했을 때, B는 '나 여기서 조금만 자면 괜찮을 것 같다'고 말하면서 테이블에 엎드려 잠을 자기 시작했다. 일어나라고 깨우는 A에게 욕을 하고 바닥에 침을 뱉었다.

모텔의 CCTV 영상에 의하면, B는 혼자서 걸을 수는 있지만, 계단을 오르내릴 때 발을 헛디뎌 휘청거리거나 벽에 등이나 머리를 대고 서 있는 등 상당히 취한 모습이다.

알코올의 영향은 개인적 특성 및 상황에 따라 다르게 나타날 수 있기 때문에 비틀거리지는 않고 걸을 수 있다거나, 자신의 이름을 대답하는 등의 행동이 가능하였다는 점만으로 심신상실 등 상태에 있지 않았다고 섣불리 단정할 것은 아니다. 피해자가 '음주 후 필름이 끊겼다.'고 진술한 경우 음주량과 음주속도 등 앞서 본 사정들을 심리하지 않은 채 알코올 블랙아웃의 가능성을 쉽사리 인정하여서는 안 된다.

◆

이 사건은 1심에서 유죄판결이 선고되었고, A가 항소한 2심에서는 무죄판결이 선고되었다가 다시 검사가 상고한 3심 대법원에서는 유죄취지로 2심의 무죄판결이 파기 환송되었다. 하급심은 특별한 사정이 없는 한 대법원판결에 따라야 하므로, 다시 열린 항소심에서 A는 유죄판결을 선고받았다.

이 사건의 대법원판결은 피고인이 피해자의 알코올에 의한 블랙아웃을 주장하는 사례에 있어 리딩 케이스가 되어 다른 사건의 판결문에 자주 인용되고 있다. 대법원판결의 취지는 피해자가 '음주 후 필름이 끊겼다'고 진술하더라도 범행 당시에는 인지기능이나 의식상태가 장애에 이르지 않았으나 기억형성의 실패로 인하여 나중에 지나간 어떤 일이 기억나지 않는 알코올 블랙아웃으로 쉽게 판단해서는 안 된다는 것이다. 그런데 2심 법원은 음주량과 음주속도 등 심신상실 상태인지를 판단하기 위한 충분히 심리하지 않은 채 알코올 블랙아웃의 가능성을 인정해 버린 잘못이 있다고 지적하였다.

대법원은 사건 당시 B의 판단능력과 신체적 대응능력도 정상이 아니었다고 보았다. B는 자신의 일행이나 소지품을 찾지 못하고, 사건 당일 처음 만난 A와 모텔에 가서 무방비 상태로 잠이 들었다. 모텔에서 인터폰으로 자기 이름을 말해주고 경찰이 모텔 객실로 들어오는 상황이었음에도 옷을 벗은 상태로 누워있을 정도였다는 것이다. 두 사람의 관계, 연령 차이, A를 만나기 전의 상황, 모텔에 가게 된 경위 등에 비추어 볼 때 B가 성적 관계를 맺는 것에 동의하였다고 볼 수는 없다고 하였다.

이처럼 대법원은 정상적으로 보이지 않은 언행, 약화된 판단능력과 신체적 대응능력, 성관계에 동의했다고 보기 어려운 객관적 사정 등을 종합적으로 고려하여 사건 당시 B의 심신상실 여부를 판단하였다. 알코올로 인한 블랙아웃은 단순히 인지기능이나 의식 상태는 정상적이었으나 기억하지 못 하는 경우인지, 아니면 술의 최면진정작용으로 수면상태에 빠지는 등 의식을 상실한 패싱아웃에 해당하는지까지 자세히 살펴볼 필요성이 있음을 강조하였다.

A에 대해 최종적으로 유죄가 확정되기까지 모두 4번의 재판이 있었다. 그중에서 파기 환송 전 2심 법원만 유일하게 A가 무죄라고 판단하였다. 사실 그 2심 법원의 판결은 납득하기 어려운 부분이 많다. 1심 판결을 파기하고 무죄판결을 선고하는 사건임에도 논증 구조와 판단이유가 너무 간단했다. 1심 판결문은 3쪽이었는데, 2심 판결문은 4쪽에 불과했다. 대법원판결문에서 언급하는 바와 같이 사건 당시 B의 언행은 정상적으로 볼 수 없는 부분이 많았음에도 그러한 행동에도 불구하고 왜 단순한 블랙아웃 상태에 불과하다고 판단한 것인지에 대한 설명이 생략되었다. 단지 소지품을 찾으러 술집을 찾아다닐 때나 모텔에 들어갈 때 B의 모습에 큰 문제가 없었고, 주점이나 모텔 종업원들도 그렇게 취해 보이지 않았다는 A의 진술이 근거였다. 노래방에서 화장실에 간다며 나갔다가 다시 원래 위치로 찾아가지 못한 모습, 호프집 테이블에 엎드려 잠을 자고 깨우는 A에게 욕설과 바닥에 침을 뱉는 모습, 남자친구를 노래방에 두고 잠깐 나왔으면서 처음 본 A와 모텔에 간 사정, 치마만 걸친 채 상의와 하의를 모두 벗고 자고 있는 모습 등은 단순한 알코올 블랙아웃이라고 판단하기 어려운 사정임이 분명한데도 이에 대한 평가를 소홀히 했다.

A는 항소를 하면서 일단 범행을 자백하지는 않았지만, A는 2심 법원이 무죄판결을 선고할 것이라고는 예상하지 못했을 것으로 보인다. 예상과 달리 무죄판결을 받은 A는 매우 기뻤을 것이다. 그러나 그 기쁨은 오래가지 못했다. 검찰이 바로 상고했기 때문이다. 대법원판결에만 거의 3년이 걸렸고, 결국 최종적으로 유죄가 확정되었다. 2심의 무죄판결로 A는 희망고문을 당했고, B는 피해보상을 받는데 4년이 걸렸다. 그래서 기소나 판결은 신속하게 처리될 필요가 있다.

6 … 쌍둥이 동생이 있어요 - 1시간의 산책

피고인 A는 30대 초반의 회사원이다. 2022년 1월 밤 9시 30분경, A는 서울 어느 지하철역에서 내려 밖으로 나오고 있었다. 피해자 B(20대 초반 대학생)는 그날 밤 친구들과 저녁을 먹고 8시 30분경 헤어졌는데, 집에 가는 길을 헤매다 마침 지하철역으로 들어가고 있었다. 그 지하철역에서 두 사람은 우연히 마주쳤다.

코로나가 한창일 시기라 대부분 마스크를 착용하고 있었는데 B는 마스크를 쓰고 있지 않았다. 그래서 A는 지하철역 안에 있는 약국에서 마스크를 사서 B에게 주었다. 그후 B와 함께 역 밖으로 나와 1시간 정도 주변을 산책하다가, 10시 30분경 부근에 있는 모텔로 들어갔다.

A는 모텔 방에 들어와 술에 취해 몸을 제대로 가누지 못 하는 B의 옷을 벗기고 B와 성관계를 하였다.

이로 인하여 A는 준강간 혐의로 기소되었다.

◆

A는 모텔에서 성관계를 할 당시에 B는 정상적인 상태였고, 합의로 성관계를 한 것이라는 입장이었다. 설령 B가 심신상실 또는 항거불능 상태에 있었다 할지라도 그런 상태에 있었다는 사정을 알지 못하였으므로 준강간의 고의, 즉 B가 심신상실 또는 항거불능 상태에 있다는 사정을 이용하여 간음한다는 생각이 없었다고 주장하였다. 그러면서 B의 블랙아웃 가능성을 제기했다.

B는 식당에서 술을 마시고 일행과 헤어진 이후부터의 일을 아무것도 기억하지 못했다. 단지 모텔에서 A가 성관계를 시도하려고 했

던 것만 단편적으로 기억나고, 정신을 차렸을 때는 나체 상태로 A와 함께 모텔에 있었다고 진술했다. 그러면서 사건 발생 이틀 뒤에 경찰에 신고하고 혈액을 채취하여 마약이나 약물검사까지 받았다.

당시 두 사람은 밤 9시 30분에 지하철역에서 만나 1시간 정도 산책을 하고, 10시 30분경 모텔에 들어갔다가 밤 12시경에 모텔에서 나왔기 때문에 약 2시간 동안 함께 모텔에 있었다. 그런데 B는 그 과정을 전혀 기억하지 못했고, A는 B의 블랙아웃을 주장했다. 따라서 B가 사건 당시는 정상적으로 행동하고서도 나중에 그 일을 기억하지 못 하는 알코올 블랙아웃 상태였는지, 아니면 B가 술에 만취하여 심신상실이나 항거불능의 상태에 있었는지, 그리고 B가 심신상실이나 항거불능상태에 있었다고 한다면 A가 B의 그런 상태를 인식할 수 있었는지가 재판에서 쟁점이 되었다.

◆

1심 법원은 B가 사건 당시 상황을 기억하지 못 하는 것은 단순히 필름이 끊긴 경우라고 판단하였다. 재판부는 B가 A와의 성행위 자체를 인식하지 못하거나 그 행위의 의미를 이해하지 못 하는 심신상실의 상태 또는 심리적·물리적으로 반항이 불가능하거나 현저히 곤란한 항거불능의 상태에 있었다고 보기 어렵고, 이것이 술에 취하여 당시에는 의식적으로 한 행동을 나중에 기억하지 못 하는 일시적 기억상실증인 이른바 알코올 블랙아웃 증상일 가능성이 있다고 하였다. 그래서 1심은 A에게 무죄를 선고하였다.

다만 법원은 주량이 소주 한 병 정도인 B가 그날 오후부터 소주 3병 반 정도를 마셨고, 밤 8시 30분 식당을 나올 때 출구도 제대로 찾지 못하고 비틀거리면서 식당을 걸어 나오는 모습이나 지하철역에서도 역사 안을 뛰어다니거나 A에게 비틀거리며 기대는 등 비정상적인 모습이 CCTV에서 확인되기 때문에 사건 발생 당시 술에 만취해 있던 B를 간음한 것이 아닌가 하는 의심이 들기는 한다고 하였다. 하지만 다음과 같은 이유로 공소사실에 대한 입증이 부족하다고 하였다.

지하철역에서 B를 처음 만났을 때는 외관상으로도 만취한 상태였음을 충분히 알 수 있었다. 그러나 밤 10시 30분경 모텔에 들어갈 때는 B의 최종 음주 시점으로부터 2시간이 경과하였고, 지하철역에서 만나 1시간 정도 대화를 하며 야외 산책을 하였다.

모텔에서 B는 엘리베이터 앞까지 부축을 받거나 휘청거림 없이 스스로 자연스럽게 걸어갔고, 2층에서 내리자 A에게 팔짱을 끼는 행동을 하며 객실까지 스스로 걸어 들어갔다. 따라서 모텔 방에 들어갔을 시점에 B는 정상적인 보행이 가능할 정도의 상태였던 것으로 보인다.

사건 전후에 자신의 신상에 관하여 A와 비교적 상세하게 대화를 나눌 정도로 의식이 있었음에도 이를 기억하지 못하고, 이전에도 술을 마신 후 사후적으로 기억을 잃는 알코올 블랙아웃을 경험한 적이 있었기 때문에 B는 자신이 의식적으로 한 일을 기억하지 못 하는 알코올 블랙아웃 상태였을 가능성을 배제할 수 없다.

또 모텔에 들어갈 당시 B의 모습이 지하철역에서 만났을 때와 상당한 차이가 있었고, B가 다른 사람의 도움이나 비틀거림 없이 정상적으로 보행하였으며, 개인적인 정보에 대해 대화를 나누는 등 외관상 의식적·정상적으로 행동하였다면, A의 입장에서는 B가 심신상실 또는 항거불능 상태라고 생각하지 않았을 가능성이 크다.

1심 무죄판결에 대해 검사가 항소하였지만 2심 법원도 사건 당시 B가 심신상실 또는 항거불능 상태에 있었다고 단정하기 부족하고, 설사 B가 그런 상태였다고 하더라도 A에게 준강간의 고의가 인정되지 않는다고 판단한 1심의 결론은 정당하다고 하면서 검사의 항소를 기각하였다. A에 대한 무죄판결은 그대로 확정되었다.

◆

법원이 무죄판결을 선고하게 된 결정적인 이유는 시간의 경과이다. A가 B를 만나 1시간 동안 산책을 한 이후에 성관계를 했다는 사정이 무죄판결을 받게 된 결정적인 근거가 되었다. 지하철역에서 B를 처음 만났을 당시에는 외관상으로도 만취한 상태였다. 하지만 겨울밤에 1시간 동안 산책을 한 이후, 모텔에 들어갈 무렵 B의 걸음걸이는 눈에 띄게 달라졌다. A의 부축 없이도 휘청거림 없이 똑바로 걸었다. 이런 모습을 근거로 법원은 모텔에 들어갈 무렵에는 술이 상당히 깬 상태였을 것으로 판단하였고, 설령 외형적인 모습과 달리 심신상실 또는 항거불능 상태였다고 하더라도 A로서는 이를 인식하지 못했기 때문에 준강간의 고의도 인정하기 어렵다고 한 것이다.

무죄판결의 또 다른 근거는 B가 스스로 말하지 않았다면 알 수 없었을 B의 신상정보를 A가 알고 있었다는 점이다. B가 어디에 사는 대학생이고, 쌍둥이 동생이 있고, 자신은 대학을 재수했다는 등의 지극히 개인적인 신상정보를 B로부터 들었다고 했다. 그런데 B는 자신이 A에게 그런 말을 했는지를 기억하지 못했다. 그래서 법원은 B가 개인사를 A에게 자세하게 얘기할 정도의 판단능력은 가지고 있었음에도 자기가 스스로 한 일을 기억하지 못 하는 알코올 블랙아웃 상태였을 가능성이 있다고 판단하였다. 하지만 이 부분은 약간의 논란이 있을 수 있다. 개인사를 얘기한 시점이 언제였는지가 확인되지 않았기 때문이다. 법원도 A와 B가 처음 만났을 당시에는 만취 상태였다는 사실은 인정하였으므로 그 시점에 개인사를 얘기한 것이라면 그런 사정만으로 성관계 당시 B가 스스로 판단하고 의사를 결정할 능력이 있었다고 보는 것은 논리적이지 않다. 이와 달리 개인사를 얘기한 시점이 모텔에 들어갈 때와 가깝다면 법원의 판단은 설득력이 있는 추론이 될 것이다.

이 사건에서 A가 B를 만나 함께 모텔을 가고, 모텔에서 나와 가족에게 B를 인계할 때까지 A의 행동은 성폭행을 한 사람이라고 보기 어려운 점이 있다. A가 지하철역에서 B를 처음 만났을 때의 모습은 누가 보더라도 만취한 상태였다. 만약 A가 B를 만나자마자 모텔에 데리고 들어가 성관계를 했다면 유죄판결을 받았을 것이다. 그런데 A는 그렇게 하지 않았다. 약국에서 B에게 마스크를 사주고, 지하철역 부근에서 1시간 정도 산책을 하였다. 산책 중에 B로부터 개인사도 들을 수 있었다. 성관계를 끝내고도 모텔에서 바로 나오지 않고 술이 깨기를 기다렸다. 모텔에서 나와서는 편의점에서 음료도 사주고 휴대폰을 잃어버린 B에게 휴대폰을 빌려주어 가족과 통화도 할 수 있도록 했다. 연락을 받고 데리러 온 쌍둥이 동생에게 B를 인계하고 다시 모텔로 들어가 잠을 잤다. 법원은 이런 A의 모습은 준강간을 저지른 자의 행동이 아니라고 보았다. B의 주장대로 술에 만취한 사람을 몰래 간음한 사람이라면 재빨리 B의 곁을 떠나거나 신상 정보를 숨기려고 노력하거나 범죄 현장인 모텔로 돌아오지도 않았을 것이기 때문이다. A가 이 사건 모텔을 찾는 과정도 일반적인 성폭행범의 행태와는 좀 다르다. A는 B와 산책을 하면서 '야놀자'라는 어플을 통해 모텔을 예약하였다. 이런 예약방법은 흔적이 남는다. 이 점도 A를 성폭행범으로 보기 어려운 이유다.

아무리 겨울이라고 하더라도 만취한 사람이 야외에서 1시간 정도 산책을 했다고 해서 바로 만취 상태에서 벗어날 수 있는지는 명확하지 않다. 혈중알코올농도는 평균적으로 시간당 0.018% 감소하기 때문에 1시간은 B의 신체적 상태에 의미 있는 변화가 생겼다고 보기에는 너무 짧은 시간이다. 그렇지만 법원이 언급한 것처럼 사건 전후 A의 행동은 도저히 성폭행을 저지른 사람의 모습으로 보기는 어려울 정도로 자연스럽다. 당시 B의 객관적인 상태와 무관하게 최소한 A는 B의 상태를 정상적으로 생각했던 것 같다. 달리 보면 B의 블랙아웃이 무고한 A를 성범죄자로 만들 뻔했지만 A의 침착한 대응과 효과적인 변론, 그리고 법원의 합리적인 판단으로 그 위험에서 벗어난 사례로 평가할 만하다.

7 … 안아주세요 - 조작된 블랙아웃

2021년 8월 어느 날 밤 11시 40분경, A는 친구와 먹자골목을 지나다가 길에서 우연히 피해자 B(20대 후반 여성)와 친구와 마주쳤다. 그들은 모텔 방을 잡아서 함께 술을 마시기로 하였다. 그들은 밤 12시 20분경 근처에 있는 모텔을 찾았다. A의 친구는 206호와 209호 객실 2개를 결제하고, 206호에 모여 함께 술을 마셨다. 중간에 술이 떨어져 새벽 3시경, B와 A의 친구는 편의점에서 술을 더 사왔다.
새벽 3시 45분경, A는 206호에서 B를 데리고 나와 209호실로 갔다. 그곳에서 A는 술에 만취해 항거불능 상태에 있는 B의 팬티를 벗기고 성관계를 하였다. A는 209호를 나갔다. 나중에 209호에 찾아온 친구와 그곳에서 잠을 자다가 그날 낮 12시 30분경 모텔을 나왔다. B는 다음 날 경찰에 신고했다.
이로 인하여 A는 준강간죄로 기소되었다.

◆

당시 길에서 우연히 만난 일행 4명은 밤 12시 20경 이 사건 모텔 206호실에 들어와 술을 마셨다. B와 A의 친구가 편의점에 가서 술과 아이스크림을 사와 206호에서 더 놀다가 새벽 3시 44분경 A는 B를 209호실로 데리고 갔다. 그때부터 두 사람이 209호에 함께 있었던 시간은 약 30분인데, 아마도 이때 이 사건 성적 접촉이 있었던 것으로 보인다.

그런데 A는 술에 취해 그날 일이 잘 기억나지 않고, 모텔 209호실에서 B와 함께 있었던 상황에 대해서는 전혀 기억나지 않는다고 했다. 그리고 기억은 없지만 B와 성관계를 하지는 않았던 것 같고, 만약 B와 성관계를 했다고 하더라도 서로 합의가 있었을 것이며, B가 항거불능의 상태는 아니었을 것이라고 주장하였다.

B는 206호실에서 함께 술을 마시다가 방바닥에 넘어진 기억이 마지막이다. 그 이후 일은 기억하지 못하고 아침에 눈을 떴을 때 A가 몸 위에서 성관계를 하고 있었던 모습만 기억했다. B는 209호에서 친구와 잠을 자다가 낮 12시 30분경 모텔에서 나와 집에 갔다. 그리고 사건 다음 날 오후에 경찰서에 이 사건을 신고했다.

이 사건은 A와 B, 모두 성관계 당시 상황을 기억하지 못한다고 진술했다. 두 사람의 블랙아웃이 문제 되었다. 따라서 두 사람 사이에 성관계가 있었는지, 성관계가 있었다면 어떤 상황에서 성관계를 하였는지가 밝혀져야 했다. A와 B가 만난 이후의 정황을 근거로 당시 일을 재구성할 수밖에 없었다. 과연 두 사람 사이에는 어떤 일이 있었던 것일까.

◆

1심 법원은 A가 성관계 사실을 부인하고 있었지만 두 사람 사이에 성관계가 있었다는 사실은 인정된다고 하였다. 사건 당시 B가 입고 있던 치마바지 안쪽에서 A의 DNA가 검출되었기 때문이다. 하지만 B는 A와의 성관계에 적극적으로 응하였지만 블랙아웃 현상으로 성관계 당시 상황을 기억하지 못할 가능성이 있고, 겉으로 보기에도 만취하여 판단능력을 상실하거나 현저히 저하된 상태로 보이지 않았으므로 A의 입장에서는 겉보기와는 달리 B가 정상적인 판단능력을 상실한 상태였거나 현저히 저하된 상태에 있었다고 인식하지 못하였을 가능성이 있다면서 A에게 무죄를 선고하였다. 1심 법원의 주된 판단 근거는 다음과 같다.

B는 A와 성관계에 동의를 한 건지 혼란스러웠다거나 술을 마시면 약간 스킨십을 하는 습관이 있고, 평소에도 술을 마실 때 블랙아웃 현상을 자주 겪는 편이라고 진술하고 있으므로, B 스스로도 블랙아웃 현상으로 당시 상황을 기억하지 못할 뿐 성관계에 적극적으로 동의하였을 가능성을 인정하고 있다.

처음에 모텔에 들어갈 때 B가 비틀거리거나 부축을 받지 않고 혼자 스스로 걸어 들어가는 모습, 모텔에서 술을 마시던 중 C와 함께 부근 편의점에 가서 술과 아이스크림을 사올 당시 B가 스스로 걸어 다니며 물건을 고르고, 계산대에 있는 사람과 대화하는 모습 등은 겉으로 보기에는 B가 술에 만취하여 판단능력이 상실되거나 현저히 저하된 상태로 보이지 않는다.

B가 A와 함께 206호에서 나와 209호로 이동할 때 A의 허리를 감싸는 등 적극적으로 스킨십을 하며 이동하는 모습이 확인되고, A가 209호에서 녹음한 대화 내용에는 '안아 달라, 하고 싶다, 너랑 키스하고 싶다.' 등 계속하여 성적인 요구를 하였다.

1심의 무죄판결에 대해 검사는 불복하여 항소하였다. 그런데 2심 법원은 검사의 항소를 인용하여 A에게 유죄판결을 선고하였다. 사건 당시 B는 만취하여 심리적·물리적 반항이 불가능하거나 현저히 곤란한 항거불능 상태에 있었고, 비록 A는 성관계 여부도 기억나지 않는다고 주장하지만, 오히려 A가 계획적이고 치밀하게 행동하면서 잠을 자던 B를 깨워 녹음까지 하였다고 보았다. 따라서 A는 B가 술에 만취하여 항거불능 상태에 있었음을 충분히 인식하였다고 판단하고, A에게 징역 2년을 선고하였다. 2심 법원이 당시 B가 만취 상태였다고 판단한 주요 근거는 다음과 같다.

B는 평소 주량이 소주 한 병 정도인데 그날은 소주 4병을 마셨다. 처음에는 206호실 테이블에서 함께 술을 마셨는데, B가 술에 취해 자꾸 넘어지자 바닥으로 내려와 술을 마시게 되었다.

B는 206호 객실에서 술을 마실 때 이후부터 새벽에 친구가 깨울 때까지의 상황에 대하여 대부분 기억하지 못하고 있다. A가 이 사건 이후 209호실을 나갔다가 209호실로 다시 돌아와 자고 있는 B를 깨워 대화한 내용을 녹음했는데, 그 녹음파일에 의하더라도 B는 술에 취해 부정확한 발음으로 웅얼거리며 대답하고 있음을 알 수 있다.

A로부터 B가 찾는다는 거짓말을 듣고 A의 친구가 209호실에 갔을 때 B는 자고 있었고, 말을 걸어도 일어나지 않았다.

B의 친구는 A가 B를 206호에서 데리고 나간 직후부터 1시간 동안 B에게 9번이나 전화를 걸었으나 받지 않았고, 카톡을 보내도 아무런 답장이 없었다.

B의 친구가 209호 방문을 계속 두드리자 B는 문을 열어주기는 하였으나 바로 바닥에 쓰러져 다시 잠이 들었다. 209호실 침대 옆 테이블 위에 있는 팬티를 보고 뭐냐고 묻자, B는 자기 팬티라고 하면서 당황하고 놀라는 기색을 보이며 팬티를 쓰레기통에 버렸다.

2심 법원은 성관계 당시 상황이 기억나지 않는다는 A의 주장을 믿지 않았다. 당시 A도 술을 마신 상태였지만 여러 정황에 비추어 A의 주장은 이 사건 실체를 감추기 위한 것으로 의심되고, 이런 신빙성 없는 주장은 오히려 B 진술의 신빙성을 뒷받침하는 간접정황이 될 수 있다고 하였다. 재판부는 다음과 같은 이유로 A의 진술에 신빙성이 없다고 판단하였다.

A는 성관계 직후 209호에서 나와 다른 일행들이 있는 206호로 돌아왔다. 그들과 정상적으로 대화하면서 다시 209호로 갈 구실을 마련하는 모습을 보였다. A의 친구가 209호에 가보겠다고 하였음에도 이를 만류하고 A가 209호로 갔다. 휴대폰으로 녹음하면서 자고 있던 B를 억지로 깨워 대화를 이어갔다. 의도적으로 B의 말을 왜곡하여 B가 마치 A의 친구를 부른 것과 같은 상황을 만들었다. 그리고 A는 다시 206호로 돌아와서 자신의 친구에게 B가 찾는다는 거짓말을 하였고, 그 말을 들은 A의 친구는 209호로 갔다.

A의 친구가 209호로 가고 나서 206호실에는 A와 B의 친구만 남았다. B의 친구는 A가 휴대폰으로 녹음하는 것을 발견하고 의문을 가졌다. B의 친구는 B를 찾기 위해 화장실을 가는 척하며 A 몰래 206호 객실에서 나왔다. B의 친구가 B가 있는 객실을 찾아 헤매는 동안 A는 209호로 가서 방문을 열고 내부를 쳐다본 후 방문을 닫고 서성이다가 206호로 돌아왔다. B의 친구가 계산대에 물어 209호 객실을 찾아가 방문을 두드릴 때 A는 206호실에서 나와 209호실 앞에서 서성였다.

A가 제출한 녹음내용에는 B가 A에게 안아달라거나 키스하고 싶다는 등으로 말하는 내용이 들어있다. 그러나 이는 이 사건 이후 술에 취하여 잠을 던 B를 깨워 대화하던 중 맥락 없이 나온 말로 보인다. A는 B의 상태를 알면서 자신에게 유리한 증거를 남기거나 다른 목적으로 녹음하면서 B와 대화를 이어나간 것 같다.

◆

이 사건에서 A는 1심에서는 무죄판결을 받았고, 2심에서는 유죄판결을 받았다. A는 상고하였지만 대법원은 A의 상고를 기각하여 2심의 유죄판결이 그대로 확정되었다.

B는 길거리에서 A의 일행을 우연히 만나 술을 마시러 모텔에 들었을 때부터 아침에 친구가 깨워 일어났을 때까지 일을 거의 기억하지 못했고, A도 성관계 당시 상황이 기억나지 않는다고 주장하는 상황에서 두 사람 사이에 어떤 일이 있었는지를 객관적으로 밝혀야 하는 작업은 결코 쉬운 일이 아니다. 1심과 2심의 결론이 완전히 다른 것만 봐도 실체 파악이 쉽지 않음을 알 수 있다.

A에게 무죄판결을 선고한 1심은 모텔에 처음 들어갈 때와 모텔에서 술을 마시다가 중간에 술과 아이스크림을 사러 편의점에 갔을 때 CCTV에 찍힌 B의 행동에 주목했다. 그때 B는 다른 사람의 도움 없이 스스로 걸었고, 물건을 고르거나 편의점 종업원과 대화도 하였다. 이런 모습을 근거로 성관계 당시 B의 판단능력은 정상적이었다고 보았다. 그리고 성관계 이후 A가 녹음한 대화에는 B가 안아달라거나 키스하고 싶다는 등으로 스킨십을 요구하는 내용이 들어 있었기 때문에 이를 성관계에 동의한 정황으로 판단하였다.

이에 반하여 2심은 CCTV에 찍힌 B의 모습보다는 B의 주량과 당일 마신 술의 양, 일행들의 진술에서 드러난 B의 행동에 중점을 두고 사건 당시 B의 상태를 판단하였다. 사건 당일 B는 주량보다 4배나 많은 술을 마셨다. 술을 마시다가 넘어지기를 반복하고, A의 친구가 209호실을 찾아왔을 때도, B의 친구가 찾아왔을 때도 잠만 잤다. 이런 정황을 근거로 B는 술에 만취하여 판단능력을 상실하거나 현저히 저하된 상태였다고 판단하였다. B가 적극적으로 성적인 요구를 한 것처럼 보이는 일부 대화 내용에 대해서는 그런 대화를 녹음한 경위, 전체적인 맥락에 비추어 A가 의도적으로 그런 대화를 하도록 유도한 것이고, B는 잠결에 맥락 없이 한 말에 불과하기 때문에 그런 대화 내용만으로 B가 성관계에 적극적으로 동의했다는 A의 주장은 믿을 수 없다고 하였다. 처음에 모텔에 들어올 때와 중간에 편의점에 갔을 때의 모습에 대해서는 특별하게 언급하지 않았다.

전체적으로 볼 때 A는 의도적으로 술에 취한 B를 빈방으로 데려가 성폭행을 하였다고 판단한 2심 법원의 결론이 당시의 진실이었을 것으로 보인다. A는 비록 술에 취해 성관계 자체도 기억나지 않는다는 입장을 고수하였지만, 사건 전후 A가 보인 행동은 자연스럽지 않았다. 성관계 이후에 성관계를 했던 209호에서 나와 일행들이 있는 206호로 갔는데, 아마도 일행들의 분위기를 파악하기 위한 행동이었을 것으로 추측된다. 다시 209호로 갈 빌미를 만들어 B에게 찾아간 A는 휴대폰으로 녹음을 하면서 마치 B가 A의 친구를 찾고 있는 듯한 상황을 연출하였다. 그리고 다시 206호로 돌아가서 그의 친구에게는 B가 찾는다는 거짓말까지 하였다. B가 제정신이 아니라는 것을 알고 자기 친구를 끌어들여 B가 마치 그의 친구와 성관계를 한 것처럼 착각하게 만들려는 의도였을 것으로 의심된다. A가 휴대폰으로 녹음하는 것을 의심한 B의 친구가 206호에서 나와 B를 찾을 때 A도 206호와 209호 사이 복도에서 서성이는 장면이 CCTV에 포착되었는데, 이러한 A의 행동도 범행이 발각될지도 모른다는 불안감 때문에 나타나는 본능적인 행동으로 볼 수 있다.

A는 나름의 완전범죄를 꿈꾼 것 같다. 하지만 사건 다음 날 B가 경찰에 신고하면서 경찰이 증거를 수집하였고, B의 바지 안쪽에서 A의 DNA가 검출되어 성관계 사실은 숨길 수 없게 되었다. 성관계 이후 자고 있던 B를 깨우면서까지 대화를 하고 이를 녹음한 것도 본인에게 유리한 증거를 조작하려는 의도로 보인다.

2021년 8월경 발행한 이 사건은 2024년 7월경 대법원의 유죄 확정까지 3년이라는 긴 시간이 걸렸다. A는 수사기관에서부터 2심 재판 때까지 일관되게 범행을 부인했다. 비록 A는 술에 취해 성관계 전후 상황이 기억나지 않는다고 하였지만 여러 객관적인 증거는 A의 주장이 거짓임을 드러내고 있었다. A 본인이 자신의 잘못을 제일 잘 알고 있었을 것이다. 우연히 1심에서 무죄판결을 받고는 완전범죄에 대한 자신감이 굳어졌을 수도 있다. 그렇지만 손바닥으로 하늘을 가릴 수 없듯이 진실은 숨겨지지 않는다. 3년의 시간 동안 B는 말할 수 없는 고통을 겪었을 것이다. A도 거짓말이 탄로 날까 두려워 늘 불안했을 것이다. A가 처음부터 범행을 숨기지 말고 잘못을 인정하고 용서를 빌었다면 유죄판결을 피할 수는 없었겠지만 사건이 빨리 종결되고 그만큼 일상에 일찍 복귀할 수 있었을 것이다. 잘못된 한순간의 선택이 모두에게 돌이킬 수 없는 나쁜 결과를 초래했다.

1심이 A에게 무죄를 선고한 주된 이유는 B의 알코올 블랙아웃에 대한 의심 때문이다. B는 평소에도 술을 마시면 필름이 끊기는 경우가 있었다고 솔직하게 진술했던 것 같다. 그러나 이 사건 이전에도 종종 블랙아웃을 경험했다는 B의 진술은 B가 사건 당시 상황을 기억하지 못 하는 원인이 알코올 블랙아웃이었던 것으로 의심하는 빌미가 되었다. 따라서 블랙아웃 경험을 진술할 때는 신중해야 한다. 거짓말을 하거나 숨기라는 의미가 아니라 주량과 마신 술의 양, 몸 상태 등을 근거로 단순히 일시적으로 기억이 나지 않은 블랙아웃을 넘어 심신상실이나 항거불능 상태였음을 논리적으로 자세하게 설명할 필요가 있다는 것이다.

8 … 안주를 만들었다 - 포장마차

피고인 A는 늦은 밤 포장마차에서 술을 마시고 있었다. 2020년 8월 어느 날 밤 11시 30분경, 그때 포장마차에 막 들어온 피해자 B(40대 여성)는 업주의 권유로 A와 합석하여 다음 날 새벽 2시 30분경까지 함께 술을 마셨다.
포장마차 영업시간이 끝날 무렵, 함께 노래방에 가기로 의기투합했는데, 문을 연 노래방을 찾지 못한 두 사람은 A의 집으로 가서 술을 더 마시기로 하였다. 집 근처 편의점에서 술을 사고 새벽 3시 30분경 A의 집에 도착하여 술을 더 마셨다.
새벽 5시경, A는 함께 술을 마시다가 만취하여 침대에 누워 있는 B의 옷을 벗기고 전신에 오일을 바르고는 손가락을 B의 항문에 집어넣었다. 그리고 B의 위에 올라가 B와 성관계를 하였다.
이로 인하여 A는 준강간 혐의로 기소되었다.

◆

A는 합의에 따른 성관계라고 주장했다. 성관계 당시 B는 비록 술을 많이 마시기는 했지만 정상적인 상태였고, 설사 B가 술에 만취하여 심신상실 또는 항거불능의 상태에 있었다고 하더라도 그런 사실을 전혀 몰랐기 때문에 준강간의 고의도 없었다고 항변했다.

B는 포장마차에서 A와 함께 술을 마시고, 편의점에서 자신의 카드로 술을 사서 A의 집에 도착하여 함께 술을 마신 것은 사실이라고 했다. 그러면서 'A의 집에서 맥주를 마시다가 어느 순간 기억이 끊겼는데 정신을 차려보니 옷이 벗겨진 채 침대에 엎어져 있었다. A가 등을 누르면서 몸에 오일을 바르고 있었다. A에게 뭐 하는 짓

이냐고 하면서 거부했지만, A는 조용하게 가만히 있으라고 하면서 항문에 손가락을 수차례 넣고, 다시 똑바로 눕힌 다음 성관계를 하고는 바로 잠이 들었다. A가 잠든 것을 확인한 뒤 옷을 챙겨 입고 집을 빠져나와 경찰에 신고하였다'고 일관되게 진술하였다.

이 사건에서 A는 B가 집에서 술을 마실 때 안주도 직접 만들어 줄 정도로 정신이 멀쩡했는데 술을 마신 탓에 기억하지 못 하는 것이라고 주장하여 B의 블랙아웃 여부가 쟁점이 되었다.

◆

1심 법원은 B의 진술은 신빙성이 있다고 판단하였다. B의 진술은 범죄사실의 핵심적인 부분에 있어 일관될 뿐만 아니라, 술을 마신 시간이나 마신 술의 양, A의 집에 가게 된 경위, 기억이 끊길 무렵의 상황, 기억이 돌아왔을 때 두 사람의 자세 및 동작, 저항한 경위와 방법 및 이에 대한 A의 반응 등 실제 경험한 사실을 진술할 때 나타나는 특징들을 갖추고 있고, 경험 법칙에 반하거나 모순되는 부분이 없으며, 법정에서 증언하는 모습, 태도, 뉘앙스 등을 살펴보더라도 B가 없는 사실을 꾸며내거나 과장한 것으로 보이지 않는다고 하였다.

그러면서 재판부는 맥주 1500㎖ 정도의 주량을 가진 B는 그날 주량의 3배가 넘는 술을 마셔 이 사건 당시 술에 취하여 정상적인 판단능력과 대응·조절능력을 행사할 수 없는 상태였다고 판단하였다. 만약 당시 B가 정상적인 판단능력을 가졌다면 그날 포장마차에서 처음 본 만난 A와 성관계를 하였을 것으로 보기 어렵고, 성관계 직후 오른쪽 끈이 끊어져 있는 브래지어를 급하게 챙겨 입고 나가 곧바로 경찰에 신고를 한 B의 행동 또한 자연스러운 성적 관계를 맺는데 동의한 사람의 모습이 아니라고 하였다. 그리고 A가 제기하는 의혹들은 다음과 같이 배척하였다.

이 사건 포장마차 건물 앞의 CCTV 영상에 의하면, B가 건물 밖으로 나와 A와 함께 택시를 타고 이동하는 장면이 확인되는데, B는 크게 비틀거림 없이 정상적으로 보행하는 모습을 보인다. 또한 B의 신고를 받고 출동한 경찰관은 B의 상태가 술에 취해 보행이 되지 않을 정도는 아니었다고 진술하기도 하였다. 하지만 알코올이 몸에 끼치는 영향은 음주량, 음주 속도, 마신 술의 종류, 음주 당시의 컨디션 등 개인적 특성과 상황에 따라 달라질 수 있으므로 단편적인 외견상의 모습만으로 만취하지 않았다고 속단하여서는 안 된다.

A는 B의 진술이 최초 신고 이후 점차 구체화되고 있다고 주장한다. B는 사건 직후 자필 진술서에 '포장마차에서 옆 테이블의 남자가 합석하여 술을 마셨는데, 술에 약을 탄 것처럼 기억이 끊겼다. 눈을 떠 보니 모르는 사람과 옷을 벗은 채로 침대에 누워있었고, 몸에는 오일이 발라져 있었다.'는 취지로 개략적으로만 기재되어 있기는 하다. 그러나 성폭행으로 인한 극도의 공포심, 불안감 및 혼란스러움을 느끼고 있는 피해자에게 처음부터 모든 사실을 모순점 없이 완벽하게 기재하는 것을 기대하기는 어렵다. 따라서 최초 진술서의 내용과 그 이후 진술을 비교하여 진술이 점점 구체화되고 있다는 주장은 받아들을 수 없다.

A는 B가 성폭행 피해를 주장하면서도 당시 상황을 파악하기 위하여 사건 직후 휴대전화의 통화내역이나 카톡 메시지를 확인하는 등의 행동을 하지도 않았기 때문에 B의 진술을 믿을 수 없다고 주장한다. 그러나 당시 B가 느꼈을 성적 수치심과 정신적 충격 등을 고려할 때 그와 같은 사후적 행동을 하지 않았다는 사정만으로 B 진술의 신빙성을 배척할 수 없다.

A는 1심의 유죄판결에 대해 불복하여 항소하였다. 그런데 2심 법원은 A에게 무죄를 선고하였다. 2심 재판부가 무죄를 선고한 주된 이유는 사건 당시 B가 알코올 블랙아웃 상태였을 가능성이 크다고 보았기 때문이다. 재판부는 B가 주량 이상 술을 마셔 블랙아웃을 경험한 바 있고, 성관계 직전까지도 일상적인 범주 내에서 행동한 것으로 보임에도 당시 상황을 단편적이고 간헐적으로만 기억하는 것을 보면, 사건 당시 B는 알코올 혈중농도의 급격한 상승으로 인한 블랙아웃 현상이 발생하였을 개연성이 충분하고, 그렇다면 B는 A의 성적 시도에 대해 나름의 의식을 갖고 행동하거나 대처한 일에 대해서도 단지 이를 기억하지 못하고 있을 뿐은 아닌가 하는 합리적 의심이 든다고 하였다. 2심이 B의 블랙아웃을 의심한 주된 이유는 다음과 같다.

B는 포장마차에서 A와 연락처를 교환한 사실은 기억하지 못하지만, A와 함께 포장마차에서 나와 노래방에 가려고 택시를 타고 이동하고, 노래방 영업이 종료되어 편의점에서 술을 사서 A의 집에 간 사실은 기억한다. 또 A의 집에서 밀키트 음식을 직접 조리하고, A에게 자신의 가정사를 말한 사실, 그리고 A가 성행위를 개시한 경위는 기억하지 못하지만, A의 집 테이블에 앉아 술을 마시고 남편과 전화통화를 한 사실, 화장실을 이용한 사실 등은 기억하고 있다. 이처럼 B는 전면적으로 기억을 상실한 것이 아니라 단편적이고 간헐적으로 기억하지 못할 뿐이다.

포장마차 건물 CCTV 영상에 의하면, B가 건물 밖으로 A와 함께 택시를 타고 이동하는 장면이 확인되는데, B는 당시까지 500㎖ 맥주 8병, 캔 맥주 3~4캔을 마신 상태임에도 비틀거림 없이 정상적으로 보행하는 모습을 보인다.

B는 A와 함께 포장마차에서 나와 노래방을 찾다가 편의점에서 술을 사 A의 집으로 간 것은 B 스스로 내린 결정이라고 진술하였고, 수사기관에서도 A의 집으로 갈 때 술에 별로 취하지 않았다고 진술하기도 하였다.

A의 집에 도착할 무렵 B는 남편과 전화통화를 하였는데, 어디에 있는지를 묻는 남편에게 사우나에서 자고 가겠다는 핑계를 대고 집에 들어가지 않겠다는 의사를 명확히 표시할 수 있는 상태였다고 보인다.

한편, 2심은 A의 진술은 포장마차에서 B를 만나 자신의 집에서 성행위를 시작하게 된 경위, 성행위 과정에서 B와 나눈 대화나 상호작용, 특정 행위에 이르게 된 경위 등을 구체적으로 진술하고 있고, 그 진술 내용이 자연스러워 그 자체로 모순되거나 어색한 점이 없으며, 객관적 정황과 부합하는 면이 있어 신빙성이 높다고 판단하였다. 2심 재판부가 A의 진술에 대하여 신빙성을 인정한 주된 이유는 다음과 같다.

A는 B와 연락처를 주고받았고, 포장마차에서 먼저 나간 B로부터 걸려온 전화를 받지 않았다고 진술하였는데, 실제로 A의 휴대폰에는 그 무렵 B에게 전화를 건 내역과 B의 전화를 받지 않아 부재중 전화로 표시된 내역이 존재한다.

A는 편의점에서 구입한 안주를 집에서 B가 조리하는 동안 자신은 컵 등을 세팅하고 술을 마셨다고 진술하였는데, 사건 직후 출동한 경찰관이 찍은 현장사진에는 테이블 위에 조리 안주로 보이는 음식들이 있었다.

B의 전신에 오일을 바르거나 성관계 직후 그대로 잠을 잔 A의 행

동은 B가 심신상실 또는 항거불능 상태에 있음을 인지하고 이를 이용하여 몰래 간음한다는 의사와 인식을 갖고 성폭행을 저지른 자의 행동으로 보기에 자연스럽지 않다.

사건 당시 B가 심신상실이나 항거불능의 상태에 있었다기보다 블랙아웃으로 기억만 하지 못한 것으로 판단한 2심 재판부는 사람이 과도한 음주를 하게 될 경우 술에 취하지 않았다면 하지 않았을 행동 혹은 술이 깨서는 후회할 행동을 하게 될 여지가 없지 않다면서, 평소 그와 같은 행위를 할 이성적 동기나 이유가 없다는 사후적 판단만으로 당시 피해자가 심신상실 또는 항거불능 상태였다고 단정할 수 없다고도 하였다. 2심의 무죄판결에 대해 검사가 상고하였으나 대법원은 그 무죄판결이 정당하면서 검사의 상고를 기각하였다. A의 무죄는 그대로 확정되었다.

◆

이 사건에서 주된 쟁점은 B의 알코올 블랙아웃 여부였다. 1심은 그날 B가 마신 술의 양이 평소 주량을 훨씬 초과하였다는 사실, B가 정상적이었다면 그날 처음 만난 A와 성관계를 했을 가능성이 없다는 논리를 근거로 하여, 사건 당시 B는 술에 만취하여 심신상실 내지 항거불능의 상태에 있었고, A는 이를 이용하여 성관계를 한 것으로 판단하였다. 그래서 A에게 유죄를 인정하고 징역 3년을 선고하였다.

B는 남편과 부부싸움을 한 일로 기분이 좋지 않아 사건 전날 직장 동료들과 회식을 할 때부터 술에 취하려고 일부러 맥주 500㎖ 6병을 빠른 속도로 마셨고, 포장마차에 오기 전에 노래방에서도 맥주 3, 4캔을 마셨다. 또 이 사건 포장마차에서 맥주 500㎖ 2병을 더 마셨고, A의 집에서도 맥주를 마셨다. 이처럼 사건 이전 B는 상

당히 많은 양의 술을 마셨다. B의 소변에서는 음주 대사체인 에틸글루쿠로나이드(ETG)가 741.94mg/L나 검출되었다. 에틸글루쿠로나이드 농도가 70mg/L 이상일 경우 상당량의 음주로 판정하는데, 그보다 10배 이상이었다. 반면에 이 사건 당일 오전 8시 45분경 채취한 B의 혈액의 알코올농도는 0.01% 미만으로 측정되었다. 혈중알코올농도는 시간당 0.008%에서 0.030%씩 감소한다는 위드마크 공식에 따라 역산하면, 사건 당시 B의 혈중알코올농도는 최저 0.04%에서 최대 0.122%로 예상된다. 사건 당일 B가 마신 맥주의 양과 음주 대사체의 양을 고려하면 B는 음주분해기능이 매우 뛰어나 알코올이 빠르게 분해되었을 것으로 추정된다. B는 평소 맥주를 5, 6병 정도 마시면 기억을 잃는다는 진술에 비춰보면 혈중알코올농도만으로는 당시 B의 상태를 정확하게 가늠하기 힘들다. 이런 점에서 2심도 B의 음주량이나 A와의 관계 등에 비추어 사건 당시 B의 사리분별능력이나 의사결정 능력이 상당히 저하된 상태였을 가능성은 있다고 하였다.

하지만 2심은 성관계 전후 상황에 대하여 B가 단편적으로 기억하거나 기억하지 못하고, 당시 3차 술자리인 포장마차에서까지 상당한 술을 마시고도 포장마차를 나갈 때 정상적으로 보행하였고, 편의점에서 본인 카드로 술과 안주를 사거나 A의 집 주방에서 안주를 직접 조리하는 등의 사정, 그리고 주량을 초과한 상태에서의 블랙아웃 경험들은 종합하여 B는 알코올의 블랙아웃이었을 개연성이 높다고 하였다.

사실 B가 필름이 완전히 끊긴 구간은 A의 집에서 술을 마시다가 침대에 눕게 된 시점부터다. B가 정신을 차렸을 때는 옷을 벗은 채 침대에 누워있었는데, A가 오일을 바르고 있었다는 것이고, 그 이후 과정, 즉 A가 오일을 바르고 성관계를 하고 잠을 자고 난 뒤에 옷을 입고 A의 집을 나와 신고한 과정은 모두 기억하고 있었다. 따라서 엄밀히 말하면 성관계 자체에 대한 블랙아웃의 문제가 아니라 성관계 당시의 B의 상태가 어땠는지가 더 중요한 쟁점이었다. 성관계 당시 B는 하지 말라고 거부 의사를 표시하였지만 가만히 있으라는 A가 무서워 별다른 저항을 하지 않고 가만히 있었다는 것인데, B의 말이 사실이라면 심신상실이나 항거불능의 상태에 있었다고 보기는 어렵다. 다만 그날 B가 마신 술의 양에 비추어 보면 B가 저항하려고 해도 몸이 움직이지 않을 정도였다면 항거불능의 상태였다고 볼 여지는 있다.

2심은 A에게 무죄를 선고하면서, A의 진술은 구체적이고 일관되며, 진술 내용이 자연스럽고 객관적 정황과 부합한다고 보았다. 그런데 아이러니하게도 수사기관이 A에 대해 실시한 거짓말탐지기 검사결과는 거짓반응이었다. 그런데도 A의 진술에 신빙성이 있다고 판단한 것이다. 재판부가 그 검사결과를 배척한 이유를 살펴볼 필요가 있다. 재판부는 이 사건 거짓말탐지기 검사결과는 검사과정에서 검사관이 A에게 '항문에 손가락을 넣었을 때 그 여자가 하지 말라고 했습니까?', '그 여자가 하지 말라고 하자 조용히 하라고 했습니까?', '처음 만난 그 여자가 거부하는데도 성관계를 했습니까?'라고 질문하고, A는 모두 '아니오'라고 대답한 것에 대한 분석결과에 불과하다고 하였다. 오히려 이 사건의 쟁점인 당시 B가 심신상실 또는 항거불능의 상태에 있었는지, B가 그런 상태에 대한 인식이 있었는지에 관한 질문과 대답에 대한 분석이 아니기 때문에 받아들일 수 없다고 하였다. 따라서 거짓말탐지기 검사에서는 검사결과뿐만 아니라 그 결과가 도출된 질문의 내용이 사건의 본질에 적합한지도 반드시 점검해볼 필요가 있다. 결국 거짓말탐지기 검사에서 거짓반응이 나왔음에도 불구하고 A는 무죄판결을 받게 된 것이다.

9 … 고개를 끄덕였다 - 생리혈

2021년 6월 어느 날 밤 11시경, 피고인 A는 친구, 피해자 B(10대 후반 여성), B의 친구 등과 함께 B의 원룸에서 술을 마시게 되었다. 그날 A와 B는 처음 보았다.
그들 4명은 A, B, A의 친구, B의 친구 순으로 둥그렇게 앉아 '산 넘어 산'이라는 술 먹기 게임을 하면서 놀았다. 소주를 7병에서 9병을 마셨다.
다음 날 새벽 1시경, A는 집 밖에서 B와 함께 담배를 피우고 집 안으로 들어가던 중 갑자기 어깨동무를 하면서 손으로 B의 가슴을 만졌다. B는 화를 냈다. 얼마 후 A의 친구와 B의 친구가 할 얘기가 있다면서 자리를 피해달라고 하여 A와 B는 다시 집 밖으로 나왔다. 그때 A는 갑자기 B에게 키스를 시도하고, 손으로 음부를 만졌다. B는 A를 밀쳐내고 집 안으로 들어갔다. 그들은 새벽 4시까지 술을 마시다가 A와 B는 침대에서, 친구들은 바닥에서 잠을 잤다.
새벽 5시경, A는 술에 취하여 잠을 자고 있는 B의 원피스 치마를 위로 올리고, 팬티를 벗긴 다음 성관계를 하였다.
이로 인하여 A는 준강간 혐의로 기소되었다.

◆

A는 성관계 사실은 인정하였지만 B가 신음소리를 내거나 성관계 후 몸에 묻은 체액을 닦아줄 때 고개를 끄덕이는 등 성관계에 묵시적으로 동의하기도 하였고, 또 심신상실 또는 항거불능의 상태에 있지 않았기 때문에 준강간의 고의도 없었다면서 범행을 부인했다.

B는 이 사건 성관계 당시의 일을 기억하지 못했다. 처음에는 성

폭행을 당했는지, 아니면 꿈을 꾼 것인지도 분간되지 않았다. 그날 아침부터 아랫배도 아프고, 몸 여기저기에 생리혈이 묻어있어 성폭행을 당했다는 의심이 들어 그날 같이 있었던 친구에게 말했다. 강간을 당했으면 경찰에 신고하거나 합의금이라도 받으라는 그 친구의 조언을 받고 A에게 합의금을 요구했다. A가 합의금 지급을 거절하자 경찰에 신고하게 되었다.

이 사건에서는 성관계에 동의했다고 주장하는 A의 입장과 술에 취해 성관계를 했는지 조차도 몰랐다는 B의 입장이 팽팽히 맞섰다. 결국 재판에서는 사건 당시 B가 심실상실 또는 항거불능상태에 있었는지, 아니면 정상적인 의식 상태에서 묵시적으로나마 성관계에 동의하고서도 나중에 그 일을 기억하지 못 하는 알코올 블랙아웃 상태였는지가 주된 쟁점이었다.

◆

1심 법원은 A에게 유죄를 선고하였다. 술에 만취한 피해자를 준강간한 혐의로 기소된 피고인이 피해자의 알코올 블랙아웃을 주장하는 경우, 법원은 제반 사정을 면밀하게 살펴 범행 당시 피해자의 신체 및 의식 상태가 알코올 블랙아웃인지 아니면 패싱아웃 또는 행위통제능력이 현저히 저하된 심신상실 또는 항거불능 상태에 있었는지 여부를 판단해야 한다는 기준을 제시하였다. 그러면서 B와 일행들이 그날 함께 마신 술의 양, 일행들의 진술, A와 B의 관계, B가 생리 중이었던 사실 등을 근거로, B는 성관계가 있었던 새벽 5시 무렵에는 술에 취한 채 깊게 잠이 든 항거불능 상태에 있었고, A도 이를 잘 알면서 B를 간음하였다는 공소사실이 인정된다고 판단하여, A에게 징역 3년을 선고하였다. 판결의 주요 부분은 다음과 같다.

일행들은 당일 새벽 4시 무렵 게임을 종료하고 다 같이 잠을 잤다. B의 집은 주방시설이 분리된 원룸 형태로 한 쪽 벽면에 1인용 침대가 놓여있다. 친구 2명은 바닥에서 잠을 잤다. B는 침대 안쪽에 벽을 보고 누운 상태로, A는 침대 바깥쪽에 누워 잠을 잤다. 이후 바닥에 잠을 자던 친구 2명은 성관계를 하였다. 이를 목격한 A는 B의 팬티 속으로 손을 넣어 음부를 만지고 B와 성관계를 하였다. 그러나 당시 B는 소주 1병 정도의 술을 마셔 어느 정도 취한 상태에서 깊은 잠에 빠져, 아침에 깨기 전까지는 정상적인 수준의 상황파악과 대응능력을 행사할 수 없었던 것으로 보인다.

A는 성관계 당시, B가 신음소리를 내거나 A가 B의 몸에 묻은 체액을 닦아줄 때 고개를 끄덕여 동의하였으므로 심신상실 내지는 항거불능 상태는 아니었다고 주장하나, 생리 중인 B가 A와의 성관계를 인식하고 동의하였을 것으로 보이지도 않는다.

설령 B가 성관계 당시 신음소리를 내거나 고개를 끄덕이는 등의 생체반응을 보였다고 하더라도, 이는 잠결에 무의식적으로 혹은 반사적으로 이루어질 수 있는 소극적인 행동에 불과하여 그런 사정만으로 A의 주장이 사실이라고 단정할 수 없다.

사건 전에 B가 술에 취한 상태에서 게임 벌칙으로 A와 신체 접촉을 허용하였고, 잠자기 전에 A에게 갈아입을 옷을 빌려주었다는 사정만으로는 생리 중이던 B가 그날 처음 본 A와 성관계를 맺거나 이에 수동적으로나마 동의하였으리라고 볼 수 없다.

◆

B는 새벽 늦게까지 술을 마셔 졸리고, 피곤해서 매우 깊게 잠들었기 때문에 성관계 당시의 상황을 기억할 수는 없지만, 이상한 느낌이 들어 잠깐 깼을 때 A가 몸 위에 있다가 갑자기 어디로 가는 느낌을 받았다고 일관되게 진술했다. A가 옷을 다 벗고 침대에 앉아 있다가 화장실로 들어가 샤워를 했다는 A의 친구 증언도 B의 어렴풋한 기억과 일치했다. 재판에서 사건 당일 두 사람이 처음 본 사이이고, B가 생리 중이었다는 사실은 B가 A와의 성관계에 쉽사리 동의할 수 없었을 것으로 판단하는 중요한 요소가 되었다.

대법원은 피해 사실 전후의 객관적 정황상 피해자가 심신상실 등이 의심될 정도로 비정상적인 상태에 있었음이 밝혀진 경우 혹은 피해자와 피고인의 관계 등에 비추어 피해자가 정상적인 상태 하에서라면 피고인과 성적 관계를 맺거나 이에 수동적으로나마 동의하리라고 도저히 기대하기 어려운 사정이 인정되는데도, 피해자의 단편적인 모습만으로 피해자가 단순히 '알코올 블랙아웃'에 해당하여 심신상실 상태에 있지 않았다고 단정하여서는 안 된다는 판단기준을 밝히고 있는데(대법원 2018도9781 판결), 법원은 이러한 기준을 이 사건에 엄격하게 적용한 것 같다.

이 사건에서 법원의 판단 중 특히 세 가지 점은 주목해야 할 부분이다. 우선 평소 주량보다 절반밖에 마시지 않았음에도 심신상실을 인정하였다는 점이다. B는 평소 주량이 소주 2병 정도였다. 그런데 사건 당일 B는 평소 주량의 절반인 소주 1병 정도밖에 마시지 않았지만 전날 마신 술 때문에 컨디션이 좋지 않은 상태에서 다시 술을 마셔 많이 취했고 깊은 잠에 빠졌다는 B의 진술을 받아들였다. 법원은 사건 당시 피해자의 상태를 단순히 마신 술의 양뿐만 아니라 사건 이전에 술을 마셨는지, 당시 몸 상태 등을 종합적으로 고려하여 판단하였다.

다음은 B가 술 먹기 게임에 동참했다는 사실에 큰 의미를 두지 않았다는 점이다. 당시 일행들을 A → B → A의 친구(남자) → B의 친구(여자) 순으로 앉아 산 넘어 산 게임을 하면서 술을 마셨다. 그 게임은 게임에서 패하면 오른편에 앉은 사람에게 신체접촉을 하고, 신체접촉을 원하지 않을 경우 벌칙으로 정해진 술을 마시거나 옷을 벗는 방식이었다. A의 친구는 게임 중에 B가 A의 성기를 만진 적이 있다고 했다. 하지만 법원은 게임 방식으로 볼 때 B가 A의 신체를 접촉하는 것은 게임이 진행되는 반대방향이 되기 때문에 믿을 수 없는 주장이라고 하였다. 산 넘어 산 게임은 준강간 사건에서 자주 등장하는 게임이다. 대체로 피고인들은 그 게임을 피해자가 성적 접촉을 용인했다는 근거로 주장하는 경우가 많지만 여러 사례에서 그 게임과 성범죄는 별개의 문제로 보려는 경향이 있다.

마지막으로 성관계 중 B가 내는 신음소리나 A의 요구에 고개를 끄덕이는 행동을 했다고 하더라도 이러한 행동은 잠결에 나타난 반사적이거나 무의식적인 행동으로 평가했다는 점이다. 법원은 무의식 상태나 반사적인 행동에서 나오는 신음소리나 신체적 반응은 성관계에 동의했다는 점에 대한 근거가 될 수 없다는 점을 분명히 했다.

B는 음주와 피곤이 겹치면서 깊은 잠에 빠져 성관계 당시 상황을 알지 못한 것 같다. 단지 잠에서 한두 번 깨어났을 때 A가 몸 위에 있다가 갑자기 일어나서 어디론가 가는 어렴풋한 장면, 꿈속에서 성관계를 한 것 같은 느낌만 기억하고 있었다. 하지만 B는 일행들에게 당시 정황을 확인하면서 성폭행을 당했다고 확신하게 되었고, 그래서 A를 추궁했다. A는 B에게 무릎을 꿇고 사과하였으며, 처음에는 B가 요구하는 합의금도 지급하기로 약속했다. 그대까지 B의 추궁에 대한 A의 대응은 억울하게 가해자로 모함을 받고 있는 사람의 모습은 아니었다.

B는 A가 성폭행을 인정하고 사과하자 합의금을 지급하면 형사고소는 하지 않을 생각으로 A에게 원하는 합의금을 제시하였다. 그러

다 며칠 후 B는 합의금액을 올려 요구하였고, A가 이를 거절하자 경찰에 고소하였다. 경찰의 조사가 시작되자 A는 그동안의 태도를 바꾸어 B가 성관계에 동의했다거나 준강간의 고의가 없었다면서 범행을 부인하였다. 하지만 1심 법원은 A의 주장을 받아들이지 않았다. A는 1심 유죄판결에 불복하여 항소한 후에야 B와 합의하였고, 항소심에서는 모두 자백하여 항소심에서 집행유예로 석방되었다.

A가 항소심에서 자백하고 합의할 생각이었다면 차라리 B가 고소하기 전에 했었어야 했다. 그랬더라면 변호사 비용 등 소송비용은 물론, 수사나 재판의 대응에 들어가는 시간과 노력 등을 최소화하였을 것이다. 비록 B가 처음 요구한 금액보다 더 많은 금액을 요구한 것은 사실이지만, 실제로 B가 변경하여 요구한 합의금도 유사한 사건과 비교하면 무리한 금액은 아니었다. A가 사건 초기부터 변호사의 조언을 받아 좀 더 적절하게 대처했다면 좋았을 것이다. 섣부른 대응으로 시간적으로나 경제적으로나 감정적으로 불필요한 비용과 노력을 허비했다. 고생은 고생대로 하고 최악의 결과를 얻은 격이다.

이 사건에서 A는 합의에 따른 성관계를 주장했지만 B가 성관계에 합의하고도 거짓말을 한다거나 블랙아웃 상태였다는 A의 주장을 뒷받침할 만한 증거가 거의 없었다. 오히려 당시 B가 생리 중이었다는 사실과 그날 처음 본 사이라는 객관적인 사실은 성관계에 동의할 까닭이 없다는 B의 진술을 마치 철옹성처럼 지지하고 있었기 때문에 어지간한 반대증거로는 공소사실을 반박하기 어려운 형국이었다. 그런데도 A가 왜 그렇게 대책없이 범행을 부인했는지는 아직도 의문이다. 그 당시 적절한 법률적 조언을 받지 못했기 때문으로 추측될 뿐이다.

10 … 기억나지 않는다 - 노래방 누나

피고인 A는 피해자 B(40대 여성)가 일하고 있던 노래방 사장의 후배였다.
2018년 12월 어느 날 오전 8시경, A는 노래방 사장, B 등과 함께 노래방 안에서 오후까지 술을 마셨다. 그날 오후 3시경, A와 B는 근처 식당으로 옮겨 소주 1병을 나눠마셨다. A는 술에 취한 B를 집까지 바래다주었는데, 잠시 뒤 다시 집에서 나온 B와 집 근처 국밥집에서 소주 1병을 마셨다.
그날 오후 5시 40분경, A는 B가 술에 취해 주정을 부리자 B를 그 식당 건너편에 있는 모텔로 데려갔다. 객실에 들어온 A는 B의 옷을 벗기고 스킨십을 시도했다. B가 싫다고 했지만 술에 취하여 제대로 저항할 수 없었다. A는 B의 옷을 벗기고 성관계를 하였다.
이로 인하여 A는 강간 혐의로 기소되었다.

◆

사건 당일 성관계 전까지 A와 B는 상당한 양의 술을 마셨다. A와 B는 그날 장소를 옮겨가며 3차까지 술을 마셨다. 하지만 B는 노래방에서 술을 마시던 때 이후의 일을 전혀 기억하지 못했고, 단지 누군가에게 원치 않는 성관계를 당하고 있다는 느낌만 기억했다.

A는 범행을 부인하면서 B가 성관계에 동의했다고 주장했다. B가 당시 일을 기억하지 못 하는 것은 필름이 끊겼기 때문이라고 했다. 즉, 행위 당시는 정상적으로 행동했지만 그때 일을 기억하지 못 하는 알코올 블랙아웃을 주장했다.

따라서 이 사건에서는 B가 당시 성관계를 동의하고서도 기억하지 못 하는 알코올 블랙아웃 상태에 있었던 것인지, 아니면 술에 만취하여 의식이 없거나 의식은 있었지만 저항이 불가능했는지가 쟁점이 되었다.

◆

1심 법원은 B가 성관계에 완전히 동의하였다고 보기는 어렵지만, 그렇다고 공소사실과 같이 A가 B를 폭행하거나 협박하여 B의 저항을 제압하여 강제로 성관계를 했다고 볼 만한 증거가 없다면서 A에 대해 무죄를 선고하였다. 당시 B는 알코올 블랙아웃으로 당시 상황을 일시적으로 기억하지 못한 것일 뿐이고, B가 술에 취해 정상적으로 행동할 수 없었거나 저항할 수 없는 상태였다고 인정하기 어렵기 때문에 준강간죄에 해당하지도 않는다고 하였다. 1심 법원이 이렇게 판단한 주된 논거는 다음과 같다.

A가 스킨십을 시도하자 B는 여러 차례 거부했다. 두 사람은 사건 당일 처음 만났고, B가 모텔에 들어올 당시 상당한 정도로 술에 취해 있었기 때문에 B가 성관계를 완전히 동의하였다고 보기는 힘들다.

그러나 B는 노래방에서 복분자 술을 먹었던 것까지만 기억나고, 정신을 차려보니 A가 몸 위에서 성관계를 하고 있었으며, 술에 취하여 몸도 못 가누고 말을 할 수도 없는 상태였다고 진술하는데, 이는 일시적 기억상실증인 알코올 블랙아웃 증상으로 판단된다.

당시 상황이 녹음된 음성파일에 의하더라도 A가 B에게 강압적인 태도를 취했거나 힘으로 제압하였다는 정황은 전혀 드러나지 않는다.

1심의 무죄판결에 대해서 검사는 항소하였다. 2심 법원은 강간죄에 대해 무죄를 선고한 1심 법원의 판단이 정당하다고 하였다. A가 B에게 강제력을 행사했다는 증거가 없다고 판단했기 때문이다. 하지만 A의 행위는 준강간죄에 해당한다고 하면서 유죄판결을 선고하였다. B는 사건 당시 의사결정능력 내지 저항능력이 결여되거나 현저히 저하됨으로써 성적 자기결정권을 방어하기 어려운 항거불능 상태에 있었고, A는 B가 이러한 항거불능 상태에 있다는 사실을 알았으면서도 이를 이용하여 성관계를 했다는 것이다. 2심이 준강간죄를 유죄로 판단한 주요 근거는 다음과 같다.

2차를 했던 식당에서 나온 A는 B를 집까지 데려다주려고 택시를 탔는데 B는 자기 집도 제대로 찾지 못했다. 우여곡절 끝에 B의 집에 데려다주었는데, B는 집에서 다시 나와 A와 함께 순댓국집으로 갔다. 당시 B는 술에 취해 비틀거리는 모습을 보였고, 옆 테이블의 남자 손님들에게 말을 거는 돌발행동을 하였다. 순댓국집에서 나오기 전에는 몸을 가누지 못해 뒤로 넘어지기도 하였다.

CCTV 영상을 보면 A가 B를 뒤에서 껴안은 채 부축하며 모텔 내부로 들어가는 모습이 확인된다. 모텔 종업원도 당시 B가 술에 많이 취해 있던 상태였다고 기억했다.

성관계 당시의 녹음내용에는 B는 A에게 지속적이고 반복적으로 거절의사를 표시하고, 가벼운 저항을 하는 이외에는 몸도 제대로 가누지 못하여 별다른 대항을 할 상태가 아니었으며, 그로 인한 절망감으로 성관계 도중에 흐느끼기조차 하였다.

사건 당시 B는 혈중알코올농도 0.29% 내지 0.39%로 운동능력을 상실할 정도로 취해있었다. 따라서 B는 사건 당시 알코올로 인한 블랙아웃 상태를 넘어 의사결정능력의 결여 내지 현저한 저하 상태에까지 이르렀다고 봄이 상당하다.

◆

1심 법원은 사건 당시 B가 일시적 기억상실에 해당하는 알코올 블랙아웃 상태였다고 판단하였다. 하지만 그렇게 판단한 구체적인 근거나 이유는 밝히지 않았다. 검사가 A를 강간죄로 기소한 것을 보면, 검사는 B가 비록 술에 취해 있었지만 판단능력은 정상적이었다고 생각한 것 같다. 그래서 B가 당시 알코올 블랙아웃 상태에 있었는지 여부보다는 폭행이나 협박 등 강제적 수단으로 성관계를 했다는 사실에 대한 입증이 필요했다. 1심도 B가 성관계를 거부하다는 의사를 명시적으로 표현했다는 사실은 인정했지만, 폭행 또는 협박이 있었는지에 대한 입증이 부족하다는 이유로 무죄를 선고하였다. 즉, 비동의 간음에 해당한다는 것이다. 1심은 A가 성관계를 거부하는 B와 성관계를 하였지만 강간죄에 해당할 만큼의 폭행 내지 협박이 없었기 때문에 강간죄가 성립하지 않고, 단지 B가 알코올 블랙아웃으로 인하여 그 과정을 기억하지 못한 것일 뿐이라고 판단하였다. 일반적으로 준강간죄에서 문제 되는 일시적 기억상실 정도의 알코올 블랙아웃은 피해자가 성관계에 동의하고서도 나중에 그 일을 기억하지 못 하는 경우인데, 당시 B가 거부 의사를 명시적으로 표시했다는 1심의 관점에서 보면 이 사건은 성관계를 거부한 경우의 알코올 블랙아웃에 해당한다.

2심 법원도 1심과 마찬가지로 강간죄는 인정되지 않는다고 하였다. 다만 검사가 항소심에서 준강간죄를 예비적인 공소사실로 추가하는 공소장변경을 하였기 때문에 준강간죄에 대해 유죄를 선고한 것이다. 검사는 기존 공소사실과 동일성을 유지하는 범위에서 항소심까지는 공소사실을 변경할 수 있다. 예비적 변경은 양립할 수 없는 범죄사실, 즉 둘 중 하나는 해당한다는 형식으로 기소하는 방식이다. 사실 강간죄나 준강간죄는 법정형이 같기 때문에 죄의 경중에는 차이가 없다. 하지만 강간죄는 폭행 또는 협박 등 강제적 수단을 동원하여 강제로 성관계를 하는 범죄이고, 준강간죄는 심신상실이나 항거불능으로 저항할 수 없는 상태에 있는 피해자를 상대로 간음하는 것이어서 범행 방식이 전혀 다르다. 1심이 강간죄에 대해서만 무죄를 선고하고 준강간죄는 판단하지 않은 이유는 법원은 원칙적으로 검사가 기소한 범죄사실에 대해서만 유무죄를 판단할 수 있기 때문이다. 이를 불고불리(不告不理)의 원칙이라고 한다.

이 사건 당시 B가 어떤 상태였는지에 관하여 1심과 2심의 판단은 완전히 달랐다. 1심은 알코올 블랙아웃 상태, 즉 기억을 못 할 뿐 정상적인 상태라고 하였다. 2심은 저항이 불가능한 정도의 블랙아웃 상태라고 판단하였다. 따라서 만약 검사가 1심에서 준강간죄로 공소장을 변경했더라도 법원은 강간죄나 준강간죄 모두 무죄라고 했을 것이다. 그러나 2심 법원은 블랙아웃을 단순한 블랙아웃과 항거불능상태의 블랙아웃으로 구분하고, 식당이나 모텔 CCTV에 나타난 B의 모습과 녹음파일의 대화 내용 등을 근거로 당시 B는 단순한 블랙아웃이 아니라 저항이 불가능할 정도로 만취해 있었다고 판단하였다. 따라서 피해자가 당시 일을 기억하지 못 하는 사건에서는 피해자가 단순한 블랙아웃 상태였는지, 아니면 심신상실 내지 항거불능 수준의 블랙아웃 상태였는지를 꼼꼼히 살펴보아야 한다.

이 사건에서 특이한 점은 A가 모텔에 들어와 녹음한 내용이 오히려 A에 대한 준강간죄 성립의 결정적인 증거가 되었다는 것이다. A는 당시 모텔에 들어가 B의 옷을 벗기는 상황부터 성관계 후 짬뽕을 시킬 때까지 5시간 35분 동안 휴대폰으로 녹음하였다. A의 녹음파일이 어떤 경로로 법정에 증거로 제출되었는지는 명확하지 않다. 검찰이 수사 과정에서 확보해서 제출한 증거일 수도 있고, A가 폭행이나 협박이 없었다는 사실을 증명하기 위해 스스로 제출한 증거일 수도 있다. 하지만 제출자가 누구이건 일단 법정에 증거로 제출되면 그 증명력은 어디까지나 판사의 재량에 속한다. 그 증거는 제출자 본인에게 유리한 증거가 될 수도 있고, 불리한 증거가 될 수도 있다. 1심 법원은 그 녹음파일을 근거로 폭행 또는 협박이 없었다고 판단하여 무죄를 선고하였기 때문에 녹음파일은 A에게 유리한 무죄의 증거가 되었다. 하지만 2심 법원은 그 녹음파일을 근거로 당시 B는 의사결정능력 내지 저항능력이 결여 내지 현저히 저하된 항거불능 상태에 있었다고 판단하여 A에게 유죄를 선고하였기 때문에 녹음파일은 유죄의 증거로 사용되었다.

그 녹음파일에는 성관계 직전에 '나한테 왜 그래. 하지마라'라고 말하는 내용과 성관계 후 5시간 정도 자다가 깨어난 후에 '나 남자랑 잠을 자는 애가 아니야. 아이 진짜 짜증나. 왜 저런 새끼한테 내가 내 몸을 줘야 해. 아휴 재수 없어. 나는 남자랑 잠을 안 잔다고.'라고 말하는 B의 목소리가 담겨 있었다.

한편, 성관계 이후 잠에서 깨어나 의식을 되찾은 B는 곧바로 모텔을 나가지 않고 A에게 불평을 토로하면서도 A를 채근하여 짬뽕과 소주를 시켜 먹었다. 그리고 그 이후 잠까지 더 자고 정오 무렵에야 모텔에서 나왔다. B의 이러한 행동이 과연 성폭행을 당한 피해자의 모습으로 볼 수 있을지가 또 하나의 쟁점이었다. 1심 법원은 이런 모습은 강간을 당한 피해자의 행동으로는 이해하기 어렵다고 하였다. 그러나 2심 법원은 성폭행 피해자의 대처 양상은 피해자의 성정이나 가해자와의 관계 및 구체적인 상황에 따라 다르게 나타날 수밖에 없다는 성인지감수성 관점에서 볼 때, B는 여전히 심한 숙취 상태에서 벗어나고자 음식물을 섭취하기 위한 자연스러운 행동으로 볼 수 있다고 하였다. 이 쟁점에 있어서도 1심과 2심은 서로 상반된 판단을 하였다.

일반적인 관점에서 볼 때 성폭행을 당한 피해자가 피해 현장에서 가해자에게 음식을 시켜달라고 해서 함께 먹고, 다시 가해자라는 사람과 함께 잠을 더 자고 나왔다면 그러한 행동은 성폭행의 피해자다운 모습으로 보기 어려울 것이다. 그런데 이러한 일반적인 통념을 이 사건에 그대로 적용하기는 어렵다. 두 사람은 이 사건 전부터 오랜 시간 함께 술을 마시며 누나 동생으로 호칭할 정도로 편한 관계였고, 노래방 사장과도 각자 밀접한 관계를 맺고 있었다. B는 A보다 17살이나 더 많은 연장자였고, 출근시간이 다른 B의 업무적 특수성, 여기에 사람마다 성폭행 피해에 대처하는 양상이 다를 수 있다는 성인지감수성을 더하여 보면 사건 후 보인 B의 행동이 당연히 성폭행을 당한 피해자다운 모습이 아니라고 속단하기는 어렵고, 오히려 납득할 수 있는 여지가 많아 보인다. 그러므로 개개 사건의 특수한 상황을 무시한 채 사건 이후에 나타난 B의 행동만을 보편적인 기준에 견주어 그 진술이 신빙성을 선불리 판단해서는 안 된다.

제5장

과학적 증거

제5장

과학적 증거

재판은 증거에 의해 범죄사실을 인정한다. 이를 증거재판주의라고 한다. 증거는 재판에서 어떠한 사실을 증명하는 근거자료다. 증거에는 여러 가지가 있다. 사람의 진술이 증거가 될 수도 있고, 물건이 증거일 수도 있다. 전자를 인적 증거라 하고, 후자를 물적 증거라고 한다. 어떤 사람이 길거리에서 막대기로 다른 사람을 때려 맞은 사람이 입원했다고 가정해보자. 여기서 가해자나 피해자, 목격자의 진술이 인적 증거다. 막대기에 찍힌 지문이나 DNA, 도로 CCTV나 주차된 차량 블랙박스에 녹화된 영상, 지나가던 사람이 촬영한 사진, 혈흔, 진단서, 치료내역 등은 물적 증거다. 과학적 증거는 대부분 물적 증거에 속한다. 과학적 증거란 과학적인 원리와 기술을 이용하여 검증한 증거로 이해하면 충분하다.

인적 증거는 사람의 기억에 의존하기 때문에 주관적 판단이 개입될 여지가 많다. 그만큼 진술자의 의도와 상관없이 착각이나 오류 가능성이 늘 존재한다. 반면에 물적 증거나 과학적 증거는 오염이나 조작이 없었다면 그 존재나 형상이 그 자체로 증거가 되므로 비교적 정확하고 오류 가능성이 작다. 그래서 과학적인 증거가 중요하다.

성폭력 사건에서는 특히 과학적 증거의 중요성은 아무리 강조해도 지나치지 않다. 성폭력 사건은 가해자와 피해자 두 사람만 있는 상황에서 발생하는 경우가 많고, 대부분 가해자와 피해자의 진술이 서로 다르기 때문에 객관적이고 과학적인 증거가 더욱 가치를 발휘한다. 성폭력 사건에서 주로 등장하는 과학적 증거는 카톡이나 문자 등 SNS 메시지, 도로나 숙박업소의 CCTV나 차량의 블랙박스, 녹음파일, DNA 분석결과나 정액반응, 혈액이나 소변 검사결과 등이다. 거짓말탐지기 검사는 많은 사건에서 활용되고 있지만 법원은 아직까지 정식 증거로 인정하지 않고 있다. 하지만 진술의 신빙성을 판단하는데 보조적인 역할을 하고 있음은 분명한 현실이다.

1 … 아침까지 함께 있었다 - 택시이용내역

피고인 A와 피해자 B(20대 중반 여성)는 3, 4년 전에 같은 회사에 다니던 동료였다. 한동안 연락이 끊겼다가 2021년 1월부터 다시 연락하고 지냈다.
2021년 3월 어느 날 밤 11시경, A는 사전에 아무런 연락도 없이 B의 집에 찾아갔다. 그곳에서 B와 함께 술을 마셨다. B는 맥주 한 캔을 마셨다. 술을 마신 후 B는 가벼운 옷차림으로 침대에 누웠고, A는 B에게 마사지해주었다. A는 술에 취하여 마사지를 받다가 B가 잠이 들자 B의 옷을 벗기고 성관계를 하였다.
이로 인하여 A는 준강간 혐의로 기소되었다.

◆

A는 합의로 성관계를 가졌을 뿐이지 B가 자고 있을 때 몰래 성관계를 한 것은 아니라면서 기소된 범행을 인정하지 않았다. 더구나 그날 성관계도 1번이 아니고 3번이나 했기 때문에 성관계를 하는지도 몰랐다는 B의 진술은 사실이 아니라고 주장했다.

B의 주장은 달랐다. 그날 집에 찾아온 A와 술을 마시고 그의 마사지를 받으면서 침대에서 잠이 들었다. 마사지를 받다가 잠이 올 것 같아 A에게 돌아가라고 했는데 마사지를 더 해주겠다며 돌아가지 않았다. 그래서 A에게 계속 마사지를 받던 중 잠이 들었고, 아침 7시쯤에야 일어났다. 그날은 성관계를 했는지도 몰랐다. 그로부터 한 달이 지나서 임신한 것을 확인하고 나서야 그날 잠자고 있을 때 성폭행을 당했다는 사실을 알게 되었다는 것이다.

A와 B의 주장이 완전히 상반되기 때문에 둘 중 한 사람은 거짓말을 하고 있다고 봐야 한다. A의 주장처럼 서로 합의로 3번씩이나 성관계를 했다면 잠을 자느라 몰랐다는 B의 진술은 사실이 아닐 확률이 높다. 반대로 잠을 자느라 성관계를 했다는 것도 몰랐다는 B의 말이 진실하다면 A의 주장은 거짓말일 것이다. 이처럼 합의로 성관계를 하였다는 사실과 잠을 자느라 몰랐다는 사실은 서로 양립할 수 없다. 그런데 이 사건은 B의 집에서 벌어진 일이기 때문에 A와 B, 두 사람뿐이었다. 결국 누구의 진술에 신빙성이 있는지에 따라 유무죄가 결정될 수밖에 없다. 과연 누가 거짓말을 하는 것일까?

◆

법원은 A가 B의 심신상실 또는 항거불능의 상태를 이용하여 간음하였다는 공소사실을 입증할 유일한 직접적인 증거인 B의 진술은 신빙성이 없다고 하면서 A에게 무죄를 선고하였다. 이 사건 이전에 A가 B의 집에 왔던 적이 있는지 등 쟁점 사실에 관한 B의 진술은 A가 제출한 B와의 통화 녹취록, 카톡 내용 등과 배치되기 되기 때문에 신빙성을 인정하기 어렵다고 판단하였다. 법원이 B 진술의 신빙성을 배척한 주된 이유는 다음과 같다.

A와 B의 통화 녹취록에 의하면, A는 이 사건 전인 2021년 2월경 3차례 B의 집을 방문한 것으로 보인다. B도 수사기관에서는 A가 이 사건 이전에 여러 차례 집에 왔다고 진술하였다. 그런데 법정에서는 2021년 1월경부터 이 사건 이전까지 B의 집에 1번 온 적이 있다고 증언하였다. B는 특별한 사정변경이 없음에도 수사기관에서의 진술을 번복하였고, 번복된 진술은 통화 녹취록 내용과도 배치되기 때문에 신빙성이 떨어진다.

이 사건 이전에 B의 집에서 아침까지 A와 함께 시간을 보낸 적이 있는지에 관하여, B는 법정에서 그런 적은 없다고 증언했는데, 그 증언은 2021년 2월 13일 카톡 내역, A가 제출한 2021년 2월 13일 택시이용기록 등 객관적 증거에 반한다. 위 증거들은 A가 B의 집에서 함께 있다가 알람이 울리자 B가 더 자도록 알람을 꺼주고, 출근 무렵에는 택시를 호출하여 B가 그 택시를 타고 출근하도록 해 주었다는 A의 주장에 부합한다.

- 2021년 2월 13일 카톡 대화 -

B: A, 내 집 금지

A: 초딩 왤케ㅋㅋ 늦게 일어나 알람보니 귀엽더라.
6시 55분에ㅋㅋ 알람 울렸는데 안 일어나ㅋㅋ

B: 진짜 우리 집 금지야. 절대 오지마. 차라리 내가 가는 게 낫겠어.

A: 근데 결제 안했지? 자동결제라

B: 당연하지

◆

B는 사건 경위에 관하여 대체로 일관성 있게 진술했다. 법원도 그 점은 인정했다. 그럼에도 법원이 B의 진술을 믿을 수 없다며 신빙성을 배척한 결정적인 이유는 B의 진술이 객관적인 증거와 맞지 않았기 때문이다. A는 통화 녹취록, 카톡 메시지, 택시이용기록 등을 자신에게 유리한 증거로 제출했다. 이러한 자료들은 쉽게 조작할 수 없으므로 증거가치가 높은 과학적 증거들이었다. 그런데 A가 B의 집에 찾아간 횟수나 B의 집에서 아침까지 함께 있었던 적이 있었는지 등에 관한 B의 진술은 A가 제출한 객관적인 증거에 배치되었다. 따라서 법원은 B 진술의 신빙성을 배척한 것이다. 특히 A가 제출한 택시이용내역에는 택시 이용날짜, 출발과 도착 지점, 운행시간, 택시 번호, 결제카드번호와 결제금액은 물론, 기사이름에 관한 정보까지 모두 포함되어 있어 A의 진술을 뒷받침하는 충분한 근거가 되었다.

그뿐만 아니라 사건 발생 이후에 B가 보낸 메시지는 고소 동기를 의심하게 만드는 결정적인 증거가 되었다. B가 임신 사실을 확인한 후 A에게 보낸 문자메시지에 대하여, 법원은 성관계를 했다는 사실 자체보다는 질내사정으로 원하지 않는 임신이 되어 임신중절수술을 받게 만든 상황에 대해 추궁하고 분노하고 있는 내용이라고 판단하고, B가 이러한 분노 때문에 허위로 고소했을 가능성이 있다고 본 것이다. 사건 후에 B가 보냈다는 메시지의 내용은 대체로 이런 내용이었다.

'내가 아이 가지면 너랑 잘 될 것 같아서 그랬니? 이기적이고 미친 또라이 새끼야. 그렇게 나를 밑바닥까지 끌어내려야 했니? 낙태로 내 몸도 망가뜨리고 마음도 망가뜨리고 참 웃고 있겠네, 낙태하고 친자 확인해야 하니까 주민번호 줘. 너 맞으니까 꼭 보여줄게. 너 인생 족쳐봐라. 제대로 절차 밟으면서 너 족쳐줄 테니까 빨간 줄 그을 준비나 해.'

A는 B의 추궁을 받고도 바로 반박하지 않았다. 그러다가 며칠 뒤 B가 다시 성폭행을 전제로 추궁하는 문자를 보내오자, '수차례 성관계를 해왔고, 그날도 오라고 불렀다. 술을 잘 못 마시는데 술을 마시고 술기운이 올라왔을 때 마사지를 해 달라고 했고, 마사지를 하면서 서로 성욕이 올라 성관계를 했다. 잤다고 했지만 그때 서로 눈도 마주쳤다. 그런데 강간범으로 프레임이 씌워지는 게 수치스럽다'는 취지의 문자를 B에게 보냈다. A가 처음 추궁을 당했을 때 바로 반박하지 못한 것은 성관계 자체에 대한 동의 유무를 떠나 질내사정으로 인한 임신과 임신중절수술 때문에 흥분한 B를 더이상 자극하지 않기 위한 것이라고 주장했다.

법원은 이런 A의 문자메시지가 성폭행을 당했다는 B의 주장을 반박하는 것이라고 하였다. 그런데 A가 보낸 메시지 내용을 살펴보면, 그날 있었던 일이 매우 구체적으로 드러나 있고, 진술의 전개가 매우 자연스럽게 느껴진다. 그래서 이 문자메시지는 B의 성폭행 주장을 정면으로 반박하면서 B 진술의 신빙성을 떨어뜨리고 A의 주장에 신빙성을 높여주는 역할을 톡톡히 하였다.

두 사람의 진술이 완전히 다른 이 사건에서, A는 통화녹음, 카톡메시지, 택시이용기록, 문자메시지 등 과학적이고 객관적인 증거를 충실하게 확보하여 제출하였기 때문에 무고함을 입증하고 무죄판결을 받을 수 있었다.

그런데 B의 입장에서는 A에 대한 무죄판결이 수긍하기 어려울 것이다. 법원은 사건이 발생한지 약 한달 뒤에 임신사실을 알게 된 B가 몹시 흥분하여 A에게 보낸 문자메시지 내용을 근거로, B가 성폭행을 당했기 때문에 고소한 것이 아니라 질내사정으로 임신을 시켜 낙태까지 하게 만든 상황에 화가나 고소한 것으로 판단하였다.

그러나 고소 동기와 고소사실의 진실성과는 전혀 별개의 개념이다. 고소를 하게 된 가장 주된 동기가 범죄자에 대한 처벌이 아니라고 하더라도 고소한 사실은 얼마든지 진실일 수 있다. 일반 사건에서도 범죄자의 처벌을 위해 고소할 수도 있지만 피해보상을 위해서도 고소할 수 있고, 사건 이후 반성하지 않는 태도가 괘씸해서 고소할 수도 있다.

이 사건에서도 B가 잠잘 때 몰래 성폭행만 당했다면 A와의 관계 등을 고려하여 성폭행 자체를 문제 삼지 않았을 가능성도 있다. 하지만 임신과 낙태수술은 여성의 심신에 대한 중대한 침해이다. 그것이 A의 질내사정이라는 부주의가 원인이라면 B의 분노는 충분히 이해될 수 있다. 따라서 질내사정을 추궁하며 분노를 표출했고, 그것이 고소의 직접적인 동기가 되었다고 하더라도 자고 있을 때 성폭행을 당했다는 고소 내용이 허위로 의심된다는 논리는 합리적이지 않다.

그리고 이런 분노의 문자를 보낸 며칠 뒤, B는 A에게 당시 성폭행을 당했고, 그것은 명백한 강간이라는 취지의 문자를 보냈고, 문자에는 지인에게도 강간당한 사실을 말했다는 내용도 들어 있었다. 하지만 A는 이에 대해 바로 반박하지는 않았다. 며칠 뒤 B의 주장을 반박하는 문자를 보내기는 했지만, 당시 성욕이 달라 올라와 성관계를 맺었고, 눈을 마주쳤다는 내용이 전부이고, 그 문자 어디에도 B가 명백히 성관계에 동의했다는 주장은 포함되어 있지 않다. 또 A는 하룻밤 사이에 성관계를 3번이나 했다고 주장했지만 구체적으로 어떤 상황에서 어떤 방식으로 성관계를 3번씩 했는지에 대해서는 구체적으로 설명하지 못했다. 질내사정은 자칫 임신이 될 위험성이 있기 때문에 미혼의 여성에게 매우 중요한 문제이다. 그런데도 질내사정을 하게 된 경위나 그에 대한 B의 반응 등에 대해서도 B는 아무런 언급이 없으므로 A의 진술을 그대로 믿기 어려운 면이 있다.

법원은 사건 이전에 A와 성관계를 한 적이 있는지, B의 집에 몇 번이나 찾아왔는지, A가 B의 집에서 아침까지 함께 있었던 적이 있는지 등에 대한 B의 진술이 객관적인 증거와 배치되기 때문에 허위라고 판단하였다. B가 왜 그렇게 사실과 다르게 진술했는지 그 이유가 궁금하다. 한편, 술을 조금 마시고 A에게 마사지를 받다가 잠이 들었다고 하더라도 A가 성폭행을 하는데도 이를 알아차리지 못했다는 B의 주장은 상식적으로 받아들이기 어렵다. 그렇다면 B는 상식에 어긋난 주장을 버젓이 하고 있는 셈이 된다. B의 주장이 사실이라면 이는 예외적이고 특별한 사정에 해당한다. 따라서 B의 잠버릇이나 그날의 피로도, 주량 등 성폭행을 당하는 상황에서도 계속 잠을 잘 수밖에 없었던 이유나 사정에 대해서 납득할 만한 설명이 필요했음에도 이에 관한 아무런 언급이 없었다.

따라서 사건 조사나 재판과정에서 B나 그의 변호사, 검사 등이 B의 입장에서 위와 같이 고소 동기와 고소사실을 명확하게 구분하여, 구체적인 성관계 과정이나 B가 왜 객관적 증거에 배치되거나 상식에 어긋나는 진술을 했는지 등에 관하여 좀 더 세밀하게 확인했다면 사건의 실체가 더욱 명백해졌을 것이다.

2 … 차에서 내리지 않았다 - 블랙박스

피고인 A는 택시 운전사다. 2018년 11월 어느 날 아침 6시경, A는 한 아파트 입구에서 피해자 B(20대 여성)를 택시 손님으로 태웠다. B는 뒷자리에 앉아 집으로 가달라고 했다. 아침 6시 반경 목적지 부근에 도착해서 깨웠지만 술에 취한 B는 계속 자고 있었다.
A는 부근 아파트 입구 도로에 택시를 세우고 운전석에서 내려 뒷문을 열고 B의 옆에 앉았다. B를 깨우는 척 계속 말을 걸면서 B의 손목을 잡고, 옆구리와 엉덩이를 만졌다.
이로 인하여 A는 술에 취해 심신상실 또는 항거불능 상태에 있던 B를 추행한 준강제추행 혐의로 기소되었다.

◆

A는 목적지 부근에 도착하여 택시를 세우고 운전석에 앉은 채 말로 자고 있던 B를 깨웠을 뿐이고, 운전석에서 내린 사실조차 없다면서 범행을 전면 부인했다. 반면 B의 주장은 달랐다. 당시 택시 조수석 뒷자리에 타자마자 잠이 들었는데, 누군가 나긋나긋한 말소리로 일어나라고 하면서 왼팔을 잡아당기는 느낌을 받았고, 계속 잠을 자다가 누군가 엉덩이, 허리, 어깨를 더듬는 느낌이 나서 정신을 차려보니 A가 뒷자리 왼쪽 좌석에 앉아 몸을 만지고 있어 항의하자 뒷문을 열고 나가 운전석으로 옮겨가기에 경찰에 신고하였다.

이처럼 당시 상황에 관하여 A와 B의 진술은 서로 상반되었다. 그런데 증거로는 B의 진술 외에 택시에서 압수된 블랙박스 영상뿐이었다. 아쉽게도 택시 블랙박스는 정면만 촬영되는 기종이라 택시 안에서 벌어진 상황은 녹화되지 않았고, 대화 소리만 녹음되어 있었다.

B는 잠결에 누군가 나긋한 목소리로 깨웠다고 했는데, 실제 블랙박스에는 A가 B에게 '자기야, 얼굴 예쁜데 일어나야지'라는 말이 녹음되어 있었다. 그렇지만 A도 그런 말을 한 것은 인정하고 있고, 그 말만으로는 강제추행에 해당하지 않기 때문에 A가 운전석에서 내려 뒷자리로 옮겨 탔는지가 쟁점이 되었다. A가 택시 뒷자리로 옮겨 탄 사실이 증명된다면 A는 유죄판결을 선고받게 될 것이고, 입증되지 않는다면 무죄가 선고될 확률이 높았다.

◆

1심 법원은 A의 변명에도 불구하고 공소사실과 같이 B를 강제추행한 것이 맞는다고 하면서 A에게 유죄를 선고하였다. 택시의 블랙박스의 영상이 A가 운전석에서 내려 뒷자리로 옮겨 탄 사실을 입증하는 과학적인 증거가 된다고 하였다.

블랙박스 파일에 의하면 A가 목적지인 B의 아파트 입구에 정차하여 4분 정도 피해자를 깨웠다. 그래도 B가 일어나지 않자, 다시 앞쪽으로 조금 이동하여 주차된 트럭 앞에 정차한 후 B에게 '자기야, 얼굴 예쁜데 일어나야지'라고 말하면서 다시 약 13분 동안 B를 깨웠고, B가 정신을 차리기 직전인 아침 6시 47분에 택시를 다시 운행하였다. 특히, 아침 6시 38분과 6시 39분에 차 문을 여닫는 소리가 들리고, 택시 정면에 위치한 아파트 세대의 불빛 위치가 미세하게 달라지는 장면이 확인되었다. 1심 법원은 블랙박스의 정보를 근거로 A가 B를 강제추행한 사실을 인정하면서 징역 6개월에 집행유예 2년을 선고하였다. 더불어 사회봉사와 성폭력치료강의 수강을 명하고, 아동 청소년 관련기관 등에 3년간 취업을 제한시켰다.

A는 1심 유죄판결에 불복하여 항소하였다. 하지만 2심 법원은 A의 항소를 기각하고 1심 판결을 유지하였다. 다만, 2심 법원은 A가 운전석에서 뒷자리로 옮긴 방법은 1심과 다르게 판단하였다. A가

운전석에서 내려 뒷문을 열고 B 옆자리로 옮겨 탄 것이 아니라, 운전석에서 내리지 않고 내부 공간을 통해 바로 뒷좌석으로 이동하였다고 하였다. 이러한 판단은 항소심에서 화질이 개선된 블랙박스 영상이 근거가 되었다. 항소심의 주요 판단은 이랬다.

택시 블랙박스 영상 화질개선 결과에 의하면, 운전석에 있던 A가 6시 40분경 택시 내부에서 B가 있는 뒷자리로 이동하고, 6시 45분경 다시 택시 내부에서 운전석으로 돌아온 사실이 인정된다.

A는 택시 뒷자리로 이동한 사실 자체를 부인하며 B를 추행한 사실이 없다고 주장하다가 화질개선 결과를 확인한 후에는 사건 당시 뒷자리로 이동한 사실은 인정하면서도 추행하지는 않았다는 취지로 당초의 주장을 변경하였기 때문에 그대로 믿기 어렵다.

B는 A가 추행 후에 뒷자리에서 내려 운전석으로 갔다고 진술하여 당시의 객관적인 정황과 불일치하는 것으로 보이기는 한다. 그러나 B는 A가 뒷좌석에서 자신을 추행하고 이후 운전석으로 이동하였다는 사실 자체는 처음부터 명확하게 기억하고 있었고, 단지 A의 이동 방법과 같은 세부사항에 관한 기억은 다소 불분명하였을 가능성이 있다. 따라서 그런 세부적인 불일치만으로는 B 진술의 신빙성을 배척하기 어렵다.

◆

이 사건에서는 택시 블랙박스에 촬영된 영상이 실체관계를 밝히는데 결정적인 증거가 되었다. 블랙박스 영상이 없었다면 실제로 강제추행을 당했다고 하더라도 A는 증거부족으로 무죄판결을 받았을 것이다. B가 바로 경찰에 신고하고, 출동한 경찰이 신속하게 택시 블랙박스 칩을 증거로 확보한 것이 사건 해결에 큰 도움이 되었다. 그런데 택시 블랙박스는 외부만 찍는 1채널 방식이었고, 그 영상도 육안으로는 미세한 흔들림도 명확하게 감지되지 않았다. 그래서 아마 A도 이를 믿고 처음에는 뒷자리로 이동하지 않았다고 주장했을 것이다.

A의 변명에도 불구하고 1심 법원은 B가 뒷좌석에 타고 있어 차량이 하중을 받는 상태였으므로 A가 택시에서 조심스럽게 내리고 타면서 문을 가볍게 닫을 경우 차량이 흔들리지 아니할 가능성이 충분하다고 하였다. 또 블랙박스에는 차 문을 여닫는 듯한 소리가 들리고, 택시 정면에 위치한 아파트 세대의 불빛 위치가 미세하게 달라지는 현상이 확인되기 때문에 A가 운전석에서 내려 다시 택시 뒷좌석으로 옮겨 탄 것이 확실하다고 보았다.

항소심에서는 택시 블랙박스 영상에 대한 화질개선 조치가 있었다. 영상이 어떤 원인에 의해 왜곡되거나 손상되는 현상을 열화라고 하는데, 화질개선(Enhancement)은 열화 현상이 일어나 판독이 어려운 증거의 이미지 또는 영상을 노이즈 제거, 색상 밸런스 조정, 선명화 등 다양한 방법으로 열화 성분을 제거하여 원본보다 선명한 영상이나 이미지를 획득하는 것이다. 이러한 화질개선은 내부의 색상 및 영상 정보 값의 유무, 해당 부분의 해상도, 노이즈의 정도 등 원본 감정물의 상태에 따라 개선 정도가 달라질 수 있다. 어쨌든 항소심은 화질개선을 통해 A가 택시에서 내린 것이 아니라 택시 내부에서 이동한 사실을 밝혀냈다. 그전까지 뒷좌석으로 이동한 적이 없다고 버티던 A는 화질개선 결과를 확인하고 나서야 차량 내부에서 뒷좌석으로 이동한 사실을 인정할 수밖에 없었다. 하지만 끝까지 추행사실은 부인하였다.

A의 모르쇠 전략은 과학적인 증거를 이겨낼 수 없었다. 육안으로는 인식하기 어려운 택시 블랙박스 영상이 화질 개선을 후에는 세

밀한 움직임에 대한 판독이 가능했기 때문에 A의 적극적인 부인에도 불구하고 유죄판결이 가능했던 사례이다. 1심과 같이 A가 차에서 내렸다가 다시 뒷좌석으로 탔고, 추행 이후에도 뒷좌석에서 내려 운전석에 탔다면 문을 여닫는 소리가 각각 두 번씩, 총 4번 들려야 한다. 정확하지는 않지만 문을 여닫는 소리는 2번만 녹음되어 있었던 것 같다. 그렇다면 1심 법원의 추론은 사실이 아닐 가능성이 컸다. 그런데 화질개선을 통해 A가 택시 안에서 움직였다는 사실이 밝혀졌다. 다만 아쉽게도 판결문만으로는 화질개선을 통해 어떤 정보가 새롭게 드러났는지는 알 수 없다. 어쨌든 어떤 증거의 영상이나 이미지가 불명확할 때는 수사기관이나 재판부에 화질개선을 요구할 필요성이 있음을 기억해야 한다. 화질개선은 기술적인 부분이므로 사설로 운영되는 영상분석실을 이용할 수도 있다. 이대도 원본 파일은 잘 보존되어 있어야 한다. 이처럼 화질이 개선된 영상이나 이미지는 실체적 진실을 밝히는데 매우 유용한 과학적 증거임이 분명하다.

3 … 그림자는 알고 있다 - 통풍구

피고인 A는 뮤지컬 배우였다. 2018년 3월 어느 날 새벽 3시경, A는 피해자 B(20대 여성)와 선배 몇 명의 술자리에 합류했다. 그 술자리는 밤 12시경부터 계속되고 있었다. 새벽 4시 30분경, 그들은 일행의 가족이 운영하는 순댓국집으로 옮겨 술을 마셨다.
아침 6시경, 술을 마시던 B가 화장실에 갔다. 식당 화장실은 식당 홀에서 연결된 출입문이 있었고, 출입문을 열고 들어가면 왼쪽은 여자 화장실, 오른쪽은 남자 화장실이었다. A는 화장실에 가는 B를 뒤따라가더니 갑자기 B를 여자 화장실 칸으로 밀고 들어가 한 손으로 허리를 감싸 안고, 다른 손으로 가슴을 만지면서 입술에 입맞춤을 시도하였다.
이로 인하여 A는 강제추행 혐의로 기소되었다.

◆

A는 줄곧 억울함을 호소하면서 강제추행을 하지 않았다고 항변했다. B가 합의금을 목적으로 없는 일을 꾸며서 무고한 것이라고 주장했다. 당시 남자 화장실에서 볼일을 보고 나오다가 남자 화장실과 여자 화장실 중간에 있는 세면대 앞에서 B와 마주쳤는데, B가 갑자기 몸을 밀착하더니 입맞춤을 하고는 자기가 만만하냐면서 녹음을 했다고 시비를 걸었다는 것이다. 녹음을 했으면 일행들이 있는 자리에서 들어보자고 했더니 느닷없이 A를 여자 화장실 안쪽으로 끌어당기고서는 계속 시비를 걸었고, 다행히 그때 일행들이 화장실로 들어와 입맞춤을 하려는 B를 뿌리치고 화장실 밖으로 나온 것이 그날 화장실에서 있었던 일의 전부라고 설명했다.

B는 완전히 다른 주장을 했다. 당시 여자 화장실로 들어가는데 A가 따라 들어와 추행을 하기에 A에게 '너 뭐하는 거야, 내가 그렇게 만만하냐'며 따졌더니, 추행 사실을 부인하며 화장실 밖으로 나가려고 하여 A를 붙잡고 화장실 안 세면대 앞에서 다투던 중에 화장실로 들어온 일행들이 A를 데리고 나갔다는 것이다.

A와 B, 두 사람은 완전히 다른 주장을 하고 있었다. 사건은 문이 닫혀있던 화장실 안에서 발생하여 다른 목격자가 없었다. 사건 직후 두 사람이 다툴 때 일행들이 화장실에 오기는 했지만 추행 자체를 직접 본 사람은 없었다. 그날 화장실에서는 어떤 일이 있었던 것일까.

◆

1심 법원은 B의 피해 주장을 믿었다. 재판부는 범죄사실의 주요부분에 관한 B의 진술은 일관되어 신빙성이 있는 반면, A가 주장하는 B의 행동은 비정상적이어서 믿을 수 없다고 하였다. 그리하여 신빙성이 있는 B의 진술을 근거로 A가 B를 추행한 사실을 인정하고 A에게 징역 6개월을 선고하고, 죄질이 불량하다고 하면서 A를 법정 구속하였다. 그런데 식당 CCTV 영상을 보면 A가 화장실에 가는 B를 따라간 것이 아니라 화장실에 들어가는 A를 B가 뒤따라가는 장면이 촬영되어 있었다 하지만, 1심은 당시 B가 술을 마신 상태였고, 누가 먼저 화장실로 갔는지는 사건 이전 상황에 불과하기 때문에 그런 사정만으로는 B의 진술에 신빙성을 인정하는데 장애가 되지 않는다고 하였다.

1심에서 유죄판결을 받고 법정 구속되었던 A는 항소하였다. 그런데 2심 법원은 1심과 다르게 판단하였다. 2심은 화장실 쪽을 향하여 설치된 식당 CCTV는 화장실을 드나드는 모습, 화장실 문 아래쪽의 통풍구에 비친 그림자의 변화를 통해 화장실 내부에서 여자 화장실 칸의 문을 열거나, 여자 화장실 칸에 들어가고 나오는 움직임을 확인할 수 있는데, CCTV 영상으로 확인되는 두 사람의 동선이 B의 진술보다는 A의 주장에 부합하기 때문에 B의 진술을 그대로 받아들일 수 없다고 하였다. 그래서 2심은 1심의 유죄판결을 파기하고 A에게 무죄를 선고하였다. 다음은 2심 판결의 주된 판단 근거이다.

화장실 쪽을 향하여 설치된 식당 CCTV를 통해 화장실을 드나드는 모습을 볼 수 있다. 화장실 문 아래쪽의 통풍구에 비친 그림자로 화장실 내부에서 여자 화장실 칸의 문을 열거나, 여자 화장실 칸에 들어가거나 나오는 움직임을 확인할 수 있다. 다만 CCTV의 각도와 조명 등의 영향으로 남자 화장실 칸의 문이 열리고 닫히는 모습이나, 사람이 남자 화장실 칸 안으로 들어가는 경우의 그림자는 볼 수 없다.

화장실은 A가 먼저 들어갔다. B는 뒤따라 화장실에 들어갔고 바로 좌측 여자 화장실 칸의 문이 열리고 B가 들어가는 그림자가 확인된다. 이후 여자 화장실 칸의 문이 열리며 B가 나오는 그림자가 확인된다.

CCTV 영상에 의하면 B는 여자 화장실 칸으로 들어갔다가 잠시 후 나와서, 화장실 세면대 앞에서 A를 처음 마주쳤을 것으로 보인다. 따라서 A가 여자 화장실 칸으로 들어가는 B를 따라 들어가서 추행하였다는 B의 진술보다 세면대 앞에서 입맞춤과 B의 항의가 이루어졌다는 A의 주장이 설득력이 있다.

A는 B가 2회에 걸쳐 먼저 입맞춤을 하고서도 마치 강제로 입맞춤을 당한 것처럼 자신을 무고하였다고 주장하나, 이는 화장실에서 나온

이후 추행당하였다는 자신의 말을 믿어주지 않는다는 이유로 친구들과 다툼을 벌이거나 A에게 사과를 요구하였던 B의 행동에 비추어 납득하기 어려운 측면이 있고, 오히려 B가 화장실 내에서 어느 시점에 원치 않는 신체접촉을 당한 것이 아닌가 하는 의심이 들기는 한다.

그러나 CCTV 영상에서 확인되는 두 사람의 동선이 A의 주장에 좀 더 부합하므로 B의 진술을 그대로 받아들이기 어렵다.

◆

1심에서 법정구속까지 되었던 A는 식당 CCTV 때문에 2심에서 무죄를 선고받고 풀려날 수 있었다. 엄밀히 말하면 CCTV 영상을 제대로 분석했기 때문이라는 표현이 더 정확하다. 1심도 CCTV 영상을 봤지만 화장실에 들어간 순서를 확인할 수 있는 정도의 증거로만 활용했다. 그 영상에 의할 때 B의 주장과 달리 B가 먼저 화장실로 가는 A를 뒤따라 화장실에 간 사실이 확인되었지만 술에 취해 있었기 B가 착각했을 수도 있고, 추행이 발생하기 이전 상황이라는 이유로 큰 의미를 두지 않았다. 그 부분 외에 B의 진술은 일관적이고 구체적이어서 신빙성이 있다고 판단하였다. B가 합의금을 요구한 정황도 발견되지 않기 때문에 특별히 A를 무고할 동기도 없다고 보았다.

그런데 2심은 사건이 발생한 화장실의 구조와 CCTV 영상의 검증결과에 주목했다. 식당 화장실은 면적이 3.3m x 1.07m 정도로 좁은 편이었다. 화장실 문을 열면 정면에 세면대가 있고, 왼쪽이 여자 화장실 칸, 오른쪽이 남자 화장실 칸으로 되어 있었다. 화장실 문 아래쪽에는 가로 막대를 이용한 통풍구가 있어 화장실 안쪽 불빛이나 그림자의 미세한 움직임까지 밖에 설치된 CCTV에 녹화되고 있었다. 재판부는 A의 가족이 제출한 사설 영상 분석 전문가의 CCTV 영상 분석결과를 무죄의 주된 근거로 삼았다. 영상 분석 전문가는 화장실 통풍구를 통해 여자 화장실 문의 열고 닫힘, B가 여자 화장실에 들어가고 나올 때 나타난 불빛과 그림자의 미세한 변화가 CCTV에 녹화되어 있음을 밝혔다. 재판부는 그 검증결과로 알 수 있는 화장실 안에서의 동선이 B의 주장과 다르고, A의 주장에 부합한다고 보았다. 그리하여 당시 A를 뒤따라 화장실에 간 B가 바로 왼쪽에 있는 여자 화장실 문을 열고 들어갔고, 용변을 보고 나와 세면대 앞에서 A와 실랑이를 벌인 것이라고 보았고, 이는 A의 주장과 일치한다고 판단하였다.

이 사건은 당시 CCTV 영상을 분석했던 그 전문가가 TV 방송에서 영상분석으로 억울하게 구속된 사람을 구해낸 성공사례로 소개하기도 하였다. A가 2심에서 무죄가 선고되자 인터넷에서는 성폭력 무고 사건이라는 제목으로 B를 비난하는 글들이 쏟아졌으며, A는 B에게 민형사상 책임을 묻겠다고 공언하기도 하였다.

2심의 무죄판결 내용대로라면 B는 허위 사실로 A를 무고한 것이 된다. 따라서 B는 당연히 무고죄와 위증죄로 처벌받을 수밖에 없는 형국이었다. 실제로 A는 무죄를 선고받은 이후 B를 무고와 위증으로 고소하였다. 그런데 여기서 예상하지 못한 결과가 발생했다. A가 고소한 사건에서 검찰은 B의 무고 혐의에 대해 불기소처분을 하였다. 2심도 밝힌 것처럼, 당시 화장실 안에서 어떤 신체접촉을 당한 것이 아닌가 하는 의심이 드는 것도 사실이기 때문에 B가 강제추행이 아니라는 것을 알면서도 무고한 것이라고 단정하기 어렵다는 이유였다. 다만 검찰은 B가 CCTV 영상으로 확인되는 화장실 통풍구의 그림자로 추정되는 두 사람의 동선과 다르게 증언한 부분이 허위 증언이라면서 위증혐의로 기소하였다. 하지만, 위증 사건의 재판부는 B에게 무죄판결을 선고하였다.

어떻게 이런 일이 가능할까. B가 거짓말로 고소도 하고, 법정에서도 거짓으로 증언했다면 무고죄나 위증죄가 분명한데 무고 혐의는 검찰에서 불기소되었고, 위증혐의는 법원에서 무죄가 선고되었다. B에 대한 위증 사건에서 법원은 위증이란 자신의 기억에 반하는 허위의 진술인데, 전후 사정을 종합해 볼 때 B가 자신의 기억에 반하여 허위의 사실을 진술한다고 인식하면서 증언하였다고 볼 증거가 부족하다면서 무죄를 선고하였다. 위증 사건에서 무죄판결의 주된 근거는 이렇다.

강제추행 사건의 재판부가 A에 대하여 무죄를 선고한 이유는, CCTV 영상으로 확인되는 통풍구의 그림자를 근거로 판단한 A와 B의 동선이 A의 진술에 조금 더 부합한다는 것이다. 그런데 식당에 설치된 CCTV는 화장실 문 쪽을 비추고 있기는 하지만 화장실 문이 닫혀있고 화장실 내부는 따로 촬영되지 않기 때문에, 화장실 내부에서 어떤 일이 발생하였는지는 CCTV 영상만으로는 알 수 없다. 촬영된 통풍구의 그림자로 두 사람의 화장실 내에서의 동선을 추단할 수 있다는 것이지, 두 사람의 동선이 A의 진술과 정확히 같다고 단정할 수는 없다.

식당에 설치된 CCTV의 각도와 조명 등의 영향으로 화장실 내부 여자 칸 앞부분 중 일부만의 그림자가 관찰될 뿐이고, 남자 칸의 문이 열리고 닫히는 경우와 사람이 남자 칸에 들어가는 경우는 관찰되지 않는다. 사람의 움직임, 위치, 체형 등에 따라 다른 그림자가 관찰될 것으로 추측되는데, 법영상 분석 전문가가 작성한 감정서는 재현 실험을 통해 피사체 패턴을 분석하고 그 재현 패턴과 유사한 패턴을 확인한 후 B의 진술과 같은 패턴이 확인되지 않는다고 분석한 것이어서, 그 감정서 분석대로 내부에 문이 열리고 닫혔다고 단정할 수는 없다. 또 CCTV 영상에 의하면, B는 화장실 밖으로 나가려는 A를 끌어당겨 화장실 밖으로 나가지 못하게 제지하였던 사실을 알 수 있다.

식당 CCTV는 1심 법정에서부터 증거로 제출되었다. 검사는 그 CCTV 영상을 유죄의 증거로 제출하였을 것이다. 그런데 어떤 점이 유죄의 증거라고 생각했는지는 명확하지 않다. B의 주장과 달리 B가 화장실에 가는 A를 뒤따라가는 모습이 촬영된 CCTV 영상은 A에게 유리한 부분이었다. 1심은 그 CCTV 영상에 큰 의미를 두지 않았고, 2심은 CCTV 분석결과를 근거로 B 진술의 신빙성을 배척하였다. 한편, A가 별도로 고소했던 B에 대한 위증 사건의 재판부는 CCTV 영상에는 남자 화장실에 들어갔다가 나오는 A의 동선이 확인되지 않고, 2심 법정에 제출된 CCTV 영상 분석결과는 재현실험의 결과물이라는 이유로 증거가치를 인정하지 않았다.

이처럼 이 사건은 반전에 반전을 거듭했다. 1심에서 유죄를 선고받고 법정구속까지 되었던 A가 2심에서 무죄판결을 받는 데는 CCTV 분석이 결정적이었던 것은 분명하다. 2심 재판에서는 CCTV 영상분석결과가 원본 영상의 분석인지 아니면 재현 영상의 분석인지, B의 동선 외에 A의 동선이 A의 진술과 일치하는지 등은 쟁점이 되지 않았다. 하지만 B에 대한 위증 사건에서는 이러한 것들이 쟁점으로 다뤄지면서 B도 무죄판결을 받았다. 따라서 CCTV도 가장 확실한 과학적인 증거에 해당하지만 어떤 관점에서 살펴보고, 얼마나 분석적으로 접근하느냐에 따라 다양한 결론이 도출될 수 있다는 사실을 이 사례를 통해 알 수 있다.

4 … DNA가 CCTV를 이겼다 - 제3의 인물

2020년 7월 어느 날 밤 10시 30경, 피고인 A는 모자와 마스크를 착용하고 집에서 나와 아파트 옆 산책로로 들어갔다. 이때 그 아파트에 살던 피해자 B(40대 여성)도 그 산책로를 따라 혼자 걸어가고 있었다. A는 B의 뒤로 접근하여 갑자기 팔로 목을 감아 근처 풀숲으로 끌고 갔다. B를 바닥에 넘어뜨리고는 소리 지르면 죽여버리겠다고 협박하였다. A는 B가 소리를 지르며 계속 저항하자 주먹으로 B의 얼굴을 여러 차례 때리고는 아파트 쪽으로 달아났다. B는 A에게 맞아 얼굴에 심한 골절상을 입었다.
이로 인하여 A는 강제추행상해 혐의로 기소되었다.

◆

B는 한밤중에 아파트 산책로에서 어떤 남자에게 붙잡혀 산책로 풀숲으로 끌려가 폭행당하는 황당한 피해를 입었다. 하지만 어두운 밤이고 뒤에서 접근하여 범인의 얼굴을 보지 못했다. 수사기관은 A를 범인으로 특정하였다. A에게 비슷한 성범죄 전과가 있었기 때문에 이 사건에서도 성폭행이 목적이었다고 판단하였다. 그러나 A는 처음부터 범행을 전면 부인했다. 사건이 발생한 인접 시간에 우연히 범행 장소 부근을 지나간 것일 뿐, B와 접촉한 사실조차 없다고 했다.

이 사건 범행은 한밤중에 어두운 산책로 풀숲에서 6분이라는 짧은 시간에 발생하였다. 그래서 B도 범인의 얼굴을 정확하게 보지 못했고, 단지 벙거지를 쓰고 검은색 옷을 입고 있었던 모습만 기억했다. 한편, 아파트 CCTV 영상에는 범행 시각에 A가 주거지 아파트에서 나와 아파트 옆 산책로 쪽으로 이동하는 모습, B가 그 산책로로 들어가는 모습이 촬영되어 있었다. A는 이 사건 전에도 이 사건과 비슷한 수법으로 성폭력범죄를 저질러 처벌받은 전력이 있었다.

A가 벙거지를 쓰고 범행 시각 무렵에 범행 현장인 산책로 부근을 돌아다닌 것은 명백한 사실이지만, B가 범인의 인상착의를 정확하게 알지 못 하는 상황이고, A는 우연히 범행 현장 부근을 지나갔을 뿐이라면서 범행과 관련이 없다고 부인하고 있어, A가 아닌 다른 범인의 존재 가능성, 그리고 A가 범인일 경우에도 추행의 고의 등이 재판에서 쟁점이 되었다.

◆

1심 법원은 아파트 CCTV 영상으로 확인된 사건 당일 A의 동선을 근거로 A가 범인이라고 하였다. 다만 A에게 추행의 목적이 있었는지에 대해서는 증거가 부족하다고 하였다. 그리하여 A에게 상해죄만 유죄로 인정하고, 강제추행상해죄는 무죄로 판단하였다. 재판부는 '아파트 CCTV 영상에 의하면 벙거지를 쓴 A가 범행 시각 무렵에 범행 장소를 지나는 모습이 보이고, A 외에 그 시각 범행 장소 인근에 벙거지를 쓴 남성은 보이지 않는다. 약 6분이라는 시간 동안 벙거지를 쓴 제3의 인물, 벙거지를 쓴 A, 그리고 B 모두가 우연히 아파트 옆 산책길을 지나게 되었는데, 그중 제3의 인물이 B를 폭행한 후 범행 현장 인근의 CCTV에 전혀 포착되지 않은 채 현장을 빠져나가고, 우연히 범인이 도망간 방향에서 아파트 단지로 진입하던 A만 CCTV에 포착된 것일 가능성은 극히 희박하다. A는 아파트 단지를 이동하면서 6분 내에 착용하고 있던 마스크와 모자를 차례로 버리는 매우 특이한 행동을 하였음에도, A는 그 이유에 대해 별다른 설명을 하지 못하고 있다. 특히 A는 일반적인 보행자가 다니기 어려운 경로를 통해 아파트로 귀가한 사정 등을 고려하면 A

의 진술은 믿기 어렵다'면서 A가 범인이 확실하다고 하였다.

강제추행과 관련하여, 재판부는 A가 B를 어두운 곳으로 끌고 가는 과정에서 금품을 요구하거나 가방을 뺏으려는 행동도 전혀 하지 않았고, 과거 이 사건과 유사하게 전혀 안면이 없는 여성들을 상대로 팔로 목을 졸라 강간하는 수법으로 성범죄를 저지른 적이 있고, 그때도 저항하는 피해 여성의 얼굴을 때려 골절상을 입힌 적이 있는 사정을 보면, 강제추행 목적으로 B를 끌고 간 것은 아닌가 하는 강한 의심이 들기는 한다고 하였다. 그러나 A가 B의 목을 끌고 간 행위 자체는 어떠한 성적 의도가 있다거나 추행으로 보기 어렵고, B도 당시 범인이 몸을 더듬는 행동은 하지 않았다는 것이므로 추행의 고의가 입증되었다고 보기 어렵다고 하였다.

그런데 2심 법원은 A가 범인이 아닐 가능성이 있다면서, A에게 무죄를 선고하였다. 2심 재판부도 A가 범인이라는 의심은 든다고 하였다. 즉, A가 범행시각 외출 사실을 부인하다가 CCTV 영상을 보고 나서야 외출한 사실을 인정하고, 당시 쓰고 있던 모자를 처음에는 산책길에서 주었다고 하다가 나중에는 아파트 비상계단에서 가져왔다고 번복한 점, 착용하고 있던 모자와 마스크를 집으로 들어갈 때는 버린 점, B가 진술한 범인의 인상착의와 A와 어느 정도 부합하였기 때문이다. 하지만 그 정도로는 A가 B를 숲속으로 끌고 가 폭행하였다는 사실이 합리적 의심의 여지없이 증명되었다고 보기 어렵다면서 상해 부분에 대해서도 무죄를 선고하였다. 항소심 판결의 주된 내용은 다음과 같다.

사건 당시는 산책로 주변의 풀숲이 우거져있었고 비가 오던 밤이어서 주변이 잘 보이지 않았다. B는 피해를 당한 직후 누워 있는 상태에서 뛰어가는 범인의 뒷모습을 잠깐 본 것이 전부여서 범인이 아파트 단지 안쪽으로 계속 들어갔는지까지는 알기 어려웠을 것이다. 이 사건 아파트와 산책로를 연결하는 나무다리는 2개여서 범인이 B를 때린 후 아파트 단지 내부로 들어간 것이 아니라 오솔길 주변 풀숲을 통과하여 대로 쪽으로 도주했을 가능성도 배제할 수 없다. A는 사건 당시 회색 티셔츠에 청바지를 입고 있어 검은색 옷을 입고 있었다는 B의 진술과 배치된다. B의 목 부위에 대한 유전자감정결과 A가 아닌 신원을 알 수 없는 남성의 DNA가 검출되었다.

◆

A는 성폭력 범죄로 처벌받은 전력이 여러 번 있었다. 검사도 A의 과거 성폭력 범죄와 이 사건의 범행 수법이 비슷하였기 때문에 A의 부인에도 불구하고 A가 성폭행할 의도로 B를 풀숲으로 끌고 간 것으로 판단했던 것 같다. A는 범행 시각의 행적에 대해 계속 진술을 번복했다. 아파트 CCTV 영상을 보면, 집을 나갈 때 모자와 마스크를 착용하고 있었는데, 집에 돌아올 때는 벗고 있었다. 여러 가지로 A의 변명은 수긍하기 어려웠다. 1심은 A가 범인이 분명하지만 강제추행의 목적이 있었다는 점은 입증이 부족하다면서 상해죄만 유죄를 선고하였다. 그런데 2심은 범인이 A가 아니라 제3자일 가능성이 있다면서 전체적으로 무죄를 선고하였다. 2심이 무죄를 선고한 이유는 B의 목에서 제3자의 DNA가 발견된 사정도 큰 영향을 미쳤을 것이다.

A의 입장에서, B의 목 부위에서 검출된 제3자의 DNA는 A가 무죄를 선고받게 해준 결정적인 증거가 되었다. 2심은 이 사건이 여름비가 내리는 한밤중에 발생하였고, 당시 A는 팔뚝이 드러난 회색 티셔츠를 입고 있어 공소사실과 같이 팔로 B의 목을 감아 끌고 갔다면 B의 목 부위에서 A의 DNA가 검출될 가능성이 큰데, 오히려 제3자의 DNA가 검출되었기 때문에 제3자의 범인이 존재할 가능성

을 무시할 수 없었다. A는 과학적 증거인 DNA 분석결과로 인해 무죄판결을 받게 된 셈이다.

B의 입장에서나 수사기관은 A에게 무죄를 선고한 법원의 결정을 납득할 수 없을 것이다. 만약, B의 목에서 다른 남자의 DNA가 검출되지 않았다면 A는 최소한 상해죄로 처벌받았을 가능성이 크다. 1심이 언급한 것처럼 6분이라는 짧은 시간 안에 A, B, 범인 등 세 사람이 동시에 같은 공간을 우연히 지나칠 확률은 매우 낮고, A의 과거 성범죄 전력과 일관성 없는 진술은 전혀 신빙성이 없었기 때문이다. 하지만 B의 목에서 다른 남자의 DNA가 발견된 사실은 그 결과와 배치되는 판단을 어렵게 하였다. 맨팔로 목을 감더라도 목에 범인의 DNA가 남지 않을 수 있음이 과학적으로 증명되거나 이 사건 범행과 무관하게 다른 원인에 의해 제3자의 DNA가 남았을 가능성에 대한 충분한 설명이 있었다면 2심 법원도 A에게 쉽게 무죄판결을 선고하지는 못했을 것이다. 따라서 사건 이전에 B의 목에 다른 남자의 DNA가 남을 만한 일은 없었는지, B의 목에서 검출된 DNA가 남편의 것은 아닌지 등을 재판에서 더 충분히 심리했다면 실체에 더 근접하는 판결이 선고되지 않았을까 싶다.

5 … 왜 멈추세요 - 사라진 3시간

2019년 1월 어느 날 오후 4시 반경, 피고인 A는 서울의 한 지하철역 부근 막걸리집에서 피해자 B(20대 중반 여성)를 만났다. 5일 전에 카톡 채팅방에서 알게 된 두 사람은 전화통화를 하면서 사건 당일 만나기로 약속했다. 그들은 막걸리집에서 술을 마시고, 저녁 6시 45분경 술집에서 나왔다. 술집에서 나와 노래방으로 옮겨 2시간 정도 놀았다. 노래방을 나와 근처 편의점을 들렀다.
밤 9시 반경, 두 사람은 이 사건 모텔에 투숙했다. 다음 날 새벽, A는 잠을 자고 있는 B의 옷을 벗기고 B와 성관계를 하였다. A는 아침 6시경 모텔에서 먼저 나왔다. B는 낮 12시경에 모텔에서 나와서 바로 근처 파출소로 찾아가 A를 절도죄로 신고했다. 저녁 6시 30분경 해바라기센터에서 성폭행을 당했다는 사실을 추가했다. 이로 인하여 A는 준강간 혐의로 기소되었다.

◆

A는 B와 성관계를 한 사실은 인정했다. 하지만 공소사실처럼 잠을 자고 있는 B 몰래 성관계를 한 것이 아니라 B와 합의로 성관계를 하였다고 주장했다. 문제는 B가 사건 당시 상황을 정확히 기억하지 못하고 있다는 점이다. B는 당시 술집에서 막걸리를 마시고 술값을 계산하던 때까지만 기억하고, 그 이후 주점을 나와 노래방에 가고 편의점에 들렀다가 모텔에 투숙한 과정을 전혀 기억하지 못했다. 단지 모텔에서 잠깐 정신이 들었을 때 A가 음부에 손가락을 넣으면서 성관계를 요구했지만 거절하였던 장면만 어렴풋이 기억했다.

A는 아침 6시경, 차를 옮겨야 한다면서 모텔을 나간 이후로 다시

모텔로 돌아오지 않았다. B가 A를 신고한 뒤 경찰에서 채취한 B의 소변과 혈액에서 수면제 성분인 졸피뎀이 검출되었다. 특이하게도 A는 전날 밤 9시 반경 모텔에 들어가서는 다음 날 새벽 1시부터 아침 6시까지 5시간 넘게 휴대폰으로 녹음을 하였고, 그 녹음파일을 증거자료로 제출하였다.

B는 성폭행 피해를 주장하지만 당시 일을 제대로 기억하지 못했고, 다른 목격자도 없었다. 두 사람의 진술 외에는 B의 혈액에서 수면제 성분이 검출된 사실과 A가 녹음한 대화 내용이 관련된 증거의 전부였다. 과연 그날의 진실은 무엇일까.

◆

1심 법원은 A에게 무죄를 선고하였다. 준강간죄는 심신상실이나 항거불능의 상태에 있는 사람을 간음하는 경우에 성립하는데, 이 사건 당시 B가 심신상실 또는 항거불능의 상태에 있었다거나 A가 그러한 B의 상태를 인식하고 이를 이용하여 간음한다는 준강간의 고의가 증명되지 않았다는 것이다. 재판부는 A가 평소 수면제를 처방받아 복용하고 있었고, 평소 수면제를 복용하지 않는 B의 몸에서 수면제 성분이 검출되었기 때문에, A가 술과 수면제에 취하여 의식이 없는 B를 강간했을 가능성도 없지 않다고 했다. 하지만 녹음된 대화 내용, B의 주량, 술을 마신 후 행적, 모텔에 들어가는 모습 등을 종합해 볼 때, 공소사실을 인정하기 어렵다고 판단하였다. A가 휴대폰으로 녹음하여 제출한 5시간 분량의 녹음파일 중에서 의미 있는 대화는 다음과 같은 두 부분이고, 그 외에는 아무런 소리도 녹음되어 있지 않거나 누군가 잠을 자면서 뒤척이거나 코를 고는 소리만 녹음되어 있었다.

- 새벽 3시 30분 전후 대화 -

A 일로와

갑자기? 너무 뜬금없는 거 아냐 B

A 너무 갑자기라서 별 감흥이 없어? 응? 응. 개오바야?

아니, 잘하고 있었는데, 잘하고 있었는데 B

A 응? 갑자기? 막 이러길래 개오바인가 해서

뭐야? 잘하고 있다고 말한 건데. 그냥 멈추는건 뭐야. 되게 소심하시네 B

- 새벽 5시 47분 전후 대화 -

A 물 좀 줄까?(모텔 카운터에 물을 주문)

A (종업원이 가져다 준 물을 벌컥벌컥 마심)

하마세요? B

A 어. 하마세요

1심은 위와 같은 대화 내용, B의 목소리와 반응 등을 근거로, 당시 B가 술 또는 약물에 취하여 의식을 잃었거나 성적 행위에 대해 정상적인 대응능력과 판단능력을 제대로 행사할 수 없는 상태는 아니라고 보았다. 두 번째 대화처럼 B가 A에게 자연스럽게 농담을 하거나 A가 모텔을 떠난 이후에도 모텔에 남아 오랫동안 A를 기다린 모습은 성폭력범죄의 피해자다운 모습이 아니라고 하면서 B 진술의 신빙성을 배척하였다.

1심은 또 B가 사건 당일의 일을 기억하지 못 하는 것을 일시적인 기억상실로 판단하고, 그러한 일시적인 기억상실은 막걸리집에서 복용하였을 것으로 추정되는 수면제의 부작용 때문이라고 보았다. 하지만 그 주점은 개방된 장소여서 A가 수면제를 몰래 먹였을 가능성이 작고, 식당 CCTV 영상을 보더라도 수면제를 먹인 장면이 발견되지 않는다고 하였다. 설령 주점에서 수면제를 복용했다고 하더라도 성관계 시점은 그로부터 약 9시간이 경과하였기 때문에 사건 당시에는 항거불능 상태에서 벗어났을 가능성이 크다고도 하였다.

검사는 1심 무죄판결에 불복하여 항소하였다. 그러나 2심 법원도 녹음파일의 대화 내용으로 볼 때, B가 A와의 성관계 직전에 졸피뎀 등 약물 투약에 따른 의식저하상태에서 벗어났다고 볼 여지가 많기 때문에 이 사건 당시 B가 여전히 항거불능상태에 있었음이 인정되지 않는다고 하면서 검사의 항소를 기각하였다. A에 대한 무죄판결은 그대로 확정되었다.

◆

법원이 A에게 준강간죄가 성립하지 않는다고 판단한 가장 주된 근거는 녹음파일의 대화 내용이었다. B의 몸에서 평소 복용하지도 않는 수면제 성분이 검출되었고, B의 음주 상태, B가 막걸리집에서 나와 2시간이나 노래방에 있었고, 편의점을 들렀다가 모텔에 투숙하였는데도 주점에서 나온 이후의 상황을 전혀 기억하지 못하고 있는 사정 등에 비추어 볼 때, 만약 녹음파일이 없었다면 A에게 유죄가 선고되었을 확률이 높았다. 어떤 원인인지는 몰라도 수사 과정에서 A와 B가 주점을 나와 노래방에 들어갔다 나오는 모습이나 모텔에 들어갈 때 상황을 알 수 있는 CCTV가 전혀 확보되지 않았다. 그래서 두 사람의 진술 말고는 A가 제출한 녹음파일이 사건 당시 B의 상태를 파악할 수 있는 유일한 증거가 되었다.

녹음파일에는 많은 대화가 녹음되어 있지는 않았지만 두 사람의 나눈 대화 내용만 본다면 B가 심신상실이나 항거불능 상태였다고 보기 어려운 점이 있다. 대화 내용을 검증한 대한의사협회의 의견도 같았다. A의 입장에서 볼 때, 녹음파일이 구세주인 셈이다.

그러나 B의 입장에서 보면, A가 제출한 녹음파일을 근거로 당시 B의 상태를 판단하여 무죄를 선고한 법원의 판결은 매우 부당해 보일 것이다. 그렇다면 A가 제출한 녹음파일은 어느 정도의 증가가치를 인정할 수 있을까. 즉, 녹음파일에 포함된 대화 내용이 이 사건의 실제를 밝힐 만한 증명력이 있는가 하는 점이다. A는 새벽 1시경부터 6시경까지 약 5시간을 녹음했다. 그런데 모텔에 들어간 시간은 전날 밤 9시 30분경이다. 다시 말하면 모텔에 투숙한 뒤 3시간 30분 후부터 녹음을 시작했다. 녹음 전까지 약 3시간 30분이라는 시간 동안 두 사람 사이에서 어떤 일이 있었는지가 밝혀지지 않았다. 공소사실과 같이 수면제를 먹여 성폭행을 할 의도였다면 약효가 떨어지기 전에, 즉 모텔에 들어오자마자 간음을 시도했을 가능성이 크다.

B는 모텔에서 잠깐 정신이 들었을 때의 상황을 기억했다. 당시 A에게 '이게 뭐냐'라고 물었더니 A는 스킨십을 계속 진행하면서 '넣자'라고 했던 장면과 다시 '이런 콘돔은 쓰면 안 된다'라고 하자, A는 '싸지 않으면 되지 않냐'고 말하면서 성관계를 요구하였던 모습이 어렴풋이 기억난다고 진술하였다. 그런데 이 대화 내용은 A가

제출한 녹음파일에는 녹음되어 있지 않다. 그렇다면 이런 대화는 사건 전날 9시 30분경부터 녹음을 하기 전인 새벽 1시경 사이에 성관계를 하면서 나눈 대화일 수 있다. 또한 녹음파일에는 직접적으로 성관계를 한 것으로 볼 만한 내용이 없다. 성관계 과정에서 일방적으로 예상되는 대화나 신음소리 등이 전혀 녹음되어 있지 않다. 이 점 또한 성폭행이 녹음 전에 행해졌을 가능성을 뒷받침한다. A가 어떤 의도로 모텔에 들어간 지 3시간 뒤에 녹음을 시작했는지 그 의도를 알 길이 없다. 성폭행 이후 완전범죄에 대한 증거를 남기려는 의도로 녹음한 것은 아닌가 하는 의심이 든다.

아쉽게도 법원의 판단은 이런 점을 간과하였다. 짧은 대화가 녹음되어 있는 새벽 3시 45분경과 5시 47분경, B는 아마도 녹음 전에 이미 성폭행이 있었다는 사실을 인지하지 못한 것으로 보인다. 사실 녹음된 짧은 대화만으로는 당시 B의 인지능력이 정상적이었는지, 졸피뎀의 부작용이나 잠결에 무의식적으로 나눈 대화인지를 평가할 수 있는지도 의문이다. B는 그날 모텔에서 나오자마자 A를 절도로 신고했다. B가 왜 처음부터 성폭행 사실을 신고하지 않고 절도범으로 신고했는지도 미스터리다. 아마도 그때까지도 졸피뎀의 영향에서 벗어나지 못해 정상적인 판단을 할 수 없었기 때문은 아닐까 싶다.

이 사건에서 법원은 B의 혈액과 소변에서 수면제가 검출되었다는 사실을 너무 가볍게 평가하였다. 수면제의 졸피뎀 성분은 그 부작용이 커서 향정신성의약품으로 지정되어 있을 정도다. 때문에 의사의 처방 없이는 마음대로 구입할 수도 없다. 사건 당시 A는 수면제를 처방받아 복용하고 있었고, B는 수면제를 처방받은 적이 없었다. 그런데 평소 수면제를 복용하지 않던 B의 몸에서 졸피뎀이 검출되었다면 A가 먹였다고 보는 것이 상식적이다. 수면제의 주성분인 졸피뎀(zolpidem)은 두통, 졸음, 현기증, 우울, 전향성 기억상실증인 선행성 건망증 등의 부작용이 있고, 알코올에 의해 그 부작용이 증가할 수 있다. 졸피뎀은 복용 후 약 30분 만에 효과가 나타날 정도로 약효가 빨라 성폭력 약물로 악용된다는 것은 이미 널리 알려져 있다. 하지만 1심은 막걸리집에서 수면제가 투여되었을 가능성은 인정하면서, 개방된 주점 환경이나 주점 CCTV에도 수면제를 넣은 장면이 녹화되어 있지 않다는 이유로 A가 B에게 수면제를 투약시킨 사실을 인정하지 않았다. 법원이 수면제의 투약시점을 막걸리집으로 판단한 이유는 주점을 나온 이후부터 기억이 없다는 B의 진술이 근거가 되었을 것이다. B가 주점에서 마신 술의 양에 비해 그 이후 상황을 기억하지 못 하는 것을 보면 최소한 먹걸리집에서 수면제가 투약되었을 가능성이 크다. 문제는 어떻게 수면제 성분이 B의 몸속에 투약되었는가 하는 점이다. 법원은 A가 수면제를 먹였다는 직접적인 증거가 없다고 하였다. 하지만 부정한 의도로 수면제를 투약하는 경우라면 최대한 은밀하게 투약했을 것이기 때문에 CCTV에 노출될 가능성은 없다고 봐야한다. 개방적인 장소라도 얼마든지 은밀하게 술에 수면제를 탈 수 있고, CCTV를 피해서도 투약할 수 있다. A가 처음 만난 B에게 수면제를 먹였다면 그 의도가 뻔하다. 녹음된 대화 내용이 정상적으로 보인다고 하더라도 졸피뎀이 투약된 경우라면 녹음된 대화가 정상적인 인지능력과 판단에 따른 대화라기보다는 그 부작용으로 인하여 평소에 습관화된 무의식적이고 본능적인 반응으로 보인다. 대화 내용에는 서로의 호칭이 빠져있다. B는 잠결에 A를 남자친구 등으로 착각하였을 가능성도 배제할 수 없다. A가 의도적으로 녹음한 것이므로 대화가 연출되거나 유도되었을 수도 있다.

법원이 수면제 투약 시기를 막걸리집으로 한정한 것도 문제점이다. 그날 두 사람이 주점을 나와 노래방에서도 2시간 반 정도 함께 있었다. 노래방에서도 얼마든지 수면제를 추가로 투약했을 수 있다. 졸피뎀 성분의 수면제는 반감기가 2, 3시간으로 짧다. 막걸리집에서만 수면제가 투약되었다면 모텔에 들어왔을 때는 이미 약효가 모두 사라졌을 시간이고, 그렇다면 B는 모텔에 투숙한 이후의 상황을 기억했을 것이기 때문이다. A는 모텔에 들어온 후 3시간 반 이상이 지난 다음에야 녹음을 시작했는데, 졸피뎀 수면제의 반감기를 고려하면 모텔에서도 졸피뎀을 또 먹였을 수도 있다. B가 모텔에서 나와 A를 뜬금없이 절도로 고소한 것도 그런 의심을 들게 한다. 따라서 A의 투약사실을 인정하지 않거나 투약시기를 막걸리집으로 한정한 법원의 추론은 설득력이 부족하다.

또한 법원은 B가 모텔에서 마치 A를 의도적으로 기다린 것처럼 묘사하고, 이러한 모습이 성폭력 피해자의 모습으로 보기 어렵다고 단정하였다. 하지만 B가 A를 기다렸기 때문에 성폭력 피해자의 모습이 아니라는 판단은 동의하기 어렵다. A는 아침 6시경 주차해 둔 차를 옮겨줘야 한다는 핑계를 대고 모텔을 나가서 돌아오지 않았다. 만약 A의 주장대로 서로 좋아서 모텔에 투숙하고 성관계까지 한 사이라면 A가 거짓말을 하면서까지 B를 그곳에 혼자 두고 밖으로 나간 행동은 어떤 이유로도 설명이 안 된다. B는 그때까지도 A가 자신을 성폭행한 사실을 인지하지 못했기 때문에 A가 모텔을 나갈 때에도 아무런 대처를 하지 않았을 것이다. A가 말한 대로 차만 옮기고 다시 돌아올 것으로 알고 기다리다가 잠이 들었다. 모텔을 나와서는 바로 파출소를 찾아가 A를 절도로 신고했다. 신고 전에 A에게 전화를 걸어 상황을 물어본 적도 없다. A의 주장대로 서로 좋아서 합의로 성관계를 한 사이였다면 모텔에서 나와 이후 B의 행동은 전혀 상식적이지 않다. 따라서 이 사건 전후의 특수하고 이례적인 사정을 살피지 않은 채, A가 모텔을 나간 이후 퇴실시간까지 모텔에 계속 머물러 있었다는 사실만으로 성폭행 피해자의 모습과 어울리지 않는다고 판단한 것은 매우 불합리하다.

한편, 1심은 B의 알코올 블랙아웃을 의심하기도 하였다. B가 성관계 당시 상황을 기억하지 못할 뿐 그 당시에는 정상적인 의식 상태였을 가능성이 있다는 것이다. 하지만 당일 B가 마신 술이 많지 않았고, 노래방에서도 충분한 시간을 보냈으며, B의 몸에서 평소 복용하지 않는 졸피뎀 성분의 수면제가 검출된 사정까지 감안한다면, B가 당시 상황을 기억하지 못 하는 원인을 알코올 블랙아웃 증상에서 찾는 것은 합리적 추론으로 평가받기 어렵다.

이 사건에서는 가장 아쉬운 부분은 수사기관이 노래방이나 노래방에서 나와 모텔에 들어오는 과정을 알 수 있는 CCTV를 확보하지 않았다는 것이다. B는 주점에서 주량보다 적게 마셨는데도 술집에서 나온 이후 상황을 기억하지 못했다. 그렇다면 노래방 CCTV는 당시 피해자가 항거불능 상태에 있었는지를 확인할 수 있는 매우 중요한 단서였다. 그럼에도 수사 과정에서 노래방 CCTV나 노래방 주변 CCTV가 확보되지 않았다. 아쉬운 대목이다. 그날의 진실은 A와 하늘만이 알고 있을 것이다.

6 … 녹음파일 일부만 제출합니다 - 아이폰

A(20대 후반의 남성)와 B(20대 후반의 여성)는 직장 동료였다. 회사의 같은 팀에서 근무하는 두 사람은 A가 B의 선배였다. A는 사내커플로 사귀는 여자 친구가 있었고, B도 그 사실을 알고 있었다. 2019년 10월 어느 날, 두 사람은 직장 상사의 연락을 받고 저녁 식사자리에 참석했다가 둘이서 2차를 갔고, 다시 A의 집으로 옮겨 술을 마시다가 잠이 들었다.
2019년 12월 중순경, B는 회식이 있던 날 아침에 술에 취해 잠을 자고 있을 때 성폭행을 당할 뻔했으니 준강간미수로 처벌을 해 달라는 취지로 A를 검찰에 고소했다. 그 고소 사건을 수사한 검찰은 고소 내용이 사실이 아니라고 판단하고, A의 준강간미수 혐의에 대해 불기소처분을 하였다. 오히려 B가 허위사실로 A를 고소한 사실이 인정된다면서 B를 무고죄로 입건하여 기소하였다. B는 무고혐의로 재판을 받게 되었다.

◆

A와 B는 같은 직장에 다니는 선후배 사이였다. 2년 정도 같은 팀에서 근무하면서 연애상담 같은 사적인 얘기도 스스럼없이 할 정도로 친했다. 사건이 있기 전날 두 사람은 직장 상사의 저녁 식사 자리에 함께 참석하게 되었다. 상사와의 저녁자리가 끝난 뒤, 제대로 먹지 못해 허기를 느낀 두 사람은 고깃집으로 옮겼다. 밤 11시경 식당에서 나와 차로 5분 거리에 있는 A의 집으로 가서 함께 술을 마시다가 잠이 들었다. 다음 날 아침 6시경, A가 B에게 성관계를 시도하였으나 성관계는 이뤄지지 않았고, B는 7시경 자기 집으로

들렀다가 회사에 출근했다. 회사에 출근한 두 사람은 오전에 약 1시간 동안 사내 메신저로 친밀한 대화를 주고받았다.

그로부터 6일 후, B는 직장 동료인 A의 여자친구에게 A로부터 성폭행을 당했다는 취지의 문자를 보냈고, 그다음에는 직장 상사에게도 같은 취지로 알렸다. 그 말을 전해 들은 A는 B를 명예훼손으로 고소하였다. 그러자 B도 A를 준강간미수로 고소하기에 이르렀다.

A는 시종일관 당시 B와 합의로 성관계를 하였을 뿐이지 잠자고 있는 B에게 성관계를 시도했던 적이 없다면서 억울하다고 주장했다. B가 고소한 A의 준강간미수 혐의는 검찰이 불기소처분을 하여 기소되지 않았다. 오히려 B가 허위고소에 의한 무고죄로 기소되었다. 이 사건의 발단이 된 성적 접촉은 두 사람만 있던 공간에서 발생했기 때문에 A가 준강간을 시도하였는지를 입증할 직접 증거는 B의 진술밖에 없었다. 그런데 A는 당시 B 몰래 아이폰으로 6시간 동안 녹음을 했고, 그중 3시간 분량의 녹음파일을 자신에게 유리한 증거 제출하였다. 과연 그 녹음파일은 A에게만 유리한 증거가 되었을까?

◆

1심 법원은 A를 준강간미수로 고소한 것은 무고라고 볼 수 없다면서 B의 무고 혐의에 대하여 무죄를 선고하였다. A의 성관계 시도가 B와 합의로 이루어졌는지를 입증할 직접증거는 A의 진술이 유일한데, A는 6시간 이상을 녹음하였으면서도 그 일부인 3시간 분량의 복사본을 제출하였고, 일반적으로 알려진 아이폰의 녹음기능에 비추어 파일내용에 의심할 점이 많다는 이유로 A 진술의 신빙성을 배척하였다. 다만 재판부는 이 사건 행위가 있기 불과 몇 시간 전에 성관계를 가졌고, 이 사건 행위가 있고 난 이후 귀가하였다가 바로 출근하여 A와 친밀한 내용의 메신저 대화를 주고받았으며, 여자 친구와 데이트를 하는 A에게 불쾌감을 표시하거나 A로부터 명예훼손으로 고소를 당하자 B도 A를 준강간미수로 고소한 사정은 B에게 다소 불리한 사정으로 보았다. 하지만 A를 준강간미수로 고소할 당시 B는 자신이 실제로 준강간을 당할 뻔했다고 생각했고, 허위로 고소한다는 무고의 고의가 인정되지 않는다고 하였다. 재판부가 무고 사건에서 피해자인 A의 주장이 신빙성이 없다고 판단한 주요 근거는 다음과 같다.

A는 아이폰 녹음기능을 이용하여 녹음한 약 3시간 분량의 녹음파일 복사본을 제출하였고, 그 파일에 녹음된 성관계 음성이 A의 준강간미수에 대한 불기소 및 B가 고소인에게 무고죄의 피의자로 뒤바뀐 결정적인 증거가 되었다. 그러나 A는 성관계를 하던 중간에 편의점을 다녀왔다고 하였다. 그렇다면 성관계 도중 편의점에 다녀온 정황이 녹음되어 있어야 하고, 성관계의 신음소리가 중단된 구간이 있어야 할 것인데, 그러한 구간을 확인할 수 없다.

아이폰의 경우 녹음 도중 전화를 받으면 녹음은 자동 종료되는데, B가 제출한 파일 녹음 마지막 부분에는 B가 핸드폰으로 누군가와 통화하는 목소리가 녹음되어 있어 납득하기 어렵다. 가사 녹음 중에도 전화통화가 가능한 것이라면 통화 상대방의 목소리도 함께 녹음되어야 할 것인데도 통화 상대방 목소리는 녹음되어 있지 않고, 녹음된 통화 음성도 녹음 기기에서 멀리 떨어진 곳에서 나는 소리로 보여 의심스러운 정황이 많다.

B는 6시간 넘게 녹음했음에도 뒷부분이 삭제된 앞부분 3시간 분량의 녹음파일만 수사기관에 제출했다. B는 아침 6시 30분경 알람소리를 듣고 A와 거의 동시에 잠에서 깨어나 스킨십을 하였고, 그때 나눈

대화도 원본 파일에 녹음이 되어 있었다는 것인데, 아이폰의 경우 아이폰에 설정된 알람기능이 작동하면 동시에 녹음이 종료되므로 B의 주장은 앞뒤가 맞지 않다. B는 원본 파일을 제출하여 의심되는 사정을 반박할 수 있음에도 그 자료는 제출하지 않았다.

1심 법원이 B의 무고죄에 대해 무죄판결을 선고하자 검사가 항소하였다. 하지만 2심 법원도 1심 법원의 판단이 정당하다고 하였다. 2심은 녹음 과정에서 있었던 일에 대한 A의 진술은 일관되지 않거나 불명확하고, 객관적 정황과도 일치하지 않을 뿐만 아니라 녹음 동기에 관한 진술부분도 의심스럽기 때문에 A의 주장은 믿을 수 없다고 하였다. 2심 재판부가 A의 신빙성을 배척한 주된 논거는 다음과 같다.

A는 아이폰의 녹음파일을 2개로 분할하여 클라우드로 전송하고 휴대폰의 원본파일은 삭제하였는데, 클라우드에 파일을 전송하는 과정에서 실수로 뒷부분 녹음파일이 사라져 약 3시간 분량의 녹음파일 앞부분의 복사본을 제출하였다.

A는 경찰에서는 6시간 분량을 다 확인하지 못했고, 중간에 소리 없이 자는 시간이 3시간 정도 되고 뒷부분은 아침에 일어나서 부스럭거리는 내용밖에 없었던 것 같다고 진술하였다가 1심 법정에서는 녹음 마지막 끝에 20~30분 정도 일어나서 옷 입고 이제 집에 가야겠다는 대화 내용이 있었다고 증언하였다. 이 사건 당시 애무를 하고 성관계를 하려다 발기가 되지 않아 못하였다고 하였는데 그 내용이 녹음되어 있어야 되는 것 아니냐는 재판장의 질문을 받고서야 짧기는 했지만 그런 내용도 들어있었다고 증언하여 진술이 일관되지 않거나 불명확하다.

A는 사건 당일 아침 6시 30분경 휴대폰 알람소리에 B와 거의 동시에 잠에서 깨어나 스킨십을 하였고, 그때 나눈 대화도 원본 파일에 녹음이 되어 있었다고 진술하였다. 그러나 전체 녹음시간은 6시간 12분이고, 녹음 시작 시각은 전날 밤 11시 12분이므로, 만약 중단 없이 녹음하였다면 다음 날 아침 5:24경 녹음이 종료되었을 것이다. 그런데 그 이후 시간의 대화가 녹음된 것을 들었다는 A의 진술은 객관적 정황과 일치하지 아니한다.

A는 B가 계속 집에 가서 한 잔 더 하자고 할 때 느낌이 찝찝해서 B가 자발적으로 A의 집에 들어갔다는 것을 확인하려고 녹음하였고, 그 이후에는 의도적으로 녹음한 것이 아니라고 하였으나, 정작 B가 먼저 A의 집에 가자고 한 내용은 녹음되어 있지 않기 때문에 녹음 동기에 대한 A의 진술도 믿기 어렵다.

◆

B는 A를 준강간미수로 고소하였지만 A는 몰래 녹음한 파일의 일부를 제출하여 검찰에서 불기소처분을 받았고, B가 무고죄의 피고인으로 재판을 받게 되었지만 법원은 녹음파일과 관련된 많은 의문점을 근거로 A의 주장을 배척하고 B가 무고한 것으로 볼 증거가 없다고 하였다. 결국 A가 제출한 녹음파일 때문에 A도 준강간미수 혐의에 대해 검찰에서 무혐의 처분을 받았고, 무고죄로 기소된 B도 무죄를 선고받게 되었다. B의 준강간미수 혐의나 그 대척점에 있는 B의 무고 혐의는 그 녹음파일의 증거가치를 어떻게 볼 것인지에 따라 전혀 다른 방향에서 처리결과에 영향을 미쳤다.

일반적으로 대화를 녹음한 파일은 성질상 작성자나 진술자의 서명 혹은 날인이 없을 뿐만 아니라 녹음자의 의도나 특정한 기술에 의하여 내용이 편집·조작될 위험성이 있음을 고려하여 대화 내용을 녹음한 원본이거나 혹은 원본으로부터 복사한 사본일 경우에는 복사 과정에서 편집 등 인위적인 조작 없이 원본의 내용 그대로 복사된 사본임이 입증되어야만 그 증거능력이 인정된다. 복사본이 원본과 동일하다는 사실은 복사에 관여한 사람의 진술, 원본이나 사본 파일 생성 직후의 해쉬(Hash)값 비교, 녹음파일에 대한 검증 또는 감정 결과 등 여러 사정을 종합하여 판단할 수 있다.

이 사건에서는 B가 제출한 녹음파일의 증거능력 자체보다는 그 녹음파일의 내용을 전제로 A 주장의 신빙성 여부가 주된 쟁점이 되었다. A가 제출한 녹음파일이 원본과 같은 것인지, 편집된 것인지는 확인되지 않았다. 판결문에 의하면 A는 이 사건 이전 성관계 중간에 편의점에 다녀왔다고 진술한 것으로 보인다. 하지만 그 시간 동안의 녹음파일에는 여성의 신음소리가 끊기지 않고 계속되고 있었다. A가 제출한 녹음파일의 편집 가능성이 의심되는 부분이다. A가 녹음파일의 일부만 제출하게 된 경위도 의심스러웠다. A가 제출하지 않은 뒷부분 녹음파일에는 B가 잠에서 깨어 이 사건 성관계 시도를 거절하던 상황에 관한 대화가 녹음되어 있을 수도 있기 때문이다.

요즘은 인공지능(AI)을 활용해 어떤 사람의 목소리를 똑같이 연출하는 딥보이스라는 목소리 합성 기술이 발전하여 범죄에 악용되고 있다. 딥보이스 기술은 아주 짧은 음성 정보만 확보되면 목소리 위조가 가능하다. 술이나 약물에 취해 심신상실 또는 항거불능 상태에서 성폭행을 당한 준강간 피해자들은 대부분 당시 상황을 기억하지 못한다. 딥보이스 기술을 이용하여 피해자가 마치 거부감 없이 성관계를 즐기는 것처럼 대화나 음성을 손쉽게 만들어 낼 수 있다. 따라서 수사나 재판 과정에 본인의 목소리가 담긴 녹음파일이 제출되고, 본인이 그 대화 내용을 기억하지 못한다면 딥보이스 기술에 의한 음성변조도 한 번쯤 의심해 볼 필요가 있다. 이는 준강간 피해자의 경우에만 해당되는 것은 아니다. 합의로 성관계를 하였으면서도 마치 잠이나 술에 취해 정신이 없을 때 강제로 성폭행을 했다고 주장하면서 사건 성관계 이후에 자기가 성폭행한 사실을 시인하고 사과하는 듯한 목소리가 위조된 파일이 증거로 제출될 수도 있다. 따라서 가해자든 피해자든 증거로 제출된 녹음파일은 반드시 원본파일을 확인하기 전까지는 의심을 멈춰서는 안 되고 조작 가능성을 열어두어야 한다. 최근에는 딥보이스에 의한 음성변조를 감식해내는 기술도 더불어 발전하고 있으므로 딥보이스가 의심되는 경우라면 반드시 목소리의 조작 여부를 확인해 보아야 한다.

7 … 자백을 녹음했다 -이별여행

피고인 A와 피해자 B(20대 중반 여자)는 프리랜서였다. 같은 업종의 일을 하다가 연인 사이로 발전했다. 사건이 있기 한 달 전까지 몇 달간 동거생활도 하였다. 그러다 잠시 헤어졌고, 다시 만났는데 의견충돌로 관계가 또 틀어졌다. 서로 관계를 잘 정리하고 헤어질 생각으로 함께 템플스테이를 떠났다. 템플스테이 기간에 또 언쟁을 하였다. B는 두 사람 물건이 같이 들어있는 배낭을 메고 템플스테이를 하던 절에서 나와 버렸다. 화가 난 A는 B를 절도범으로 신고하는 바람에, B는 현지 경찰서에서 조사까지 받았다. B는 찜질방에서 하룻밤을 보냈다. 다음 날 집으로 돌아가는 버스에서 두 사람은 또 우연히 만났다. B는 A 집에 맡겨둔 짐을 가지러 A와 함께 그의 집으로 갔다.
2020년 4월 어느 날 오후 4시경, A는 짐을 싸서 집을 나가려는 B를 막아섰다. 양손으로 B의 어깨를 밀어 그곳 침대에 넘어뜨렸다. B의 몸 위에 올라타 양팔을 잡았다. B의 상의를 올려 가슴을 빨고, 바지 안으로 손을 넣어 음부를 만졌다. 계속해서 B의 하의를 벗기고는 B와 성관계를 하였다.
이로 인하여 A는 강간 혐의로 기소되었다.

◆

A와 B, 두 사람은 동거하는 기간에도 다툼이 많았다. 하지만 같은 업종에서 일하고 있는 탓에 안 좋게 헤어지면 서로에게 부담이었다. 템플스테이를 가서 대화를 통해 관계를 정리하려고 했다. 그런데 템플스테이 기간에 또 의견충돌이 생겼고, 우여곡절 끝에 다

시 A의 집으로 돌아오게 되었다. 집으로 돌아온 직후 이 사건 성관계가 있었다.

A는 강간이 아니라고 항변했다. 서로 자연스러운 분위기에서 합의로 성관계를 하였다는 취지였다. 그들은 연인 사이였다. 두 사람은 이전에도 다투고 헤어졌다가 다시 만나기를 반복했었다. 이 사건은 바로 직전에 심하게 다투어 서로에 대한 감정, 특히 B의 A에 대한 감정이 매우 악화되어 있는 상태였다는 점이 예전과 조금 달랐다. A는 자연스러운 성관계를 주장하고, B는 강간을 당했다고 한다. A가 범행을 부인하고 있으므로 공소사실을 입증할 직접증거는 B의 진술뿐이다. 따라서 B 진술의 신빙성 여부에 따라 A에 대한 유무죄가 결정되는 상황이다. B는 이 사건 이후에 A와 대화 내용을 녹음했고, 그 녹음파일을 증거로 제출했다. 그 녹음파일은 판결에 어떤 영향을 미쳤을까?

◆

1심 법원은 B의 진술에 신빙성이 있다고 판단했다. B의 진술은 주요 부분에서 일관되고, 흐름이 자연스러우며, 진술 내용에 특별히 비합리적이거나 진술 자체로 모순되는 부분이 없고, 직접 경험하지 않고서는 진술하기 어려운 세부적이고 구체적인 내용을 포함하고 있기 때문에 진실하다고 보았다. 주된 피해 사실, 사건 당시 A의 언행, 사건 전후의 사실관계, 피해 당시 또는 그 이후 자신이 느꼈던 감정 등을 주요 부분으로 보았다.

특히, 1심은 B가 성관계 직후 녹음하여 제출한 녹음파일에 담긴 대화 내용, B가 집 밖으로 나가 떠나가는 장면이 찍힌 CCTV 화면이 B 진술의 신빙성을 뒷받침한다고 하였다. 녹음파일에는 B가 A에게 강제로 성관계한 것을 추궁하고, A는 떠나는 B를 붙잡고 싶어서 성관계를 했다고 변명하는 내용이 포함되어 있었다. CCTV에는 사건 직후 여행 가방을 끌고 A의 집을 떠나려는 B를 A가 따라 나와 무릎을 꿇은 상태로 대화하는 모습이 확인되었다. 다음은 사건 직후 녹음된 대화의 일부분이다.

B: 내가 넣지 말라고 했지? 근데 왜 계속해? 내가 하지 말라고 했잖아.

A: 응

B: 지금 이 상황에서 섹스가 하고 싶냐, 너는?

A: 안 하고 싶어. 그래서 한 거 아니잖아.

B: 그럼 너 왜 했는데? 내가 하지 말라고 했는데 왜 했는데 너? 어?

A: 니가 자꾸 가려고 하니까.

B: 그럼 섹스 해야 돼?

A: 아니 그거를, 니가 좋았으면 좋겠으니까. 아…

B: 나 하지 말라고 했잖아. 분명히.

A: 응

B 넣지 말라고 했잖아.

응. 그런 거 아니야. 니가 자꾸 가려고 하니까. A

B 내가 가려고 하면.

어떻게든 붙잡고 싶으니까. 알았어. 미안해. 미안해. 너 좋아해서 그래 A

1심에서 징역 3년을 선고받은 A는 항소하였다. 그런데 2심 법원에서 상황이 역전되었다. 2심 법원은 1심과 달리 A에게 무죄를 선고하였다. A가 B의 명시적인 거부 의사에도 불구하고 성관계를 한 사실은 맞다. 하지만 강간을 당했다는 B의 진술은 그 구체성과 정확성에 있어서 의심의 여지가 있다고 하였다. 또 A가 B의 의사에 반하여 성관계를 한 것은 맞지만, 강간죄의 성립에 필요한 정도의 폭행이나 협박, 즉 B의 항거를 불가능하게 하거나 현저히 곤란하게 할 정도의 폭행이나 협박이 있었다거나 A에게 그러한 고의가 있었음이 증명되지 않았다고 하였다. 2심 법원이 B 진술의 신빙성을 인정하지 않은 주된 이유는 다음과 같다.

B는 '집을 나가려는데 A가 못 나가게 막고 침대 위로 밀쳤다. 침대로 쓰러지자 몸 위에 올라타서 양팔을 잡아 움직일 수가 없었다. 몸부림치며 저항하였으나 강제로 상의를 벗기고 가슴을 빨고 음부를 만졌다. 몸부림치면서 겨우 빠져나왔는데 다시 붙잡아 바지를 벗기고 성관계를 하였다. 힘으로 제압하고 옷을 벗겼다'는 취지로 진술하였다. 그러나 B의 진술에는 몸싸움, 몸부림, 저항, 억압 등과 같이 일반적이거나 추상적인 단어로 상황이 표현되고, 폭행에 대한 구체적인 언급이나

묘사 등 구체적인 설명이 부족하다. 사귀는 과정이나 사건 전후로 B에게 유형력을 행사한 적이 없는데, 유독 이 사건 성관계 당시에만 유형력을 행사하면서까지 성관계를 가져야 할 이유를 납득하기 어렵다.

성관계 중 있었던 여성상위 자세에 관하여, A는 B가 성관계에 응하는 과정에서 있었던 자연스러운 모습이라 주장하고, B는 도망치려고 하다 다시 끌려왔다고 주장하는데, 이러한 성관계 자세는 강간 상황으로 보기 어려운 사정이다.

A는 B와 관계를 개선하려고 성관계를 하였다고 주장하고 있는데, 두 사람은 싸우고 화해하는 과정에서 성관계를 갖는 '메이크업 섹스'를 자주 해왔던 정황이 있어, 이 사건도 성관계를 다툼과 화해의 일환으로 생각하였을 가능성을 배제할 수 없다.

교제와 이별 과정에서 A에 대하여 부정적 감정을 많이 가지고 있었던 B로서는 이 사건 성관계에 관해서도 자신이 거부 의사를 무시하고 일방적으로 성관계를 한 것이 강간이라 생각하여 고소한 것으로 보인다.

2심은 또 B가 증거로 제출한 녹취록 내용도 A의 강간죄를 입증할 만큼의 증거가치가 없다고 하였다. 녹음된 대화 내용은 B가 거부했음에도 성기를 삽입한 것을 추궁하는 내용일 뿐이고, B의 저항 여부나 A의 유형력 행사에 대해서는 아무런 언급이 없다고 보았다. 검사는 2심의 무죄판결이 부당하다면서 대법원에 상고하였다.

대법원은 다시 2심 법원의 무죄판결이 부당하다면서, 1심 법원과 같이 강간죄가 인정된다며 유죄 취지로 파기 환송하였다. B의 진술은 신빙성이 충분함에도 이를 배척하기에 부족하거나 양립 가능한 사정, 또는 공소사실과 직접 관련이 없는 부수적 사정을 근거로 그 신빙성을 배척하고 무죄를 선고한 2심 판결은 논리와 경험의 법칙에 반하고 자유심증주의의 한계를 벗어난 잘못된 판결이라고 하였다. 대법원이 2심 판결의 잘못을 지적한 주된 내용은 다음과 같다.

2심은 사건 직후 녹음된 대화를 보더라도 B의 의사에 반하는 성관계를 하였다고 A를 추궁할 뿐 피해자의 저항 여부나 피고인의 유형력 행사에 대해 아무런 언급이 없었다고 하였다. 그러나 B는 체격 차이로 인한 힘에 제압당하는 형태로 폭행을 당하였다는 것이므로, 의사에 반하는 성관계를 당하였다는 B의 진술에는 이 사건 폭행에 관한 그와 같은 진술도 포함되어 있다고 보는 것이 합리적이다. 사건 직후 서로의 행위에 대해 잘 알고 있는 당사자 사이에서만 이루어진 대화에서 B가 A의 구체적인 유형력의 행사 내용을 자세하게 언급하지 않았다고 하여 이를 진술의 신빙성을 배척할 만한 사유로 삼기는 어렵다.

2심은 B가 A와 교제 또는 이별 과정에서 갖게 된 부정적 감정 때문에 거부 의사에 반한 성관계를 강간이라고 생각하여 고소한 것으로 보인다는 사정도 신빙성을 배척하는 이유로 삼았다. 그러나 B는 이 사건 성관계에 대하여 변명하면서 지속해서 대화를 요청하는 A의 반성하지 않는 태도에 화가 나 이틀 후에 A를 강간 혐의로 고소하였다. 이러한 B의 행동과 고소 경위는 지극히 자연스럽고, 강간 사실 자체가 아닌 다른 부수적 사유에 의하여 고소에 이르렀을 가능성이 있다는 의심은 합리적이지 않다.

대법원의 파기환송 판결 이후 다시 이 사건을 재판한 항소심 법원은 대법원의 파기취지에 따라 A에게 강간죄를 인정하였다. 법원조직법은 상급법원의 판단은 해당 사건에 관하여 하급심을 기속한다고 규정하였다. 따라서 대법원에서 형사사건을 환송받은 법원은 그 사건의 재판에서 상고법원이 파기이유로 한 사실상 및 법률상의 판단에 대하여 환송 후의 심리과정에서 새로운 증거가 제시되어 상고법원 판단의 기초가 된 증거관계에 변동이 생기지 않는 한 파기취지와 다른 판결을 선고할 수 없다.

한편, A는 대법원에서 자신에게 불리한 환송판결이 선고되자 유리한 증거를 만들 목적으로 B의 새로운 남자친구에게 접근하여 그로 하여금 B가 허위로 신고하였다는 취지의 발언을 하도록 유도하여 이를 녹음하려고 시도하였다. 하지만 원하는 녹음에 실패하자, 이번에는 B가 A에게 허위고소로 강간범을 만들어 미안하다는 내용으로 조작한 문자메시지를 법정에 증거로 제출했다가 발각되기도 하였다.

◆

강간죄는 피해자의 의사에 반하여 성관계를 했다는 것, 즉 비동의 간음만으로는 성립하지 않는다. 폭행 또는 협박 등 피해자의 반항이나 저항을 제압하거나 저항의지를 갖지 못하도록 할 만한 유형력 내지 강제력을 써서 성관계를 했을 때 강간죄가 성립한다. 이 사건의 성관계 과정에서 강간죄가 성립할 만한 유형력이 사용되었다는 사실을 입증할 직접증거는 B의 진술뿐이었기 때문에 B 진술의 신빙성 인정여부가 핵심 쟁점이 될 수밖에 없었다.

2심 법원은 이 사건 성관계를 비동의 간음이라고 보았다. B의 진술이나 사건 이후 녹취록 등에 의하더라도 강간죄가 성립할 정도의 폭행 또는 협박이 있었음이 입증되지 않았다고 판단한 것이다. 특히, 두 사람은 싸우거나 다투고 나서 화해의 일환으로 섹스를 하는 '메이크업 섹스'를 자주 해왔기 때문에 A의 입장에서는 이 사건 성관계도 다툼과 화해의 일환으로 생각했을 가능성이 있기 때문에 강간의 고의를 인정할 수 없다고 판단하였다.

그러나 1심 법원과 대법원은 유형력의 행사 유무를 판단하면서 A와 B의 신체적인 차이에 중점을 두었다. A는 B보다 키는 19cm나 크고, 몸무게는 27㎏ 더 무거웠다. 체격 차이가 매우 큰 편이다. B는 A가 몸 위에 올라타 양손을 붙잡고 옷을 벗겼다고 하였는데, 이러한 체격 차이에 비추어 B의 반항을 현저히 곤란하게 하는 폭행 내지 협박에 해당한다고 보았다. 특히, 대법원은 의사에 반하여 성관계를 하였다는 B의 진술 속에는 이와 같은 방식의 폭행으로 성폭행을 당했다는 의미도 포함되어 있다고 보는 것이 합리적이라고 하였다. 이러한 대법원의 논리는 강간죄의 폭행이나 협박 유무를 파악하는데 매우 중요한 관점이다.

이 사건은 연인 사이에서도 강간죄가 성립할 수 있음을 보여준 사례에 해당한다. 대다수 강간죄는 친밀하지 않거나 일면식이 없는 경우에 발생한다. 일반적으로 낯선 관계에서는 강간 과정에서 강한 강제력이 필요할 것이다. 반면에 부부나 종전에 성관계 경험이 있는 연인관계에서는 유형력이나 이에 대항하는 저항 방식과 정도는 물론, 성관계 이후 상황도 완전히 다른 양상으로 전개될 개연성이 많다. 그러므로 강간죄가 성립하는데 필요한 정도의 유형력이 있었는지를 판단할 때는 당사자의 관계, 신체적 조건, 진술 태도와 내용 등을 세밀하게 종합적으로 따져서 적절한 주장과 진술을 해야 한다. 유죄를 선고한 법원은 이 사건 전에 A와 심하게 다툰 B가 짐을 싸서 떠나가려는 상황이 닥치자, A는 조금 무리해서라도 성관계를 하면 B의 화가 풀리고 관계가 개선될 것이라고 섣불리 판단하여, B의 의사를 무시한 채 큰 체격을 이용하여 강제로 성관계를 한 것이 사건의 실체라고 판단한 것 같다.

이 사건은 1심 유죄, 2심 무죄, 대법원 유죄, 2심 유죄의 과정을 거쳐 A는 최종적으로 유죄판결이 확정되었다. 만약 성관계 직후 B가 기지를 발휘하여 녹음을 하지 않았다면 B의 진술만으로는 A의 유죄판결을 받아내기 어려웠을 것이다. A와 B, 두 사람은 연인 사이인데다 사건 직전까지 상당한 기간 동거도 하였으며, 이별과 화해를 반복하면서 화해과정에서 메이크업 섹스가 잦았다는 참고인 진술 등 유죄를 인정하기 어려운 반대 정황이 상당히 많았고, 현실에서 메이크업 섹스 사례도 적지 않은 상황에서, A도 메이크업 섹스를 주장하고 있었기 때문이다.

무죄를 선고한 2심 법원은 B가 성관계 직후 A와 대화를 몰래 녹음을 한 동기를 의심했다. 녹음이 강간죄의 증거를 확보하려는 차원이었다면 질문내용이 강간죄 인정에 필요한 내용, 즉 어떤 폭력을 행사하였는지, 피해자가 어떤 저항을 하였는지 등이 당연히 포함되어 있어야 하는데 그런 대화 내용이 없으므로 B의 진술만으로는 비동의 간음을 넘어 강간죄가 성립한다고 볼 수 없다고 하였다. 그렇지만 비법률가인 성폭력 피해자에게 법률 전문가나 가능한 정도의 질문을 기대하는 것은 비현실적이다. 대법원도 신체적 격차를 이용하여 위에서 누르는 방식으로 성관계가 이뤄진 경위를 고려하면, B가 명시적으로 성관계에 대한 거부 의사를 표시했음에도 그 의사에 반하여 성관계를 하였다는 B의 진술에는 강간죄에서 필요한 정도의 폭행을 당했다는 취지도 포함된 것으로 보아야 한다고 하였다. 특히 사건 직후 서로 잘 알고 있는 당사자 사이의 대화에서 사건 당시 있었던 구체적인 유형력의 행사 내용을 자세하게 언급하지 않았다고 하여 이를 진술의 신빙성을 배척할 만한 사유로 삼아서는 안 된다는 대법원의 판단은 큰 의미가 있다.

이 사건에서 한 가지 재미있는 점은 사건 이후 A의 집 앞 도로에 설치된 CCTV 영상에 찍힌 모습에 대한 1심과 2심의 해석차이다. CCTV 영상에는 여행 가방을 끌고 걸어가는 B를 A가 뒤따라오다가 마주 보고 대화하는 장면이 찍혀있었다. 1심 재판부는 B를 따라나온 A가 무릎을 꿇은 상태로 B에게 한참 동안 무슨 말을 하는 모습이고, 이 모습은 B의 진술에 부합한다고 판단하였다. 그런데 무죄를 선고한 2심 재판부는 CCTV 영상 속의 모습은 무릎을 꿇는 자세가 아니라 키가 작은 B와 눈을 맞추기 위해 쪼그려 앉아 대화하는 장면으로 보았다. CCTV 영상이 명확하지 않았기 때문에 두 법원 사이의 이러한 해석 차이가 발생한 것인데, 이러한 해석 차이는 결국 유무죄의 심증형성에도 영향을 미쳤다.

한편, 1심 재판에서 A는 B가 이 사건 이후에 자신의 SNS에 A와 함께 다녀왔던 템플스테이 사진을 올린 것을 문제 삼았다. 성폭력 피해를 당한 피해자의 행동으로 볼 수 없다는 주장이었다. 이에 대하여 1심 법원은 성폭행 피해자의 대처 양상은 피해자의 성정이나 가해자와의 관계 및 구체적인 상황에 따라 다르게 나타날 수밖에 없고, B가 SNS에 게시하였다는 템플스테이 사진도 A가 등장하지 않는 사진에 불과하여 템플스테이 사진을 SNS에 올렸다는 사정은 B 진술의 신빙성을 배척할 근거가 되지 못한다고 하였다. 2심 재판에서는 이 부분이 이슈가 되지는 않았다. 아마도 SNS에 올린 템플스테이 사진은 A와 함께 찍은 사진이 아니었기 때문에 A도 2심에서는 이를 강하게 주장하지 않은 것 같다. 만약 B가 A와 함께 다정하게 찍은 사진을 SNS에 게시하였다면 1심 법원도 B의 행동이 피해자답지 않다고 했을 가능성이 있다.

참고로 B가 1심 법원에 증인으로 출석하여 진술한 태도가 공격의 빌미가 되었다. A의 변호인이 B에게 성관계 당시 상황을 묻자, B는 '이전 진술서에 기재된 그대로다'라고 답변하였다. 이를 두고 변호인은 B가 답변을 회피하는 태도라고 공격하였다. 하지만 1심 법원은 성관계 당시 상황에 대한 질문이 이루어지기 전에 변호인이 B에게 질문하는 과정에서 B의 행실이나 성정을 비난하는 질문을 하였고, 이에 변호인에 대하여 적대적인 감정이 갖게 된 B의 답변이기 때문에 그러한 답변 태도는 신빙성을 배척할 만한 사정이 아니라고 하였다. 여기서 법정에서의 진술 태도도 진술의 신빙성을 판단하는 중요한 요소가 된다는 점을 기억해야 한다.

대법원에서 2심의 무죄판결이 파기되었지만 2심 법원이 진술의 신빙성을 판단하면서, B는 몸싸움, 몸부림, 저항, 억압 등과 같이 일반적이거나 추상적인 단어로만 상황을 표현하고 강간죄가 성립할 정도의 폭행이나 협박에 대해 구체적인 언급이나 묘사가 없으므로 신빙성을 부여할 정도로 구체성을 갖추고 있지 않다고 판단한 부분은 눈여겨봐야 할 대목이다. B가 당시 어떻게 몸싸움하고 저항하고 억압했는지를 구체적으로 세밀하게 진술하지 않았다는 것이다. 기본적으로 피해자의 진술은 수사기관이 피해자를 조사하면서 작성한 조서에 기재된다. 그 조서가 법정에 증거로 제출되기 때문에 조서에 답변으로 기재된 내용이 그 사람의 진술이 된다. B에 대한 수사기관의 조서에는 몸싸움, 몸부림, 저항, 억압 등의 추상적 표현이 B의 답변 내용으로 기재되어 있었던 것 같다. 조서 내용이 그렇다면 이것이 진술자인 B의 언어적 습관에 의한 것인지, 아니면 조사자의 조서작성 방식에 의한 것인지는 명확하지 않다. 앞의 경우라면 피해내용을 진술할 때 추상적인 단어나 축약된 말을 사용하는 것보다는 구체적으로 자세하게 진술할 필요가 있다. 뒤의 경우라면, 즉 진술자가 구체적으로 진술을 했는데 조사자가 조서를 작성하면서 진술을 축약하거나 추상적인 단어로 진술취지를 기재했다면 조서를 열람할 때 반드시 바로잡아야 한다. 그렇지 않으면 진술자가 그렇게 추상적으로 진술한 것으로 인정받기 십상이고, 추상적인 진술은 신빙성 배척의 원인이 될 수 있기 때문이다. 조사를 받을 당시 그럴 경황이 없었다면 최소한 법정에서라도 조서에 그렇게 기재된 취지를 설명하거나 실제로 당시 상황을 구체적으로 진술해야 한다.

8 … CCTV는 알고 있다 1 - 소원권

피고인 A는 학교 앞에서 탁구장을 운영하였다. 피해자 B(10대 중반의 여중생)는 일주일에 2번씩 그 탁구장에서 A에게 탁구를 배웠다. 2018년 7월 어느 날 밤 12시경, A는 탁구 연습을 마치고 집으로 돌아가려는 B를 불렀다. 탁구장 입구에서 B와 마주 본 상태에서 손으로 B의 머리를 쓰다듬고, 오른손을 B의 왼손에 깍지 끼우고 끌어안았다. 얼굴을 B의 이마에 비벼대기도 하고, 두손으로 B의 얼굴을 잡고 이마와 귀에 입을 맞추었다.
그로부터 2일 뒤 밤 12시경, A는 탁구장에서 B의 뒤에서 팔로 목을 감싸 B를 끌어안았다. 주차장으로 나가는 B를 따라가 끌어안고 강제로 키스를 하였다.
이로 인하여 A는 청소년성보호법위반(위계등추행) 혐의로 기소되었다.

◆

아동 · 청소년에 대한 강제추행은 형법이 아니라 특별법인 아동 · 청소년의 성보호에 관한 법률(청소년성보호법)이 적용되어 가중 처벌된다. 강제추행죄의 법정형은 10년 이하의 징역이나 1천 500만 원 이하의 벌금이지만, 아동 · 청소년에 대한 강제추행은 2년 이상의 징역이나 천만 원 이상 3천만 원 이하의 벌금에 해당한다. 아동 · 청소년은 19세 미만, 즉 18세까지이다. 만약 A의 유죄가 인정되면 위 특별법에 따라 중한 처벌을 받는다.

이 사건은 B가 탁구장 사장인 A로부터 3일 간격으로 두 차례 강제추행을 당했다고 경찰에 신고하면서 수사가 시작되었다. 첫 번째 추행에 대하여, B는 '탁구 레슨이 끝나고 집에 가려는데 불러서 추행했다. A는 소원권을 쓴다면서 눈을 감고 고개를 들고 있으라고 요구했고, 아무한테도 말하지 말라고 했다. 손에 지갑과 음료수, 휴대폰을 들고 있어서 손을 쓸 수가 없었다.'고 했다. 두 번째 추행은 탁구 연습이 끝날 때쯤 A가 주차장의 구석진 곳으로 불러내 끌어안고 키스를 했다고 진술했다. 주차장으로 아빠가 들어오자 아빠한테는 B가 쓰레기 버리러 잠깐 나갔다고 변명했다는 것이다.

A는 억울하다고 했다. 절대로 B를 추행하지 않았다고 했다. 첫 번째 일은 평소 B가 부적절한 언행을 하기에 B에게 충고하고 훈계하는 과정에서 친밀감의 표현으로 신체접촉을 한 것일 뿐 추행이 아니라고 했다. 두 번째 일은 탁구장에서 사용했던 책장을 버릴 곳을 찾아보려고 주차장 구석으로 가는데 B가 따라 나왔고, 대뜸 안아달라고 하여 등을 토닥여 준 것이지 추행이 아니라고 주장했다. 아마도 B가 자기 부모한테 다른 잘못 때문에 혼날까 봐 또는 추행을 당한 것처럼 행동하여 동정심을 일으켜 쌍꺼풀 수술을 받으려고 거짓말을 하는 것 같다는 의문을 제기했다.

이 사건의 강제추행은 모두 그 시간이 매우 짧았다. 현장에는 A와 B, 두 사람 외에는 다른 목격자가 없었기 때문에 B의 진술이 공소사실에 부합하는 유일한 직접증거였다. 따라서 A와 B의 진술 중에서 누구 말이 더 신빙성이 있는지가 쟁점이 될 수밖에 없었다. 두 사람은 모두 일관되게 진술하고 있어서 일관성만으로는 그 진술의 신빙성을 판단하기 어려웠다. 법원이 어떤 근거로 누구의 주장을 받아들일지 귀추가 주목된다.

◆

1심 법원은 B의 진술을 믿었다. B의 진술은 사건 당시의 주변 상황과 범행 경위, A가 추행한 시간적인 순서 등에 관하여 일관성이 있고, 직접 경험하지 않고서는 꾸며내기가 어려울 정도로 구체적이라고 판단하였다. 진술 자체로 모순되는 부분도 없고, 탁구장 CCTV 영상도 B의 주장에 더 부합된다고 보았다. 재판부는 탁구장 CCTV 영상을 근거로 다음과 같은 장면을 특정하고, 그 장면을 전제로 당시의 사실관계를 파악했다.

첫 번째 범행 당시, B는 손에 지갑, 휴대폰, 음료수를 든 상태에서 A에게 인사를 하고 밖으로 나가려고 한다. 이때 A는 B를 따라가 어깨를 잡고 뒤에서 끌어안는다. A는 계속해서 B의 머리를 쓰다듬고 있다. B는 벽 쪽으로 몸을 기대어 있고, A는 B의 앞쪽에 서서 눈을 마주친 상태로 서 있다. A는 B의 머리카락을 뒤로 쓸어 넘기거나 오른손으로 피해자의 턱을 잡고 있다.

두 번째 범행 당시, A가 햄버거를 먹고 있다. B가 가방과 우산을 들고 A와 함께 탁구장을 나간다. B의 아버지가 2차례 탁구장에 찾아와 B의 행방을 찾는다.

A는 CCTV 영상에서 B가 말하는 것처럼 B의 왼손에 깍지를 끼거나 B의 이마와 귀에 입을 맞추는 장면이 전혀 없으므로 B의 진술은 거짓말이라고 주장했다. 이에 대해 재판부는 탁구장 CCTV는 큰 움직임이 포착될 경우에만 작동하는 기종이고, 그날 A와 B가 20분간 탁구장 입구 쪽 같은 장소에 계속 있었음에도 중간 중간에 2~3분, 8~9분, 6~7분 동안 세 차례 녹화가 정지되어 있었다는 점에 주목했다. 따라서 CCTV에 B가 진술한 A의 일부 행동이 영상으로 남아있지 않다고 하더라도 이는 CCTV 기능상의 문제일 수 있으므로 B의 진술이 허위라고 인정할 수 없다고 하였다. 오히려 A는 B를 훈계하다가 추행의 의도 없이 신체접촉을 하였다고 주장하지만, CCTV 영상에 나타난 A의 행동은 훈계하려는 사람의 모습으로

보기 어렵다면서 다음과 같이 A의 주장을 배척하였다.

첫 번째 추행과 관련하여, A는 'B가 평소 부적절한 언행을 많이 해서 충고를 해주어야겠다는 생각이 들어 귀가하려는 B를 불렀다. B에게 눈을 똑바로 보고 이야기하자고 하였으나, B가 계속 고개를 숙이며 피했다. B에게 소원권을 쓸 테니 고개를 들라고 한 다음 이런 식으로 행동하면 안 된다고 말하였다. 혹시 어린 B가 상처받지 않도록 하기 위해 목을 감싸 안거나 머리를 쓰다듬었다'고 진술한다.

그런데 A도 사건 당일 B가 잘못한 일은 없었다고 했다. CCTV 영상에서 A가 B를 훈계하거나 충고하는 듯한 모습은 발견되지 않는다. A는 B와 본격적인 대화를 나누기도 전에 먼저 B를 뒤에서 끌어안았다. B의 머리를 쓰다듬거나 B의 바로 앞에 서서 얼굴을 잡는 등 이성 사이에서나 행해질 법한 스킨십을 계속해서 시도하였다. 이런 점에서 A의 진술은 신뢰하기 어렵다.

1심에서 유죄판결을 선고받은 A는 항소하였다. 그런데 2심 법원은 A의 손을 들어줬다. 1심의 유죄판결을 뒤집고 A에게 무죄판결을 선고한 것이다. 재판부는 공소사실에 부합하는 유일한 직접증거인 B의 진술을 근거로 공소사실을 유죄로 인정하기 위해서는 그 진술의 진실성과 정확성에 거의 의심을 품을 만한 여지가 없을 정도로 높은 증명력이 요구되는데, B의 진술은 그 정도의 증명력을 갖추었다고 보기 어렵다고 하였다. 2심이 B 진술의 진실성과 정확성을 의심된다고 판단한 주된 이유는 다음과 같다.

첫 번째 범행과 관련하여, CCTV에는 A가 B의 손에 깍지를 끼우고 끌어안는 행위와 B의 이마와 귀에 입을 맞추는 행위는 촬영되어 있지 않다. 그 CCTV가 비교적 큰 움직임이 포착될 경우에 작동하는 기종이고 영상 녹화가 일부 정지되어 있는 점을 고려하더라도, 위와 같이 CCTV에 촬영된 A의 행위와 촬영되지 아니한 A의 행위가 움직임의 정도에 있어 큰 차이가 없고, 게다가 그 시간적 간격이 길지 않다. 또 별다른 움직임이 포착되지 않더라도 촬영되어 있는 경우도 있다. 따라서 A가 손깍지를 끼우고 B를 끌어안거나 이마와 귀에 입을 맞추는 행위가 실제로 없었기 때문에 촬영되지 않았을 가능성을 완전히 배제할 수 없다.

두 번째 범행과 관련하여, B는 탁구장 밖으로 나갈 때 A가 뒤따라 나왔다고 진술하였으나, CCTV 영상에는 A가 먼저 계단을 통해 탁구장 밖으로 올라가고 B는 탁구장 밖으로 나가려고 하다가 다시 탁구장 안으로 들어와 우산을 들고 탁구장 밖으로 올라가는 모습이 확인된다. 따라서 B의 이 부분 진술은 CCTV 영상 내용에 반할 뿐만 아니라 마치 A가 일부러 B를 뒤따라 나왔다는 뉘앙스로 진술한 것이어서 그 진술은 믿기 어렵다.

B는 첫 번째 추행을 당한 날 너무 무섭고 두려운 감정이 들어 주말에 도서관에 가서 공부할 때도 계속 생각이 나서 집중을 할 수 없었다고 진술하였다. 그러나 B는 추행 사건이 발생한 직후 집에 오자마자 새벽 1시경, A에게 '나머지 소원은 월요일에 다 들어줄게요!, ㅋㅋㅋ 월요일에는 1시까지 치고 간다고 큰소리 뻥뻥쳤는 걸요'라는 문자메시지를 보냈다. 자신을 추행하였다는 A에게 1시간도 지나지 않아서 스스로 친근한 내용의 문자메시지를 보내고, 사건 발생 이틀 만에 학교 시험이 끝나자마자 곧바로 A의 탁구장에 가서 탁구를 치고 자발적인 의사로 밤늦게 다시 와서 레슨을 받는다는 것은 납득하기 어렵다.

2심 법원은 이처럼 첫 번째 범행과 관련하여 B가 주장한 일부 추행행위가 CCTV에 촬영되어 있지도 않고, 두 번째 범행과 관련하여 A가 탁구장을 뒤따라 나온 것처럼 진술하였으나 CCTV에는 A가 먼저 탁구장을 나간 것이 확인되는 등 그 진술의 진실성과 정확성에 의문이 있다면서 B의 진술을 믿기 어렵다고 하였다.

◆

보통 범죄 현장이 녹화된 CCTV 영상은 범죄에 대한 강력한 물적 증거다. 그런데 이 사건에서는 같은 CCTV의 영상을 놓고도 1심 법원과 2심 법원이 전혀 다른 방식으로 이해하였고, 그에 따라 선고결과도 정반대로 나타났다. 탁구장 CCTV는 모션감지로 작동하는 기종이어서 연속해서 촬영되는 것이 아니라 일정한 행동이 감지되었을 때만 작동하였다.

첫 번째 범행과 관련하여, B는 A가 왼손에 깍지를 끼고, 이마와 귀에 입을 맞추었다고 주장했지만 CCTV 영상에서 그런 장면은 발견되지 않았다. 이 점에 대해 1심은 녹화영상 중간에 3차례나 녹화가 정지된 부분이 있다는 점을 근거로 B가 주장하는 A의 추행행위는 CCTV가 그 움직임을 감지하지 못하여 녹화되지 않았을 것으로 판단하였다. 반면에 2심은 녹화된 A의 행동과 B가 주장하는 녹화되지 않은 A의 행동은 그 동작의 크기에 별다른 차이가 없으므로 녹화되지 않은 것은 B가 주장하는 그런 행위가 실제로 없었기 때문일 가능성도 있다고 보았다.

두 번째 범행과 관련하여, A와 B가 탁구장을 나가는 장면이 녹화된 CCTV 영상에 대해서도, 1심은 A가 가방과 우산을 들고 B와 함께 탁구장에서 나가는 모습이어서 B의 진술에 부합한다고 했다. 반면에 2심은 A가 자신을 뒤따라 나왔다는 B의 진술과 달리 A가 먼저 탁구장 밖으로 나가고, B는 탁구장 밖으로 나가려고 하다가 다시 안으로 들어와 우산을 들고 탁구장 밖으로 올라가는 모습이 확인되기 때문에 B의 진술은 신뢰하기 어렵다고 하였다. 이처럼 똑같은 CCTV 영상임에도 전혀 다르게 이해하고 판단하고 있음을 볼 수 있다.

첫 번째 추행이 있던 날, B는 사건 후 약 1시간 뒤에 A에게 '나머지 소원을 월요일에 다 들어 줄게요'라는 다소 친근한 메시지를 보냈는데, 이러한 B의 행동에 대해서도 1심과 2심은 다르게 받아들였다. 유죄를 선고한 1심은 B가 A와의 관계를 우려하여 겉으로만 그렇게 행동했다고 보았고, 무죄를 선고한 2심은 문자메시지를 보내기 1시간 전에 강제추행을 당한 피해자의 행동으로 보기는 어렵다고 하였다.

어쨌든 2심 법원은 CCTV에 B가 주장하는 내용이 녹화되어 있지 않고, 그 사건 직후 다정한 문자를 보낸 사실 등을 주된 근거로 B의 주장은 신빙성이 없다고 판단하였다. A는 최종적으로 무죄가 확정되었다.

B의 입장에서 보면, A에 대한 무죄판결을 인정하기 어려운 측면이 많다. 첫 번째 신체접촉과 관련하여, A는 줄곧 평소 언행에 문제가 있던 B를 훈계하던 과정에서 친밀감의 표현으로 신체를 일부 만졌다고 주장했다. 하지만 1심 법원도 언급했듯이 CCTV 영상에서 보이는 A의 행동은 B를 훈계하는 모습으로 보기 어려운 것이 사실이다. A와 B 사이의 거리와 자세, 뒤에서 껴안는 행동 등은 훈계하는 상황과 어울리지 않는다. A는 수사나 재판에서 맨 처음 B를 뒤따라가 뒤에서 껴안은 행동에 대해서는 전혀 진술하지 않았다. 일부러 숨겼을 가능성이 크다. 뒤에서 껴안는 모습은 A 스스로 생각해도 훈계 장면이 아니라고 생각했을 것이다. B는 A가 오른손으로 B의 왼손에 깍지를 끼고 끌어안았다고 했는데, 오른손으로 깍지를 꼈다는 주장은 실제 경험하지 않고는 거짓으로 지어내기 어려운 매우 구체적인 내용이어서 사실을 가능성이 크다. B의 주장이 사실이라면 훈계 목적이었다는 A의 주장이 사실이라고 하더라도 훈계

목적 외에 추행의 의도가 전혀 없었다고 단정하기는 어렵다. 손깍지를 낀 자세로 15살이나 어린 여중생을 훈계한다는 것은 상식적이지 않기 때문이다. 더구나 A는 평소 B의 언행에 문제가 있어서 그날 훈계했다는 것인데, 구체적으로 B의 언행에 어떤 문제가 있었는지, 왜 하필 그 시간에 그런 자세로 훈계를 하려고 했는지는 구체적으로 설명하지 않았다. A는 중학생에 불과한 B에게 오피스 와이프는 있어도 된다거나 결혼 상대자와 진짜로 좋아하는 사람은 다르다는 식의 얘기를 해왔던 것으로 보인다. 이런 도덕관념을 가진 A가 B의 훈계를 운운하는 것은 앞뒤가 맞지 않는다. 따라서 추행의 의도가 전혀 없었다는 A의 주장은 믿을 수 없고, 아마도 훈계와 추행의 두 가가지 생각을 동시에 가지고 있었을 것으로 보인다.

첫 번째 추행과 관련하여서는 CCTV의 모션감지 기능이 핵심 쟁점이었다. 깍지를 낀 행동 등을 모션감지센서가 인식하지 못한 것인지, 아니면 그런 행동이 없었기 때문에 녹화가 안 된 것인지가 문제였다. 문제 되는 신체접촉은 밤 12시 10경부터 12시 29경까지 CCTV에 녹화되었다. 약 20분의 녹화시간에서 중간에 3번 정도 녹화가 정지되었고, 정지된 시간은 16분 이상이므로, 실제로 녹화된 시간은 4분도 안 된다. 녹화된 시간보다 녹화되지 않은 시간이 4배나 길다. 설치된 CCTV의 모션감지 기능과 정지된 시간 등을 생각하면 B가 주장하는 A의 행동은 실제로 없었다기보다는 녹화되지 않았을 개연성이 있다. 2심은 또 녹화된 B의 행동과 녹화되지 않았지만 B가 주장하는 추행 행위가 동작 자체로는 큰 차이가 없으므로 만약에 B가 주장하는 그런 행동이 있었다면 녹화되었을 것이라고 추정하였다. 하지만, 모션감지센서는 어떤 큰 동작이 처음 감지될 때 작동하고 작은 동작이 지속되거나 움직임이 없을 때는 정지되기 때문에 녹화되거나 녹화되지 않은 행동의 전후 상황까지 꼼꼼히 살펴서 실제로 어떤 행동이 있었는지를 판단해야지, 단지 문제 되는 행동과 녹화된 비슷한 행동을 단순 비교하는 것은 합리적이지 않다. 이런 점에서 수사나 재판과정에서 탁구장 CCTV의 모션 인식에 따른 작동방식에 대해 전문가 의견을 듣거나 전체 행동을 재연하여 CCTV에 실제로 녹화가 되는지를 검증해보았으면 좋았을 것 같다.

2심 법원이 B 진술의 신빙성을 배척한 이유 중 하나는 첫 번째 범행 직후 B가 A에게 보낸 친근한 내용의 문자메시지다. 1심 법원은 A와의 관계 때문에 외견상 그런 문자를 보냈다고 추측했는데, 그 문자메시지를 보낸 시점과 내용을 보면 강제추행을 당한 피해자의 일반적인 행동으로 보기 어렵다는 2심의 판단은 수긍이 간다. 다만 B가 나이 어린 중학생이었고, 평소 A에 대해 호감을 갖고 있었으며, 성폭력에 대처하는 양상은 피해자의 성정이나 처한 상황에 따라 매우 다양할 수 있다는 성인지감수성의 관점에서 보자면, B가 그런 문자메시지를 보냈다고 하더라도 강제추행을 당했다는 B의 주장이 거짓이라고 섣불리 단정하는 것은 신중할 필요가 있다. 어린 중학생이 없는 일을 꾸며서 A를 무고할 만한 특별한 동기가 없으므로 더더욱 그렇다. 아쉬운 것은 하필 그 시점에 왜 A에게 그런 내용의 문자메시지를 보냈는지에 대하여 B가 충분한 설명을 하지 않았다는 점이다.

이 사건에서 1심과 2심의 판결 결과는 완전히 달랐지만, 피해자의 진술이 유죄를 입증할 유일한 직접증거인 성폭행 사건에서, CCTV 영상이나 문자메시지가 유무죄에 관한 법관의 심증형성에 어떻게 영향을 미치는지를 잘 알 수 있는 사례다. 그러므로 가해자든 피해자든 성폭력 사건이 발생했을 때는 당사자의 진술 외에 직접적인 증거가 아니더라도 CCTV나 문자메시지 등 객관적인 증거를 확보에 최선을 다해야 한다. 뿐만 아니라 CCTV 영상이나 문자메시지 내용의 어떤 부분에 집중하여 어떤 점을 더 강조해야 본인에게 더 유리한지에 대한 전략적인 분석이 무엇보다 중요함을 잊어서는 안 된다.

9 … CCTV는 알고 있다 2 - 대표님

피고인 A는 피해자 B(30대 여성)가 다니는 회사의 전직 대표였다. B는 A의 퇴사 직전까지 업무상 밀접한 관계였다. A는 다른 회사의 대표로 자리를 옮겼고, 직원 몇 명도 A를 따라 이직하였다. A가 이직한 이후에도 두 사람은 종종 통화는 했었다.

2021년 4월 말 어느 날, A는 우연히 B와 전화통화를 하던 중, B가 직장문제로 고민을 털어놓자 B를 위로하기 위해 함께 저녁을 먹게 되었다. A와 B는 그날 저녁 6시 30분경 식당에서 만나 3시간 동안 술을 마셨고, 밤 10시 40분경 2차 자리로 옮겨 다음 날 새벽 2시까지 술을 더 마셨다. 2차 자리에서는 술집 사장도 합석하였다.

새벽 2시경, 2차가 끝나자, A는 대리기사를 불러 술에 취한 B를 자기 차에 태우고 B의 집으로 향했다. B가 차에서 토하고 집을 찾지 못해 이 사건 호텔에 함께 투숙하였다.

새벽 2시 20분경, A는 그 호텔에서 술에 취해 침대에서 잠을 자고 있는 B의 옷을 벗기고 성관계를 하였다.

이로 인하여 A는 준강간 혐의로 기소되었다.

◆

A는 1심 법정에서는 범행을 자백했다. 그러다 1심 판결에 불복하여 항소를 하더니 항소심에서는 적극적으로 무죄주장을 하였다. A는 당시 B가 술에 취하긴 했지만 합의로 성관계를 하였기 때문에 심신상실이나 항거불능 상태에 있지 않았고, 설령 B가 그런 상태에 있었다고 하더라도 이를 알지 못했다면서 준강간의 고의가 없었다고 주장했다. A가 주장하는 근거는 이랬다. 당시 B가 구강성교를

해주었고, 여성상위 자세뿐만 아니라 후배위 자세와 같은 체위로도 성관계를 했다. 성관계 후에 B가 바람을 자주 피우냐고 물어 20년 만에 처음이라고 말하는 등의 대화도 있었다. 성관계 시점도 호텔 방에 들어가 5시간 정도 지났기 때문에 B도 술이 상당히 깼을 때다. 성관계가 끝난 후에 B에게 뽀뽀를 해주고 먼저 호텔 방을 나왔는데 B는 아무런 항의가 없었고, 그날 아침 9시경 전화통화를 할 때도 다이어리의 행방만 물었지 왜 강간했냐고 따지지도 않았다. A는 경찰에서 적극적으로 거짓말탐지기 검사를 요구하였으나 B는 기억이 잘 나지 않기 때문에 거짓말탐지기 검사가 무의미하다면서 응하지 않았다. 더구나 B의 진술에 대한 진술분석결과는 신빙성이 낮다는 것이므로 신빙성이 없다고 주장하였다.

B는 완전하지는 않지만 호텔에 들어가서 화장실에 들어가 씻고 침대에서 성관계를 하는 과정을 단편적으로만 기억하고 있었다. 그래서 이 사건 성관계 당시 피해자의 상태가 어떠했는지가 이 사건의 쟁점이었는데, 모텔 방에서 발생한 이 사건의 특성상 B의 진술 외에는 직접적인 증거가 없었다. 따라서 호텔의 CCTV 영상이 재판결과에 핵심적인 증거가 되었다.

◆

1심 법원은 범행을 부인하였던 A가 재판 후반부에는 자백하고 B와 합의까지 된 상황이었기 때문에 특별한 어려움 없이 유죄를 인정하고, A에게 징역 1년 6개월에 집행유예 3년을 선고하였다. 그런데 A는 1심 판결 선고 이후 항소를 제기한 후에는 적극적으로 무죄를 주장하여 2심 재판에서는 유무죄가 치열하게 다투어졌다.

하지만 2심 법원은 사건 당시 B가 술에 만취해 있었고, A는 B가 술에 취해 심신상실 내지 항거불능 상태에 있었다는 것을 충분히 인식하고서 그런 상태를 틈타 B를 간음하였음이 충분히 인정된다고 하면서 A의 항소를 기각했다. 재판부가 사건 당시 B의 상태를 판단한 주된 근거는 호텔에 도착하여 객실로 들어가는 모습이 촬영된 호텔 CCTV 영상이었다. 여기에 B의 주량과 그날 마신 술의 양도 중요한 정황증거가 되었다. CCTV 영상과 관련된 주된 판단 내용은 다음과 같다.

B가 호텔에 도착하여 객실에 들어갈 당시 이미 술에 만취해 있는 모습이 CCTV 영상에서 확인된다. 호텔 로비와 복도의 CCTV 영상에 의하면, A가 B의 팔을 부축하여 호텔 안으로 들어오는 모습, A가 체크인을 하는 동안 B는 그 옆에서 몸을 제대로 가누지 못한 채 비틀거리고 데스크에 엎드려 있기도 하고, 바닥에 주저앉자 A가 B를 일으켜 세우는 모습, A는 호텔 엘리베이터에서 내린 다음 제대로 걷지 못 하는 B의 팔을 부축하여 복도를 지나는 모습 등을 볼 수 있다. B는 A의 차에서 자신의 가방을 챙겨오지도 못한 채 그대로 객실로 올라간 것으로 보인다.

◆

1심은 'A가 뒤늦게나마 이 사건 범행 일체를 자백하고 반성하였다'고 하였다. 이런 표현을 보면, A는 수사기관에서부터 1심 재판의 초반부에는 범행을 부인하다가 나중에 입장을 바꿔 공소사실을 자백한 것 같다. 그런데 A가 왜 항소심에서 다시 범행을 부인하게 되었는지 그 이유가 궁금하다. 1심에서는 2개의 로펌에서 A를 변호하였다. 2심에서는 전관 변호사로 변호인이 변경되었다는 점이 달라진 부분이다. 아마도 2심 변호인의 조언에 따른 전략적 선택을 한 것으로 추측된다.

1심의 변호인은 재판 진행상황을 볼 때 계속 범행을 부인할 경우

측에 불과하다고 하였다. 만일 성관계가 아침 7시경 있었다면 B보다 술이 세고 전달 덜 마신 A가 성관계 당시 상황을 더 잘 기억할 수 있었을 텐데도, 성관계를 누가 먼저 시작하였는지, A의 속옷은 어떻게 벗게 되었는지 등 자신에게 불리한 장면이나 정황에 대해 대부분 기억하지 못했기 때문이다.

이 사건은 당시 두 사람의 관계, 나이 차이, 주량과 음주량, 호텔에 도착할 때까지의 상황과 투숙과정에서 보인 B의 상태, 호텔 방에 투숙한 이후 상황 등에 비추어 보면, A가 무죄를 선고받을 가능성은 거의 없었다. 심지어 1심에서는 자백까지 했었다. 그런데도 A는 변호사 선임 등 많은 비용을 쏟아가며 3심 재판까지 받았는데, 유죄판결의 확정시기를 늦추려는 의도 등 다른 목적이 있었다면 몰라도 순수하게 무죄를 주장하는 차원이었다면 불필요하게 비용만 소비한 결과가 되었다.

10 … CCTV는 알고 있다 3 - 신경안정제

피고인 A는 피해자 B(20대 중반의 여성)와 사귀다가 10개월 전에 헤어졌다. 그런데 두 사람의 불륜사실을 알게 된 A의 처는 B를 상대로 불륜으로 인한 위자료소송을 준비하고 있었다.
2019년 8월 어느 날 밤 9시경, A는 B가 일하고 있던 주점으로 찾아가 다음 날 새벽 2시경까지 B와 함께 술을 마셨다. B는 술을 마시던 중에 A에게 처의 민사소송에 대응할 변호사비용을 부담해달라고 요구했다.
새벽 2시경, A는 당장 돈을 인출해주겠다면서 B를 데리고 주점 근처에 있는 상가 건물로 들어갔다. 그런데 건물 2층에 설치된 현금인출기 부스가 닫혀있어 돈을 찾지 못했다. 건물에서 나오던 중 A는 상가 건물 복도에서 B와 한 차례 성관계를 하였다. 성관계 후 B는 죽어버리겠다면서 핸드백에 있던 신경안정제를 꺼내 수 회분을 한꺼번에 먹어버렸다.
A는 B가 많은 양의 신경안정제를 먹고 정신을 차리지 못하고 주차장에 주저앉아버린 B를 택시에 태워 근처 모텔로 데려갔다. A는 술과 신경안정제에 취해 몸을 제대로 가누지 못하고 있던 B와 성관계를 하였다.
이로 인하여 A는 준강간 혐의로 기소되었다.

◆

A는 성관계 사실은 인정했다. 하지만 성관계 당시 B는 정상적인 상태였고 합의로 성관계를 한 것이라면서 범행을 인정하지 않았다. B가 정신과 약을 먹은 후 택시를 타고 모텔에 들어갈 때까지 인사

불성이 되어 전혀 정신을 차리지 못했지만, 모텔 방에서 1시간 정도 잠을 자고 나서야 약 기운이 빠져 정신이 돌아왔다는 것이다. 당시 잠을 자고 있는데, B가 손으로 성기를 만지는 느낌에 잠에서 깼고, B가 구강성교까지 해주었으며, B와 자연스럽게 성관계를 한 것이라고 주장했다.

B는 전혀 다르게 주장했다. B는 '주점에서 A와 함께 양주 1병을 다 마셔 술에 상당히 취한 상태였는데, 현금인출기가 있는 상가 복도에서 한 차례 강간을 당해 수치스러워 죽고 싶은 생각에 우울증약 4봉지를 한꺼번에 먹어버렸다. 술에 취한 상태에서 우울증약을 한꺼번에 먹어서 그런지 몸에 힘이 빠져 그 자리에 주저앉았고, 그 이후부터는 어떤 일이 있었는지 잘 기억나지 않는다. 단지 A와 택시를 타고 있었던 장면만 어렴풋이 기억나고, 다시 눈을 떴을 때는 옷이 전부 벗겨진 상태에서 A가 몸 위에서 성관계를 하고 있었다. A는 성관계를 하다가 콘돔을 빼고 다시 성기를 삽입했다. 성관계를 끝내고는 다시 연인으로 지내자고 말하면서 자신의 신용카드를 던져주고는 모텔을 나갔다. A가 모텔을 나간 후 그대로 잠을 더 잤고, 잠에서 깬 후에 화장실에서 약을 토해냈다. 음료수와 물을 마시고 정신이 좀 돌아왔을 때 모텔에서 나와 경찰에 신고를 했고, 경찰에서 혈액과 소변을 채취했다.'고 진술하였다.

이처럼 성관계가 있었다는 사실 외의 상황에 대해서는 A와 B, 두 사람은 서로 다르게 주장하였다. 그런데 B는 당시 상황을 정확하게 기억하지 못했다. A와 B는 비록 헤어졌지만 한때 연인 사이였고, 사건이 있던 날은 밤늦게까지 함께 술도 마셨다. 모텔에 오기 직전에 상가 건물에서 한 차례 성관계도 있었다. B는 이때의 성관계도 고소 내용에 포함하였지만 검사는 그 부분의 성관계에 대해서는 불기소처분을 했다. 이러한 정황들은 B의 주장을 쉽게 믿지 못하게 만들었다. 결국 이 사건에서는 성관계 당시 B가 항거불능 상태에 있었는지 여부가 쟁점이 될 수밖에 없었다.

◆

1심 법원은 A의 변명에도 불구하고 B의 진술을 받아들였다. 재판부는 A는 많은 술과 정신과 약물을 복용하여 항거불능 상태에 있는 B를 간음한 것이 맞는다고 하면서 A에게 징역 3년 6개월을 선고하였다. 재판부가 성관계 당시 B가 항거불능 상태에 있었다고 판단한 데에는 모텔 CCTV 영상에 나타난 B의 모습이 주된 근거가 되었다. 이 부분에 관한 1심의 주된 판단은 다음과 같다.

모텔 CCTV 영상을 보면, 새벽 3시 20분경 A가 택시에서 먼저 내린 이후 B를 양팔로 힘겹게 부축하여 모텔 계산대로 이동하는 장면, A가 비틀거리는 B의 왼팔을 감싸 안은 채 계산대에서 계산을 하고, 이때 B는 계산대에 머리를 박고 고개를 숙이고 있는 장면, A는 휘청거리는 B를 힘겹게 부축하여 엘리베이터를 타고, 엘리베이터에서 내려 객실로 향할 때 B는 몸을 가누지 못하고 완전히 뒤로 넘어져 복도에 뒤통수를 심하게 부딪친 뒤 일어서지 못하고 주저앉아 있는 장면, A가 객실 문을 연 후 고개를 숙인 채 바닥에 주저앉아 있는 B의 겨드랑이에 양팔을 넣고 일으켜 세워 객실로 데리고 들어가는 장면을 확인할 수 있다. 이와 같이 B는 모텔에 들어갈 당시 상당한 양의 술과 정신과 약물을 먹고서 완전히 정신을 잃어 전혀 몸을 가누지 못 하는 상태였음을 알 수 있다.

법원은 A가 주장하는 것처럼 모텔에 들어와 1시간 정도 잠을 잤다고 하더라도 완전한 항거불능 상태에 빠진 B가 1시간여 만에 정신을 차리고, 또 정신을 차리자마자 곧바로 A의 성기를 만져주고 구강성교를 해주었다는 주장은 상식적으로 받아들이기 어렵다고 하였다.

A의 변호인은 B가 단편적으로 그때 일을 기억하고 있다면서, 이를 근거로 성관계 당시 B가 항거불능 상태에 있지 않았다고 주장하였다. 이에 대하여 법원은 항거불능의 상태에 있던 B가 단편적으로 기억나는 장면들에 대해서만 부분적으로 진술하고 있는 것으로 보아야 하고, 정신이 들었을 때 A가 성관계 도중에 콘돔을 뺀 기억, 성관계 후 카드를 던져주고 나온 기억 등은 모두 준강간죄가 기수에 이른 이후의 사정에 불과하기 때문에, 설령 성폭행을 당하던 중에 일시적으로 항거불능 상태에서 회복되었다고 하더라도 범죄의 성립에는 전혀 지장이 없다고 하였다.

◆

B는 모텔에서 나오자마자 경찰에 신고했다. 신고를 접수한 경찰은 B의 혈액과 소변을 채취하고, 모텔 CCTV를 확보하는 등 신속하게 증거를 수집했다. 이렇게 수집된 모텔 CCTV 영상은 법원이 B의 항거불능상태에 있었음을 인정하는 핵심 증거가 되었다. 그 CCTV에는 인사불성으로 볼 수밖에 없는 B의 모습이 고스란히 찍혀있었기 때문이다.

CCTV 영상은 매우 중요한 증거이지만 그 보존기간이 길지 않다는 단점이 있다. 현재 CCTV 영상의 보존은 법적인 의무가 아니다. 오히려 CCTV는 개인의 사생활보호나 개인정보침해 등의 이유로 개인정보보호법에서는 예외적인 경우에만 설치할 수 있도록 하고, 그 설치 운영자는 자체적으로 촬영기간, 보존기간 등의 운영 관리 방침을 마련하도록 하였다. CCTV 설치 운영자 매뉴얼에는 30일 동안 보관하는 것으로 되어있다. 예외적으로 주차장법은 CCTV를 1개월 이상 보관하도록 의무화하였다. 이처럼 CCTV 영상의 보존은 기본적으로 의무사항이 아니기 때문에 그날그날 삭제되거나 며칠 내지 몇 주 동안만 보존하기도 하고, 가끔 30일 이상 보관되는 경우도 있다.

만약 B가 신고여부를 고민하느라 시간을 지체하거나 경찰이 신속하게 증거 수집을 하지 않아 모텔 CCTV 영상을 확보하지 못했다면 항거불능 상태에서 성폭행을 당했다는 B의 주장은 신빙성을 인정받기가 쉽지 않았을 것이다. 비록 B가 우울증 약을 다량 복용했다고 하더라도 모텔에 들어가 잠깐이나마 잠을 잔 뒤에 성관계가 이뤄진 데다 A가 주장하는 구강성교 등 여러 정황은 합의에 따른 성관계를 전제로 할 때 더 자연스럽다고 볼 여지가 많았다. 더구나 두 사람은 상당기간 연인 사이였고, 이 사건 전에 상가건물에서 있었던 성관계는 검찰에서 무혐의 처분되는 등 B에게 불리한 정황들이 많았다.

다행히 B는 사건 이후 현명하게 대처하여, 그날 모텔에서 나오자마자 바로 경찰에 신고했기 때문에 경찰도 신속하게 증거를 확보할 수 있었다. 신고 직후 채취한 혈액과 소변에서는 졸음을 유발하는 신경안정제 성분이 다량 검출되었고, 소변에서는 음주 대사체인 에틸글루쿠로나이드의 농도가 음주 판단기준 농도인 0.09㎎/L을 훨씬 초과하는 65.22㎎/L이 검출되어 당시 B의 주취 정도가 상당했던 한 것으로 확인되었다. 이런 과학적인 결과물은 B의 진술이 사실임을 증명해주었다.

A의 변호인은 B가 성관계 전후 사정을 일부 기억하고 있을 이유로 B가 항거불능 상태가 아니었다고 주장하였는데, 법원은 항거불능 상태에서도 단편적으로 기억나는 장면들에 대해서만 부분적으로 진술하고 있는 것이고, 단편적인 기억은 대부분 성관계 이후 사정이라는 이유로 변호인의 주장을 배척하였다. 법원은 단편적 블랙아웃과 항거불능의 양립가능성을 인정한 것이다. 따라서 만약 피해자가 범행과정을 단편적으로 기억해 진술하고 있는 비슷한 사건에서, 그런 사정을 이유로 항거불능 상태가 아니라는 주장이 제기된다면, 피해자가 기억하는 일들이 성관계 이전인지 이후의 일인지를 꼼꼼히 따져 법원이 제시한 논리대로 그들의 주장을 반박하면 될 것이다.

한편, 두 사람이 모텔에 가기 직전 농협 현금인출기가 있는 상가 건물 복도에서 있었던 성관계에 대해서 검사가 불기소한 사정은 B 진술의 신빙성 판단하는 과정에서 논란의 대상이 되었다. 검사는 이때의 성관계는 강간죄 성립에 필요한 폭행 또는 협박이 있었다는 증거가 부족하다고 보았다. 하지만 법원은 당시 상황에 비추어 그 성관계는 적어도 B의 동의가 있었다고 보기 어렵고, 따라서 비법률가인 B의 입장에서는 얼마든지 강간으로 생각할 수 있기 때문에 이 사건 직전의 성관계가 법률적인 이유로 불기소되었다는 사정은 B 진술의 신빙성을 의심할 사유가 아니라고 하였다. 따라서 검찰이 어떤 이유로 불기소처분을 하였는지 그 근거까지 꼼꼼히 살펴보아야 한다. 단지 불기소처분되었다는 결과만으로 신빙성을 논할 수는 없기 때문이다.

이 사건을 통해 준강간 사건에서 피해자의 빠른 신고와 신속한 증거확보가 얼마나 중요한지, CCTV 영상이 유죄인정에 어떤 영향을 미치는지를 알 수 있다. 특히, 모텔에 들어갈 때 모습, 방값을 계산할 때의 모습, 모텔 방으로 들어갈 때의 모습 등은 당시 피해자의 상태를 가늠하는 중요한 장면들이다. 따라서 성폭력 범죄를 신고할 때는 경찰에 피해장소나 피해경위에 대해 최대한 정확한 정보를 제공하여 경찰로 하여금 신속하게 증거를 확보할 수 있도록 해야 한다. 일반적으로 경찰서마다 성폭력 사건을 전담하는 경찰이 지정되어 있으므로 신고가 접수되면 필요한 증거를 적극적으로 수집하겠지만, 신고내용이 부정확하면 증거확보가 쉽지 않다. 특히나 술과 약물이 개입된 성폭행 사건은 피해자의 혈액과 소변, 신체에 남아있을 가해자의 흔적을 확보하는 것이 무엇보다 중요하다.

1심 재판 동안 끝까지 범행을 인정하지 않았던 A는 1심에서 실형이 선고되자 항소하였는데, 2심에서는 태도를 바꿔 범행을 모두 자백하고 B와도 합의하였다. A의 처가 B를 상대로 제기한 민사소송도 취하되어 이들 사이의 법적 분쟁은 모두 원만하게 종결되었다. 법원은 이러한 사정을 참작하여 A에게 징역형의 집행유예 판결을 선고하여 A를 석방하였다.

11 … CCTV는 알고 있다 4 - 팝콘

2019년 5월 어느 날 밤 8시경, 피고인 A는 피해자 B(18세의 여대생), 고등학교 후배와 함께 호프집에서 술을 마셨다. B와 후배는 A와 대학동기생이지만 고등학교는 후배들이었다. 호프집에서 A는 안쪽에 혼자 앉았고, B와 후배는 테이블 맞은편에 앉았다. 그들은 밤 9시경까지 소주 7병을 마셨다.
밤 8시 30분경, 후배가 잠시 화장실에 가자 B는 A 옆으로 자리를 옮겨 머리를 A의 어깨에 기댔다. 그때 A는 B의 입술에 입맞춤을 했다. 그리고 B가 테이블에 엎드리자 손으로 B의 가슴을 만지고, 등을 만지면서 브래지어 후크를 풀려고 했다. 화장실에 다녀온 후배는 B가 취한 것을 보고 B의 남자친구를 불렀고, B는 남자친구와 함께 귀가했다. B는 다음 날 A를 고소했다.
이로 인하여 A는 강제추행 혐의로 기소되었다.

◆

A는 B를 추행하지 않았다고 주장했다. B가 그 전부터 여러 차례 호감을 보였고, 후배가 화장실에 갔을 때 옆자리로 와서는 입맞춤을 해 달라고 졸라 가볍게 입맞춤을 해줬고, 가슴을 만진 적은 없었다는 것이다. B가 어떤 이유인지는 모르지만 풀려 있는 브래지어 후크를 채워달라고 하여 B의 등을 만졌을 뿐이라고 했다.

B가 주장하는 내용은 A의 변명과 완전히 달랐다. 그날 술을 많이 마시기는 했지만 의식은 정상적이었다고 했다. 그런데 A가 갑자기 입맞춤을 하고 가슴을 만져 너무 무섭고 당황스러워 반항을 하지 못하고 얼음처럼 굳어버렸던 것이지, A가 주장하는 것처럼 먼저 입

맞춤을 해달라고 하거나 브래지어 후크를 채워달라고 말한 적이 없다고 했다.

일반적으로 여성의 동의가 없이 입맞춤을 하거나 브래지어가 있는 여성의 등 부위를 만지는 행동은 강제추행에 해당한다. 그런데 A는 B의 요구가 있었다는 것이고, B는 그런 요구를 하지 않았다는 것이다. B가 실제로 그런 요구를 했다면 A는 무죄일 것이고, 반대의 경우라면 유죄가 분명하다. 유죄를 입증할 직접증거는 B의 진술밖에 없었다. 두 사람의 주장이 정반대인 상황에서 과연 누구의 말이 사실인지 어떻게 판단할 수 있을까.

◆

1심 법원은 B가 사건 발생 다음 날 바로 신고한 것이나, 주점에서의 입맞춤과 등을 만진 것은 사실이고, 신고 무렵 A가 B와의 전화통화에서 추행을 시인하는 듯이 말한 사정들을 보면, A가 B를 추행했을 가능성도 없지 않다고 하였다. 하지만 주점의 CCTV 영상을 볼 때 B의 진술은 신빙성이 없어 유죄의 증거가 될 수 없고, 유죄를 입증할 다른 증거가 없다면서 A에게 무죄를 선고하였다. 재판부가 B 진술의 신빙성을 배척하고 무죄를 선고한 주된 내용은 이랬다.

주점 CCTV 영상에는 A가 B의 가슴을 만지는 장면이나 가슴을 만지기 위하여 브래지어 후크를 푸는 장면은 없다. A가 몇 분 동안이나 여러 번에 걸쳐 입맞춤을 하였는데도 B가 특별한 거부 반응을 보이지 않았다. B는 남자친구의 부축을 받아 주점 밖으로 나갔다가 다시 들어와서는 A로부터 휴대폰 충전기를 건네받고, A와 후배에게 손을 흔들며 인사까지 하고 자연스럽게 걸어 나갔다.

B의 진술에 의하더라도 당시 술을 마셨으나 의식은 분명하게 있었

다는 것이므로, B의 다양한 성인지감수성을 고려하더라도 입맞춤을 할 때, A가 무섭고 당황스러워 거부하지도 못하고 그대로 있었다는 B의 진술은 믿기 어렵다.

◆

이 사건은 원래 검사가 법원에 벌금형을 약식명령을 청구한 사건이었다. 검사가 법원에 판사의 약식명령을 요구한다는 의미에서 실무적으로 구약식이라고 한다. 구약식 사건은 서면심리로 진행되기 때문에 보통 자백하는 경미한 사건을 신속하게 처리하는데 이용된다. 범행을 부인하는 사건은 헌법이 보장하는 피고인의 재판을 받을 권리를 보장하는 차원에서 정식으로 기소하는 것이 원칙이다. 법원은 구약식 사건이라도 서류심사로 진행되는 약식절차로 처리하는 것이 부적당하다고 판단하면 정식재판에 회부할 수 있는데, 이를 통상회부(通常回附)라고 한다. 약식사건이 통상회부가 되면 통상적인 정식재판 절차에 따라 재판을 진행한다.

A는 1심에서 무죄판결을 받았지만 검사는 무죄판결에 대해 항소를 포기했다. 검사는 범죄혐의가 인정된다고 판단하여 기소하는 것이므로 무죄가 선고되면 항소를 제기하는 것이 일반적이다. 다만 기소 이후의 사정변경이나 법리적인 이유로 무죄판결이 정당하다고 판단되면 항소를 포기하는 경우도 있다. 이 사건에서 1심 법원의 A에 대한 무죄판결에 대해 검사가 항소를 포기한 것도 아마 이런 이유일 것이다.

주점의 CCTV 영상에는 A가 주장하는 모습은 모두 녹화되어 있었다. 하지만 B가 주장하는 내용, 즉 A가 B의 가슴을 만졌다거나 브래지어 후크를 풀려고 하는 장면은 관찰되지 않았다. 오히려 일행인 후배가 화장실에 가자마자, B는 맞은편에 있는 A의 옆으로 옮겨 앉아 A의 허벅지에 머리를 대고 눕거나, 테이블에 엎드렸다가 A의 어깨에 기대는 모습이 관찰되었다. 재판부는 A와 B의 주장이 상반되는 상황에서 CCTV 영상을 근거로 B의 진술은 신빙성이 없다고 판단하고, 대신 A의 변명을 받아들였다. CCTV 때문에 A는 무죄판결을 받은 것이다.

A의 입장에서 볼 때, 만약 주점의 CCTV가 없었다면 무죄판결을 받을 가능성은 희박했다. 주점 CCTV 영상은 신고를 받은 경찰도 확보하였지만, 이와 별개로 A도 주점에 찾아가 그날의 CCTV 화면을 확인하고 휴대폰으로 그 영상을 촬영하여 수사기관이나 법원에 제출하였다. A와 B는 고등학교 선후배였지만 그날 처음 본 사이였고, B는 남자친구까지 있는 상황이었기 때문에, 일반적으로 볼 때 B가 먼저 입맞춤을 요청했다는 A의 주장은 납득시키기 어려운 부분이었다. 함께 술을 마셨던 후배가 목격했다면 좋았겠지만 하필 후배가 화장실에 가고 없는 사이에 발생했다. CCTV가 아니었다면 영락없이 성폭행범이 될 수밖에 없는 처지였다. A는 앞날이 밝은 대학생이었다. 성폭력 범죄자가 되면 신상이 공개되고, 취업도 제한된다. 경우에 따라서는 전자발찌를 차고 다녀야 한다. 학교에도 성폭행범으로 소문나면 정상적인 학교생활도 힘들다. 대학 생활을 제대로 못 하면 연쇄적으로 사회에 정착하는 과정에서도 많은 어려움이 뒤따를 수밖에 없다. 악순환의 연속일 것이다. 주점 CCTV가 A의 삶을 구해낸 것이나 다름없다. 이 사건에서 A가 유죄판결을 받은 경우와 무죄판결을 받은 경우, A의 인생은 완전히 다른 삶을 살게 됐을 것이다. 성범죄 사건에서 CCTV 영상의 중요성을 다시 한번 실감하게 하는 사건이다.

한편, B의 입장에서 보면, A에 대한 무죄판결은 받아들이기 어려운 결과다. B는 사건 당시 의식이 명확했다고 주장했다. 당시 A와 B, 그리고 후배는 1시간 동안 소주 7병을 마셨다. 밤 8시 30분경 후배가 화장실에 간 이후에는 술을 거의 마시지 않았기 때문에 사실상 30분 동안 소주를 1인당 2병 이상 마신 꼴이다. 고등학교 선후배인 A와 B는 그날 처음 만났다. 그런데도 B는 A에게 반말을 하거나 팝콘을 던지면서 농담을 하고, 화장실 갔다가 돌아오면서 A에게 먼저 백허그를 하였다. 후배가 화장실에 간 틈에 A의 옆으로 자리를 옮겨 A의 허벅지에 눕기도 했다. 후배는 B의 남자친구에게 B가 취했으니 데려가라고 연락하였다. 처음 만난 고등학교 남자선배한테 풀려진 브래지어 후크를 채워달라고 했다는 A의 주장은 설득력이 떨어진다. A는 B의 요구로 꽤 오랫동안 여러 차례 입맞춤을 했다는 것인데, A의 주장과 같이 B가 A에 대한 호감을 갖고 있었다면 B도 A의 입맞춤에 적극적으로 호응했을 것 같은데, 그런 모습이 CCTV 영상에서 확인되지는 않았다. 또 연락을 받고 달려온 B의 남자친구가 부축하면서 나가야 할 정도로 취해있었다. 이처럼 당시 B가 마신 술의 양과 속도, 이례적인 행동들, B가 취하자 B의 남자친구를 부른 사정 등을 보면 당시 B는 상당히 만취 상태였을 것으로 볼 여지도 많다. 그런데 아이러니하게도 B는 당시 술은 마셨지만 의식은 분명했다고 주장했다. B는 왜 그렇게 주장했을까? 사실은 잘 기억나지 않았지만 정신이 또렷했다고 강하게 진술해야만 자신의 말을 믿어줄 것이라는 생각이었던 것은 아닐까. 사건 당일 B는 밤 8시경에야 술자리에 합류했다. 비교적 늦은 시간에 합류한 것을 보면 전작이 있었을 가능성도 많다. 혈중알코올농도는 통상 음주 후 30분에서 90분 사이에 최고치에 올랐다가 시간당 약 0.008%에서 0.03%씩 감소한다고 알려져 있다. 따라서 전작이 없었다고 하더라도 그날 마신 술만으로도 30분 만에 만취 상태에 도달할 수 있다. 다만 이 사건에서 B의 주량은 쟁점이 되지 않았다. B가 스스로 의식이 분명했다고 주장했기 때문일 것 같다. 하지만 B의 주량, 사건 이전 음주 여부 등을 더 충분하게 심리하여 사건 당시 B가 만취 상태는 아니었는지에 대해서도 확인했다면 좋았을 것 같다. 그 연장선에서 만약 당시 B의 상태가 만취 상태였다면 준강제추행죄로 신고하는 것도 고소단계부터 고려할 필요가 있었다.

이 사건에서 A는 B가 부정한 의도로 허위고소를 하였다고 주장하여, 재판과정에서 B의 신고 동기나 경위도 쟁점이 되었다. 재판부는 B가 브래지어 후크가 풀려 있던 일로 그의 남자친구와 다투다가 자신의 결백을 주장하기 위하여 A로부터 추행을 당하였다고 신고하였을 수도 있다는 의혹을 제기하였다. 하지만 이런 판단은 증거에 의해 입증된 객관적인 사실이 아니라 어디까지나 추측에 불과했다. 결백을 주장하기 위해 피해 사실을 고소할 수는 있지만 남자친구에게 자신의 결백을 주장하려고 허위고소에 따른 수많은 법적인 위험까지 감수해가며 A를 무고한다는 논리는 허구에 가깝다.

뿐만 아니라 A의 주장은 구체성이 부족하기 때문에 신뢰성이 약하다. A는 B가 여러 번 입맞춤을 요청해서 어쩔 수 없이 그 요구에 응해준 것이라고 주장했지만 구체적으로 B가 어떤 말과 행동으로 요청했다는 것인지에 대해서 구체적인 진술이 없다. 재판부는 B가 먼저 여러 차례 입맞춤을 요청했다는 A의 주장을 사실로 받아들였다. 일반적으로 입맞춤을 요구할 때는 어떤 몸동작을 취하거나 상대에게 말로 요구할 것이다. 입맞춤을 요구하는 행동은 보통 입술을 내미는 모습일 것이고, 그런 행동은 CCTV에 그대로 노출될 수밖에 없다. 그런데 CCTV 영상에서 B가 입맞춤을 요구하는 모습은 발견되지 않았다. 당시 B가 입맞춤을 요청했다는 증거는 A의 진술이 유일하다. 이는 결국 A 진술의 신빙성의 문제로 귀결된다. 그런데 A는 B가 풀린 브래지어 후크를 채워달라고 요구하여 등을 만졌다고 했다. 하지만 브래지어 후크는 구조상 옷 위에서 풀기는 쉬워도 풀린 후크를 옷을 입은 상태에서 채우기는 매우 어렵다. 설령 어떤 경위로 브래지어 후크가 풀렸다고 하더라도 그날 처음 만난 남자선배에게, 그것도 공개된 장소에서 후크를 채워달라고 요청했다는 A의 주장은 설득력이 떨어진다. 술에 취한 B가 브래지어 후크가 풀린 사실을 인지하였을지도 의문이다. 반면에 A에게 술에 취해 테이블에 엎드려 있는 B의 브래지어 후크를 풀 동기는 충분하다. 그런데도 재판부는 A의 주장을 그대로 받아들였다.

재판부가 주점 CCTV 영상에서 A가 B의 가슴을 만지는 장면이 없다고 판단한 부분도 의문점이 있다. 판결 내용만으로는 실제로 A가 가슴을 만지지 않은 것이 확실한 것인지, 아니면 CCTV가 설치된 장소나 촬영사각지대 등 구조적인 문제 때문에 CCTV 영상에는 그런 장면이 없다는 것인지가 명확하지는 않다. B는 A가 자신의 가슴을 만졌고, 브래지어 후크를 풀었다고 진술했다. 사건 장소는 개방적인 곳이었기 때문에 A가 가슴을 만졌다면 CCTV에 노출되지 않는 방법으로 만졌을 것이다. CCTV의 설치 장소와 촬영 각도 등에 관한 상세한 설명이 없어 아쉽다. 이 사건의 신체접촉은 공교롭게도 후배가 자리를 비운 30분 동안 발생하였다. 후배는 왜 30분 동안이나 자리를 비웠는지도 궁금증을 자극한다.

12 … 진술을 분석하다 1 - 세차장 삼촌

피고인 A는 피해자 B(12세의 여학생) 엄마의 사촌 동생으로 B에게는 삼촌이었다. A의 부모는 세차장을 운영하였다. B의 가족은 몇 해 전에 그 세차장 근처로 이사를 왔다. B의 엄마는 세차장 일을 도와주곤 해서, B와 남동생도 세차장에 자주 놀러 왔다. 그런데 B는 지능지수가 60 정도로 어린아이 수준의 지적능력을 갖고 있었다.
2017년 봄 또는 여름 어느 날, A는 세차장 옆에 있는 집에 놀러 온 B를 방으로 들어오라고 불렀다. 컴퓨터를 켜고 B에게 음란한 동영상을 보여주고, 성기를 꺼내어 빨아달라고 요구하여 B로 하여금 입으로 A의 성기를 빨게 하였다.
그 며칠 뒤, 집에 놀러 온 B와 남동생을 방으로 불렀다. 남동생에게 게임기를 주면서 방바닥에서 게임을 하도록 해 놓고, 그 사이에 B를 침대에 눕혀 옷을 벗기고는 B와 성관계를 하였다.
이로 인하여 A는 위력으로 13세 미만의 사람을 강간하거나 강제추행한 혐의로 기소되었다.

◆

A는 B를 성폭행 한 사실이 전혀 없다고 일관되게 주장했다. A의 방에서 고등학생 교복을 보았고, A가 초등학생인 남동생에게 게임기를 주었다는 B의 주장에 대해서는 방안에는 교복이 없었고, 게임기는 고등학생이 된 이후에는 본적도 없으므로 B의 진술은 거짓말이라고 하였다.

이 사건은 2019년 3월경, B로부터 피해 사실을 전해 들은 선생님이 경찰에 신고하면서 수사가 진행되었다. 하지만 A는 범행을 전면 부인하고 있었고, B의 진술 외에는 성폭행 사실을 인정할 수 있는 직접적인 증거가 없었다. 결국 A와 B, 두 사람 중 누구 말을 믿느냐에 따라 유무죄가 결정되게 생겼다. 그런데 수사가 시작된 시점은 사건이 발생한 날로부터 2년이나 지났고, B의 지적능력은 평균인보다 낮아 그날의 실체를 파악하기가 쉽지 않았다. 이런 사정 때문에 수사기관은 B 진술의 신빙성을 판단하기 위하여 진술분석 전문가에게 진술분석을 의뢰하였고, 그 진술분석 결과는 경찰이 기소의견으로 사건을 송치하고, 검사가 A의 혐의가 인정된다고 판단하고 기소하는 데 큰 영향을 미쳤다. 전문가들은 B가 자신의 감정과 생각 등을 포함하여 경험했던 일을 적절한 단어로 표현하는 것이 가능하고, 상대방의 질문을 이해하고 답변할 정도의 언어 능력과 이해 능력을 갖추었다고 평가하였다. 그렇다면 과연 법원은 어떤 판단을 하였을까?

◆

1심 법원은 B의 진술에 신빙성이 있다고 하였다. 그래서 공소사실을 입증할 유일한 직접증거였던 B의 진술을 유죄의 증거로 하여 A에게 징역 7년을 선고하였다. 재판부는 B의 진술은 범행의 주요 부분에 관하여 구체적이고 일관되고, 실제 피해상황을 겪지 못하였다면 진술할 수 없을 정도로 상세하게 묘사하고 있다고 보았다. 특히, B가 성기 삽입 상황에 대하여 '쑤셔 넣었다', '들썩들썩 했다', '아파서 신음소리를 냈다'고 표현하거나, 구강성교 상황에 대하여 '입을 벌리고 아기가 젖 먹듯이 빨았다', '혀로 정액을 빨아 먹었다'라고 진술한 부분에 대하여 직접 경험하지 않고는 진술하기 어려운 독특한 세부정보를 진술한 것이므로 신빙성이 높다고 판단하였다.

재판부는 A의 성폭행에 당황하고 의아했다가 화가 나면서도 불안하고 무서웠다는 부정적 정서의 변화, 성폭행은 싫었지만 평소 좋아했던 A에게 거부당할까봐 적극적으로 저항하지 못했다는 심리 상태, 피해 사실을 폭로했지만 A를 보호하려고 진술을 거부했는데, A와 친척들로부터 비난을 받고 다시 진술하게 된 사정 등 B가 피해를 당하는 과정에서 느꼈던 주관적 감정, 상황에 따른 감정 변화를 자세히 진술한 것으로 인정하였다. 특히, B의 진술태도는 자신의 기억부족을 인정하거나 자신의 진술에 대한 의심을 제기하는 등 준거기반 내용분석(CBCA) 기준에도 부합한다고 보았다. 경찰과 검찰에서 실시한 진술분석결과는 1심이 B 진술의 신빙성을 인정하는 하나의 증거가 되었다.

1심에서 유죄판결을 받은 A는 항소하였다. 그런데, 2심 법원은 B의 진술은 신빙성을 인정할 수 없다고 하였다. 재판부는 B의 진술은 경험 법칙에 반하고, 일관성이나 합리성이 없으며, 허위로 꾸며냈을 가능성이 크다고 보았다. 특히, B의 진술이 신빙성이 있다는 의견을 제시한 수사기관의 진술분석 결과에도 불구하고, B의 진술은 번복되거나 추가되거나 일관적이지 않아 신빙성이 부족하다고 판단하고, A에게 무죄를 선고하였다. 2심이 B의 진술을 배척한 주된 근거는 다음과 같다.

B의 인지 능력은 그 진술의 신빙성을 판단함에 있어 특별한 고려가 필요할 정도로 일반인에 비하여 현저히 부족하다고 볼 수 없다.

B는 A한테 성폭행을 당하거나 A와 성관계를 한 적이 없지만, 자신의 마음을 받아주지 않은 A가 미워서 성폭행을 당하였다고 선생님에게 거짓말을 했다. 그런데 이후 어른들끼리 다툼이 발생하여 사실대로 말할 시기를 놓쳤다는 이야기를 친구에게 여러 번 했다.

B는 법정에서 친구에게 그렇게 말한 사실을 인정했고, 성관계를 하였지만 강간을 당한 것은 아니라고 증언했다. B의 친구가 녹음한 그 대화 파일에서도 A한테 강간을 당한 기억이 없다고 말했다.

1심은 성기 삽입 상황에 대하여 경험하지 않고는 진술하기 어려운 독특한 세부정보를 포함하여 사실감 있게 묘사하였고, 방 구조와 방 안에 있던 물건 등에 관하여 구체적으로 진술했는데, 실제 A의 방 구조나 비치된 가구 등과 대체로 일치한다고 판단하였다. 그러나 성관계 상황에 관한 구체적인 진술은 직접 경험한 사실을 묘사한 것이 아니라 음란물에서 본 장면을 묘사하였을 가능성이 있고, B는 A의 방에 자주 놀러갔으므로 이 사건과 무관하게 방 구조를 자세히 진술하는 것이 가능하였다.

B는 경찰에서 처음에는 구강성교를 당했다는 말은 하지 않고 음란한 동영상을 보여주었다고 하여, 경찰은 A를 아동학대 혐의로만 조사하였는데, 검찰에서는 음란 동영상을 본 날 구강성교행위도 당했다는 피해 사실을 새롭게 추가하였다.

A는 고소 이후 복무 중인 군 헌병수사대에서 거짓말탐지기검사를 받았는데, 당시 A는 '2017년경 A의 음부에 성기를 넣은 사실이 있나요'라는 질문에 '아니오'라고 답변을 하였고, 진실반응이 나타났다.

◆

A는 1심에서 징역 7년을 선고받았다. 성폭력처벌법은 위력으로 13세 미만의 사람을 간음한 경우 무기징역 또는 7년 이상의 징역형으로 처벌한다. 수사기관은 2차례나 B의 진술에 대한 진술분석을

실시하였고, 모두 신빙성이 있다는 진술분석결과가 나왔는데, 1심 재판부가 A에 대한 유죄 심증을 갖는데 그 진술분석결과가 상당한 영향을 미친 것 같다. 1심은 판결문에도 경찰의 진술분석의견서와 검찰의 진술분석결과통보서를 유죄의 증거로 명시하였다. 하지만 2심은 수사기관의 진술분석 결과에도 불구하고 B의 진술을 믿을 수 없다고 하였다. 즉, B의 진술은 일관성과 합리성이 없을 뿐만 아니라, A가 보여준 음란 동영상을 보고 거짓으로 꾸며냈을 가능성까지 있다고 보았다. 법관은 자유심증주의 원칙에 따라 적법한 증거의 증거가치를 자유롭게 결정할 수 있는 재량이 있다. 수사기관의 진술분석결과서가 비록 증거능력이 있는 증거라고 하더라도 그 증거에 유죄의 증명력을 인정할지 여부는 법관의 재량이므로 얼마든지 진술분석결과와 다르게 판결할 수 있다. 결국 1심은 진술분석결과를 인용하였고, 2심은 이를 배척한 것이다. 2심이 A에 대한 거짓말탐지기 검사결과를 무죄의 근거로 명시한 점도 눈에 띈다.

한편, 1심은 B의 진술은 준거기반 내용분석 기준에 부합하기 때문에 신빙성이 있다고 하였다. 준거기반 내용분석이란 진술의 신빙성을 평가하기 위한 하나의 분석틀로서, 영어 'Criterion-Based Content Analysis, CBCA,'의 한국어 번역이다. CBCA는 1954년 독일 대법원에서 성폭력 사건을 해결하기 위해 처음 고안되었고, 1982년 미국에 전해지면서 체계화되었다고 한다. CBCA는 경험적 진실을 기반으로 한 진술은 내용과 질적인 측면에서 허구나 상상에 의한 거짓 진술과 차이가 있다는 점을 전제로 한다. 사건의 특정성과 구체성, 감정적인 반응과 심리상태에 대한 표현, 스스로의 부정, 예상하지 못한 복잡성 등 19개 기준으로 진술의 신빙성을 분석한다. 진술 내용이 기준에 더 많이 부합할수록 신빙성을 높게 평가한다.

이 사건 신고가 접수되었을 때 A는 군인이었다. 그래서 A는 군 수사기관에서 거짓말탐지기 검사를 받았다. 검사결과는 진실반응이었다. 한편, 경찰이나 검찰에서 실시한 B의 진술에 대한 진술분석에서 분석전문가들은 B의 진술이 신빙성이 있다는 의견을 제시하였다. A에 대한 거짓말탐지기 검사결과와 B에 대한 진술분석 결과가 서로 달랐다. 연구 자료에 의하면 거짓말탐기지 검사결과와 진술분석 결과는 평균적으로 90.9% 일치한다고 한다. 그런데 이 사건은 둘의 결과가 다르므로 나머지 10%에 속하는 예외적인 경우에 해당한다. 1심의 유죄선고는 진술분석결과와 일치하고, 2심의 무죄선고는 거짓말탐지기 검사결과와 같다. 2심의 무죄판결이 확정되었기 때문에 마치 거짓말탐지기 검사결과가 더 우월하다고 생각할 수 있지만 그런 원칙은 없다. 거짓말탐지기 검사결과에 대해 법원은 원칙적으로 증거능력을 인정하지 않는다. 범행을 부인하는 많은 사건에서 거짓말탐지검사에서 피고인의 진실반응이 나왔다고 하더라도 그 결과와 무관하게 유죄판결이 선고되는 경우도 많다.

1심에서 징역 7년이라는 중형을 선고받은 A는 2심에서 무죄판결을 받았다. B 진술의 신빙성을 인정하느냐, 하지 않느냐의 차이인데, A에게는 하늘과 땅 차이만큼 엄청나게 다른 결과다. 이처럼 1심과 2심의 재판결과가 달라진 것은 B의 인지능력 내지 지적능력에 대한 입장 차이에서 비롯되었다고 해도 과언이 아니다. 1심은 B가 초등학생인 데다 지능도 낮다고 보고 진술내용의 구체성에 중점을 두고 신빙성을 판단하였기 때문에 세부적인 모순이나 불합리는 신빙성을 판단함에 있어 중요한 요소로 고려하지 않았다. 이와 달리 2심은 B의 인지능력이 일반인보다 특별히 낮은 수준은 아니라고 보고 구체성보다는 진술의 일관성에 비중을 두고 신빙성을 판단하였다. B가 일상적인 의사소통은 가능하지만 기억능력은 낮다고 보았다. B는 수사초기에 경찰과 검찰에서 1번씩 조사를 받았고, 항소심 법정에 증인으로 출석했다. 2심은 B의 진술을 시간의 흐름에 따라 분석하여 B의 진술은 일관적이지 않기 때문에 신빙성이 없다고 하였다. 그런데, B가 증언한 때는 사건이 있었던 때로부터 이미 5년이나 지난 후였다. B의 지적능력이나 기억능력 등을 고려하면

5년 전의 일을 일관되게 진술하기는 쉽지 않은 일이다. 사건 당시 B는 12세 어린이의 시선으로 자신에게 닥친 상황을 인지했을 것이고, 5년 전의 일을 법정에서 증언하는 것은 기억의 혼재나 소실이 생길 수 있는 여지가 많다. B의 이러한 특별한 사정이 신빙성 판단에 충분히 고려되었는지 의문이다. 결과적으로 A의 무죄가 확정되었지만 그 재판결과와 객관적인 진실이 일치한다고 장담할 수 없는 이유이다.

이 사건에서는 좀 특이한 참고인이 있었다. 그는 2심 법정에 증인으로 출석하여, 2022년 3월경 B로부터 B가 A한테 성폭행을 당하거나 성관계를 한 사실이 없다고 말하는 것을 들었다고 증언했다. 그 친구는 당시 B와 나눈 대화를 녹음했고, 그 녹음파일은 A에게 유리한 자료로 항소심 법정에 제출되었다. 실제로 녹음 파일에는 B가 강간을 당한 기억이 없다고 말한 내용이 있었는데, 2심 법원은 이를 B의 신빙성을 배척하는 증거로 받아들였다. 하지만 그 친구가 제출한 녹음파일과 법정 진술의 증거가치에 의문이 있다. 우선 녹음시점이다. 녹음 시기는 1심에서 징역 7년을 선고받은 A가 항소심 재판을 받고 있을 때였기 때문이다. 그 친구는 당시 B로부터 성폭행은 물론, 성관계도 없었다는 말을 들었다고 증언했는데, 녹음 파일에는 B가 강간당한 기억이 없다고 말한 내용만 있었다. B도 2심 법정에서 강간을 당하지는 않았는데 성관계는 했다고 증언했다. 그 친구가 왜 B와 대화를 녹음했고, 그 녹음 파일을 어떤 경위로 A에게 제공했는지가 명확하게 밝혀지지 않았다. B의 지적 능력을 고려했을 때 친구와 대화하면서 성폭행과 성관계의 개념 차이를 명확하게 구분하여 말할 수 있었을까 싶기도 하다. 만약 합의로 성관계를 하였더라도 B는 당시 사건 당시 12세에 불과하였으므로 미성년자의제강간죄가 성립할 수 있다. 재판에서 그 친구에게 녹음경위를 더 따져 물어볼 필요가 있었다. A에 대한 무죄판결은 대법원이 검사의 상고를 기각하면서 그대로 확정되었다.

13 … 진술을 분석하다 2 - 모텔 청소부

피고인 A는 처와 별거하고 있었다. 부업으로 모텔 청소일을 하다가 그 모텔에서 일하는 여자청소부를 알게 되었다. 여자청소부는 7살짜리 딸(B)이 있었다. A는 일을 하면서 여자청소부와 연인관계로 발전하였다. 방을 얻어 8개월을 함께 살았다. 여자청소부는 일이 바쁠 때면 딸을 자주 A에게 맡겼다. 그래서 A는 딸과 단둘이 집에 있는 날이 많았다.

2011년 여름 어느 날 오후, 그날도 B의 엄마는 혼자 일을 나가서 집에는 A와 B만 있었다. A는 침대에 B를 눕혀 놓고 B의 음부에 성기를 삽입하려고 시도하였으나 실패하자, B의 가슴을 입으로 빨았다. B에게 A의 성기를 만지게 하고, B의 질에 손가락을 집어넣었다.

2012년 말경, 그날도 B의 엄마는 A에게 B를 맡기고 나갔다. A는 B로 하여금 성기를 빨게 하고, 자위를 하여 사정을 하자 정액을 B에게 먹였다.

이로 인하여 A는 13세 미만자에 대한 유사강간 혐의로 기소되었다.

◆

A는 B를 성폭행한 사실이 없다며 범행을 완전히 부인했다. 이 사건은 B가 중학교 2학년이 된 2018년경에야 경찰에 신고가 접수되었다. B는 친구에게 우연히 A로부터 성폭행당했던 적이 있다는 말을 했었다. 몇 개월 뒤에 친한 언니와 페이스북을 하면서 어렸을 때 성폭행을 당한 적이 있다는 언니의 말을 듣게 되었다. B도 그 언니에게 자기도 7살 때 새 아빠한테 성폭행을 당했다는 취지의 메시지

를 주고받았다. 그런데 B의 엄마가 우연히 B가 친한 언니와 나눈 페이스북 대화 내용을 보고서 B에게 피해 사실을 확인했다. 그리고 B와 함께 경찰서를 찾아가 이 사건을 신고하였다.

이 사건은 피해가 발생한 때로부터 7년이나 지났고, 가해자로 지목된 A는 범행을 극구 부인하고 있었다. 증거는 B의 진술뿐이었다. A가 범행을 부인하고 있는 사건에서 B의 진술만으로 유죄를 인정하기 위해서는 B의 진술이 진실성과 정확성에 의심을 품을 만한 여지가 없을 정도로 강한 증명력이 있어야 한다. 이런 정도의 증명력을 인정받기 위해서는 B의 진술이 그 자체로 일관되고, 합리적이며, 객관적 사실에 부합하는 객관적 상당성이 인정되어야 한다. 법원은 여기에 B의 성품, 법정 태도 등 인격적 요소까지 종합적으로 고려하여 판단한다. 그런데 B는 당시 7~8세로 상당히 어렸고, 시간도 많이 흘렀다. 이런 상황에서 법원이 B의 진술을 어떻게 평가하는지에 따라 A에 대한 유무죄가 결정된다. 과연 법원은 어떤 판단을 하였을까?

◆

1심 법원은 B의 진술을 믿어주었다. B의 진술은 일관성이 있고, 진술 내용 자체도 합리성이 있으며 모순이 없다고 하였다. 달리 그 신빙성을 배척할 만한 사정도 발견되지 않는다고 하면서 A를 유죄로 판단하고 징역 6년을 선고하였다. 고소경위가 외부적인 요인 없이 자발적이라는 점도 신빙성을 부여하는데 긍정적인 영향을 미쳤다. 특히, 경찰에서 B에 대한 진술분석을 의뢰하였고, 그 진술분석 결과가 유죄의 증거로 제출되었는데, 재판부는 B의 진술은 신빙성이 높다는 진술분석 전문가의 의견을 그대로 수용하였다. 재판부가 받아들인 아동 장애인 성폭력 진술분석 전문가의 분석결과는 다음과 같다.

B는 만 14세 아동으로서 자신의 감정과 생각을 표현하는데 문제가 없다. 질문을 정상적으로 이해할 수 있고 진술능력도 충분하다. 경찰조사가 위협적이지 않은 상황에서 조사자의 중립적이고 적정한 절차에 의한 방법으로 진행되었다. 경찰조사 당시 B의 진술에 영향을 미칠 수 있는 외적요인은 없었다.

피해 당시의 장소별 상황적 특징과 A의 행동 특성을 기준으로 A의 행동을 회상하고 이를 논리적 일관성을 유지하며 진술하고 있다. A의 행동과 이에 대한 B의 반응, 그리고 A의 행동에 대한 B의 주관적 감정에 대해서 실제 경험하지 않고는 진술하기 어려울 정도로 구체적으로 묘사되고 있다. 고소 전후 B의 진술에 영향을 미칠 수 있는 외적 요인은 발견되지 않았다. 이런 점에서 B의 진술은 신빙성이 매우 높다.

범행을 부인하던 A는 1심에서 유죄판결을 선고받고 곧바로 항소하였다. A는 1심 재판부가 B의 진술이 신빙성이 있다는 진술분석 전문가의 의견을 유죄판결의 증거로 채택했다는 것을 알았다. 그래서 개인적으로 사설 진술분석기관에 B의 진술에 대한 진술분석을 다시 의뢰하였다. B의 진술이 신빙성이 없다는 사설기관의 진술분석결과보고서를 무죄의 증거(탄핵증거)로 제출하였다. 그러나 2심 재판부도 B의 진술은 일부 내용이 다소 추상적이고 산발적이기는 하지만, A로부터 성폭력 피해를 입었다는 주된 내용은 전체적으로 일관되고 구체적이기 때문에 신빙성이 있다고 하였다. 1심과 마찬가지로 경찰에서 실시한 진술분석결과를 그대로 받아들이고, A가 항소심에서 제출한 사설기관의 진술분석결과는 증거가치를 인정하지 않았다. 이 부분에 관한 2심 재판부의 주된 판단은 다음과 같다.

B는 공소사실에 부합하는 진술을 하고 있을 뿐만 아니라 범행 당시 전후 상황, A의 행동, 이에 대한 B의 반응이나 B가 느꼈던 주관적 감

정 등을 각 진술하는 등으로 그 신빙성이 인정된다. 해바라기센터의 의뢰를 받아 B의 진술을 분석한 아동·장애인 성폭력 진술분석 전문가에 따르면, B의 진술은 신빙성이 매우 높다고 분석하였다.

A가 항소심에서 B의 진술에 신빙성이 없다는 근거로 B의 진술에 대한 전문가의 진술분석 결과서를 제출했다. 그 전문가는 B가 이 사건으로 외상 후 스트레스성 장애를 겪고 있다면 사건에 관한 구체적인 정보를 기억할 가능성이 있음에도 불구하고, 피해 사실 진술은 구체성이 부족하고, 불안정한 심리상태로 친하게 지내는 지인과의 공감대를 형성하기 위해 피해 사실을 작화하였을 가능성이 있기 때문에 신빙성이 없다는 의견이다.

그러나 당시 B는 그 나이 또래 어린이의 시선으로 상황을 인지할 수밖에 없어서 피해 사실에 대한 기억이 어느 정도 추상적이거나 일반적일 수밖에 없어 세부적인 정보를 기억하지 못 하는 것이 이례적으로 보이지 않는다. 피해 진술은 약 7년 정도 경과한 후 이루어진 만큼 기억의 산일이나 혼재가 생기기에 충분하다. 성인도 성범죄를 당해 빠른 시간 내에 진술하더라도 두려움, 당혹감 등으로 추행방법 등에 관하여 구체적으로 진술하지 못 하는 경우가 많다. 대략 7~8세인 어린 나이에 모친과 함께 지내는 A로부터 성폭력 피해를 입은 B의 사정을 감안해야 한다. 이런 점에서 볼 때 사설기관의 진술분석결과는 B 진술의 신빙성을 배척할 근거로 삼기 어렵다.

◆

1심과 2심은 B의 진술은 신빙성이 높다는 아동 장애인 성폭력 진술분석 전문가의 진술분석결과를 판결문에 그대로 원용하면서 유죄판결을 선고하였다. 반면에 B가 사설기관에 의뢰하여 받은 진술분석결과는 그 분석결과의 판단근거에 합리성이 없다면서 받아들이지 않았다. 경우에 따라 다르겠지만 법원은 대체로 당사자가 사설기관에 의뢰한 진술분석결과보다는 수사기관에서 의뢰한 진술분석결과를 더 신뢰하고, 수사기관의 진술분석결과보다는 법원에서 직접 의뢰하여 받은 진술분석결과를 더 신뢰하는 경향이 있다. 사건을 심리하는 재판부의 입장에서 볼 때 사설기관이나 수사기관의 진술분석 결과는 의뢰자의 의도가 반영될 가능성이 있다고 보기 때문일 것이다. 하지만 어떤 경로를 거쳤느냐와 상관없이 법원은 진술분석결과에 대해 절대적인 증명력을 인정하지도 않고, 무조건 배척하지도 않는다. 설령 법원이 의뢰한 진술분석결과라도 마찬가지다. 법원은 진술분석의 경과와 내용, 판단근거를 해당 사건의 사실관계를 바탕으로 논리와 경험 법칙에 따라 검토하고, 그밖에 수사기관이나 재판과정에서 진술 내용의 일관성, 구체적, 합리성, 법정에서의 진술 태도나 뉘앙스 등을 종합적으로 고려하여 판단하고 있다. 법원이 진술분석결과를 대하는 입장이 이렇다고 하더라도 피해자 진술이 공소사실에 부합하는 유일한 증거인 많은 성폭력 사건에서는 진술분석이 선택이 아닌 필수적인 절차가 되고 있다.

가해자인 피고인이 범행을 부인하는 경우 대체로 피해자의 진술에 대해서 진술분석이 이뤄진다. 피고인은 유죄판결이 확정될 때까지 무죄가 추정되고, 피해자의 진술이 공소사실에 부합하는 유일한 직접증거일 경우 피해자 진술의 신빙성에 따라 유무죄가 판가름 나기 때문이다. 따라서 억울한 가해자라면 피해자 진술의 신빙성을 탄핵하기 위해 수사기관이나 재판부에 진술분석을 요구하거나 사설기관이라도 이용해 볼 필요가 있다. 사설기관에 의뢰할 경우 특히 주의할 점은 진술분석결과 부정한 영향을 미쳤다는 의심을 받을 만한 행동을 해서는 안 된다는 것이다. 실제 사건처리 과정에서는 피고인 진술의 신빙성도 유무죄 판단에 미치는 영향이 크기 때문에 피고인 진술에 대한 진술분석도 많이 활용되고 있다.

14 … 진술분석결과는 의견이다 - 과외선생님

피고인 A는 영어 과외 선생님이었다. 피해자 B(13세 여중생)는 A에게 영어를 배웠다. 주로 A의 공부방이나 B의 집에서 과외공부를 했다.
2020년 6월 13일 오후 3시경, A의 공부방에서 과외수업을 하던 날이었다. A는 수업을 하다가 갑자기 B의 팬티 안으로 손을 넣어 음부에 손가락을 집어넣고, 손으로 B의 가슴과 엉덩이를 만졌다.
2020년 6월 16일 오후 5시경, 그날은 B의 집에서 과외수업을 하였다. A는 수업을 하다가 B의 상의를 걷어 올리고 가슴과 허리를 만졌다.
2020년 8월 13일 오후 5시경, A는 B의 집에서 수업을 하던 중 갑자기 B를 침대에 눕히고 입으로 B의 가슴을 빨고, 손으로 음부와 가슴을 만졌다.
B로부터 피해 사실을 전해 들은 B의 부모는 A를 고소했다.
이로 인하여 A는 B에 대한 유사강간과 강제추행 혐의로 기소되었다.

◆

A는 B의 엄마가 온라인 카페에 올린 영어 과외교사 구인 광고를 보고 B에게 영어를 가르치게 되었다. 이 사건으로 고소장이 접수되기 전까지 6개월 정도 과외수업을 했다. 과외수업이 중단되기 이틀 전, B는 엄마가 낸 영어단어 시험을 보다가 갑자기 울면서 영어 과외를 그만두고 싶다고 했다. B의 엄마가 그 이유를 묻자 B는 말을 하지 않은 채 A에게 성폭행을 당했다는 내용을 노트에 적었다. 노트에 적힌 내용을 본 B의 엄마는 깜짝 놀라서 그 노트 내용을 근거

로 A를 고소한 것이다. B는 해바라기센터에서 경찰관에게 처음 조사를 받았고, 1심 법정에서 2번 증인으로 출석하여 피해 사실을 증언했다.

A는 처음부터 성폭행 사실을 인정하지 않았다. B를 추행하거나 유사 성행위를 한 사실이 전혀 없다면서 억울하다고 했다. 오히려 B가 좋지 않은 수업태도를 부모에게 숨기고, 영어 과외를 그만두고 싶은 의도로 거짓말하고 있다고 주장했다.

이 사건은 A의 공부방 또는 B의 집이라는 폐쇄적인 공간에서 발생했다. 두 사람만 있던 상황이어서 목격자도 없었다. 그런데 성폭행을 당했다는 B와 그런 사실이 전혀 없다는 A의 주장이 대립하고 있다. 결국 A의 범행을 입증할 직접증거는 B의 진술뿐이므로 B 진술의 신빙성 여부가 A에 대한 유무죄를 결정짓는 열쇠였다. 법원이 B 진술의 신빙성에 대해 어떤 판단을 했을지 귀추가 주목된다.

◆

1심 법원은 B 진술의 신빙성을 인정하였다. B는 엄마에게 처음 피해 사실을 알렸을 때부터 법정에 이르기까지 A로부터 추행을 당하게 된 경위, A의 구체적인 행동, 이에 대한 B의 대응 등에 대하여 구체적으로 일관되게 진술하고 있고, A의 추행으로 인한 감정에 관하여도 직접 경험하지 않고는 표현하기 어려운 세부적인 묘사를 진술하고 있다고 하였다. A로부터 과외를 받은 날만 유독 정신적인 고통을 호소하는 메모가 다이어리에 기재되어 있는 것도 신빙성을 뒷받침하는 요소로 보았다. 이에 반하여 A의 주장은 상식에 반하여 합리성이 없다고 하면서 A에게 유죄를 인정하고 징역 6년을 선고하였다. B가 수사기관과 법정에서 진술한 내용은 대체로 다음과 같다.

(처음 추행 관련) 공부방에서 TV를 보고 있는데, A가 다가와 공부 안 할 거냐며 백허그를 하고 가슴, 허벅지를 만지기 시작하였다. 놀거라고 장난식으로 얘기하자 A는 조금 더 심하게 가슴, 허벅지를 만지며 질을 손가락으로 쑤시듯 만지면서 '이래도 놀거냐'라고 말하여 발로 차고 팔로 밀쳤다. 영어 문장을 외우고 있는데 A가 뒤에서 안으며 시험을 보겠다고 말했다. 손을 치우라고 했더니 가슴을 만졌다. 공부는 거의 못했고 집에 가야 한다고 졸라 A 차를 타고 집으로 돌아왔다.

(두 번째 추행 관련) 집에 동생만 있었다. 책상에 앉아 문제를 풀고 있는데 옆에 앉아 있던 A가 일어나더니 뒤에서 가슴 쪽을 만지다가 질을 만졌다. 거부하며 팔을 치우면 중단했다가 다시 반복했다. 관심을 안 주면 그만둘 거로 생각해서 가만히 있기도 했고, 뒤돌아서 A의 배를 차기도 했다. 그날이 특별히 기억나는 이유는 손으로 항문을 후볐기 때문이다.

(세 번째 추행 관련) 문제를 풀고 있는데 A가 안아서 침대에 던지고 몸을 만졌다. 가슴과 팔 쪽 냄새를 맡고, 허벅지 쪽 냄새를 맡으려고 하여 다리를 X자로 꼬아서 A의 몸을 꽉 쥐었다. 다시 의자에 앉아 문제를 풀려고 하는데 A가 다시 가슴, 허리를 만지다가 팬티 안에 손을 넣어 질을 만졌다. 장난감 같은 거로 A를 막 쳤는데도 그만두지 않았다. A는 다시 B를 침대로 던져 추행을 하여 A의 머리채를 잡았다. 잡고 있던 머리채를 놓아주자 화를 내며 가방을 싸 집으로 갔다. 이날도 동생만 집에 있었다.

1심 법원은 B는 A가 질을 만지는 모습, A의 팔을 치우며 저항한 행동, A가 가슴과 허리를 만진 방법, 침대에 던질 때나 의자에 앉아 있는 상태에서 안았던 방식 등에 대해 설명하면서 당시 행동을 재연하는 등 비언어적 표현까지 풍부하게 사용하고 있는 점도 신빙성을 인정할 수 있는 근거라고 하였다. 특히, B는 엄마의 추궁을 받고 추행 사실을 즉흥적으로 노트에 기재하였는데, 그 노트에는 추행을 직접 경험하지 않고는 알기 어려운 복잡한 심경의 변화들이 표현되어 있어 B가 사실을 허위로 꾸며냈다고 보기 어렵다고 하였다. 여기에 B는 고소 직후부터 정신건강의학과에서 우울증, 외상 후 스트레스 장애로 치료를 받고 있는데, 이 사건 범행이 없었다면 B가 이러한 진단을 받아 현재까지 약물치료를 받을 이유가 없다는 것도 신빙성을 인정할 근거라고 하였다.

1심의 유죄판결에 불복하여 A는 항소했다. 그런데 항소심 재판에서는 반전이 일어났다. 2심 법원은 1심과 달리 B의 진술은 신빙성이 없다고 하면서 A에게 무죄를 선고하였다. 특히 2심 재판부는 사건 당시 A의 행동 및 이에 대한 B의 대응, 사건 직후의 상황, 피해 일시 등과 같이 사건의 핵심적인 사항에 대하여 B의 진술은 일관성이 없다고 하였다. 또 해바라기센터에서의 진술은 조사자의 질문에 따라 진술이 점차 구체화되고, 피해내용을 추가하는 태도를 보이기 때문에 믿을 수 없다고 하였다. 2심이 B의 진술을 배척한 주된 이유는 다음과 같다.

처음 범행 당시, B는 오전 10시경 공부방에 갔고, A가 밥을 먹는 동안 거실에서 TV를 보고 있는데 뒤에서 다가와 추행했다고 진술했는데, 나중에는 A가 지문을 외우라고 해서 방에 들어가 외우고 있을 때 추행했다고 진술했다. A가 공부방에는 가스가 연결되어 있지 않아 밥을 먹을 수 없었고 하자, 밥이 아니라 육개장 컵라면을 먹었다고 진술을 변경하였다.

두 번째 범행에 관하여, B는 경찰에서는 A가 가슴과 허리를 만졌고 다른 성추행은 기억나지 않는다고 진술하였다. A가 손가락을 항문에 넣은 시기는 2020년 7월 말 또는 8월 초라고 하였다. 그런데 1심 법정에서는 2020년 6월 16일 손으로 항문을 후볐기 때문에 그날을 기억한다고 진술하여 종전 진술을 번복하였다.

세 번째 범행에 관하여, 처음에는 A가 침대에 던지기 전에 성추행을 했고 이후 침대에서 다시 성추행을 했다는 취지로 주장하다가, 나중에는 A가 B를 침대에 던진 후에 성추행이 시작되었고, 그 이후 문제를 풀려고 의자에 앉았을 때 다시 성추행을 하였다고 진술하였다.

특히, 2심 재판부는 항소심에서 B에 대한 진술분석을 실시하고 신빙성이 있다는 의견을 제시한 전문심리위원의 분석결과와 달리 B의 진술은 신빙성이 없다고 판단하였다. 재판부는 전문심리위원의 의견을 받아들일 수 없는 이유를 다음과 같이 설명하였다.

전문심리위원은 B의 진술은 신뢰할 수 있다는 의견을 제시하였으나, B의 진술은 일관성이 부족하다. 전문심리위원은 CBCA(준거기반내용분석) 기법을 사용하였는데, CBCA의 변별력과 효용성에 대해서는 아직 논쟁이 끝나지 않은 상태로 신뢰도가 충분하지 않다는 지적이 있다. 특히, 사건에 대한 익숙함이 CBCA 점수를 높일 수 있기 때문에 실제로 경험하지 않아도 여러 경로를 통해 사건 관련 정보에 익숙해진 상태에서 진술하는 경우 실제 경험한 사람과 점수 차이가 거의 나지 않는다는 보고도 있어 위 기법을 전적으로 신뢰하기는 어렵다.

B에 대한 CBCA 점수가 총점 36점 중 21점으로 신빙성이 있다는 평가 영역(18점 이상이면 신빙성이 있다고 평가)에 해당하기는 하나

그 점수가 크게 높지 않아 신빙성을 담보할 수 있는 수준은 아니다. 일부 준거, 즉 대화의 인용, 자발적인 수정, 기억 부족의 시인, 자기 진술에 대한 의심 제기, 자기 비난, 가해자 용서 등 6개의 항목은 0점으로 평가되었다.

이러한 사정을 고려하면, B의 진술이 신빙성이 있다고 평가한 전문심리위원의 의견을 그대로 신뢰하기는 어렵다.

◆

이 사건에서 특이한 점은 2심 재판부가 법원의 전문심리위원을 선정하여 B의 진술에 대한 진술분석을 의뢰하였고, 전문심리위원은 B의 진술은 신빙성이 높다는 의견을 제시하였음에도 불구하고, 재판부는 진술분석 기법의 한계, 평가항목별 평가점수 등을 근거로 전문심리위원의 의견을 수용하지 않았다는 점이다. 재판부는 전문심리위원이 진술분석 과정에서 B와 직접 면담을 하지는 않고 수사기관이나 법정에서의 기존 진술만을 대상으로 분석하였다는 점도 분석결과를 신뢰할 수 없는 이유라고 하였다. 전문심리위원은 18개 준거를 사용하여 신빙성 여부를 분석하였다. 준거기반 내용분석에서는 준거마다 0점부터 2점을 부여하여 36점이 만점이고, 절반인 18점 이상이면 신빙성이 있다고 판정하는데, B는 21점이었다. 총점이 신빙성 평가기준을 간신히 기준을 통과하였고, 6개 항목에서는 0점을 받아 전문심리위원의 분석결과를 신뢰할 수 없다고 하였다. CBCA 기법은 분석 대상자와 면담을 하는 게 원칙인데, 법원 전문심리위원이 B와 면담을 하지 않은 사정이 뭔지 궁금하다. B는 수사기관에서 1번, 1심에서 2번 등 모두 3번 공개적으로 피해 사실을 진술했기 때문에 진술분석을 위한 추가 면담이 자칫 2차 가해가 될 수 있다는 고려 때문일 수도 있다. 그런 이유라면 B의 입장에서는 억울할 수 있다. 전문심리위원이 B와 면담을 했다면 평점이 달라졌을 가능성도 있다. B의 2차 피해를 막기 위한 배려가 도리어 B의 진술을 믿지 못하게 만든 원인이 된 격이다. 성폭력 피해자는 그날의 기억을 다시 떠올리는 것조차도 끔직한 일이다. 하지만 피해진술을 회피할 경우 사건이 전혀 다른 방향으로 진행될 수 있기 때문에 진술하는 것이 힘들더라도 적극성을 보일 필요도 있다. 이 사건에서 B의 진술은 유일한 유죄의 증거였다. 그런데 그 진술의 신빙성이 배척되면서 1심에서 징역 6년의 중형을 선고받았던 A는 2심에서는 무죄 판결을 받고 석방되었다.

피고인이나 피해자의 진술 외에 공소사실을 인정할 증거가 많지 않은 성폭력 사건에서 수사기관이나 법원은 진술분석을 통해 신빙성을 판단하여 실체관계에 더 접근하고자 한다. 진술의 신빙성을 분석하는 사람들을 수사단계에서는 진술분석전문가라고 하고, 법원에서는 전문심리위원이라고 한다. 법원의 전문심리위원은 법원이 재판과정에서 기술적, 과학적, 전문적인 사안을 심리하는데 도움을 주는 전문가이다. 전문심리위원의 분석결과나 전문가의 의견은 직접증거가 아니라 전문가의 의견일 뿐이고, 법적 구속력은 없다. 따라서 법원은 그 분석결과를 법적 기준에 따라 분석과정의 합리성을 검증하여 그 수용여부를 결정한다. 진술분석에는 일반적으로 사용하는 준거기반 내용분석 기법(CBCA)이 일반적으로 활용되는데 문제점도 없지 않다.

이 사건의 재판과정을 보면 B 진술의 신빙성, B의 무고 동기에 대하여 1심과 2심은 정반대로 판단하였다. 2심은 B의 무고 동기가 충분하다고 판단하였다. B는 이 사건 이전부터 영어공부와 관련된 A의 문자에 답을 하지 않거나 장난스러운 문자를 보내거나 수업태도가 좋지 않았다. 사건 이전 꽤 오래전부터 과외를 그만두고 싶었으나 부모의 완강한 태도 때문에 그만둘 수 없었다. 수업태도나 과

제수행 등으로 A와 갈등이 있었고, 마지막 추행이 있었다고 주장하는 날에는 머리채를 잡는 몸싸움까지 벌어졌다. 이런 일들을 빌미로 영어 과외를 받기 싫었던 B는 A로부터 성폭행을 당했다고 하면 과외를 중단시킬 수 있을 것이라는 동기에서 거짓말을 한 것으로 보았다. 학업 스트레스가 많은 여중생의 입장에서 충분히 생각할 수 있는 묘안이다. 무고의 동기에 관한 2심의 판단은 A와 그 변호인의 주장을 근거로 하였을 가능성이 크다. A의 입장에서 본다면, A와 그 변호인이 재판부로 하여금 B가 A를 무고할 동기가 있다는 심증을 갖도록 하는 변론은 성공적이었다고 평가할 수 있겠다. 이 부분은 매우 중요한 의미가 있다. 억울하게 무고를 당했다고 주장하는 피고인이라면 피해자가 거짓말을 하면서까지 허위주장을 할 이유나 동기가 무엇인지를 깊이 살펴보아야 한다. 모든 무고행위에는 목적과 동기가 있다. 무고의 동기가 제대로 설명되고 이해된다면 유리한 입장에 설 수 있다. A는 이 사건이 발생하기 훨씬 이전부터 B가 과외 수업을 중단하고 싶어 했다는 사실, 수업태도 불량으로 갈등을 겪었다는 사실, 수업 관련 문자를 무시하거나 심지어 수신차단을 한 사실 등 B의 무고 동기를 의심케 하는 근거를 구체적이고 설득력 있게 제시하였다. 여기에 B와 주고받은 문자메시지, 과외 수업 중에 A의 스마트폰으로 게임을 한 기록 등에 관한 자료를 제출하여 자신의 주장을 보강하였다. 무고의 동기에 대한 의심과 진술에 일관성이 없다는 판단은 B 진술의 신빙성을 배척하는 원투펀치였다.

이 사건은 대법원에서 검사의 상고를 기각함에 따라 A에 대한 무죄가 확정되었다. 억울했던 과외선생님은 이제야 마음 편하게 잠을 이룰 수 있게 되었다.

15 … 진술분석에도 등급이 있다 - 베란다의 카메라

피고인 A는 2005년부터 피해자 B의 엄마와 사실상 부부로 지냈다. B의 부모는 이혼했었다.
2009년 8월 어느 날 새벽, A는 피해자 B(당시 13세)의 방에 들어갔다. 침대 밑에서 반바지와 티셔츠만 입은 채 자고 있던 B의 바지 위로 음부를 만졌다.
2011년 어느 날, A는 안방 침대에서 B와 이불을 함께 덮은 채 영화를 보고 있었다. A는 이불속에서 성기를 꺼내고, 손으로 B의 목덜미를 잡아 이불 속으로 끌어당겼다. B의 얼굴을 자신의 성기에 가져다 대면서 입으로 성기를 빨도록 하였다.
2016년 1월 어느 날, A는 지방에 있는 B의 외할머니 집에 가게 되었다. A는 방에서 잠을 자던 B의 상의가 올라가 가슴이 드러난 모습을 보자 휴대전화로 그 모습을 촬영하였다.
2017년 9월 어느 날, A는 새로 이사한 아파트 베란다 선반에 소형 카메라를 설치해 놓고 B의 신체를 촬영하려고 하였다. 그러나 B가 베란다에서 계속 깜빡이는 불빛을 보고 그 카메라를 발견하는 바람에 촬영에 실패했다.
이로 인하여 A는 성폭력범처벌법위반(친족관계에의한강제추행) 및 (카메라등이용촬영) 등 혐의로 기소되었다.

◆

A는 성폭행 사실을 모두 부인했다. 단지 잠자는 모습을 휴대폰으로 촬영한 일은 인정했는데 나중에 B의 잠버릇을 알려주려는 의도였다고 변명했다. 카메라를 베란다에 설치한 것은 CCTV 카메라를

개발하고 있던 터라 경쟁사 제품의 성능을 테스트하는 과정이었지 B를 촬영할 의도는 없었다고 주장했다. 그러면서 고소 동기에 의문을 제기했다. B의 엄마와 재산분할 등 민사 분쟁이 진행 중이었는데, 그 소송에서 유리한 입장을 차지하기 위해 엄마의 사주를 받고 거짓말하는 것이라고 하였다.

B는 사건 당시에는 피해 사실을 알리거나 신고하지 않았다. B는 처음 강제추행이 있었던 때로부터 약 9년 후에야 고소했다. 처음 추행을 당할 때는 9살이었는데, 고소할 때는 18살이었다. 고소 무렵 A와 B의 엄마는 사실혼관계가 끝나 재산분할 등 소송이 진행되고 있었다.

이 사건은 당시 A와 B 외에는 목격자가 아무도 없었다. 따라서 공소사실을 입증할 직접증거는 B의 진술이 유일했다. 오래전에 발생한 사건을 B의 진술만으로 유무죄를 가려야 하는 어려운 사건이었다. B의 진술이 신빙성이 있는지 여부가 유무죄와 직결되는 구조였기 때문이다. 검사는 B의 진술에 신빙성이 있다고 판단하여 기소한 이 사건에서, 법원은 어떤 판단을 하였을까?

◆

1심 법원은 기소된 모든 범행을 모두 유죄로 인정하고 A에게 징역 3년을 선고했다. 유일한 직접증거인 B의 진술에 신빙성이 있다고 본 것이다. 재판부는 B의 진술은 각 피해를 당하게 된 경위나 상황 등 주요 부분에서 일관되고, 흐름이 자연스러우며, 진술 내용에 특별히 비합리적이거나 진술 자체로 모순되는 부분이 없다고 하였다. 사건 당시 A의 언행, 각 피해 사실 발생 이전 및 이후의 사실관계, 각 피해 당시 또는 그 이후 자신이 느꼈던 감정 등에 관한 진술내용 역시 자연스럽고, 직접 경험하지 않고서는 진술하기 어려운 세부적이고 구체적인 내용을 포함하고 있어 신빙성이 있다고 판단하였다. 특히, 재판부는 판결문에 대검찰청 진술분석관이 실시한 진술분석 검토보고서를 유죄의 증거로 명시하였다. 수년 동안 다양한 방식으로 성폭행을 당했다는 B의 진술에 대하여 신빙성이 있다고 평가한 진술분석결과를 수용한 것이다. 재판부가 인용한 진술분석 검토보고서의 주된 내용은 다음과 같다.

B의 진술에는 각 피해 상황에 관하여 사건 전·중·후의 정황, A의 행위와 이에 대한 B의 행동적·정서적 반응이 명료하고 구체적으로 드러나 있다. 오랜 기간에 걸쳐 A가 B에게 다양한 방식으로 성적 행위를 해왔던 것, 피해가 반복적이고 지속해서 발생하였음에도 B가 적극적으로 회피하거나 저항하기 어려웠음을 이해할 수 있는 세부 정보가 풍부하다.

B의 진술은 일관성과 자발성, 구체성을 갖추고 있다. 진술 시점 간 일부 세부 내용의 가감 및 차이가 나타나긴 하나, 이는 기억의 일반적인 특성으로 판단된다. B에게 허위 진술의 동기가 될 만한 정황은 없고, 외부 요인으로 진술이 오염되었을 가능성도 낮다.

한편, B 진술의 신빙성과 관련하여, A와 그 변호인은 B가 수년간 성폭행을 당해왔다고 주장하면서도 A에게 다정한 내용의 문자나 편지를 보냈는데, 실제로 성폭행을 당했다면 납득할 수 없는 행동이라고 주장하여 이러한 행동이 성폭력 피해자다운 모습인지가 재판에서 또 다른 쟁점이 되었다. B가 A에게 보낸 문자와 편지에는 A에 대한 고마움이나 사과의 마음을 표현하는 내용이 포함되어 있었기 때문이다.

이런 주장에 대해 재판부는 다양한 인간성이 존재하고 범죄 피해자의 대응이 합리와 이성에만 기초하지 않기 때문에 성폭력범죄 피해자의 대처 양상은 그 사람의 성정이나 가해자와의 관계 및 구체적인 상황에 따라 다르게 나타날 수밖에 없다고 설명하였다. 그러므로 일반적인 관점에서 범죄 피해자로 보기에는 이례적인 언행을 보였다고 하더라도 곧바로 진술에 증명력이 없다고 단정하여서는 안 된다고 하였다. 따라서 B가 A에게 보낸 편지나 문자에 일반적인 부녀 관계로 보이는 내용이 포함되어 있다고 하더라도 그 사정만으로 성폭행 피해 사실에 관한 B의 진술이 신빙성이 없다고 판단하기는 어렵다고 하였다. 그 부분에 관한 판단 근거를 간단히 소개하면 다음과 같다.

회고적 관점에서 성폭력 피해자에게 '왜 회피하고 도망가지 않았느냐', '왜 더 강력하게 반항하지 않았느냐'라고 책문하거나 이른바 '피해자다움'을 전제한 다음, 이에 부합하지 않는 성폭력범죄 피해자의 언행을 모순이라고 비난할 수는 없다.

일반인에게는 특이하게 보이는 것이 피해자에게는 자연스럽고 일상적인 것일 수도 있다. 구체적인 사안에서 드러난 피해자의 특이성과 이례성이 그의 나이, 성별, 성격, 각종 심리적·기질적·환경적 요인, 범행 당시와 범행 이후의 여러 정황에 비추어 자연스럽고 합리적인 설명이 가능한지 살펴보아야 한다.

B는 중학생인 어린 시절부터 피해가 발생되어 상황을 명확히 파악하고 대처하기 어려웠던 것으로 보인다. B는 첫 피해 후 엄마에게 피해 사실을 알렸음에도 적절한 조치가 이루어지지 않아 상황에 변화가 없었다. 이혼가정에서 자란 B는 A로 인하여 구성된 가족관계를 깨고 싶지 않았고 이를 유지하기 위하여 상당히 노력하였던 것으로 보인다. B는 나이가 들면서 A에게 소극적으로나마 싫다는 의사를 밝히기 시작하여 성인이 된 후에는 거부하고 항의하는 태도를 보였다.

1심에서 실형을 선고받은 A는 곧바로 항소하였다. 항소심 재판에서 A는 사설기관에 B의 진술에 대한 진술분석을 의뢰하여 그 진술분석결과보고서를 추가 증거로 제출하였다. 그 진술분석결과보고서는 B의 진술은 신빙성이 없다는 것이었다. 하지만 2심 재판부는 A가 제출한 진술분석결과서의 증명력을 인정하지 않았다. 진술분석은 분석 대상자와 면담을 전제로 하는데 해당 진술분석가가 B와 면담이나 다른 증거들과의 비교분석 없이 한정된 자료만을 보고 작성한 것이어서 그 결과보고서만으로는 B 진술의 신빙성을 배척하기 어렵다고 판단하였다.

◆

이 사건에서 법원이 B의 진술에 신빙성이 있다고 판단하는 데는 대검찰청의 진술분석결과도 큰 영향을 미쳤을 것이다. 법원은 그 진술분석결과를 판결문에 증거로 명시하였다. 반면에 A가 사설기관에 의뢰하여 받은 B의 진술이 신빙성이 없다는 취지의 진술분석결과서는 배척하였다. 진술분석 대상자가 같았음에도 불구하고 사설기관의 진술분석결과와 대검의 진술분석결과는 서로 달랐다. 공교롭게도 B의 진술을 분석한 사설기관의 진술분석 전문가도 한때 대검에 근무했던 사람이었다. 그런데도 분석결과에 차이를 보였고, 법원은 대검의 분석결과를 신뢰하였다.

재판에서 대검 진술분석관과 사설기관의 진술분석 전문가는 서로 상대방 분석결과의 문제점을 지적했다. 대검 진술분석관은 증인으로 출석하여, 이 사건처럼 오래전에 발생하고, 사건 내용이 많은 경우 피해자가 헷갈릴 수 있고, 사람이 기억은 진술시점에 따라 다르게 나타날 수 있기 때문에 진술의 일관성을 판단할 때는 전체적인 맥락 중요하게 평가한다고 하였다. 그러면서 사설기관의 진술분석 기법은 어떤 피해상황에서 피해자 혹은 가해자는 이러한 행동을 해야 하고 진술자는 이러한 행동을 반드시 진술해야 한다는 가설을 설정하고, 이러한 진술이 나타나야 진실한 진술이라는 논리를 가지고 있는데, 그러한 가설설정 자체가 분석자의 주관적 경험 범위 내에서 가설을 설정하게 되고 그 결과가 추론되므로 그 타당성을 확인할 방법이 없고 확증편향의 오류를 범하기 쉽다는 문제점 때문에 학계에서 통용되고 인정되는 일반적인 방법이 아니라고 지적하기도 하였다.

성폭력 사건의 재판에서는 A와 같이 피해자 진술을 신빙성 있다고 분석한 수사기관의 진술분석 결과를 탄핵하기 위해 사설기관의 진술분석결과를 반대증거로 제출하는 경우가 많다. 하지만 법원이 사설기관의 진술분석결과를 받아들이는 경우는 거의 없다. 사설기관의 진술분석은 절차상 한계가 있기 때문이다. 현재 진술분석에서 활용되는 분석틀은 분석 대상자와 직접 면담을 하도록 되어 있는데, 가해자인 피고인이 사적으로 의뢰한 진술분석 과정에서 진술분석 전문가와 피해자의 면담은 사실상 불가능하고, 단지 기소 이후에야 열람할 수 있는 피해자의 진술 자료만을 근거로 신빙성에 관한 진술분석을 해야 하는 근본적인 한계가 있기 때문에 그 진술분석결과에 대한 신뢰도는 매우 제한적일 수밖에 없다. 또 이 사건에서는 대검 진술분석관과 사설기관의 진술분석 전문가가 서로 다른 진술 분석기법을 사용하였는데, 대검 진술분석관은 사설기관의 분석기법의 문제점을 지적하였다. 대검은 진술분석에 준거기반 내용분석 방식(CBCA)을 분석도구로 사용하고, 분석 전에 피해자와 면담을 진행하는 것이 원칙이다. 진술분석결과의 신뢰도는 분석대상자와 면담을 수행했는지, 진술분석에 어떤 기법을 사용하는지, 분석을 담당하는 전문가의 전문성 등이 영향을 미치기 때문에, 실제 재판에서는 이런 점들에 대해서도 세밀하게 검토하여 대응할 필요가 있다.

아무튼 법원은 A가 제출한 사설기관의 진술분석결과는 B와 사전

면담 없이 한정된 서류만을 보고 분석한 것이므로 신뢰하기 어렵다고 하였다. A의 입장에서는 지푸라기라도 잡는 심정으로 진술분석을 의뢰했을 것인데, 사설기관 진술분석의 본질적 한계로 기대와 달리 성과가 거의 없었다. 따라서 사설기관의 진술분석결과를 법원이 신뢰하도록 하려면 이러한 의문을 불식시킬 정도의 수준을 갖추어야 할 것이다. 또 진술분석틀도 대검 등 공적기관이 일반적으로 사용하는 기법과 같은 방법의 분석도구를 사용하도록 사설기관에 요구해야 한다. 이 사건에서도 대검과 사설기관의 분석기법이 같지 않았고, 법원도 사설기관이 사용한 분석틀의 문제점을 지적하였기 때문이다. 법원은 진술분석에 필요한 피해자 면담이 없었다는 점을 진술분석결과를 수용하지 않는 이유 중 하나로 들었는데, 앞에서 살펴본 것처럼 사설기관이 피해자의 면담을 강제할 근거가 없으므로 사설기관에 의뢰하는 진술분석은 그 한계를 극복하기가 쉽지 않다.

피해자 면담 부재라는 문제를 극복할 수 있는 한 가지 방법이 있다. 바로 법원의 전문심리위원 제도를 이용하는 것이다. 법원의 전문심리위원에게 진술의 신빙성을 의뢰하는 경우에는 전문심리위원은 법원이나 검찰의 협조를 얻어 진술분석을 위하여 피해자 면담을 진행할 수도 있다. 다만 진술분석을 위한 피해자 면담은 자칫 2차 가해가 될 수 있어 법원이 수용하지 않을 가능성이 있기 때문에 그 필요성을 최대한 소명해야 할 것이다.

16 … 거짓말탐지기를 믿지 마라 - 친구 오빠

피고인 A는 고등학생이었다. 2013년 11월 어느 날 저녁, 집 근처 공원에서 가출한 피해자 B(14세 여학생)를 우연히 만나게 되었다. A는 B를 친구의 원룸으로 데리고 갔다. 그곳에서 A는 B와 함께 술을 마셨다. 다음 날 새벽 화장실에 들어갔던 B는 술에 취하여 화장실 바닥에 주저앉아 있었다.

A는 B가 있는 화장실로 들어갔다. 그곳에서 술에 취하여 정신을 차리지 못하고 있던 B의 옷을 벗기고 성관계를 하였다. B는 처녀막 파열상을 입었다.

이로 인하여 A는 성폭력처벌법위반(강간등치상) 혐의로 기소되었다.

◆

A는 B와의 성관계 자체를 인정하지 않았다. 다른 사람들에게 성폭행 당한 것을 A에게 당한 것으로 착각하는 것이라고 주장했다.

하지만 B는 A로부터 성폭행을 당했다고 일관되게 진술했다. A가 화장실로 들어올 때 '오빠 왔다'는 말을 하면서 들어온 장면이 어렴풋이 기억난다고 했고, 다시 정신을 차렸을 때는 강간을 당하고 있었다고 했다. 아프다면서 하지 말라고 A를 밀쳤는데도 움직이지 않았다고 회상했다.

경찰은 B의 피해 진술과 달리 A는 성폭행을 극구 부인하고 있고 다른 증거는 없었기 때문에 A의 동의를 받아 거짓말탐지기 검사를 실시했다. 그런데 검사결과는 진실반응이 나왔다. B를 성폭행하지 않았다는 A의 진술이 진실이라면 B의 주장은 사실이 아니라는 말이 된다. 거짓말탐지기 검사결과에도 불구하고 검사는 A에게 성폭행 혐의가 있다면서 기소하였다. 과연 법원은 A에 대한 거짓말탐지기 검사결과를 어떻게 받아들였을까?

◆

1심 법원은 A의 변명과 진실반응이 나온 거짓말탐지기 검사결과에도 불구하고 A에게 유죄판결을 선고하였다. 법원은 A가 술에 취하여 반항하지 못 하는 B를 성폭행하고, 그로 인하여 B에게 처녀막 파열 등의 상해를 입힌 것이 인정된다고 하면서 A에게 징역 6년을 선고하였다. 법원은 B의 진술은 그 상황을 실제로 경험하지 않은 사람의 진술이라고 보기 어려울 만큼 일관되고 구체적이기 때문에 신빙성이 높다고 하였다. B가 다른 사람한테 당한 성폭행을 A에게 당한 것으로 착각하고 있다는 A의 주장에 대해서는, A는 친구 오빠여서 사진을 SNS에서 본 적이 있고, 그래서 A의 얼굴을 알고 있었기 때문에 가해자를 착각했을 가능성은 없다고 하였다. 경찰의 A에 대한 거짓말탐지기 검사에서 진실반응이 나왔지만 법원은 그 결과를 무죄의 증거로 받아들이지 않았다. 거짓말탐지기 검사결과와 관련된 법원의 주된 판단은 이렇다.

거짓말탐지기 검사결과가 사실적 관련성을 가진 증거로서 증거능력을 인정할 수 있으려면, 첫째로 거짓말을 하면 반드시 일정한 심리상태의 변동이 일어나고, 둘째로 그 심리상태의 변동은 반드시 일정한 생리적 반응을 일으키며, 셋째로 그 생리적 반응에 의하여 피검사자의 말이 거짓인지 아닌지가 정확히 판정될 수 있다는 세 가지 전제요건이 충족되어야 한다. 특히, 세 번째 조건인 마지막 생리적 반응에 대한 거짓 여부 판정은 거짓말탐지기가 검사에 동의한 피검사자의 생리적 반응을 정확히 측정할 수 있는 장치이어야 하고, 질문사항의 작성과 검사의 기술 및 방법이 합리적이어야 하며, 검사자가 탐지기의 측정내용을 객관성 있고 정확하게 판독할 능력을 갖춘 경우라야만 그 정확성을 확보할 수 있다.

경찰에서 A에 대해 거짓말탐지기 검사를 한 결과 진실반응이 도출되었다. 그러나 이 사건에서 제출된 자료만으로는 이 사건 거짓말탐지기 검사가 위와 같은 세 가지 전제요건을 모두 갖추었음을 인정하기에 부족하다.

따라서 거짓말탐지기 검사에서 진실반응이 나왔다는 사실만으로 A가 B를 간음하지 않았을 수도 있다는 합리적 의심이 든다고 보기는 어렵다.

1심에서 실형을 선고받은 A는 항소하였다. 그렇지만 2심 법원도 1심과 같이 A가 유죄라는 입장을 유지했다. 경찰에서 실시한 A에 대한 거짓말탐지기 검사결과에 대해서도 진실반응이라는 검사결과만으로는 A가 B를 간음하지 않았을 가능성도 있다고 합리적으로 의심하기는 어렵다고 판단하였다. 다만 1심의 형을 1년 낮추어 징역 5년을 선고하였다.

A의 변호인은 법원이 거짓말탐지기 검사결과의 증거능력을 인정하기 위하여 필요하다고 선언한 전제조건은 그 검사결과를 유죄의 증거로 사용할 때 필요한 것이고, B의 주장이 진실이 아니라는 점을 탄핵하거나 A의 주장이 진실일 가능성에 대한 증거에 요구되는 조건이 아님에도 이를 혼동한 잘못이 있다면서 대법원에 상고하였다. 그러나 대법원은 법원이 제시한 세 가지 조건은 거짓말탐지기 검사 결과의 정확성을 인정하기 위한 전제조건인데 이를 갖추지 못하였다는 취지라면서 변호인의 주장을 받아들이지 않고 상고를 기각하였다. A는 징역 5년이 확정되었다.

◆

물적 증거가 없거나 부족한 성폭력 사건에서 피해자나 가해자에 대한 거짓말탐지기 검사는 수사 과정에서 자주 활용되는 수사방법이다. 거짓말탐지기 검사는 피검사자를 기계 속에 넣으면 기계가 알아서 피검사자의 말이 진실인지 거짓인지를 바로 판독해주는 개념은 아니다. 거짓말탐지기는 검사자의 핵심적인 질문에 피검사자가 답변을 할 때 나타나는 생리적 변화를 기록하는 기계일 뿐이다. 그 기계에 기록된 결과를 분석하여 피검사자의 진술이 진실과 거짓을 판단하는 과정을 거짓말탐지기(Polygraph) 검사라고 한다. 거짓말탐지기 검사는 피검사자에게 발생하는 여러 가지(Poly) 생리적 반응을 도표(Graph)로 기록한다는 의미여서 폴리그래프 검사라고도 불린다. 검찰에서는 심리생리검사라는 개념을 사용한다. 대검찰청의 심리분석 규정은 심리생리검사를 '심리상태의 변화에 따른 호흡, 혈압·맥박, 피부전기반응 등의 생리적 변화를 심리생리검사 기기로 측정 · 기록한 후, 그 기록의 해석에 의하여 진술의 진위여부를 추론하는 심리분석 기법'이라고 정의하였다. 심리생리검사는 사람의 심리변화는 생리적인 변화를 일으킨다는 것을 전제로 한다. 거짓말을 할 경우 거짓말이 탄로 날 수도 있다는 불안감, 죄책감 등의 정서적 상태를 경험하게 되고, 그런 정서는 신경계나 호르몬 작용에 영향을 끼쳐 호흡, 혈압, 맥박, 땀 등 생리적 변화를 일으킨다. 검사자는 피검사자에게 관찰되는 생리적 반응이 정상적인지 아니면 비정상적인지를 분석하여 진술의 진실성여부를 판별한다.

수사단계에서 주로 사용하는 심리생리검사는 임의수사에 속한다. 그러므로 대상자의 동의가 있어야 검사가 가능하다. 법원의 영장을 받아 강제적으로 심리생리검사를 할 수는 없다. 이를 강제하는 것은 헌법이 보장하고 있는 진술거부권의 침해가 되기 때문이다. 거짓말탐지기검사는 대상자가 스스로 요청하기도 하고, 수사기관의 요구에 동의하여 진행되기도 한다. 피의자나 피고인은 수사기관의 요구를 언제든지 거부할 수 있다. 그래서 거짓말탐지기검사를 받겠다고 하였다가 검사 당일 거부하였다고 하더라도 거부하였다는 사실 자체가 범죄에 대한 증거, 즉 대상자가 뭔가 숨기고 있다는 판단의 근거가 될 수는 없다. 하지만 반복적으로 거짓말탐지기검사를 요청하거나 검사에 동의하였다가 합당한 이유도 없이 거부하는 행동은 피검사자 진술의 신뢰성을 스스로 떨어뜨리는 원인이 될 수는 있다. 실제로 법원은 채팅 어플에서 만난 어린 여학생을 차량 조수석에 태우고 가다가 가슴과 허벅지를 만져 강제추행으로 기소된 사건에서, 피고인이 수사기관에서 2번이나 거짓말탐지기 검사를 받겠다고 하였다가 검사에 응하지 않고 잠적하였고, 그에 대한 합리적 설명이 없었다는 이유로 피고인의 주장을 배척하였다.

거짓말탐지기검사의 검사결과 외에도 그 검사에 응하는 태도만으로 피검사자의 진술이 신빙성이 있다고 판단한 사례도 있다. 17세의 지적장애인의 가슴을 만져 장애인에 대한 강제추행으로 기소된 사건에서, 법원은 거짓말탐지기 검사결과는 판단불능이었으나 피고인이 억울함을 호소하면서 2차례나 그 검사를 요청하는 태도는 피고인 주장의 신빙성을 뒷받침하는 정황이라고 하였다. 또 부엌에서 음식을 하던 처형 뒤에서 성기를 엉덩이에 비벼 강제추행으로 기소된 사건에서, 피고인은 자발적으로 거짓말탐지기검사에 응하여 진실반응으로 판정되었고, 반면에 피해자는 정신과 약을 먹고 있어서 거짓말탐지기의 검사조건이 안 된다며 변호사와 상의해서 나중에 알려주겠다는 태도를 보였다. 그러자 법원은 이러한 피해자의 태도는 경찰에 출석하기 전부터 거짓말탐지기검사를 위한 전제 조건까지 알아보았고, 피고인에 대한 검사결과가 진실반응이 나온 상황에서도 피해자는 자신도 거짓말탐지기검사를 받겠다는 의사는 끝내 표시하지 않았다면서 이러한 정황을 피고인 주장에 신빙성이 인정하는 근거로 보았다. 한편, 이종사촌 여동생에게 피자를 사주겠다고 유혹하여 시내 모텔로 데려가 강간하여 성폭력처벌법위반(강간등치상)으로 기소된 사건에서, 법원은 피고인이 수사기관에서 범행을 일관되게 부인하면서도 거짓말탐지기검사를 두 번이나 거부하고 결국 검사를 받지 않은 모습은 피해 사실을 강하게 주장하면서 거짓말탐지기검사를 적극적으로 요청하였고 그 검사결과도 진실반응이 나온 피해자의 태도와 극명하게 대비되는데, 비록 피고인의 태도만으로 그의 진술이 바로 허위라고 단정할 수는 없다고 할지라도 최소한 그 진술의 진정성을 의심케 하는 사정 중 하나는 된다고 하면서 피고인에게 유죄를 선고한 사례도 있다.

이 사건으로 돌아와, A는 자신의 무고함을 주장하며 경찰에서 거짓말탐지기검사를 받았고, 검사결과는 진실반응이었다. 진실반응은 B를 강간하지 않았다는 A의 진술이 거짓이 아니라는 의미로 해석된다. 반면에 B는 완벽하지는 않지만 피해상황을 비교적 정확하게 기억하고 있었다. A에 대한 거짓말탐지기 검사결과와 B의 기억이 어긋나고, 데이터와 기억이 겨루는 상황이다. 그런데 법원은 거짓말탐지기 검사결과는 증거능력을 갖는 데 필요한 전제조건이 충족되지 않았다면서 증거로 인정하지 않고 B의 손을 들어주었다.

1심이 제시한 3가지 전제조건은 2005년 대법원이 거짓말탐지기 검사결과를 유죄의 증거로 인정하기 위한 전제요건을 제시한 기준이다. 하지만 지금까지 어떤 사건에서도 그 전제조건이 충족되었다면서 유죄의 증거능력을 인정한 사례는 없다. 현재 거짓말탐지기검사의 기술이 크게 발전하였지만 법원은 여전히 2005년의 그 상태에 머물러 있다. 하급심 법원도 대부분 사건에서 대법원 판례의 태도를 유지하면서 거짓말탐지기 검사결과에 대해 증거능력을 부정하고 있다. 거짓말탐지기 검사결과가 비록 유죄의 증거로 인정받지는 못하고 있지만, 유죄 증거인 피해자 진술의 신빙성을 공격하는 탄핵증거로서의 증거능력은 인정된다. 탄핵증거란 진술의 증명력을 다투는 증거를 말한다. 반대증거라고도 한다. 탄핵증거는 범죄사실의 존재를 증명하는 증거가 아니므로 반드시 증거능력이 있어야 하는 것도 아니다. 법원은 증거능력을 인정하기 위한 전제조건이 충족되지 않았다고 판단하였지만 이는 어디까지나 유죄의 증거능력에 관하여 그렇다는 것이다. A에 대한 거짓말탐지기검사의 '진실반응'이라는 판독결과는 B의 진술을 공격하는 반대증거, 즉 무죄의 증거는 될 수 있다. 하지만 법원은 진실반응이라는 거짓말탐지기 검사결과만으로는 B의 진술이 신빙성 없다고 배척하기에는 부족하다고 하였다.

거짓말탐지기 검사결과는 주로 공소사실을 입증하려는 피해자의 진술을 공격하고 신빙성을 탄핵하는 탄핵증거로 주로 활용된다. 유죄의 증거로는 사용되지 않기 때문이다. 따라서 거짓말탐지기검사에 따른 피고인의 거짓반응이나 피해자의 진실반응이라는 검사결과가 있다고 하더라도 피고인에 대한 무죄판결이 불가능한 것이 아니다. 편의점 테이블에서 술을 마시다 옆 테이블에 앉아 있는 20대 여성의 어깨를 만진 강제추행 사건에서, 법원은 피고인에 대한 거짓말탐지기 검사결과 '거짓반응'이 나왔으나, 검사결과가 증거능력이나 증명력을 갖추기 위한 전제조건, 즉 거짓말탐지기 검사 기구의 성능, 조작기술 등에 있어서의 신뢰도, 검사자의 적격 여부, 검사 방법, 측정내용의 및 판독 결과의 적정성 여부를 인정하기 부족하므로, 그 거짓말탐지기 검사 결과를 그대로 받아들일 수 없다고 하면서 무죄를 선고하였다.

반대로 거짓말탐지기 검사결과는 유죄를 선고하는 사건에서 피해자 진술의 신빙성을 보충하는 증거는 될 수도 있다. 길거리에서 오랫동안 알고 지내오던 20대 여성의 허리를 감싸고, 승용차 안에서 입맞춤을 한 강제추행 사건에서, 법원은 피고인에 대하여 실시한 거짓말탐지기 검사에서 거짓반응이 나왔는데, 그 검사결과에 대한 증거능력이 인정되지 않는다고 하더라도 탄핵증거로서 주된 증거의 증명력을 보충 내지 탄핵하는 증거로서의 가치까지 부정할 수는 없다고 하면서 유죄를 선고하였다. 피고인에 대한 거짓말탐지기검사의 거짓반응이 피해자 진술의 신빙성을 보충하고, 피고인의 주장을 탄핵하는 증거가 될 수 있음을 명확히 한 사례에 해당한다.

이처럼 거짓말탐지기 검사결과가 유죄의 증거능력을 인정받지 못하고 있는 실정이지만 하급심에서는 유죄의 증거로 인정한 경우도 있다. 술에 취해 잠든 고등학교 후배의 약혼녀를 강간한 사건에서는 법원은 거짓말탐지기검사의 결과통보 형식으로 된 수사보고를 판결문에 증거로 명시하였다. 또 지적장애가 있는 모녀를 강간한 사건에서, 법원은 '대검찰청 심리생리검사에 의하면, 피고인은 피해자들과 성관계를 한 사실이 있냐는 질문에 현저한 생리적 이상 반응을 보였고, 심리생리검사관은 피해자들과 성관계를 가진 사실이 없다는 피고인의 진술에 대한 생리적 반응은 탄로 우려의 심리상태에서 기인한 것으로 판단하였다'고 하면서, 심리생리검사 결과를 피해자 진술의 신빙성을 인정하는 사정으로 보았다.

거짓말탐지기검사에서 피검사자에게 묻는 질문의 적정성을 문제 삼아 거짓반응으로 나온 피고인에 대한 검사결과를 배척한 사례도 발견된다. 포장마차에서 합석한 40대 피해 여성을 만취 상태에서 준강간하였다고 기소되어 1심에서 유죄가 선고된 사건에서, 2심 법원은 피고인에 대한 거짓말탐지기 검사결과 거짓반응이 나오기는 하였으나, 검사결과는 '항문에 손가락을 넣었을 때 그 여자가 하지 말라고 했습니까?', '처음 만난 그 여자가 거부하는데도 성관계를 했습니까?'라는 질문에 '아니오'라는 대답을 한 것으로, 사건 당시 피해자가 만취로 심신상실 또는 항거불능 상태에 있다는 사실을 인식했는지에 관한 것이 아니기 때문에 피고인의 주장을 배척하는 자료가 될 수 없다고 하였다. 그 사건에서 쟁점은 성관계를 했는지, 항문에 손을 집어넣었는지가 아니라 피해자가 항거불능 상태였는지, 피해자가 항거불능상태에 있었다는 사실을 피고인이 인식하였는지가 쟁점이었는데, 검사과정에서는 그 쟁점과 무관한 내용만 질문하였기 때문에 준강간의 고의를 부인하는 피고인의 주장을 배척하는 탄핵증거로도 사용할 수 없다고 하였다.

여기서 거짓말탐지기검사의 검사결과에 대한 법원의 입장을 정리해볼 필요가 있다. 2005년 대법원판결 이후 현재까지 거짓말탐지기검사의 검사결과는 유죄에 대한 증거능력을 인정하지 않고 있다. 다만 유죄에 대한 진술증거의 증명력 내지 신빙성을 보충하거나 탄핵하는 증거는 될 수 있다. 피고인에 대한 거짓말탐지기 검사결과가 진실반응인 경우, 피해자 진술의 신빙성을 탄핵하는 증거는 될 수도 있다. 하지만 피해자 진술의 신빙성이 인정되는 상황에서는 피해자 진술에 대한 탄핵증거가 되지는 못한다. 반대로 피고인의 거짓말탐지기 검사결과가 거짓반응인 경우, 그 검사결과는 피해자 진술의 신빙성을 보충하는 자료가 되어 유죄가 선고될 수도 있고, 피해자 진술이 신빙성이 없는 경우에는 그 검사결과는 무죄를 선고하는데 장애가 되지는 않는다. 특히, 이 사건에서 대법원은 2005년 대법원이 제시한 전제조건은 거짓말탐지기 검사결과의 증거능력을 인정하기 위한 요건이 아니라 증거의 정확성을 담보하기 위한 전제조건이라고 해석을 내놨다.

거짓말탐지기 검사결과는 그 자체만으로 독립된 유죄의 증거로 인정받지 못하지만 탄핵증거가 될 수 있고, 검사에 응하는 태도 역시 진술의 신빙성 판단에 영향을 미친다. 거짓말탐지기검사의 연구자료에 의하면, 검사 결과의 정확도는 80%~98%라고 한다. 성폭력사건은 진술에 의존하는 경우가 많으므로 수사기관에서 거짓말탐지기검사를 적극적으로 요청하여 본인의 결백을 입증하는 것도 좋은 방법이 된다. 다만 질문내용 등으로 검사결과에 영향을 미칠 여지가 있으므로 검사과정에서 질문내용이 사건의 핵심쟁점에 해당하는지, 거짓말탐지기검사를 받기에 적절한 상태인지 등을 꼼꼼히 체크하는 것도 잊어서는 안 된다.

17 … 거짓말탐지기는 알고 있다 - 엉뚱한 주장

피고인 A는 인테리어 회사를 운영하였다. 피해자 B(30대 중반 여성)는 그 회사의 직원으로 현장소장으로 근무하였다.

2021년 4월 어느 날, 그 회사의 주택 리모델링 공사 현장에서 A는 손으로 B의 엉덩이를 만졌다. 이에 항의하는 B에게 신고해보라고 하면서 손으로 엉덩이를 한 번 더 만졌다.

B는 그날로부터 3일 후에 A에게 퇴사 문자를 남기고 회사를 그만두었고, 약 두 달 후에 A를 강제추행으로 경찰에 고소했다.

이로 인하여 A는 강제추행 혐의로 기소되었다.

◆

A는 B를 강제 추행한 적이 없다면서 공소사실을 인정하지 않았다. 당시 B가 시무룩해져 있어 힘내라는 격려 차원에서 엉덩이에 발을 툭 갖다 대면서 똑바로 하라고 말했을 뿐이지 손으로 엉덩이를 만진 사실이 없다고 일관되게 주장했다. A는 '2021년 4월경, B가 현장소장을 맡고 있던 리모델링 공사장에서 건축주가 공사문제로 회사에 항의하는 민원이 발생했는데, B는 회사와 사전 협의도 없이 A에게 그 문제에 대해 책임지고 사직하겠다는 메시지만 남기고 일방적으로 퇴사해버렸다. 그래서 2021년 5월경, B에게 B의 주거지 리모델링 공사의 미지급 공사비와 무단퇴사로 인한 손해배상을 요구하였다. 그로부터 약 4개월 후에 B가 이 사건을 고소한 것이다.'라고 하면서 고소 동기에 의혹을 제기하였다.

A는 공소사실을 전면 부인하였고, B는 공소사실과 같은 강제추행을 당했다고 주장하고 있어 서로의 진술은 완전히 상반되었다.

그런데 추행 사실에 관하여 두 사람의 진술 외에는 공소사실을 입증할 직접적인 증거는 없었다. 따라서 두 사람 중 누구 말에 신빙성이 있느냐가 쟁점이 된 사건이다.

◆

1심 법원은 A에게 무죄를 선고하였다. 경찰에서 A와 B, 두 사람에 대해 거짓말탐지기검사를 실시하였는데, A는 진실반응, B는 거짓반응이라는 검사결과가 나왔다. 그 결과에 비추어 B의 진술은 신빙성이 없고, A의 주장은 신빙성이 있다고 하였다. 법원은 A의 무죄를 위한 증거는 엄격한 증거능력이 필요하지 않으므로 거짓말탐지기의 검사결과는 A의 진술에 대한 신빙성을 판단하는 정황증거가 된다고 하였다. 그와 관련된 판결의 주된 내용은 아래와 같다.

범죄사실을 인정하는 증거가 아닌 경우 엄격한 증거능력을 요구하지 않으므로, 과학적인 근거가 있고 이에 따라 상당히 높은 정확도를 보여 수사기관에서 널리 활용되고 있는 거짓말탐지기의 검사결과를 A의 이익을 위하여 무죄의 증거로 사용할 수 있다.

거짓말탐지기의 검사결과는 A 진술의 신빙성을 가늠하는 정황증거로서의 기능을 할 수 있는데, A는 거짓말탐지기 검사에서 '이 사건 당시 B의 엉덩이에 손을 댄 사실이 있습니까?'라는 질문에 '아니오'라고 답변하였고 그 답변은 거짓반응이 나타나지 않았다. 따라서 A의 변명이 전혀 신빙성이 없다고 단정하기 어렵다.

B는 거짓말탐지기 검사에서 '그날 현장에서 A가 엉덩이를 만졌습니까?', '성희롱이라고 따졌는데도 A가 엉덩이를 만졌습니까?', '신고할 거면 신고하라며 A가 또 엉덩이를 만졌습니까?'라는 질문에 모두 '예'라고 답변하였는데, 그 답변은 거짓반응으로 판정되었다.

◆

이 사건에서 눈여겨 볼만한 대목은 법원이 거짓말탐지기 검사결과를 근거로 A나 B의 진술의 신빙성을 판단하였다는 점이다. 경찰에서 A와 B를 상대로 실시한 거짓말탐지기 검사에서 A는 진실반응, B는 거짓반응이 나왔다. 법원은 A의 주장은 신빙성이 있고, B의 진술은 신빙성이 없다고 하였는데, 결과적으로 법원의 판단과 거짓말탐지기 검사결과가 일치하였다. 특히, 재판부는 그 검사결과에 대해 과학적인 근거가 있고, 상당히 높은 정도의 정확성을 보이고 있다고 평가하였다. 이런 평가는 그 검사결과의 증거능력에 관한 대법원의 기본 입장에 비추어 볼 때 긍정적인 입장변화로 볼 수 있다.

거짓말탐지기 검사결과가 사실적 관련성을 가진 증거로서 증거능력을 인정하려면 세 가지 전제조건을 충족해야 한다는 대법원의 입장은 앞에서 설명하였다. 그런데 대법원이 증거능력을 인정하기 위한 조건으로 제시한 내용은 모두 증거능력과 관련 없는 증명력에 관한 것이고, '사실적 관련성'은 입증하고자 하는 범죄사실에 대한 최소한의 증명력을 의미하므로, 결국 법원이 요구하는 전제조건은 모두 증명력과 관련된 것임에도 불구하고, 이런 증명력의 문제로 증거능력을 부정하는 오류를 범하고 있다는 지적이 있다. 증거능력 유무는 자유심증주의가 적용되지 않고 법이 정한 기준에 따라 결정된다. 현행 형사소송법상 전문증거나 위법수집 증거가 아니면 증거능력을 부정할 근거가 없으므로 이런 지적은 타당해 보인다. 진술분석전문가가 작성한 진술분석 결과서에 대해 증거능력을 인정하고, 다만 증명력은 자유심증에 따라 판단하고 있는데, 이에 반하여 전문가가 실시하는 거짓말탐지기 검사결과에 대해서는 증거능력조차 인정하지 않는 법원의 태도는 이해하기 어렵다. 그러나 이 사건에서 법원이 평가한 거짓말탐지기 검사결과에 대한 진전된 입장으로 볼 때 앞으로 거짓말탐지기 검사결과의 증거능력에 대하여 법원의 입장이 전향적으로 변화될 것 같다.

거짓말탐지기 검사, 즉 심리생리검사는 일반적으로 동의여부 확인 → 검사 전 면담 → 측정 장치 부착 → 자극 검사 → 본 검사 → 차트 분석 → 결과 검증 → 최종 판정 → 결과통보 순으로 진행된다. 거짓말탐지기 검사결과의 증거능력을 인정할지와 상관없이, 현실적으로 억울한 사람이라면 피고인이든, 피해자든 거짓말탐지기 검사를 적극적으로 활용할 필요가 있다. 검사결과가 본인 생각과 다르게 나왔다면 재차 요구해보는 것도 좋은 방법이다. 검사관의 전문성이나 능력에 따라 오류가능성도 있기 때문이다. 가급적 본인뿐만 아니라 상대방에 대해서도 검사를 요구하는 것이 좋다. 이 사건과 유사하게 마사지 업소에서 종업원을 강간했다고 기소되었으나 합의에 따른 성관계를 주장하는 사건에서, 검사결과 피고인은 '진실반응', 피해자는 '거짓반응'이었고, 피고인에 대해 무죄를 선고한 사례도 있기 때문이다. 반대로 채팅 어플에서 처음 만난 20대 초반의 유부녀와 술을 마시고 술에 취한 피해자를 모텔로 데려가 준강간한 사건에서, 2심 법원은 피고인은 '거짓반응', 피해자는 '진실반응'으로 나온 거짓말탐지기 검사결과를 근거로 1심의 무죄판결을 뒤집고 피고인에게 유죄판결을 선고한 사례도 있다. 하지만 거짓말탐지기 검사결과가 항상 진실에 부합한다고 단정할 수는 없다(대법원 2016도15526 판결). 검사를 받는 사람의 진술의 신빙성을 가늠하는 정황증거로서 기능을 하는데 그치는 것이므로 다른 증거를 종합적으로 고려하기 때문에 검사결과와 다른 판결도 얼마든지 가능하다. 따라서 피해자에 대한 거짓말탐지기 검사결과가 거짓반응이라고 하더라도 신빙성을 인정하여 유죄를 선고할 수도 있고, 피고인에 대한 검사결과가 진실반응이 나왔다고 하더라도 다른 증거를 근거로 피고인 진술의 신빙성을 배척하고 유죄를 선고할 수 있는 것이다.

이 사건에서 법원이 거짓말탐지기 검사결과만을 근거로 B의 진술을 배척한 것은 아니다. 법원이 B의 주장을 믿을 수 없다고 판단한 이유는 몇 가지가 더 있다. 추행 내용에 대하여, B는 가족들에게는 'A가 은근슬쩍 엉덩이를 터치했다'는 카톡을 보내고, 변호인에게는 '화난 척 엉덩이를 툭 쳤다'고 말했다. 남자친구에게는 '주물럭거리는 것처럼 만졌다'고 하였다. 이처럼 피해 사실에 관하여 주위 사람들에게 말한 내용이 일관적이지 않다는 것도 하나의 이유였다. 또 퇴사 전후 A와 문자나 카톡으로 업무와 관련된 통상적인 대화만 하였고, 추행과 관련된 내용은 언급하지 않았다. A는 이 사건 고소 한 달 전 약 2주 동안 B에게 주거지 리모델링 공사비 잔액과 무단퇴사로 인한 손해배상을 요구하는 내용증명을 수차례 발송하였는데, B는 그때서야 고소를 하였기 때문에 위와 같은 업무상의 갈등과 공사비 문제로 인하여 A의 행위를 과장하거나 허위로 진술했을 동기가 있다고 보았다. 어쨌든 거짓말탐지기 검사결과는 위와 같은 정황증거와 더해져 판사가 B의 진술이 믿기 어렵다는 심증을 형성하게 한 것만은 분명하다.

사건 당일 A는 격려차원에서 발을 B의 엉덩이가 툭 갖다 댔다는 사실은 인정했다. 아마도 B는 업무적으로나 주택 공사비 문제로 A에 대한 감정이 쌓여 당시 상황을 조금 과장하여 진술했을 가능성이 있다. 만약 B가 처음부터 A가 엉덩이를 걷어차는 방식으로 추행했다고 고소했다면 어떤 판결이 나왔을지 궁금하다. 일반적인 경우라면 이런 방식의 강제추행도 불가능한 것은 아니기 때문이다. A는 훈계 목적이었다고 주장하였기 때문에 추행의 고의가 문제될 여지가 있기는 하지만, 최소한 폭행죄는 성립한다. 그런데 B는 손으로 엉덩이를 두 번 만졌다고 주장하였고, 법원은 B의 주장은 신빙성이 없다며 무죄를 선고하였다. 결국 A는 아무런 처벌도 받지 않았다.

18 … DNA가 없어도 범인이다 - 프라미싱 영 우먼

2019년 1월 어느 날 새벽 3시 16분경, 피고인 A는 친구와 함께 놀고 있다가 후배의 전화를 받았다. 후배는 지금 술에 취해서 자고 있는 여자가 있으니 빨리 와서 성관계를 하고 가라고 하였다. A는 친구와 함께 후배와 피해자 B(10대 후반의 여성)가 있다는 모텔로 갔다.
모텔 앞에서 만난 후배는 그날 B를 처음 만나 함께 술을 마셨는데, B가 술에 취해 모텔에 데려와 이미 성관계를 했고, 아직도 모텔 방에서 자고 있다면서 방 번호를 알려주었다.
A는 친구와 함께 후배가 알려준 모텔 방에 들어가 술에 취해 잠들어 있던 B와 성관계를 하였다. 뒤이어 친구가 B와 성관계를 하는 동안, A는 B의 입에 성기를 집어넣었다.
이로 인하여 A는 친구와 함께 특수준강간 혐의로 기소되었다.

◆

함께 기소된 친구는 범행을 모두 자백했다. 하지만 A는 얼굴에 뽀뽀만 하였지, B와 성관계를 하거나 B의 입에 성기를 넣지 않았고, 친구와 함께 B를 성폭행하기로 공모한 사실도 없다고 항변했다. 하지만 A의 주장은 범행을 모두 자백하는 친구의 진술과도 배치되었다. 한편, B는 잠에서 깨어나 정신을 들었을 때 남자 두 명이 함께 한 명은 입에 성기를 넣고, 한 명은 음부에 성기를 넣었다고 명확하게 진술했다. 그런데 B의 음부와 팬티에서 A의 유전자(DNA)가 검출되지 않았다. A는 성관계를 부인하고, 유전자 감정결과에서도 A의 DNA가 검출되지 않았기 때문에 이 사건 재판에서는

A가 B의 음부에 성기를 삽입한 것이 맞는지가 쟁점이 되었다.

◆

1심 법원은 비록 B의 성기나 속옷에서 A의 유전자(DNA)가 검출되지 않았지만 상황에 따라서는 DNA가 검출되지 않을 수도 있다고 하면서 B와 공범자의 구체적이고 일관된 진술을 근거로 성관계 사실을 인정하였다. 이와 관련된 법원의 논거는 다음과 같다.

유전자 감정결과에 따르면, A의 DNA가 B의 음부, 팬티에서 검출되지는 않았다. 그러나 사건이 발생하고 나서 증거물이 채취되기까지 걸린 시간, 질 세척 여부, 생리적인 영향, 증거물의 보관상태 등 여러 가지 요인에 따라 남성의 성기가 여성의 음부에 삽입되었다고 하더라도 남성의 DNA가 검출되지 않을 수도 있다. 남성과 여성의 성관계가 있었어도 남성의 사정 여부 및 위와 같은 요인들에 따라 정액 등이 여성의 속옷에서 검출되지 않을 수도 있다. 따라서 단지 A의 DNA가 검출되지 아니하였다는 사정만으로 B와 공범인 친구 진술의 신빙성을 부인하기 어렵다.

법원은 범행에 관한 B와 공범인 친구의 진술은 구체적이고 일관되며, 서로 상당히 일치하고, 두 사람이 허위로 A에게 불리한 진술을 할 만한 뚜렷한 이유나 동기가 없으므로 그들의 진술은 충분히 신빙할 수 있다고 하였다. A와 친구는 특수강간죄로 유죄를 선고받았고, A와 그 친구를 불러 B를 성폭행하도록 한 후배는 교사죄가 추가되었다.

◆

범죄현장에 남은 가해자의 DNA는 유죄를 입증하는데 매우 과학적이고 객관적인 증거임이 분명하다. DNA가 검출되었다면 범행이 인정될 개연성이 높다. 그런데 DNA가 검출되지 않은 경우라면 얘기가 좀 달라진다. 일단 가해자의 DNA가 발견되지 않으면 그 사실은 범행을 부인하는 근거가 된다. 하지만 범죄과정에서 DNA가 반드시 남는 것도 아니고, 존재하던 DNA도 여러 가지 원인으로 소실될 수 있기 때문에 DNA의 부존재가 무죄를 뒷받침하는 절대적인 근거는 될 수 없다.

A의 범행은 술에 취해 있는 B와 성관계도 하고, 입에도 성기를 집어넣었다는 것이었다. 범행을 부인하고 있는 상황에서, A가 성관계를 했다는 사실은 함께 공범으로 기소된 친구의 진술이 근거가 되었고, 입에 성기를 넣었다는 사실은 B의 진술이 근거가 되었다. A의 친구는 A가 B와 성관계를 하는 장면을 봤다고 진술했고, B는 한 명이 앞에서 입에 성기를 넣고 한 명은 뒤에서 성관계를 했다는 사실을 똑똑히 기억하고 있었기 때문이다. 그런데 공교롭게도 B의 음부와 팬티에서 채취한 검체에서는 A의 DNA가 검출되지 않았다. 따라서 A의 성기삽입 사실에 대한 유일한 직접 증거는 친구의 진술뿐이었다. 그런데도 법원은 B와 친구의 진술이 신빙성이 있다면서 그 진술을 근거로 A의 성관계 사실을 인정하고 유죄를 선고하였다. 성범죄 사건에서 피해자의 신체나 옷 등에서 발견된 가해자 DNA의 존재는 유죄 또는 성관계에 대한 강력한 증거가 되지만, DNA가 검출되지 않더라도 무죄를 주장하는 가해자의 주장이 무조건 수용되지는 않는다는 점을 기억해야 한다.

1심에서 징역 4년을 선고받은 A는 항소하였으나 2심 재판에서는 태도를 변경하여 공소사실을 모두 자백했다. 결국 1심에서의 부인은 허위주장이었던 셈이다.

이 사건에서 1심은 범행을 끝까지 부인하던 A와 처음부터 범행을 자백하고 반성하던 친구에게 똑같이 징역 4년을 선고했다. 범행을 부인하면서 반성하지 않고, 그로 인하여 재판의 지연을 초래한 A에게 더 중한 형을 선고하는 것이 맞지 않았을까. 그런데 A는 범행을 부인하면서도, 한편으로는 B와 합의를 하였고, 합의한 사정이 특별감경인자에는 해당하지 않지만 A에게 유리한 정상으로 고려되었기 때문이다. 보통 피해자의 처벌불원은 특별감경인자가 된다. 그러나 특별감경인자로서의 처벌불원은 가해자의 진심 어린 뉘우침을 전제로 하는데, A는 범행을 부인하였기 때문에 B의 처벌불원서가 제출되었더라도 특별감경인자로 인정받지는 못했다.

이 사건은 만취하여 쓰러진 여자를 골라 성폭행을 하는 사람들에게 경고를 보내는 2021년작 영화 '프라미싱 영 우먼'(Promising Young Woman)을 연상케 한다. 이 영화는 의대생 친구가 술에 취해 집단 성폭행을 당하자 그 충격으로 의대를 그만두고 그 범죄에 연루된 사람들에게 복수하는 내용을 담고 있다. 이 사건에서는 처음으로 B를 준강간한 후배가 A에게 전화를 한 것이 비극의 시작이었다. 선후배 사이의 잘못된 의리가 서로의 인생을 나락으로 떨어뜨리는 결과를 초래하게 되었다. 후배는 이 사건으로 징역 5년을 선고받았다.

19 … 나는 그날 밤 씻지 않았다 - 남친의 배신

피고인 A는 친구와 그 여자친구인 피해자 B(20대 초반 여성)가 동거하고 있는 친구의 집에서 놀았다. 2023년 2월 어느 날 밤, 술을 마시러 나가기로 하였는데, 친구는 피곤하다며 집에서 쉬겠다고 하여 A와 B, 두 사람만 룸 소주방에서 술을 마시고 집으로 돌아왔다. 다음 날 아침 7시경, 친구는 먼저 출근을 하여 그 집에는 A와 B, 두 사람만 남게 되었다. A는 안방으로 들어가 침대에서 술에 취해 잠을 자고 있던 B의 가슴을 입으로 빨고, 옷을 벗긴 다음 B 몰래 성관계를 하였다.
이로 인하여 A는 준강간 혐의로 기소되었다.

◆

A는 기소된 범행을 인정하지 않았다. 사건 전날 밤에 룸 소주방에서 술 먹기 게임을 하면서 B와 한 번 성관계를 한 적이 있지만, B의 집에 돌아와서는 성관계를 하지 않았다고 주장했다. 이에 반하여 B는 남자친구가 출근한 후 방에서 계속 자고 있었는데 뭔가 이상한 냄새가 나고, 가슴이 촉촉한 느낌이 들어서 눈을 떠보니 A가 몸 위에서 성행위를 하고 있었다고 주장했다. B는 사건 당일 바로 경찰에 신고했다.

사건 전날 룸 소주방에서 성관계가 있었다는 A의 주장에 대하여 B는 술 게임을 하면서 약간의 신체 접촉은 있었지만 성관계를 하지는 않았다고 하였다. 룸 소주방이든 B의 집에서든 두 사람 사이에 성관계는 있었다는 말인데, B의 음부에서는 A의 DNA가 검출되지 않았다. 경찰이 B로부터 시료를 채취하여 감정한 결과, B의 양쪽 가슴, 오른쪽 귀, 티셔츠 앞면 안쪽에서 A의 DNA가 검출되었다. 이러한 유전자 감정결과를 어떻게 해석해야 할지가 쟁점이 되었다.

◆

1심 법원은 B의 손을 들어주었다. 1심은 B의 몸과 옷에서 A의 DNA가 검출되었다는 감정결과, 구체성과 일관성이 있는 B의 진술, 사건 발생 직후 남자친구인 C에게 피해 사실을 알리고, 경찰에도 신고한 B의 태도, A가 B에게 보낸 메시지 내용 등을 종합적으로 볼 때, A가 잠자고 있던 B를 간음하였음이 인정된다고 하면서 A에게 징역 3년을 선고하였다. B의 몸과 옷에서 A의 DNA가 검출된 결과에 관한 법원의 판단 부분은 다음과 같다.

B의 양쪽 가슴, 오른쪽 귀, 티셔츠 앞면 안쪽에서 A의 DNA가 검출되었다. A는 전날 룸 소주방에서 게임 벌칙으로 합의로 B의 가슴을 핥고, 성관계를 하였기에 DNA가 검출된 것일 뿐이라고 주장하고 있다. 그러나 B는 룸 소주방에서 A와 성행위를 한 사실이 없다고 진술한다. 당시 B와 남자친구의 관계에는 특별한 문제는 없었다. 따라서 술집에서 술 게임의 벌칙으로 가슴을 핥거나 성기 삽입을 B가 용인하였다는 것은 납득하기 어렵다.

집에 돌아온 이후에 아무런 성적 접촉이 없었다면, 집에 도착하여 샤워를 하고 옷을 갈아입은 B의 가슴과 잠을 잘 때 입었던 티셔츠 앞면 안쪽 등에서 A의 DNA가 검출되었다는 객관적 사실을 설명하기 어렵다. 남자친구는 법정에 나와 B가 샤워를 하지 않았다는 취지로 증언하기는 하였으나(증언 당시 B와 남자친구는 이미 B와 헤어진 상태였다), 수사기관에서는 B가 샤워를 하고 옷을 갈아입었다고 진술하였다.

A는 검찰에서 B가 집에 와서 씻지 않았다고 주장하였으나, 그때는 DNA가 검출되었다는 감정결과를 신문과정에서 이미 알고 있었던 상황이었으므로 그 주장은 믿기 어렵다.

한편 1심은 사건 직후 B는 남자친구에게 미안하다는 문자를 보내고, A는 B에게 미안하다는 취지의 카톡을 보낸 사정도 B의 주장에 부합하는 정황으로 판단하였다. A는 사건 전날 소주방에서 있었던 일에 대해 미안한 감정이 생겨 B에게 그런 카톡을 보냈다고 주장하였으나, A의 주장대로 소주방에서의 신체접촉이 합의에 따른 행동이었다면 B에게 그런 미안한 마음이 생겼을 까닭이 없다고 보았다. 또 A는 사건 직후 B가 성관계 사실을 남자친구에게는 비밀로 하자고 제안했다고 주장하지만, 만약 A의 주장이 사실이라면 사건 직후 B가 C에게 미안하다는 취지의 문자를 보낼 이유가 없으므로 이러한 A의 주장도 믿을 수 없다고 하였다.

◆

앞에서 본 것처럼 A는 사건 전날 소주방에서 성관계를 했고, B가 집에 돌아와서 몸을 씻지 않았기 때문에 B의 몸에서 자신의 DNA가 검출된 것이지, 집에 돌아와서 성폭행을 했기 때문이 아니라고 주장했다. 반면에 B는 소주방에서 술을 먹고 집으로 돌아온 이후에 샤워를 하고 새 옷으로 갈아입었기 때문에 소주방에서의 신체접촉만으로는 자신의 몸에서 A의 DNA가 나올 가능성이 없는데, 집에서 성폭행을 당했기 때문에 자신의 몸에 A의 DNA가 남아있었던 것이라고 주장했다. 이 사건 직후 B의 몸과 당시 입고 있던 옷에서 A의 DNA가 검출되었는데, 소주방에서 돌아온 이후 샤워를 했다면 B의 몸에서 A의 DNA가 검출될 가능성은 없거나 적을 것이고, 샤워를 하지 않았다면 소주방의 성적 접촉으로도 A의 DNA가 검출될 수 있기 때문에, 집에 돌아온 B가 샤워를 했는지가 중요한 쟁점이 되었다.

B의 남자친구는 검찰에서 처음에는 B가 샤워를 하고 옷을 갈아입었다고 진술했다. 그런데 나중에는 그런 사실이 없다면서 처음 진술을 없던 것으로 해달라고까지 요구하였다. 하지만 법원은 B의 일관된 진술과 남자친구의 석연찮은 진술 번복, 그리고 A의 일관성 없는 진술 등을 근거로 B가 집에 돌아온 이후 몸을 씻은 것이 사실이라고 보았다. 이 사건 이전에 B가 몸을 씻고 옷을 갈아입었다면 비록 소주방에서 성관계를 했다고 하더라도 B의 몸에 A의 DNA가 여전히 남아있을 가능성이 없다는 전제하에, B의 몸에서 검출된 A의 DNA는 이 사건 성폭행 과정에서 남겨진 것이라고 판단하고 A에게 유죄를 인정한 것이다.

형사사건에서 DNA는 범죄를 밝히고 유죄를 입증하는 매우 중요한 단서이고, 과학수사의 대명사로 꼽힌다. DNA 분석은 세포핵에 있는 염색체의 DNA 염기서열이 짧은 구간에서 얼마나 동일하게 반복되는지를 분석하는 STR(Short tandem repeat, 짧은 연쇄 반복) 방식이 일반적이다. 범행 현장에서 범인의 DNA가 발견되었다면 그 DNA를 가진 사람이 범인일 확률이 매우 높다. 반대로 범행 현장에서 혐의자의 DNA가 발견되지 않거나 다른 사람의 DNA가 발견되었다면 혐의자는 진짜 범인이 아닐 가능성이 크다. A의 주장에 의하든, B의 주장에 의하든 성관계가 있었던 사실은 명백하므로, B의 음부나 질에서 A의 DNA가 검출될 가능성이 있었다. 이 사건에서 B가 이 사건 성관계 후에 샤워를 하였는지는 명확하지 않은데, 재판에서 이 부분은 쟁점으로 다뤄지지 않았다. 성관계를 했더라도 인체 분비물의 양, 샤워와 질 세척 여부 등 여러 변수에 따라 DNA 검출 여부는 달라질 수는 있다. 하지만 이 사건 성폭행 직후 B의 질에서 채취한 검체에서 A의 DNA가 검출되지 않았다는 사실은 A에게 유리한 정황이 될 수 있어 보인다. A의 입장에서는 소주방에서 성관계를 했지만 B가 샤워를 했기 때문에 B의 질에서 DNA가 검출되지 않았다는 주장도 가능했을 것이다. 하지만 A는 이렇게 주장한 것이 아니라 샤워를 안 했기 때문에 소주방 신체접촉 과정에서 B의 몸에 남아있던 유전자가 검출된 것이라고 주장했을 뿐이다.

형사사건에서 DNA는 매우 강력한 유무죄의 증거이지만 DNA의 검출 여부는 검체 채취 이전에 특별한 사정의 개입에 따라 달라질 수 있다. DNA 정보를 얻기 위해서는 감정이 가능한 최소한의 DNA 양이 확보되어야 하므로 접촉한 면적이나 시간, 시간의 경과 등에 따라 감정대상물에 남아있는 세포의 양이 충분하지 않다면 'DNA가 검출되지 않을 수도 있다. 따라서 피고인이든 피해자이든 DNA 검사결과가 본인 주장과 배치되는 내용이라고 하더라도 DNA 검출에 영향을 미칠 많은 특별한 사정이 있는지를 꼼꼼히 따져볼 필요가 있다. 가해자가 범행을 부인하더라도 그의 DNA가 검출되었다면 이는 강력한 유죄 증거가 된다. 반대로 DNA가 검출되지 않았다고 하여 바로 성적 접촉이 없었다고 인정받지는 않는다. 한편 합의에 따른 성관계나 성폭행으로 인한 성관계에서 법의학적으로 확인되는 검사결과는 같기 때문에, 성관계나 성적 접촉을 부인하는 경우는 제외하고 성관계를 전제로 그 경위를 다투는 사건에서는 유전자 감정결과가 유무죄에 별다른 영향을 미칠 수 없다.

참고자료

책

최성호, 《피해자다움이란 무엇인가》, 필로소픽, 2019.

김재련, 《완벽한 피해자》, 천년의 상상, 2023.

김형규, 《성폭력 범죄 법률 가이드》, 박영사, 2019.

이창복, 《성희롱·성추행·성폭력 대처방법과 법류적해결》, 법문북스, 2021.

김신규, 《형법각론 강의》, 박영사, 2020.

이재상, 《형사소송법》, 박영사, 2013.

논문

김정연, "성폭력범죄 판결에서 나타난 '그루밍' 성범죄의 피해특성과 관련 개정 법률규정에 대한 비판적 검토", 한국피해자학회 「피해자학연구」 제27권 제2호(2019.8)

박명용, "효율적인 사건관계자 진술확보방안", 한국사법행정학회 「사법행정」 제56호 제9호(2015. 9)

류영우, "그것이 알고 싶다 : 연예기획사대표 청소년 성폭력 사건의 진상", 형사정책연구 소식(2016.봄)

성균관대학교 산학협력단, "형사재판에서 블랙아웃 현상에 관한 연구"(2020.1)

양선이, "감정에 관한 지각이론은 양가감정의 문제를 해결할 수 있는가 - 프린츠의 유인가 표지 이론을 지지하여", 인간·환경·미래 제11호(2013)

유희재, "판결문을 통해 본 '성인지감수성'의 이해", 담화인지언어학회 · 한국언어학회 공동주최 학술대회 자료집(2022)

장정인, 홍보화, "가족상담사의 눈으로 바라 본 아동성폭력 사건에 대한 질적 연구 - 영화 '소원'을 보고", 교정상담학연구(2020.5)